本书由江西财经大学"双一流"学科建设专项资金资助出版

本书由作者主持的国家社科基金项目结题成果转化而成，
该项目（结题证书号：20223709）鉴定结果为"良好"等级。

捐赠者网络慈善信任
生成与维护机制

GENERATION AND MAINTENANCE MECHANISM
OF ONLINE CHARITY TRUST OF DONORS

以"互联网 +"为背景

IN THE CONTEXT OF "INTERNET +"

秦安兰　著

社会科学文献出版社
SOCIAL SCIENCES ACADEMIC PRESS (CHINA)

目录
Contents

绪　论

一　研究缘起

现代慈善事业是国家治理现代化的有机组成部分和内在需求。在国家建设发展的不同阶段，现代慈善事业呈现出不同的地位与价值。进入 21 世纪，国家对慈善事业的作用与价值愈加重视，把慈善事业定位于社会保障体系的重要内容。2004 年党的十六届四中全会明确指出，要"健全社会保障、社会救助、社会福利和慈善事业相衔接的社会保障体系"。随着国家经济社会发展，2019 年党的十九届四中全会发布的《中共中央关于坚持和完善中国特色社会主义制度 推进国家治理体系和治理能力现代化若干重大问题的决定》指出"重视发挥第三次分配作用，发展慈善等社会公益事业"。2020 年党的十九届五中全会发布的《中共中央关于制定国民经济和社会发展第十四个五年规划和二〇三五年远景目标的建议》指出"发挥第三次分配作用，发展慈善事业，改善收入和财富分配格局"。这表明在 21 世纪 20 年代初，我国慈善事业已经由原来社会保障制度的一个组成部分越级上升为社会主义基本经济制度的重要组成，是社会建设的重要内容。2020 年 10 月 15 日，全国人民代表大会常务委员会执法检查组关于检查《中华人民共和国慈善法》实施情况的报告明确指出，"慈善事业作为我国社会主义基本经济制度的重要组成部分，在第三次分配中发挥着越来越重要的作用，已经成为推进中国特色社会主义伟大事业的重要力量"。党的二十大报告进一步指出"引导、支持有意愿有能力的企业、社会组织和个人积极参与公益慈善事业"。进一步清晰地表明慈善事业是实现共同富裕、完善收入分配制度的重要内容之一。慈善事业地位与价值的转变契合了我国整体发展战略。虽然中国社会实现了全面脱贫，全面建成小康社会，但我国目前仍然存在相对贫困问题，人民收入水平仍需要不断提升。因此，国家才从战略层面把慈善事业发展定位于基本经济制度，明确慈善事业在第三次分配中的重要作用，改变收入和财富分配格局。

随着中国经济社会的不断发展、慈善政策法规逐渐完善，慈善捐赠数额增长日益明显。从近五年中国慈善捐赠报告来看，2020 年我国内地共接受慈善捐赠 2086.13 亿元。其中，企业和个人是捐赠的重要主体，企业捐赠为 1218.11 亿元，占捐赠总额的 58.39%，首次超过千亿元，增幅在 30% 以上。个人捐赠为 524.15 亿元，占捐赠总额的 25.13%，年度增幅与企业增幅同步，也在 30% 以上。企业与个人捐赠共占捐赠总额的 83.52%。在捐赠总额上，内地捐赠总额 2019 年为 1509.44 亿元、2018 年为 1439.15 亿元、2017 年为 1499.86 亿元、2016 年为 1392.94 亿元，可以看出近五年内捐赠总额是不断增长的，2020 年较 2019 年增长 38.21%（舒迪，2021）。

随着互联网技术和在线支付技术的普及与发展，传统慈善模式正快速转向"互联网+慈善"的现代慈善模式。《中国慈善发展报告（2016）》显示中国正在进入网络慈善快速发展期（杨团主编，2016）。2016 年民政部根据《慈善法》相关规定评审通过首批 13 家互联网募捐信息平台，网络慈善捐赠正式进入"法治慈善时代"。2020 年已有百亿人次通过互联网平台募捐 82 亿元，2019 年互联网平台募捐共计超过 54 亿元，2018 年互联网平台募捐超 31.7 亿元。2020 年较 2019 年增长约 51.85%，较 2018 年增长 158.68%。可见，我国网络慈善事业发展迅猛，"互联网+慈善"已经成为我国现代慈善事业不容小觑的新生力量。以腾讯 99 公益日为例，2021年腾讯 99 公益日总捐款额超过 35.69 亿元，比 2020 年上涨 53.8%；捐赠人次超过 6800 万人次，比 2020 年上涨 18.87%；平均单笔捐赠金额为51.95 元，比 2020 年上涨 28.5%（友成基金会，2021）。可以看出，随着网络慈善事业的不断发展，网络慈善在捐赠金额、捐款人次与平均单笔捐款额上均有较大提升。网络慈善因其便捷、小额等优势赢得了越来越多捐赠者的青睐，使得参与慈善捐赠的主体由精英转为大众，也促进了公众慈善意识的增强及我国慈善文化的培育。与传统慈善相比，网络慈善捐赠还有一个优势在于其能有效连接慈善主要参与主体即求助者、捐赠者、捐赠平台和慈善组织，能使各参与主体在网络上实现互动和沟通。

与网络慈善蓬勃发展形成鲜明对比的是我国个人捐赠水平仍较低，尽管 2020 年我国个人慈善捐赠数额有大幅提升，但其占捐赠总额的比重仅为 25.13%，低于美国、新西兰等西方发达国家。以美国为例，2021 年美国慈善捐赠报告显示，2020 年慈善捐赠总额约 4714.4 亿美元，个人捐赠总额约为 3241 亿美元，占捐赠总额的 68.75%（Qgiv Team，2021）。2021 年《世界慈善捐赠指数报告》显示，2020 年中国慈善捐赠世界排名第 85，尽管与 2016 年相比，排名明显上升，但仍有很大的进步空间（CAF，2021）。党的二十大报告指出要"引导、支持有意愿有能力的企业、社会组织和个人积极参与公益慈善事业"。因此，如何有效引导捐赠者更多地参与慈善活动，如何激发个人捐赠的活力，拓展个人捐赠空间已然成为促进我国网络慈善事业发展迫切需要回答的问题。要获得更多的个人捐赠，赢得并维持捐赠者的信任是关键。近年来我国出现了一些慈善负面事件，慈善负面事件常常引发汹涌的舆情，严重损害捐赠者对慈善事业的信任，危害我国网络慈善事业的健康发展。诸多的网络慈善负面事件的警示之一在于要获得更多的慈善捐赠，赢得并维持捐赠者的信任是关键。因此，有必要对捐赠者网络慈善信任建立与维护机制进行研究，明确网络慈善信任的结构、影响信任建立的因素与机制、信任违背后信任修复机制与常态化的信任维护机制，以期促进我国网络慈善公信力建设，促进慈善事业健康发展。

二 研究目的与意义

（一）研究目的

本书通过归纳总结捐赠者网络慈善信任结构、影响因素，进而在定性与定量研究基础上，建构捐赠者网络慈善信任的生成机制和维护机制，目的是促进网络慈善平台和慈善组织在网络上获得更多信任，进而获得更多的慈善捐赠。此外，网络慈善平台和慈善组织在获得信任后，根据网络慈善信任的维护机制能持续获得信任，或在危机事件后，能有效减少捐赠者的信任损失，重建信任。最终促进网络慈善公信力建设，促进慈善事业的发展。

（二）研究意义

本书的意义在于，一方面，研究并掌握网络慈善信任生成机制，进而催生更多网络捐赠行为，提升我国个人捐赠水平，促进全民公益的发展；另一方面，网络骗捐、假慈善、滥用善款等危机事件不断损害网络慈善公信力，修复捐赠者受损的信任，维护网络捐赠者的信任，重塑慈善公信力已经成为中国慈善事业发展的关键问题。

1. 理论价值

本书的理论价值主要有以下几方面。①拓宽信任生成、信任修复、多元共治理论的实践应用。本书把信任生成理论、信任修复理论和多元共治理论应用于网络慈善信任研究中，可以检验、修正和发展已有的信任理论。②丰富网络慈善研究。网络慈善发展的关键之一在于信任的建立和维护，建构捐赠者网络慈善信任生成机制和维护机制将在理论层面丰富网络慈善研究，为网络慈善事业快速发展提供理论支持和保障。

2. 现实意义

本书的现实意义在于以下两方面。①有助于慈善公信力建设。信任是慈善事业发展的灵魂，现代社会中慈善公信力的建设离不开网络。关于网络慈善信任的研究将为慈善组织公信力建设提供新的思路。②有助于现代慈善事业发展。网络慈善是现代慈善事业发展的重要模式，关于网络慈善信任机制的研究将为赢得更多的慈善信任，破解网络慈善信任危机，增强捐赠者的慈善信任程度提供参考。这对促进我国现代慈善事业发展具有重要现实价值。

三 研究思路和方法

（一）研究思路

本书在当前网络慈善事业快速发展、网络慈善危机事件频发的背景下，以及在慈善事业公信力建设的现实需求下，基于信任生成理论、信任修复理论和多元共治理论，通过八个方面分别研究捐赠者网络慈善信任结构、捐赠者网络慈善信任建立机制和维护机制。

研究1采用质性研究扎根理论方法对捐赠者网络慈善信任结构进行研究，为后续捐赠者网络慈善信任建立机制与维护机制的实证研究打下基础。研究2是网络慈善平台初始信任建立机制研究，该研究以初次登录网络慈善平台的捐赠者为调查对象，探究影响网络慈善平台初始信任建立的因素及其机制。在现实生活中，捐赠者开展网络慈善捐赠多是基于社交软件进行，如微信等。因此，研究3研究了基于社交软件的捐赠者网络慈善初始信任生成机制。研究4、研究5、研究6和研究7分析了信任修复理论视角下捐赠者网络慈善信任维护的动态机制。研究8则从更为整合的视角，即基于多元共治视角，研究捐赠者网络慈善信任维护常态化机制。信任维护机制包括信任违背后，受信任方通过实施信任修复策略修复受损的信任，以提升捐赠者对其未来行为的积极期待。同时，信任维护还包括受信任方的常态化维护，即日常开展的主动维持信任的活动，以此来不断保持捐赠者的信任朝着良好方向发展（见图0-1）。

（二）研究方法

（1）文献法。查阅国内外捐赠者网络慈善信任的相关文献，尤其关注国外捐赠者网络慈善信任的前沿研究，梳理捐赠者网络慈善信任的主要理论及主要影响因素，为后续研究打下基础。

（2）访谈法。将参与过网络慈善的捐赠者作为访谈样本，通过深入访谈，掌握慈善信任的构成要素及其内在结构。

（3）问卷调查法。编制"捐赠者网络慈善信任维护问卷"等，实施问卷调查与测量。通过调查掌握影响捐赠者网络慈善信任生成的因素、影响网络慈善信任修复的主要因素，以及影响常态化信任维护的因素，明确这些因素与网络慈善信任内在要素存在何种关系。

（4）个案法。选取"小朋友画廊"项目、水滴筹扫楼事件作为研究个案。通过对"小朋友画廊"项目的个案研究，总结提炼慈善项目网络舆情生成机理、特征，提出捐赠者网络慈善信任维护对策。通过对水滴筹扫楼事件的个案分析，研究网络慈善平台在信任受损后的信任维护动

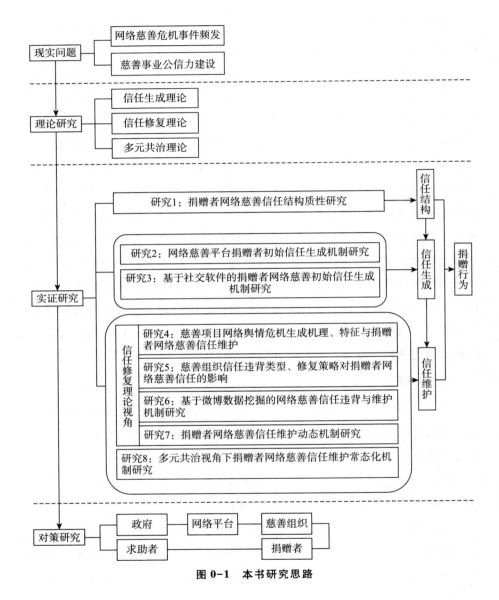

图 0-1　本书研究思路

态机制。

（5）实验法。采用多因素实验研究慈善组织信任违背类型、修复策略对捐赠者网络慈善信任的影响，采用单因素重复测量实验研究捐赠者网络慈善信任维护动态机制。

（6）文本分析法。通过大数据挖掘，对"小朋友画廊"项目、水滴筹扫楼事件中的网络文本信息进行详细分析，考察项目或事件发生后，网络舆情的变化、捐赠者信任受损的情况、违背方在不同阶段实施的信任修复策略、捐赠者网络慈善信任随修复阶段变化而变化的情况等，描绘出不同修复阶段信任变化的路径和规律，建构捐赠者信任维护动态机制。

第一章
理论回顾与文献综述

第一节　基本概念界定

一　信任

信任像空气一样对我们的生活具有不可或缺性。当拥有信任时，我们觉得信任是理所当然的事。但是，当缺少信任时，我们立刻认识到信任是十分必要而必需的。正是由于"信任"一词是日常生活中的常用词，因此在其进入各个学科研究领域时，十分有必要对该概念进行界定，以明确其准确内涵。

（一）信任概念的词源学考查

在《说文解字》中，"信诚也。从人从言，会意"。"信"字在《说文解字》中被列为"言"部。从字的演化来看，信的金文是🔹，由🔹（人）+🔹（口，说话）组成，表示开口许诺。有的金文则用🔹表示信，由🔹（千）+🔹（言，说话）组成，表示用千言万语保证。信的本义为许诺，发誓。可以看出，古人认为与"信"密切相关的是"言"。在《辞源》中没有"信任"一词，说明先秦时并没有这一词语，"信"与"任"常常分开来使用。"信"主要有以下意义：消息、使者、契约、凭据、诚实、信任、信用、相信等，可见，"信"的含义丰富，包含诸多语义信息，需要使用者在使用时根据具体情境来展现其具体的意思。词典中"任"字的主要意思有官职、任用、保举、承担、信任、听凭等。尽管先秦时期并未把"信""任"两个字联结为一个词语来使用,但是早在《论语》中,"信"与"任"已经在语句中相互呼应一起使用了。如"恭则不侮,宽则得众,信则人任焉"(《论语·阳货》),表明诚实信用就能得到别人的任用。《庄子》中也出现"无行则不信,不信则不任"(《庄子·盗跖》),此处"信"与"任"也结合在一起使用。从以上两处文献可以看出,"信"是"任"的前提和基础,"任"是"信"的结果和效能。有"信"才能"任"。"信"与"任"在社会关系中具有人际互动性,一方具有"信"才能获得另一方的"任"。

"信任"一词在《辞海》中的解释为"诚信任使也"。《史记》《汉书》中已经开始使用"信任"一词。《史记·蒙恬列传》中"始皇甚尊宠蒙氏,信任贤之",意为秦始皇特别推崇蒙氏,信任并赏识他们的才能。《汉书·杨恽传》中"上所信任,与闻政事",意为受到皇帝的信任,参与政事。此处,信任均与现代信任的用法相近,均表示相信而敢有所托付。

在英语中,与"信任"对应的词语是"trust",是指(1)依靠某人或某物的真实性、完整性或其他美德;(2)对某个事物怀有自信的期待;(3)义务、忠诚和可依赖性等。其最早可能从古老的挪威商人的"帮助(help)、自信(confidence)、坚定(firmness)"借用而来,来源于古诺尔斯语的 traust "帮助、信心、保护、支持",后产生了英语的(true)"真实的"。社会学家史蒂文·夏平认为 trust 和 truth 与德语中的 tree 同有一种启发性语源学的联系,均具有像树一样岿然屹立的含义,信任和真实均是可以依靠、持久的东西(参见刘玉涛、卫莉,2014)。在英语中,trust 和 confidence 是有区别又有联系的两个词,卢曼认为 confidence 主要与无选择的事物中的危险有关,trust 则更多地与风险和主观选择相关(Luhmann,2001)。在《牛津英语词典》中,信任被定义为"对一个人或事物的某种性质或属性,或对一个声明的真实性的信心或依赖"。

从中西方不同语系对信任的不同解释中,我们可以看到共同的成分,即信任均涉及人际互动的双方,一方为受信任方,其应该具有诚实、守信的人格品质。该品质成为信任的基础和前提。信任方基于受信任方的"信"的品质，愿意承担风险，主观选择并有所托付，这便是"任"。信任反映了信任方对受信任方的主观态度。这里可以看出，信任是一种对风险承担的选择，包含了明确的积极预期。相信受信任方会如信任方预期的那样去行事。

（二）不同学科视角下的信任概念梳理

"信任"尽管是日常生活中的惯用语，但是其一旦作为学科研究的对象，则就需要从学术方面对其概念进行界定。自从信任进入学者的研究视域，不同学科领域如心理学、社会学、经济学学者们开始对信任的概念进行界定。

（1）心理学视角下的信任

心理学领域内对信任概念的界定，可以归纳为三类：情境反应说、预期说、特质说（见表1-1）。情境反应说以多依奇为代表，他认为对某件事情的信任是指"个体期待某件事的发生，并且根据这一预期采取相应行动。也许事情不一定会像个体预期的那样发生，而且行动可能给个体带来的损失大于该事情发生所带来的收益"（Deutsch，1958）。从以上定义中可以看出，信任是一种非理性的行为选择，因为信任所带来的预期损失可能比收益大。在人际关系中，多依奇认为信任是对情境的一种反应，它是由情境刺激引发的个体心理和行为，信任双方的信任程度会随着情境的改变而变化（岳瑨、田海平，2004）。多依奇认为信任具有两种重要属性：预期（predicability）和动机相关性（motivational relevance）。Zand（1972）指出信任行为包括以下要素：①增强信任方的易受伤害性；②受信任方的行为不在信任方的控制之下；③如果受信任方违背信任，个体将面临预期损失大于预期收益的情境。在此基础上，Hosmer（1995）认为信任是个体面对一个不可预料的事件且预期损失可能大于预期收益时，所做的非理性的选择行为。情境反应说重点强调信任是对于某种情境的一种决策行为或反应行为，而且信任是一种非理性的选择（秦安兰，2015）。

预期说则强调信任方的心理预期或意愿。有学者认为信任是"即使信任方不能监视或控制受信任方，但是信任方依然期望受信任方做出对信任方非常重要的行为，进而表现出愿意承受由受信任方行动可能导致损失的意愿"（Mayer et al., 1995）。该界定强调信任是一种意愿而非基于情境的风险选择行为，即信任是一种愿意承担一定风险的意愿。有学者把信任定义为信任是建立在对他人意向和行为的积极预期基础上敢于托付（愿意承担风险）的一种心理状态（Rousseau et al., 1998）。也有学者认为信任就是个体对他人未来行为利于自身或者至少不会伤害自身的一种预期、信念和假设（Robinson，1996）。预期说特别强调信任是个体的心理预期或意愿，是一种内在的心理意向，即愿意冒风险的选择意向。

特质说则认为信任是一种较为稳定的人格特质。Rotter（1967）把信任看作个体的一种人格特质，认为信任是个体对他人可靠性的期望，具体包括对受信任方的言辞、承诺或声明的可靠性的期望。Wrightsman（1992）把信任界定为个体所具有的一种构成个人特质部分的信念，是一种经过社会学习逐渐形成的相对稳定的人格特点。

尽管心理学家对信任的定义各不相同，但心理学家对信任概念的理解均倾向于认为信任是个体的心理现象，它是一种基于情境的行为选择，是愿意承担一定风险的意愿，是一种稳定的人格特质。在诸多定义中，我们发现心理学视角下信任主要包括以下三个要素：①互相依赖（interdependence）：如果不依赖对方，个体就难以达成行为结果；②风险（risk）：个体意识到如果对方没有朝着积极预期行动，自己将面临损失；③自由选择（free choice）：在相互依赖的不确定情境中，人们自愿选择依赖对方做出最好的结果或撤回这种选择寻求其他的结果（可能是较糟糕的结果）（Righetti & Finkenauer，2011）。

表 1-1　心理学视角下的信任概念

学者	类别	概念核心要素
Deutsch	情境反应说	对事件的信任：预期、相应行动、可能损失大于收益；人际信任：由情境刺激决定、个体心理和行为
Zand	情境反应说	增强信任方的易受伤害性、受信任方行为不在信任方控制之下、损失可能大于收益
Hosmer	情境反应说	非理性选择行为、预期、可能损失大于收益

学者	类别	概念核心要素
Mayer et al.	预期说	期望、行为、可能无监视或控制、承受损失意愿
Rousseau et al.	预期说	积极预期、他人的意向和行为、承担风险的意愿、心理状态
Robinson	预期说	预期、信念和假设、他人行为利于自身或不会伤害自身
Rotter	特质说	个体人格特质、对他人可靠性的期望
Wrightsman	特质说	人格特质部分的信念、社会学习、稳定的人格特点

（2）社会学视角下的信任

不同于心理学视角把信任看作人的个体心理现象，社会学则注重从关系、文化、制度和社会结构等方面来看待和解释信任。社会学家对信任概念的探讨可以分为人际关系论和社会系统论。

人际关系论认为信任是在人际互动之下形成的，不能抽离人际关系这一背景，单纯地把信任理解为个体心理现象，而应把信任置身于它原来所处的人际关系中去研究。有学者认为信任是复杂的，它是一个整体，是人际关系的产物（Lewis & Weigert，1985），是由人际关系中的理性计算、情感因素共同决定的（翟学伟、薛天山主编，2014）。Lewis 和 Weigert（1985）主张不应把信任仅仅看作一种个人心理现象，而更应该把信任看作一种社会事实。信任的形成基础是多维度的，主要有情感型信任和认知型信任两种。情感型信任是指由于与他人有情感联系而产生的信任。认知型信任是指对他人可信度的理性计算而产生的信任。

Lewicki 和 Bunker（1996）从时间线索视角出发对信任的产生、发展和持续进行了详细的研究，他们把信任的研究置于人际关系互动的情境之中，认为信任发展一般会经历三个阶段：计算型信任、了解型信任和认同型信任。计算型信任是指信任方相信受信任方会在潜在的惩罚威吓下兑现自己的承诺，从而使得双方的关系能很好地继续下去。了解型信任是信任方基于对受信任方行为了解的基础上，即信任方基于以往与受信任方的交往经验，获得了对方的充分信息后，形成的相信对方会按照自己的预期行事的信念。认同型信任是信任方了解受信任方的基本信息、行为，同时了解并认同其行动的动机和意图，并愿意为受信任方达成目标贡献自己的力量。

社会系统论认为信任是一种社会关系，信任在社会互动过程中产生，既受心理的影响，也受社会系统的影响。社会学家如齐美尔（也可译作西美尔、西梅尔）、卢曼、巴伯、吉登斯、科尔曼、什托姆普卡、韦伯等均是从社会系统的视角界定信任概念的。

西方古典社会学中最早对信任问题进行系统研究的学者是齐美尔。在他出版的《货币哲学》中提出信任是"社会中最重要的综合力量之一"（Simmel，1978）。齐美尔详细论述了信任对于社会的重要功能，认为"没有人们相互间享有的普遍信任，社会本身将瓦解，几乎没有一种关系是完全建立在对他人的确切了解之上的"（Simmel，1950）。西梅尔（2007）还着重分析了信任对于货币的意义，"货币交易离开信任也将陷于崩溃"。

卢曼认为信任是对风险的外部条件所做出的一种内心评价。他从新功能主义视角界定了信任，把信任方的预期作为定义信任的出发点。卢曼（2005）尤为关注信任的功能，认为信任在本质上是降低社会系统复杂性的简化机制。卢曼将信任分为个人信任（personal trust）和系统信任（system trust）。个人信任是以受信任方的个体人格特质是否具有可信度为基础，是对他人人格特质的信任。系统信任是对一般化的沟通媒介，如货币、权力、真理等系统的信任，其基础是社会系统的沟通媒介能够不被滥用，且持续发挥功能（翟学伟、薛天山主编，2014）。

巴伯（1989）把社会中行动者彼此寄予的期望作为界定信任概念的出发点，认为信任主要包括以下三层含义：①一般预期，即期望自然秩序和合乎道德的社会秩序会持续和实现，以此为基础形成一般信任；②能力预期，即对与我们共处于社会关系和社会体制中的那些人，希望他们的能力能胜任自己的角色，做出符合角色的行为，以此为基础形成能力信任；③责任预期，即希望他人能承担其责任和义务，在此基础上形成责任信任或义务信任。

吉登斯（2000）认为信任是"对一个人或一个系统之可依赖性所持有的信心，在一系列给定的后果或事件中，这种信心表达了对诚实或他人的爱的信念，或者对抽象原则（技术性知识）的正确性的信念"。

　　福山认为信任是一种社会美德，具有社会性。在他看来，"在一个有规律的、诚信的、相互合作共同体内部，成员会基于共同认可的准则，对于其他成员有所期望，这一期望便是信任。这些准则可能是关于上帝的本质或者正义之类深层次的'价值观'，但也可以是关于职业标准或行为规范之类的俗世准则"（福山，2016）。这表明福山认为信任可以包括价值信任和系统信任。

　　波兰著名的社会学家什托姆普卡（2005）认为信任是"相信他人未来的可能行动的赌博"。什托姆普卡认为信任的内容涉及对信任客体的期望，从信任度由小到大可以把信任分为三类：建立在工具性期望基础之上的工具信任、建立在道德期望基础之上的价值论信任和建立在信用基础之上的信用信任。

　　韦伯将信任分为特殊信任（particularistic trust）和普遍信任（universalistic trust）。特殊信任是指信任的确立是凭借血缘共同体的家族优势和宗族纽带而得以形成和维持的，以道德、意识形态等非制度化的东西为保障。普遍信任是以信用契约或法律准则为基础和保证而确立的。对象则扩展至具有相同信仰的所有人（韦伯，1995）。

　　在社会学家眼中，信任不单单是个体层面上的信任，更是由社会环境或社会运行本身而产生的一种对人类社会生活的要求。因此，社会学对信任概念的界定更关注社会关系和社会系统对信任形成和发展的影响（见表1-2）。

表1-2　社会学视角下的信任概念

学者	类别	概念核心要素
Lewis & Weigert	人际关系论	人际关系的产物、理性计算、情感因素
Lewicki & Bunker	人际关系论	人际交互情境、计算型信任、了解型信任和认同型信任
Simmel	社会系统论	社会中最重要的综合力量之一、普遍信任
卢曼	社会系统论	降低社会系统复杂性的简化机制、分为个人信任和系统信任
巴伯	社会系统论	一般预期、能力预期、责任预期
吉登斯	社会系统论	对他人或系统可依赖性的信心或信念
福山	社会系统论	共同体成员对其他成员的期望、共同认可准则

续表

学者	类别	概念核心要素
什托姆普卡	社会系统论	相信、他人行动、赌博，分为工具信任、价值论信任和信用信任
韦伯	社会系统论	特殊信任：以血缘共同体、非制度化的东西为保障 普遍信任：以信用契约或法律为基础和保证

（3）经济学视角下的信任

经济学秉持"理性经济人"假设，认为人的行为动机源于经济诱因，工作是为了获得经济报酬。人的一切行为都是为了最大限度地满足自己的利益。新制度经济学则认为人是有限理性的和机会主义的结合体。人们的行为不仅追求个人利益，还会采用欺骗或伪装的方式来达成目的。

威廉姆森（2002）认为欺骗会增加交易成本，而信任则会降低交易成本。他将信任分为可计算的信任、个人信任和制度信任。可计算的信任是指基于收益风险的一种计算行为，当预期对方会采取合作行为时，便会采取信任策略。个人信任则是指在几乎没有计算的情况下的信任。制度信任是指合作契约被嵌入其中的社会与组织环境。

科尔曼认为交易双方交付货物在时间上的不对称为单方行动以及在获得报酬之前，必须投入资源的任何一方都带来了风险。因而他用"信任"一词表示做决定时必须充分考虑的风险因素（科尔曼，1999）。科尔曼从理性选择的视角出发，认为最简单的信任关系包括两个行动者：委托人（信任方）与受托人（受信任方），前提是两人都是为了个人利益获得满足的行动者。由于信任意味着面临风险，因此，信任适用于决策理论中风险条件下的决策模式。

行为经济学家 Fehr（2009）认为信任是在缺乏约束承诺的情况下，个体自愿将自己的权益交给他人处置，同时期望获得相应回报的行为（见表1-3）。

总之，经济学认为信任是一种理性选择，是一种与风险相伴的风险决策行为。信任可以提高微观经济组织的运作效率（Berg et al.，1995），还可以促进宏观经济的增长（Zak & Knack，2001）。

表 1-3　经济学视角下的信任概念

学者	概念核心要素
威廉姆森	可计算的信任：基于收益风险的计算行为、预期对方采取合作 个人信任：没有计算的情况下的信任 制度信任：合作契约被嵌入其中的社会与组织环境
科尔曼	风险、委托人、受托人、个体利益满足、风险决策
Fehr	缺乏约束承诺情境下将自己的权益交给他人并期望获得回报

从不同学科视角下梳理学者对信任概念的界定，我们发现信任是一个含义丰富，多维的复杂概念。正如 Nissenbaum（2001）指出的那样，"信任是一个特别丰富的概念，涵盖了各种关系，联结各种事物。人们可以信任（或不信任）个人、机构、政府、信息、神、物质的东西、系统等"。信任的对象是丰富多样的，决定了信任内涵的多元和复杂。不同学科领域的研究，分别从不同视野切入，探寻信任的确切内涵，为我们更为全面地了解和掌握信任的核心内涵提供了参考。

总结不同学科领域对信任概念的界定，我们梳理出信任概念的核心要素主要有以下四个。

一是信任方与受信任方。不论是心理学把信任看作个体心理现象，还是社会学把信任看作社会系统的重要组成，还是经济学把信任看作风险情境下的理性选择。信任均离不开具体的情境系统，信任是在信任方（个人或组织）与受信任方（个人、组织、系统、信息等）之间发生的。信任是在涉及双方关系的情境下展开的。

二是风险。信任意味着信任方愿意面对并承担受信任方违背信任的风险，因此，在信任中风险是必需的要素。可以说信任是意识到风险存在的情境下的一种冒险或赌博行为，吉登斯（2000）认为"那些意识到种种可能性又力图避开风险的人所怀有的是信任"。"信任通常是足以避免特殊的行动方式所可能遇到的危险，或把这些危险降到最低的程度。"这意味着信任往往面临风险，并且这种风险是信任方可以接受的。

三是主观意愿或预期。信任表达的是个体心理对他人或系统等受信任方可信度的信心、信念、预期或愿意承担风险的意愿。从这个意义上来说，信任是个体的一种主观态度或心理倾向性，它既反映了个体的人格特质，也反映了信任方基于受信任方以往的行为特征而形成的相对稳定的信心、积极的心理预期。信任是主观的，它自然会受到个体差异性、制度、文化、社会等因素的影响。

四是行为。信任信念会产生信任行为，即承担风险的行为。信任行为会使得双方关系持续，促进关系发展。例如，你信任你的朋友，你借钱给他或在你外出度假时，把家里的钥匙交给他让他帮忙照顾宠物等。这些行为充分展示了信任方对受信任方的信任。一般情况下，信任信念和信任行为是统一的。

二 网络信任

网络社会中人与人之间联系的确立是建立在双方相互信任的基础之上的，网络信任也被称为在线信任（online trust）。Corritore 等（2003）认为网络信任存在于信任方与受信任方的人际关系之中，网络信任是指个体在网络风险情境中（网络交易或网络信息情境）对自身弱点不会被利用的自信预期的态度。姚篮和李建玲（2014）在借鉴 Mayer 和 Schoorman 的信任概念基础上，把网络信任界定为个体在网络互动过程中，对其他网络行为对象（组织或个人）及其信息传递媒介的正直、善意、能力的衡量和评价，是一种积极的心理期望。与离线信任不同，网络信任的对象是网站、互联网技术、个人或组织等。

网络信任与离线信任有很多相似之处，如风险、主观预期和信念、行为等，但是网络信任又有其自身的独特性，主要表现为以下四个方面（Wang & Emurian，2005a）。

（1）在网络环境中依然存在信任方与受信任方这一对关系主体。网络信任中，最常见的是电子商务的信任方与受信任方关系。信任方常常是指消费者，即那些浏览电子商务网站的消费者，而受信任方常常是指电子商务网站或电商。当然，有时网络技术本身也是网络信任的对象。随着互联网的发展，很多线下组织纷纷开展线上活动，因此，除了电子商务领域外，其他领域如网络慈善、网络教育等，也存在信任方与受信任方。如网络慈善，信任方是指那些浏览慈善网站的潜在捐赠者。受信任方则是多元的，既可以是慈善组织，也可以是求助者、网络慈善平台等。

（2）网络信任风险较离线信任更大。由于网络的高风险性和匿名性，受信任方在网络中有很大可能会做出违背信任者预期的行为。因此，在网络信任中，信任方经常面临交易风险，如个人信息被滥用、受信任方没有兑现承诺等。因此，在网络中，一般可以通过制度和法律建设、加强技术监控和第三方监管等方式把特定的风险降到最低限度，让信任方获得安全感，这种安全感一般是建立在信任和可接受的风险的平衡之上。

（3）网络信任是个体对网络受信任方可信度（如能力、诚实和善意）的积极预期或主观信念。由于个体间存在差异，每个人对网络和技术的态度不同，会直接影响网络信任。当然，这种网络信任会受到信任方所处的文化、制度和社会等因素的影响。

（4）网络信任行为主要表现为在线交易行为。如消费者直接在网络上购买商品或捐赠者在网络上直接捐献金钱，他们会在网络上提供个人信息和个人银行账号。这主要是因为消费者相信他们的个人信息会得到保护，不会被滥用。信任方在网络中做出交易行为时，他们需要确认他们是相对安全的，他们相信受信任方如果做出违背承诺的行为会受到网络平台和第三方的惩罚，他们的合法权益会得到较好的保护。

网络信任同离线信任一样具有复杂性，研究者认为网络信任同样是一个多维的概念。目前主要有三维说和六维说。在学界秉持三维说的学者众多，该观点认为网络信任主要由三个维度构成，即信任方对受信任方（网络行为对象，如个人或组织）正直（integrity）、能力（ability）、善心（benevolence）的主观信念，是一种积极的心理期望（Lee & Turban，2001；McKnight & Chervany，2002；姚篮、李建玲，2014）。也有学者把网络信任分为六个维度：信息内容、产品、交易、技术、制度和消费者行为（Kim et al.，2001）。他们还认为信任方可以在网络上做出交易行为之前、之中、之后感知信任。不同的交易阶段与不同的信任决定因素密切相关。因此，在分析网络慈善信任时，我们应该充分考虑时间维度，考虑信任的不同发展阶段和交易行为不同阶段对信任的影响。

三 网络慈善信任

根据网络信任的三维说，本书认为网络慈善信任是在网络互动过程中，捐赠者对受信任方（慈善组织、受助者、网络慈善平台）的正直、能力、善心的衡量和评价，是一种积极的心理期望。正直信任是指捐赠者对受信任方遵守承诺和规则的信任。能力信任是指捐赠者相信受信任方具有提供良好服务和慈善产品的能力。善心信任是指捐赠者相信受信任方会关照捐赠者的利益，不会做出损害捐赠者利益的事情。网络慈善信任是网络信任的一种特殊存在形式，它既具有网络信任的一般特征，也具有其独有的特征（秦安兰，2018a）。

四 信任违背

信任违背（trust violation）是受信任方表现出的与信任方预期不相符的行为（Tomlinson et al.，2004）。信任违背的形式多样，从严重的违法行为到常见的欺骗行为（Steinel & De Dreu，2004），如欺诈、误会、违约、延期等都可能导致信任方的预期无法被满足。信任违背会降低信任方对受信任方的信任信念和信任意向（Kim et al.，2009）。

根据不同标准，信任违背可以分为不同类型。根据受信任方的意图，可以分为偶然的信任违背和故意的信任违背。偶然的信任违背是指受信任方在实现其他目标时破坏了信任方的信任预期，而故意的信任违背则是指受信任方为了伤害他人而故意破坏信任方的信任预期（Chan，2009）。后一种信任违背也可以称为背叛（betraya），是特指受信任方对双方信任预期的违背，违背行为是受信任方的自愿行为，并有伤害信任方的意图（Finkel et al.，2002）。故意的信任违背对信任方的幸福感带来威胁。基于信任违背源不同，可以把信任违背分为能力型违背和正直型违背（Kim et al.，2004）。能力型违背是指受信任方由于能力原因造成的信任违背，正直型违背是指受信任方有违正直、诚信等道德规则做出的违背行为。根据违背所破坏的需要类型，有学者把信任违背分为身份违背（identity violation）和控制违背（violation of control）。身份违背与信任方失去脸面有关，威胁自尊和为

他人着想的规范。控制违背与目标受阻有关，破坏了公平原则（Ren &
Gray，2009）。

五　信任受损

尽管信任十分重要，但在现实生活中，信任非常脆弱，常常面临遭受
损害的尴尬境地。对于信任受损的界定，学者主要从行为、认知、情感维
度来界定。在行为层面的界定，有学者认为信任受损是指受信任方的行为
不符合信任方的利益（Bies & Tripp，1996）。在认知和情感维度上的界定，
有学者认为受信任方的行为违背了信任方对其的积极预期，信任方在认知
上会评估违背行为的严重性、责任归因等问题，同时体验到愤怒、伤心、
沮丧等消极情绪（Lewicki & Bunker，1996）。侯俊东（2013）认为信任受
损可以从静态和动态两个层面来界定。静态受损是指信任方面对危机或负
面事件时保持信任能力，是在特定时间点上的信任破坏程度。动态受损是
指信任方从完全信任演变为严重的信任受损的速度，是对信任方信任状态
动态变化的过程描述。本书认为信任受损既包括认知层面的损害，也包括
情感层面的损伤。当信任违背行为发生后，信任方会在认知上对违背行为
的严重性、责任归属等进行评估，受信任方的正直信任、能力信任和善心
信任会受到相应损害。同时在情感上，信任方会体验到生气、愤怒、害怕
等消极情感。

六　信任修复与信任维护

信任修复是指在信任违背行为发生后，受信任方为了激发信任方的信
任信念和意愿而采取的积极活动（Kim et al.，2006）。而有的学者则认
为信任修复是受信任方通过采取修复工作来改变信任方对其可信度的评
估，即降低因信任违背带来的负面期望，重建对未来可信度的积极期待
（Gillespie & Dietz，2009）。姚琦等（2012）认为信任修复是受信任方为了
恢复信任双方关系，在信任、消极情感和消极行为等方面进行的活动。有
的学者对信任修复做出了更为细致的划分，认为信任修复包括短期信任修
复和长期信任修复。短期信任修复包括信任违背后不久，受信任方对信任

方开展的一系列行动，主要包括口头修复策略和行为修复策略。而长期信任修复则是指受信任方在双方关系中引入更持久的"结构性"变化或行动，并进一步修复受损的信任（Lewicki & Brinsfield，2017）。从本质上说，信任修复是指在信任违背后，受信任方对信任方的信任进行重建（Bozic，2017）。信任修复是需要时间的，需要信任双方慢慢重建已经破裂和受损的东西（Lewicki & Wiethoff，2000）。在本书中，我们认为信任修复是指在信任违背后，受信任方采用一些修复策略对信任方的信任进行重建的活动。

信任维护是指受信任方采用一些策略和方法对信任方的信任进行维持和保护。由于信任是一个动态发展的过程，在这一过程中，信任衰退、信任违背是常见的现象（李晓阳、凌文辁，2011）。正是由于信任具有动态性、发展性和变化性，因此，对受信任方来说，信任维护就是一个长期的日常性工作。受信任方为了维护信任双方长期稳定的关系，时刻监控信任的变化发展状态，一旦信任违背发生，能及时进行信任修复。同时，在日常工作中，能对自身和信任双方关系引入更持久的"结构性"变化或行动，以维持和保护信任朝着良性方向发展。从以上界定可以看出，信任维护涵盖了信任修复，同时还包括受信任方常态化的信任维持行为。

七　慈善捐赠与捐赠者

在西方社会中，慈善捐赠是指个人基于公共目的而提供时间和宝贵资源的过程。西方很多国家如英美等国均认为慈善捐赠要符合公共利益，其受益人是不特定的多数人。我国《慈善法》明确规定慈善捐赠是指自然人、法人和其他组织基于慈善目的，自愿、无偿赠与财产的活动。捐赠人既可以直接向受益人捐赠，也可以通过慈善中介组织进行捐赠。可以看出，我国慈善捐赠具有自己的特征，其准则是利他而非公共利益，即慈善捐赠既包括公共领域，也包括私人领域（杨永娇，2021）。慈善捐赠包含互助行为，捐赠对象既包括慈善组织，也包括受益人。

捐赠者是指进行慈善捐赠的个体或组织，包括个人捐赠者、企业、其他组织等。由于本书主题是网络慈善信任，聚焦于个人捐赠者，因此本书中捐赠者均指个人捐赠者。从世界慈善发展趋势来看，一个国家慈善事业越发达，个人慈善捐赠在捐赠总额中的占比就越高。可以说我国个人捐赠还有十分广阔的发展空间。要想获得更多的个人捐赠必须要赢得个人捐赠者的信任并维持这种信任。这也是为什么本书主要聚焦于个人捐赠者这个群体的原因。

第二节　信任发展相关理论

在早期的信任研究中，学者倾向于把信任看作一个整体，把信任当作一个固态的研究对象，对其开展的研究多属于静态研究，研究中没有对信任进行阶段划分。随着信任研究的深入，越来越多的研究者发现信任会随着时间的推移而变化，呈现出不同生命阶段的特征。信任发展主要包括初始信任建立阶段、信任维持或持续信任发展阶段和信任下降或消退阶段（Walczuch & Lundgren，2004）。可见，信任有产生、发展和维护、衰退的过程，研究信任产生和发展应把信任置于时空维度来考察。一种研究思路是整体考察信任发生和发展的阶段，详细刻画每个阶段中信任的特点与影响因素。另一种研究思路则是聚焦于信任发展的某个阶段如初始信任生成、信任违背、信任修复等研究主题，在某个主题下开展详细的实证或理论研究，深入探究其内在机制、影响因素等问题。本书就属于后一种研究思路。

Lewicki 和 Bunker（1996）提出了信任三阶段理论。他们认为人际信任由没有任何交往历史的和交往经验的陌生人之间的信任发展至熟识阶段的信任再到朋友之间的信任，最后，有可能到双方继续成为朋友（信任维持）或成为不再交往的陌生人（信任中断），即信任会经历产生、发展衰落和重建几个阶段。

一　信任的产生与发展

由于人际交往在不同时间阶段展开，具有不同的信任特点，因此Lewicki 和 Bunker（1996）提出了三种类型的信任：陌生人阶段的计算型信任、了解阶段或熟识阶段的了解型信任、熟人阶段或朋友阶段的认同型信任。在第一阶段，信任双方由于是陌生人关系，他们之间没有相互交往的经验可以参考和借鉴。交往双方建立在计算型信任基础上，即相信对方会在权衡潜在惩罚和收益之下践行自己的承诺，维持双方的关系。此外，对监控度、违背信任受到惩罚的考量，以及对风险的态度也会影响计算型信任。计算型信任的特征是不稳定，它极易受到违背信任行为的影响，在陌生人之间一次信任违背行为就会给双方关系带来严重甚至破坏性的影响。第二个阶段是人际交往的双方处于了解阶段或熟识阶段，该阶段信任双方相互了解，尤其信任方基于与受信任方交往的历史经验，在充分掌握受信任方的信息基础上，预测受信任方的行为，进而产生了解型信任。因此了解型信任有三个基本的要素：交往经验、充分信息（受信任方人格和行为上的信息）、预测。第三个阶段是熟人阶段或朋友阶段的人际信任，也被称为认同型信任。认同型信任产生的基础来自对他人需要和动机的认同。不同于前两种信任，认同型信任的独特之处在于信任方与受信任方之间具有"共同身份""相同的居住地""共同的目标""共同的价值观"。基于这些共同点，受信任方有时会为了实现信任方的目的而牺牲自己的利益。

二 信任违背与信任衰落

信任在发展过程中并非一直处于上升的过程，在有些情况下，如他人信任违背行为有可能破坏双方的信任，使得信任朝下降、衰落方向发展。不论是计算型信任还是了解型、认同型信任，信任违背行为均会使得信任受损，但是不同类型的信任受损的程度不同。信任违背行为对计算型信任的影响有限，因为信任双方处于陌生人阶段，双方没有较多的情感投入。而对于了解型信任，违背行为有可能会改变信任方对受信任方的认知（认为对方不值得信任）或是使得信任方丧失对受信任方的基本信心，在这种情况下信任重新建立的难度较大。对于认同型信任，由于双方拥有许多共同的部分，达到了价值认同，因此一般微小的信任违背行为难以撼动双方的信任，但是一旦违背行为足够严重，动摇了认同型信任存在的基础，则重建信任的难度会更大（Lewicki & Bunker, 1996）。总之，多数研究结果认为信任违背会损害信任方与受信任方之间的信任（Lewicki & Wiethoff,

2000），使得双方之间的信任出现裂痕。但也有研究发现信任违背与信任修复结果之间关系复杂，信任违背并非一定会导致信任衰退。在信任违背行为发生后，有部分信任未受到影响与损害，还有部分信任违背行为发生后，在信任修复恰当前提下，信任获得了重建（余圣陶，2017）。信任在违背后能否获得修复与恢复，取决于受信任方信任修复策略和修复时机（Kim et al.，2006）。

信任违背究竟是如何损害信任的？研究者发现信任违背主要在情感和认知两个层面损害信任。在信任方与受信任方维持信任的过程中，信任违背的出现会给信任方带来愤怒、生气、恐惧等消极情绪反应。Tomlinson 和 Mayer（2009）认为信任违背所带来的消极结果，总体会给信任方带来消极情绪体验。Lewicki 和 Bunker（1996）认为信任违背行为的发生，不但影响信任方对于受信任方的认知评价，而且还会带来复杂而强烈的情绪反应（如愤怒、恐惧等），进而共同影响双方关系。此外，信任方在违背行为发生后，会在认知上评估信任违背的严重性、责任归属等问题，重新评估受信者的能力品格。信任方会从归因点（内部/外部）、可控性（可控/不可控）、稳定性（稳定/不稳定）方面对信任违背后果进行归因。如果信任方做出外部归因，会把消极结果归结于他人或环境因素，而与受信任方的能力和品格这些人格变量无关，那么违背事件可能不会影响受信任方的可信度。而如果把消极结果归因于内部因素，如受信任方的能力和品格等人格变量，那么消极结果会降低受信任方的可信度，进而破坏双方的信任。值得说明的是，并非所有的消极结果都会带来信任降低。在个体发展信任的情况下，当受信任方信任违背产生的消极结果带来了由信任方归因产生的风险感知时，才会降低信任方信任。Tomlinson 和 Mayer（2009）认为品格（如仁慈、正直）型违背在归因上具有稳定性和可控性，因此，比能力型信任的破坏更难以修复。当信任者把"违背"归因于不稳定的、不可控的、外在的因素时，信任违背更易修复。已有研究尽管梳理了一些信任违背发生后，信任损伤的影响因素，但尚不全面、系统。如学者探究了违背事件类型、严重程度、初始信任对消费者信任受损的影响（凌静，2012；徐彪等，2014）。还有学者研究政府制度、媒体报道、社会诚信状况、医患沟通不畅对医患关系信任受损的影响（张艳，2016）。徐彪（2014）研究发现公共危机事件后，政府信任受损的主要影响因素是公众的认知归因，包括责任归属、可控性和稳定性归因；发现社会公众内部和稳定性的归因越强，政府信任受损的程度越大。目前，关于网络慈善危机事件后捐赠者信任受损的研究十分少见。在网络慈善危机事件发生后，详细探究影响捐赠者信任受损的因素对于增强信任修复效果十分有必要。

三　信任修复相关研究

信任遭受损害，如果要重建信任，需要考虑以下几个方面因素：一是信任违背行为的严重性，二是双方关系类型，三是信任方的人格特征。一般来讲，信任违背行为越严重，双方关系越疏离、信任方的信任倾向水平和宽恕水平越低，信任重建的难度就越大。目前关于信任修复的研究主要关注以下几个方面：信任修复策略、信任方对信任修复的影响、信任修复效果的情境因素等。

（一）信任修复策略

信任修复策略一直是信任修复研究的重点。一般来说，信任修复主要是由受信任方采用一定的修复策略来进行的。既有研究中已知有效的信任修复策略可以分为两类：言语修复策略和非言语修复策略。言语修复策略包括道歉、否认、沉默、解释、承诺等。非言语修复策略包括自愿抵押担保、补偿、自我惩罚等。早期修复策略研究主要聚焦于比较不同的策略的修复效果，试图确定到底何种修复策略的修复效果好。在言语修复策略中，关于道歉、否认和承诺的研究成果较为丰富。道歉对信任的积极影响大于消极影响，实验研究发现道歉比不道歉更能让信任方体验到积极的情绪，更有可能抑制所受到的伤害（Ohbuchi, Kameda & Agarie, 1989）。社会两难情境实验证明，至少在短期人际互动中，在重建合作方面，道歉比否认策略更有效（Bottom et al., 2002）。道歉和承诺被看作受信任方改变行为所释放的积极信号，在信任修复中可以增加受信任方的可信度。但研究发现道歉加承诺这种复合型的修复策略并没有比单一策略更有效（Schweitzer et al., 2006）。有学者发现口头解释对信任的修复有积极作用，行为修复策略（如自我惩罚）比单纯言语修复策略（如道歉）更有效（Bottom et al.，2002）。在非言语修复策略方面，Nakayachi 和 Watabe（2005）实验证明受信任方自愿抵押比强制抵押更能显示修复动机，降低风险感知，增强信任方对受信任方的可信度感知。此外，研究者还研究了沉默策略对于信任修复的影响。Ferrin 等（2007）通过实证研究证明沉默策略在信任修复中并非理想的策略，因为该策略仅仅包含了极少的道歉和否认策略中的有效成分。对于品格违背来说，沉默与道歉一样，是对错误的一种承认，它没有否认策略修复效果好。对于能力型违背，沉默与否认一样，并没有向信任方展示赎罪的信号，它没有道歉的修复效果好。

以上信任修复策略的划分主要从受信任方的视角出发，从语言和行动层面进行划分，没有从信任修复对象即信任方的视角来研究信任修复策略，由于信任修复的对象是信任方，从信任方视角出发进行修复策略的划分更为妥当。Xie 和 Peng（2009）从信任修复对象视角出发把信任修复策略分为情感修复策略、功能修复策略和信息修复策略。情感修复策略主要侧重对信任方的情感进行修复。受信任方借助语言、行为等手段，如利用语言来表达自身情感并调控信任方的情感、建构自身负责任的身份，目的是化解因信任违背给信任方带来的愤怒、失望、恐惧等负面情绪（Druckman et al.，2019）。情感修复策略主要包括道歉、解释、忏悔、否认等（贾雷等，2012）。功能修复策略是指受信任方在信任违背后向信任方提供补偿，在一定程度上弥补信任方的损失。主要包括违背原因分析、弥补损失、赔偿、管理方式改变、组织结构调整等策略。与情感修复策略不同，功能修复策略强调受信任方切实的改变，便于公众比较和传播（Schmitt et al.，2004）。信息修复策略主要针对信任方与受信任方之间的信息不对称，弥补信任方的信息不足。受信任方在信任违背后与信任方主动地进行沟通与交流，主要包括澄清事实、披露事件处理及进展状况、受信方拟采取的措施等，这些策略的主要目的是减少信任方的错误归因。由于该类信任修复策略划分注重对信任方的关注，因此本书采用此种信任修复策略的划分方式，把信任修复策略分为情感修复策略、功能修复策略和信息修复策略。

（二）信任方对信任修复的影响

信任违背后，受信任方常常会做出修复行为，试图修复受损的信任。

既有信任修复研究多是基于受信任方的信任修复行为展开。主要探讨不同的信任修复策略的修复效果。其暗含了一个前提假设，认为信任修复的主动方是受信任方，在信任修复过程中，受信任方的行为对信任修复效果有至关重要的影响。相关研究常常忽视信任修复的主体对象——信任方也会影响信任修复效果。尽管受信任方的信任修复行为可以显著影响信任方的认知评价，但是这种影响效应依赖于信任方的认知因素，如归因（Kim et al.，2013；Dirks et al.，2011）。研究表明，受信任方的信任修复策略要想产生好的修复效果，需要信任方的认可和理解。信任方可以通过人际互动和信息加工过程来促进信任修复（Kim et al.，2009）。由此可见，信任方的心理在信任修复过程中是一个重要变量，信任方对于修复行为的认知和情感反应对修复效果具有重要影响。

从信任加工的角度来看，在信任修复过程中，信任方是信任修复信息的接收者，信任方对信息的感知和评价等加工过程会直接影响修复效果。修复信息加工的前因变量是信任违背的类型。信任违背主要是通过信任方认知归因影响信任修复效果的。信任违背可以分为能力违背和正直违背。研究发现个体在加工正直信息和能力信息上具有明显差异。在加工正直信息时，信任方会赋予消极信息更多的权重。而加工能力信息时，会赋予积极信息更多的权重（Snyder & Stukas，Jr，1999）。Kim 等（2003）研究发现信任修复的收益主要依赖于信任方将信任违背归因于能力还是正直，说明信任方的认知归因对修复效果有显著影响。这种认知归因主要是指信任方对受信任方的违背行为的责任归因。

此外，信任方的情绪、情感对信任修复效果也有重要影响。由信任违背带来的消极情绪主要有愤怒和恐惧。Williams（2001）认为诸如气愤、失望等情绪会影响个体对他人信任度的评估。Dunn 和 Schweitzer（2005）研究发现消极情绪会影响信任评估，甚至在消极情感源与评估目标分离状态下，消极情绪仍会产生这种影响。那些经历信任感下降的个体经常体会到情感的伤害，尤其当违背者的行为是自愿选择的情况下（Lewicki & Bunker，1996）。

在信任修复过程中，信任方对受信任方信任违背的宽恕对信任修复效果具有十分重要的影响。宽恕是一种高级情感，信任修复要想取得较好的效果，需要通过修复行为争取信任方的宽恕，重建信任方的情感平衡。宽恕在这里是指个体释放消极情绪，用对受信任方的积极善意来替代消极情绪，进而面对违背事件（Thoreson et al.，2008）。宽恕需要信任方把信任风险降低至信任之初的水平，而且还要让受信任方有机会重建信任关系（Witvliet et al.，2001）。宽恕是信任方在违背事件发生后积极管理对受信任方的消极情绪（Aquino et al.，2003）。抑制消极情绪后，个体会理性地加工新信息，这样信任将更容易被修复，因为个体能做出理性归因认知，避免了消极情绪对认知加工过程的影响。

（三）信任修复效果的情境因素

信任修复效果的情境因素主要包括关系和时间。信任方与受信任方的亲疏关系是影响信任修复的一个重要变量。中国社会是一个关系型社会，中国人的人际交往具有"差序格局"的特点，远近亲疏不同的人际关系对个体的交往影响十分明显。薛天山（2008）分析比较了中国人与西方人的人际信任差异，发现在中国人的信任行为中，关系因素优先于个人因素；中国人的信任建立更注重与对方的情感和亲缘关系。从已有的文献中，我们可以看出，陌生关系与熟悉关系的信任修复存在明显的差异性，一般来说，陌生人间的信任较难修复，而熟人间的信任修复难度相对较小。

信任违背后受信任方进行信任修复的时间点是影响信任修复效果的关键因素。Xie 和 Peng（2009）认为受信任方进行信任修复时要注意时机，应及时进行信任修复。应与信任方进行积极有效的沟通，在违背行为发生后及时公开调查事件的相关信息、澄清事实、公布处理过程与结果。这样的修复行为会在第一时间让信任方感知受信任方对事件负责的态度，感受到受信任方有能力应对危机，弥补了信任方与受信任方之间的信息不平衡，让信任方对相关事件有充分的了解，避免其因信息不足而产生的盲目认知归因。有学者也认为受信任方信任修复的关键是能在最短的时间内主动向信任方做出反馈，这样可以使信息及时传播，信任修复效果更好（Gillespie & Dietz，2009）。

总之，信任修复主要有以下三个过程：信任双方共同的心理认知基础、修复信任的行动过程、修复结果。信任是人际互动的过程,涉及交往的双方,尽管信任违背行为是由一方发动而造成对双方信任的破坏,但是,信任的修复实际上却需要信任方与受信任方在认知上具有以下共识:①双方需要也愿意投入时间和精力修复信任;②评估信任修复结果的价值性,认为信任修复会为自身和双方带来良好的、有价值的效果;③双方均在认知上认同修复之后的信任所带来的收益相较于其他可替代方式的收益是最多的(Lewicki & Bunker, 1996)。在信任违背行为发生后,信任方与受信任方心理上具有以上认知共识,才有可能做出进一步的信任修复行动,才会收到较好的修复效果。

信任修复的结果具有多样性,一种是违背方试图修复信任,但是信任方不愿意给违背方机会,不愿意重建信任。这种表达的背后是信任方对违背方深深的失望,不愿意再继续这段关系。另一种是双方的信任得到了恢复和重建。

第三节　网络慈善发展现状与存在的问题

一　网络慈善发展现状

第52次《中国互联网络发展状况统计报告》显示,截至2023年6月,我国网民规模为10.79亿人,互联网普及率达到76.40%。其中手机网民规模为10.76亿人,网民中用手机上网的比例为99.80%(中国互联网络信息中心,2023)。中国网民群体庞大,为网络慈善的发展带来了前所未有的机遇。由于移动互联网快速增长、第三方支付的方便快捷,参与慈善活动的门槛不断降低,"互联网+慈善"得以快速发展。近年来,慈善组织通过民政部指定的网络公开募捐平台筹集的善款年均增长率超过20%,2020年筹集的金额达到了82亿元,比2019年增长了52%。2020年已经有超过100亿人次点击、关注、参与了网络慈善捐赠。

不仅社会公众网络慈善捐赠热情高涨,网络捐赠行为日益增长,而且国家层面也十分重视网络慈善的发展。2016年至今,民政部通过三次遴选,分三个批次认定了32个慈善组织互联网捐赠平台。其中第一批次认定

13 个，第二批次认定 9 个，第三批次认定 10 个。这些网络慈善平台的认定对于促进网络慈善的发展具有重要意义，为网络慈善发展提供了重要的平台基础（见表 1-4）。

表 1-4　我国民政部认定的慈善组织互联网募捐信息平台

公布时间	批次	平台名称	运营主体
2021 年 10 月	第三批	字节跳动公益	北京字节跳动科技有限公司
2021 年 10 月	第三批	小米公益	小米科技有限责任公司
2021 年 10 月	第三批	亲青公益	中国青少年发展基金会
2021 年 10 月	第三批	哔哩哔哩公益	上海宽娱数码科技有限公司
2021 年 10 月	第三批	乐善公益	深圳市平安公益基金会
2021 年 10 月	第三批	360 公益	北京奇保信安科技有限公司
2021 年 10 月	第三批	中国移动公益	中移在线服务有限公司
2021 年 10 月	第三批	芒果公益	湖南快乐阳光互动娱乐传媒有限公司
2021 年 10 月	第三批	慈链公益	佛山市顺德区慈善组织联合会
2021 年 10 月	第三批	携程公益	上海携程商务有限公司
2018 年 4 月	第二批	美团公益	北京三快云计算有限公司
2018 年 4 月	第二批	滴滴公益	北京小桔科技有限公司
2018 年 4 月	第二批	善源公益	北京善源公益基金会（中国银行发起成立）
2018 年 4 月	第二批	融 e 购公益	中国工商银行股份有限公司
2018 年 4 月	第二批	水滴公益	北京水滴互保科技有限公司
2018 年 4 月	第二批	苏宁公益	江苏苏宁易购电子商务有限公司
2018 年 4 月	第二批	帮帮公益	中华思源工程扶贫基金会
2018 年 4 月	第二批	易宝公益	易宝支付有限公司
2018 年 4 月	第二批	中国社会扶贫网	北京帮一把网络科技有限公司（国务院扶贫办指导）
2016 年 8 月	第一批	腾讯公益网络募捐平台	腾讯公益慈善基金会
2016 年 8 月	第一批	淘宝公益	浙江淘宝网络有限公司
2016 年 8 月	第一批	蚂蚁金服公益平台	浙江蚂蚁小微金融服务集团有限公司
2016 年 8 月	第一批	新浪微公益	北京微梦创科网络技术有限公司
2016 年 8 月	第一批	中国慈善信息平台	中国慈善联合会
2016 年 8 月	第一批	京东公益互联网募捐信息平台	网银在线（北京）科技有限公司

续表

公布时间	批次	平台名称	运营主体
2016 年 8 月	第一批	基金会中心网	北京恩玖非营利组织发展研究中心
2016 年 8 月	第一批	百度慈善捐助平台	百度在线网络技术（北京）有限公司
2016 年 8 月	第一批	公益宝	北京厚普聚益科技有限公司
2016 年 8 月	第一批	新华公益服务平台	新华网股份有限公司
2016 年 8 月	第一批	轻松筹	北京轻松筹网络科技有限公司
2016 年 8 月	第一批	联劝网	上海联劝公益基金会
2016 年 8 月	第一批	广州市慈善会慈善信息平台	广州市慈善会

资料来源：民政部，2021，《第三批慈善组织互联网募捐信息平台遴选结果公示》，民政部网站，10 月 20 日，http：//www.mca.gov.cn/article/xw/tzgg/202110/2021100003 7361.shtml；民政部，2018，《第二批慈善组织互联网募捐信息平台遴选结果公示》，民政部网站，4 月 19 日，http：//www.mca.gov.cn/article/xw/tzgg/201804/20180400008632.shtml；民政部，2016，《民政部关于指定首批慈善组织互联网募捐信息平台的公告》，民政部网站，8 月 31 日，http：//xxgk.mca.gov.cn：8011/gdnps/pc/content.jsp？id=13192&m type=1。

总体来说，我国网络慈善发展呈现出以下 5 个特点。

（1）网络慈善单次捐赠额度小，捐赠总额、捐赠人次增长迅速。网络慈善捐赠以小额捐赠为主。尽管捐赠额度小，但捐赠总量巨大。腾讯公益网络募捐平台（以下简称"腾讯公益平台"）2012 年至 2016 年所获得捐款中，单次捐款小于 20 元的占比在 75% 以上。《中国网络慈善捐赠研究报告》显示，小额捐赠是网络慈善捐赠的主体，个人捐赠在 30 元以下的占比 80.9%（阿里巴巴、瑞森德，2013）。2021 年 "99 公益日"，公众捐赠在 20 元以下的占比为 73%。小额捐赠的优势在于可以降低捐赠者捐赠的压力，在捐赠者明了网络慈善 "聚沙成塔" 的道理后更有可能进行慈善捐赠（陈志强，2015）。随着移动互联网的快速发展、第三方支付平台和社交软件的应用与普及，人们参与慈善变得方便、可及，这促使我国网络慈善捐赠总额和捐赠人次迅猛增长。以腾讯公益平台为例，从 2007 年腾讯公益平台上线以来至 2021 年 11 月，该平台慈善筹款总额已超百亿元，达到 168.8 亿元，捐赠人次超过 5.7 亿人（南方周末公益研究中心，2021）。2020 年全年筹款总额为 38.49 亿元，2019 年筹款总额为 28.03 亿元，2018 年筹款总额为 17.27 亿元。2020 年比 2019 年筹款总额增长了 37.32%，比

2018 年的筹款总额增长了一倍。从年捐赠人次上来看，2020 年捐赠人次达到 1.17 亿，这一年是该平台捐赠人次首次超过一亿。2019 年捐赠人次为 9820 万，2018 年捐赠人次为 6916 万。2020 年捐赠人次比 2019 年捐赠人次增长了 19.14%，比 2018 年捐赠人次增长 69.17%（木青，2021）。从全国的捐赠数据来看，《2020 年度中国慈善捐赠报告》显示，2020 年我国内地接受慈善捐赠总额共计 2086.13 亿元，个人捐赠为 524.15 亿元，占捐赠总额的 25.13%，年度增幅较大，比 2019 年和 2018 年分别增长 38.21%、44.96%。

此外，网络慈善成为个人慈善捐赠的主要渠道。《2015 年度中国慈善捐助报告》显示，2015 年个人捐赠总额达到 169 亿元，其中普通民众的小额捐赠占个人捐赠的 44.3%，全民公益态势正在形成，网络慈善捐赠已经成为个人捐赠的首选（彭建梅，2016）。网络慈善支付便捷、筹款高效、信息公开、易于传播、互动性强，对于捐赠者、慈善组织和求助者三方都是最佳的信息通路、慈善渠道（曲丽涛，2016）。网络慈善改变了传统慈善项目受时空的双重限制，需求与资源难以匹配的难题（娄奕娟，2016）。当前互联网已经成为公众了解、参与、监督慈善活动的关键渠道。

（2）传播快速，反应灵活

网络慈善由于搭上互联网、移动社交软件的东风，使慈善信息能在网络上快速传播。慈善组织在慈善公募平台发布慈善信息时，利用微信、微博等社交软件广阔的触达能力来转发传播慈善信息。信息的传播速度快使得慈善组织与潜在的捐赠者快速连接。可以说，随着我国网民规模的不断扩大，通过互联网慈善平台、微信、微博等，慈善信息得以以几何递增的速度传播，慈善组织劝募和慈善宣传的效率获得极大提高，慈善传播费用显著降低。网络慈善对于突发、紧急的事件反应灵活。以"拯救一斤半早产儿"为例，从该项目发起至结束，整个流程仅用时三天，共有 10590 名捐赠者捐赠了 55614 元（王少辉等，2015）。该项目捐赠中有 81% 的捐赠额和 67% 的捐款人次来自微信支付。正是网络筹款的方便、快捷，才使得该项目在短时间内吸引了大量的捐赠者，项目得以完成，早产儿才能获救。腾讯公益平台数据显示，2021 年网络捐赠扶贫/救灾类项目增长明显，共有 4958 个项目上线，捐赠金额超过 14.7 亿元，占总捐赠金额的 41%（友成基金会，2021）。扶贫项目快速增长是慈善组织响应国家脱贫攻坚战，并持续保持扶贫热情的结果。也是我国在 2020 年全面建成小康社会后，慈善组织和捐赠者对扶贫工作持续重视的体现。救灾项目的快速增长反映网络慈善的灵活反应能力较强。以新冠疫情为例，在疫情初期，腾讯公益平台就募捐超过 6 亿元。网络慈善能利用网络传播的快速、连接网民广泛的特点，对救灾项目信息给予及时传播，满足救灾重建的需要。

（3）慈善捐赠支付方便、快捷

传统慈善捐赠需要捐赠者在线下去银行转汇款，费时费力，限制了潜在捐赠者参与慈善的积极性。传统银行汇款捐赠方式一般不会出现小额捐赠，主要是因为潜在的捐赠者认为小额捐赠也要经历同样的流程、占用大量时间和精力，他们会认为捐赠的成本过高。随着我国微信支付、支付宝支付等第三方支付的发展与普及，网络支付的用户快速增长。截至 2023 年6 月，我国网络支付用户达到 9.43 亿人，占网民整体的 87.50%（中国互联网络信息中心，2023）。我国网络慈善的快速发展与网络支付用户的快速增长密切相关，网络支付用户就是潜在的捐赠者，如果捐赠者有慈善捐赠意愿，只需在微信、支付宝等平台上点击一下，短短几秒就可以完成捐赠。支付方式的简单、快捷和具有一定的隐私性，让更多的潜在捐赠者成为现实的捐赠者，推动了小额捐赠的快速增长，慈善参与人数的迅猛增加。

（4）网络慈善透明度日益提升

网络慈善对慈善项目透明度提出了较高的要求。在网络慈善平台上进行公募的慈善项目一般都要公布项目的目标、预算和管理等情况。随着网络慈善的不断发展，行业自律的意识增强，网络慈善透明度日益提升。人民智库的一项调查显示，网络慈善平台捐款是公众参与度最高的慈善捐赠方式，占比达到 64.6%。究其主要原因是网络慈善捐赠的信息公开、透明、便利、门槛低（郭尧等，2017）。

（5）注重互动反馈，慈善参与感强

互联网使得慈善组织、捐赠者之间的互动沟通更为便捷、高频、有趣。例如"冰桶挑战"通过有趣的方式，引发社会公众对肌萎缩侧索硬化症即渐冻症的关注。该项目一经推出，引发了科技界、体育界、演艺界等的纷纷响应。在美国该项目的捐款金额达到了 1.15 亿美元。在中国，截至 2014 年 8 月 20 日 16 时，"瓷娃娃" 罕见病关爱中心就获捐近 140 万元，这个项目所获捐赠仅用几日就超过了该中心一年获捐总量（江心培，2014）。从慈善观念传播和慈善捐赠结果来看，"冰桶挑战" 是成功的。这种成功的背后反映了慈善信息传播要依托社交网络。在慈善信息传播过程中，传播方式要新颖、有趣，慈善与娱乐的互动，捐赠者与潜在捐赠者、捐赠者与慈善组织的双向互动使得群体身份认同感增强，才会获得良好的捐赠效果与传播效果。网络慈善捐赠者在进行慈善捐赠时尽管捐赠金额少，但从捐赠者心理层面来看，他们也希望被看见。慈善组织在网络慈善平台发布慈善项目后，如果能与捐赠者进行积极、有效的互动与反馈，捐赠者持续捐赠的可能性会大大提升。以腾讯公益平台为例，捐赠者在平台上进行捐赠后，会获得一朵小红花，捐赠者每进行一笔捐赠，均会获得带有编号和捐赠者姓名的捐赠证书，这些捐赠反馈会给捐赠者带来捐赠身份认同感，让捐赠者在认知层面感受到每一个微小的善行都会被看见、被记录、被认可。同时，捐赠者可以在腾讯公益平台微信公众号上随时查询项目进展，增强其慈善的参与感。

二　我国网络慈善发展存在的问题

（1）网络慈善危机事件的发生，使慈善组织和网络慈善平台公信力受损

近年来一些网络慈善负面事件的发生逐渐演化为网络慈善信任危机，直接损害慈善组织、网络慈善平台的公信力，威胁我国网络慈善事业公信力建设。已有研究发现慈善负面事件会降低公众对慈善组织的信心，影响慈善组织的公信力，进而会影响人们的慈善参与度（石国亮，2014）。有学者基于 2002~2016 年省际面板数据的实证分析发现，信任危机对慈善捐赠有负向影响，尤其对捐款影响更大（王猛、王有鑫，2020）。某一慈善负面事件的消极影响会产生泛化效应，让潜在的捐赠者对整体慈善事业的公信力产生怀疑，这种认知上的怀疑会直接影响公众对整体慈善事业公信

力的信心，直接影响其捐赠行为（秦安兰，2020a）。以郭美美事件为例，该事件在互联网上传播半年之久，引发社会公众对慈善透明度的不满，对慈善公信力的怀疑，消减了公众捐赠热情，直接影响 2011 年的慈善捐赠总额。2011 年中国慈善捐赠总额为 845 亿元，与 2010 年相比，下降了18.1%（孟志强等，2012）。可见，网络慈善危机事件会显著降低公众对慈善组织和网络慈善平台的信心，会让潜在的捐赠者对网络慈善信息产生怀疑，对公众的网络慈善信任有显著的负面影响，直接危及我国网络慈善健康发展。

（2）网络慈善法律法规不健全，慈善组织、求助者失范行为时有发生

我国 2016 年颁布了《慈善法》，此后相关的法律法规和政策制度相继出台，如《慈善组织公开募捐管理办法》《公开募捐平台服务管理办法》《慈善组织互联网公开募捐信息平台基本技术规范》《慈善组织互联网公开募捐平台基本管理规范》等。《慈善法》规定公开募捐平台应具有公开募捐资格。网络募捐应在国务院民政部门统一或指定的网络慈善信息平台上发布相关募捐信息，并可以同时在其网站上发布募捐信息。《慈善法》的颁布规范了慈善活动，保护了慈善参与者如慈善组织、捐赠者、志愿者和求助者的合法权益，促进了我国慈善事业的发展。尽管我国《慈善法》对网络慈善做出了一定的规定，但对于网络公益众筹行为却没有规定。《慈善法》尚未明确规定个人求助和个人募捐的区别，只是禁止了个人募捐并设置了法律责任（杨团主编，2017）。针对网络公益众筹行为尚缺乏完善的法律规制规范，亟须健全相关法律规范引导网络慈善健康发展。网络慈善法律法规的不健全，导致慈善组织和求助者失范行为及诈捐、骗捐等慈善负面事件时有发生，求助者刻意隐瞒家庭收入、挪用善款等现象屡见不鲜，直接损害捐赠者的信任，动摇捐赠者对慈善事业的信心。因此，健全网络慈善法律法规政策已成为必然的选择。我们可以通过修订完善《慈善法》、制定更多具有可操作性的法律规范和政策制度，增强对网络慈善活动、主体、网络慈善个人求助与募捐、网络慈善审核和追责等方面的法律规制，为网络慈善健康发展提供法律和政策支持。

（3）网络慈善平台责权边界不清晰，社会公众易对网络慈善产生误解

我国颁布的《慈善法》和《公开募捐平台服务管理办法》中尽管对网络慈善平台做出了一些规定，但这些规定还是比较粗线条的原则性规定，缺少更为细致的可操作性的具体规定。如《公开募捐平台服务管理办法》规定了网络慈善平台应在为慈善组织提供公开募捐服务前查验其登记证书和公开募捐资质，若发现慈善组织有违法违规行为时，要及时向民政部门报告。但在具体实务中，如果慈善组织真的做出了违规行为，网络慈善平台如何向民政部门报告，如果没有报告会承担什么后果这些均未给予规定。此外，关于慈善信息真实性问题，该管理办法在第四条中规定网络慈善平台与慈善组织要签订服务协议，明确双方在慈善信息发布和事件的真实性方面的权利与义务，但尚未具体规定信息的真实性到底由谁负责，以及存在信息不实或是慈善欺诈行为时应该承担什么责任。信息的真实性是赢得捐赠者捐赠信任和获得慈善捐赠的基础，一旦慈善信息真实性出现了问题，必然会损害捐赠者信任，影响网络慈善公信力。该管理办法中的第十条规定了个人网络求助信息真实性问题。规定平台应在显著位置向公众提供风险防范提示，告知个人求助信息不属于公开募捐信息，真实性由求助者个人负责。但是作为捐赠者很难在浩如烟海的求助信息中去判断其信息的真实性问题，如何降低捐赠者参与慈善的成本，保证慈善求助信息的真实性，避免出现因慈善信息的不真实而损害捐赠者信任的事件，这些问题均需要在加强网络慈善平台建设过程中解决。总之，我国网络慈善法律法规应明确规定网络慈善平台、慈善组织、捐赠者、求助者之间的法律关系，以及各自的责任与权利。

当前我国网络慈善平台出现了商业活动与互助、慈善活动交融的现象，由于现有国家的法律政策对这种行为尚无明确规定与限制，网络慈善出现一些商业化的倾向，公众对一些网络慈善平台产生误解，直接影响捐赠者信任。

（4）网络慈善信息的公开透明度仍需提升，慈善组织开展网络慈善的能力不足

尽管网络慈善与传统慈善相比具有公开透明的优势，但网络慈善信息

的公开透明度仍需大力提升，这是因为信息公开透明是推进慈善发展之本。只有把网络慈善装在透明的口袋中，让捐赠者对慈善项目进展、善款流向、捐赠反馈等信息有明确的认知，才能赢得和维持捐赠者的信任，让社会公众更多地参与慈善捐赠，由潜在的捐赠者切实转变为现实的捐赠者，由一次性捐赠者转变为稳定的、持续性捐赠者，也让捐赠者由感性冲动捐赠转变为理性捐赠。以善款使用为例，目前部分网络慈善负面事件与善款使用不公开透明有关。《中国慈善透明报告（2009—2014）》中显示尽管中国慈善透明指数处于上升趋势，2014 年慈善透明指数为 44.10，比 2013 年上升了 2.3%，但这仍没有满足公众对慈善透明度的需求，公众对慈善透明度的满意率仅有 28%（彭建梅主编，2014）。

网络慈善反馈机制也是网络慈善公开透明的重要内容。目前我国网络慈善平台对慈善项目的反馈存在反馈方式简单、反馈信息不全、反馈主动性不强等问题。一些网络平台对捐赠者的反馈形式主要集中于善款去向，缺乏其他形式的反馈，如对捐赠者身份的认可、对捐赠金额和助人行为的记录、感谢信等。有些网络慈善平台反馈信息不全，甚至无法查询到慈善项目的结束信息（冯春、黄静文，2019）。目前，慈善组织应公开的信息除了财务信息外，还应公开慈善组织的相关事务信息，如负责人、机构设置、人事安排等（高小枚，2017）。此外，很少有网络慈善平台主动向捐赠者推送项目进展情况。网络慈善反馈机制不健全易导致捐赠者对慈善项目黏性不足、慈善捐赠稳定性不够等问题。

慈善组织网络慈善能力是指慈善组织互联网使用与传播能力，主要包括信息获取能力、资源获取能力、宣传倡导能力、公信力提升能力、网络协作能力、知识管理能力、数据分析能力等。2020 年由中国科学技术大学知识管理研究所与深圳市图鸥公益事业发展中心（NGO 2.0）合作展开的中国公益慈善组织网络慈善能力调研发现，东部、中部和西部地区的慈善组织的网络慈善能力差距不大，慈善组织的网络慈善能力与全职人员的规模呈正相关，即慈善组织全职人员越多，网络慈善能力越强。网络慈善能力与慈善组织的年收入呈正相关，慈善组织收入越高，网络慈善能力越强。技术人员类型与网络慈善能力存在关系，有专职人员提供网络技术支持的慈善组织其网络慈善能力更强。在地域分布上，上海、北京、广东的慈善组织网络慈善能力占据前三名（深圳市图鸥公益事业发展中心，2020）。总之，从总体上看，我国慈善组织的网络慈善能力还不足。对于慈善组织来说，对互联网传播策略培训的需求仍是最大的需求，占比超过50%（深圳市图鸥公益事业发展中心，2020）。与前几年的调查相比，很多慈善组织在互联网进行传播的目标中已经把维护组织现有服务对象纳入进来，说明对捐赠者的维护已经成为慈善组织重要的传播目标。

总之，我国网络慈善有了长足的发展，但存在的问题也十分突出，这些问题直接影响着捐赠者的信任，进而影响网络慈善的健康发展。

第四节　捐赠者网络慈善初始信任生成文献回顾与述评

初始信任（initial trust）最初的定义来自 Mcknight 等的研究，是指用户在对产品或服务认知过程中不以过往经验和第一手知识为基础建立起来的一种依赖关系，是个体对陌生方的信任。反映出的是信任双方分享可靠性或有用性信息的意愿程度（McKnight, Choudhury & Kacmar, 2002），即初始信任反映信任方在缺乏甚至没有可靠信息或情感联系的情境下对不熟悉的客体的信任倾向。在本书中，初始信任是指在最初的相互作用过程中，信任方在一定程度上相信并愿意依靠对方的一种心理状态（韦慧民、龙立荣，2008），即信任双方在第一次交互时所建立的信任。初始信任是信任生成的表现，与初始信任相对应的概念是持续信任。

已有关于初始信任生成的研究主要关注电子商务、企业管理、医疗卫生等领域。如电子商务领域研究发现结构保证、感知易用性、信任人格特质等因素会影响消费者对电商平台的初始信任（张梦霞、原梦琪，2020），从信任动态发展的角度来看，初始信任可以持续地影响消费者的使用意愿（孙赫等，2020）。在企业管理领域，许多研究者关注 PPP 项目中的初始信任（杜亚灵、柯丹，2019；李晶等，2017b）、P2P 网贷平台初始信任生成（董纪昌等，2017）、工程项目管理中的初始信任（杜亚灵等，2015）等。

在医疗卫生领域，在中国本土文化的影响下，关系就医通过降低风险感知、提供受益感知影响医患之间的初始信任水平（王华、王丛，2019）。对于在线医疗情境下患者的初始信任研究发现，医院信誉、朋友推荐、个人健康水平对在线医疗患者初始信任建立具有显著影响，表明这些线下信任源对线上信任同样具有重要影响（李晶等，2017a）。

捐赠者网络慈善信任可以划分为初次浏览网络平台或捐赠者信任生成的静态的初始信任和在网络平台多次互动中动态演化的持续信任以及信任消退三个阶段。初始信任是持续信任的起点，是信任双方或多方互动的基础，对网络慈善信任持续发展有着非同一般的重要作用。

捐赠者网络慈善初始信任是在捐赠者第一次接触网络慈善平台时形成的信任。那么捐赠者网络慈善初始信任都会受到哪些因素影响？这些影响因素对初始信任的生成会产生哪些作用呢？综合已有文献，我们总结了影响捐赠者初始信任生成的因素有捐赠者因素、慈善组织因素、网络慈善平台因素和制度结构因素。

一　捐赠者因素：信任倾向、网络经验

在网络慈善中，捐赠者扮演网络慈善的信任方角色。信任方对不熟悉的人或事物的信任倾向对于初始信任的建立至关重要。信任倾向属于人格气质成分，不同个体具有不同水平的信任倾向。高信任倾向的个体倾向于对他人给予更多信任，而低信任倾向的个体则倾向于谨慎地赋予他人信任。实验研究表明慈善信任与捐赠者的信任倾向显著相关（姚篮、李建玲，2014），信任倾向会影响个体对组织的信任（Mayer et al.，1995）。而且，信任倾向对在线信任的建立有积极影响。信任倾向为网络慈善中捐赠者的初始信任建立提供了信任基线（trust baseline）。

对于网络经验与网络慈善初始信任的关系，尚存在争议。一类观点认为网络经验水平与个体的网络信任呈正相关，网络经验能正向预测个体对网络的信任。另一类观点则认为网络经验与网络信任之间的关系并非简单的线性关系，而是呈倒 U 字形的关系（Gefen，2000）。在初始阶段，随着个体的网络经验的丰富，信任度也会随之提升。在更高水平的经验下，人

们会更加关注安全和隐私，信任度反而会下降。

二 慈善组织因素：网络能力、声誉、组织规模、透明度

在数字化时代，网络为慈善事业快速发展提供了新的渠道。网络为慈善组织提供了平台，建立并规范慈善组织与捐赠者、志愿者、所服务的社区之间的关系（Goatman & Lewis，2007）。有越来越多的慈善组织开始利用社交媒体来筹集资金。Saxton 和 Wang（2014）研究发现在网络上筹款的成败与慈善组织的"网络能力"（web capacity）密切相关。这种网络能力是慈善组织利用其网站优化管理、改善服务、筹集善款等方面的能力，它体现了网站与潜在捐赠者之间的分享信息的能力。慈善组织可以通过增加慈善网站的服务内容、培养社区意识、鼓励重复访问、管理和监控网站的使用等来提升网络能力（Hooper & Stobart，2003）。此外，慈善组织可以通过不断更新其网站信息来提升其网络能力。不断更新的信息让潜在的捐赠者了解募集的资金是如何服务于受助者的，进而促进捐赠者网络初始信任的建立和发展。

慈善组织声誉是影响网络慈善初始信任的重要因素之一。良好的声誉能帮助慈善组织与捐赠者之间建立起信任关系，尤其当捐赠者缺乏网络捐赠的直接经验时。当捐赠者对某一慈善组织没有前期捐赠经验时，他们会更多地依赖组织声誉来评估其可信度（Chen，2006）。这主要是因为声誉是组织过去可信行为累积的结果，能提供组织可信度的参考。在网络慈善中，声誉主要来自以下两个方面。一是国家对网络慈善网站的认定，如民政部首批认定了包括百度慈善捐助平台、腾讯公益网络募捐平台等 13 家慈善组织网络募捐信息平台。二是捐赠者通过组织的可靠性指标，即对组织承诺与它实际履责行为之间进行比较来获得。良好的声誉对捐赠者的信任具有积极影响，并会吸引新的捐赠者，激发捐赠者提高其参与度（Bennett & Gabriel，2003）。

慈善组织的规模也会对捐赠者网络慈善初始信任产生影响。Jarvenpaa 等（1998）发现对组织大小的感知会影响用户对组织的在线信任。对于那些越是缺乏直接经验的用户，其网络慈善初始信任的建立越是依赖于对组

织的大小感知。这可能是因为人们会倾向于认为组织越大，其服务和筹款流程等方面越规范。慈善组织大小主要反映出组织的规模和资产的多少。慈善组织的大小与其筹款效率、获得的资源等密切相关（Hackler & Saxton，2007）。组织越大越有可能受到媒体和公众的关注，就会增加组织的辨识度。慈善组织越大其慈善贡献总量就越高。

慈善组织的公开透明是慈善组织公信力评价的重要标准之一。研究表明人们倾向于信任那些高透明度的慈善组织（Furneaux & Wymer，2015）。慈善组织的透明度是指慈善组织对其公共信息的披露程度。不同于传统慈善披露信息传播慢、覆盖面不广的缺陷，在现代慈善中，慈善组织可以通过网站来披露公共信息，如机构内部的人事变动、组织的战略规划、慈善项目的运营信息、善款的来源与使用情况等（石国亮，2012）。因为如果要建立和保持对慈善组织的信任，潜在的捐赠者需要获得关于慈善组织更多的信息。他们对这些信息满意后才会建立起信任。

三 网络慈善平台因素：有用性、易用性、安全性、设计性

捐赠者对网络慈善平台的信任是网络慈善信任的主要维度之一。网络慈善平台的有用性是指人们在使用某个网络慈善平台时，主观上认为使用该平台能提升捐赠效率。网络慈善平台的易用性是指人们对使用某个网络慈善平台的方便和容易程度的主观感知。捐赠者对网络慈善平台有用性和易用性的感知是决定其使用该平台的关键性因素，也是影响捐赠者网络慈善信任的重要因素。Burt 和 Gibbons（2011）通过对 559 家慈善网站的调查，发现通过网站捐赠按钮的有效设计可以显著增强网站的易用性，进而显著增强捐赠者的网络慈善信任。使用这种方式增加的慈善信任最终可以带来更多的慈善捐赠。目前已有一些实验研究验证了易用性感知对初始信任的建立具有积极影响（Chen，2006），可以说网站的易用性是网络初始信任建立的必要因素。

由于互联网的开放性和不确定性，网络会给潜在捐赠者带来很多不安全的隐患，如隐私的泄露和个人财产的损失。人们在网络中十分重视网站、网络交往工具的安全性，可以说安全特征是决定网络信任的关键因

素。基于安全的批准印章是确保用户对网站信任的基础。因此，慈善组织若要建立捐赠者的初始信任，需要在内容设计中使用安全和隐私政策印章或第三方证书（Burt & Gibbons，2011），已有实证研究发现保护隐私和提供安全的印章是建立和增强用户信任的可靠保障（Hu et al.，2001）。

慈善网站设计性会直接影响捐赠者的初始信任。当捐赠者第一次接触慈善网站时，由于他们缺乏对该网站的直接经验，那么网站的设计特征会显著地影响捐赠者的初始信任。此外，网络慈善捐赠多为小额捐赠、冲动性捐赠，这种基于直觉的、情绪化的捐赠决策常会受网站设计的影响。有人建议网页设计要以信任为导向。网页设计主要可以分为平面设计、结构设计、内容设计和社交线索设计四个维度（Wang & Emurian，2005b）。如斯坦福说服技术实验室研究表明接近半数的用户基于网站的整体视觉设计的吸引力来评估网站的可信度（Fogg，2002）。结构设计反映的是网站信息的总体组织情况和易获得性。增强在线信任的关键因素之一是导航的便捷性。内容设计包括网站、文本和图片的信息成分。社交线索设计是指通过不同通信媒体将社交线索（如面对面交互、社交存在等）嵌入在网站界面中。网络的虚拟性会成为一些网络用户建立信任的障碍，所以有研究者提出了"虚拟重新嵌入"（virtual re-embedding）的方法让用户在线体验更接近于现实世界人际面对面的互动（Riegelsberger & Sasse，2002）。

四 制度结构因素：结构性保障

结构性保障是制度结构因素中最为重要的组成部分，它是指法律法规和规则中所设置的安全保障机制，它能为网络用户交易、沟通等的成功进行保障，进而促进信任产生（赵付春，2017）。已有研究发现结构性保障因素可以促进用户建立起对网络平台的信任（Pavlou & Gefen，2004）。结构性保障是基于制度的信任保障，国家相关的法律法规和政策能降低用户的风险感知，促进其信任的建立（谢雪梅、石娇娇，2016）。McKnight 等（2002）的研究认为结构性保障因素会显著促进初始信任的建立，这主要是因为在网络情境中存在诸多不确定因素和风险性因素，用户希望自身资金是安全的、信息和隐私是被保护的、权益不受到侵害而是得到保护。在网络慈善中，结构性保障因素影响捐赠者网络慈善信任的路径主要有两个：一是通过国家制定相应的法律法规和政策；二是通过非正式的社会规范和人际关系。

综上所述，捐赠者网络慈善初始信任生成受多种因素影响，归纳起来主要有捐赠者因素、慈善组织因素、网络慈善平台因素和制度结构因素。目前，已有研究多是研究者根据自己的兴趣讨论某一个或某几个影响因素对网络慈善初始信任的影响，研究较为分散、不够系统。此外，已有研究对网络慈善初始信任建立机制研究甚少，目前我们并不清楚各个因素影响网络慈善初始信任建立的内在机制是怎样的。因此，本书将在已有研究基础上，通过实证研究探究网络慈善平台捐赠者初始信任建立机制，详细探究捐赠者因素、慈善组织因素、网络慈善平台因素和制度结构因素这四个因素对捐赠者初始信任建立的影响机制。

第五节　捐赠者网络慈善信任修复
文献回顾与述评

信任的产生与发展是一个动态演化的过程。已有研究发现，在既定的条件下，导致信任双方关系破裂的直接原因是信任水平的下降与信任结构的变化（宝贡敏、鞠芳辉，2007）。网络慈善平台和慈善组织只有掌握网络慈善捐赠者信任动态发展的规律，精准识别不同信任发展阶段的动力因素，进而通过调控相关因素将捐赠者信任水平和信任结构维持在一个合理的区间，才会促成网络慈善项目的成功，以及捐赠者与慈善组织、网络慈善平台多方合作的成功。

目前，鲜有以捐赠者网络慈善信任修复为主题的研究，关于捐赠者信任修复的研究多散落在慈善组织公信力、网络慈善研究之中。下面我们将梳理关于捐赠者信任修复的相关研究。

当慈善组织遭遇信任危机时，化解危机展开捐赠者信任修复应当从制度建设和加强管理等方面进行。制度建设方面包括完善慈善信息公开制度、健全慈善监管机制等，加强管理主要是指要提升非货币捐赠的管理水平（王猛、王有鑫，2020）。有学者从市场营销视角出发提出慈善组织进行捐赠者信任修复的策略主要有积极主动地与捐赠者沟通、开展危机公关、降低捐赠者的风险感知、增强信任感知（尹昱、钱黎春，2018）。不同于传统线下慈善，网络慈善捐赠行为的发生常常与同情的情感驱动力密切相连。捐赠者首先会对求助者产生移情，进而对求助者及其发布的信息产生信任，随之对求助者产生同情，最后才会做出慈善行为。一旦网络慈善负面事件发生，捐赠者的同情丧失，慈善捐赠行为就会终止（张杰、覃柯文，2017）。因此，修复捐赠者的信任，需要观照捐赠的情感修复。张祖平（2015）从慈善组织视角研究了捐赠者信任修复问题，发现慈善组织信任受损后，首先要做到信息公开透明，其次要提升慈善组织能力和管理的规范性，最后还要加强慈善组织外部环境建设如政府对信任违背行为的惩罚机制等。孙春霞和沈婕（2014）从社会信任理论视角研究了捐赠者信任修复问题，认为通过加强慈善法律建设、强化慈善行业监督和自律等方式才能重建捐赠者信任。蔡勤禹（2013）认为应从制度建设层面推动对捐赠者的信任重建，应加强透明度、信息披露制度、监督管理制度等方面建设。卢素丽（2018）认为要修复捐赠者网络慈善信任应加强监督机制、法律法规、信息披露机制、问责机制等建设，并加强舆论引导以及增强网民的网络信息识别能力等。杨伟伟和谢菊（2021）使用案例分析法发现慈善组织的信任修复不当是导致慈善组织公信力危机生成的充分条件。他们认为要修复捐赠者受损的信任既要从慈善组织内部着手，也要关注外部环境治理。在慈善组织内部要提升组织治理能力、网络沟通能力，在外部环境治理层面则要健全网络慈善法律、加强网络舆论治理。

综上所述，已有研究多是关于慈善公信力、网络慈善的研究，极少有研究直接从个体捐赠者信任的角度来分析在信任危机背景下如何修复捐赠者受损的信任。已有研究多是宏大叙事，从慈善事业整体发展视角提出公信力修复与重建对策，较少从个体捐赠者微观视角下展开讨论。已有研究多是从学理上、逻辑推演层面提出慈善公信力重建的对策，较少结合具体案例来分析慈善组织或网络慈善平台在面对某一个具体的慈善危机时，采用何种策略才能取得良好的修复效果。总之，已有研究从宏观层面提出信任修复的策略为后续的研究打下了良好的基础，但在实际操作上缺乏实务性指导价值。因此，有必要从更具有实际操作意义层面上加强研究。本书在已有研究基础上更加强调实证研究，实证研究分为三个部分，分别研究捐赠者网络慈善信任结构、捐赠者网络慈善信任生成机制和维护机制。第一部分为捐赠者网络慈善信任结构研究，主要探明捐赠者网络慈善信任谁和信任什么的问题，为后续生成机制和维护机制研究打下基础。第二部分为捐赠者网络慈善信任生成机制研究，分别研究了网络慈善平台初始信任建立机制和基于社交软件的网络慈善初始信任生成机制。第三部分则分别从不同的理论视角探究网络慈善信任维护机制，首先是基于信任修复理论分别研究慈善项目、慈善组织、网络慈善平台捐赠者信任维护机制。其次是基于多元治理理论从整体视角研究网络慈善信任维护常态化机制。总之，本书既观照微观层面即网络慈善信任危机事件发生后，慈善项目、慈善组织、网络慈善平台如何修复信任，在时序上其信任修复的机制是怎样的，同时，又观照宏观层面网络慈善信任的不同治理主体对信任维护的常态化机制。

第六节　关于捐赠者网络慈善信任法律与政策文本梳理

已有研究均发现捐赠者的信任建立、维护与国家相关的法律法规政策密切相关。这部分我们将梳理我国与网络慈善、捐赠者网络慈善信任有关的法律政策文本，为后续研究提供政策支持，也为对策研究部分提供基础。

一　《关于促进慈善事业健康发展的指导意见》中的相关规定

2014 年国务院在《关于促进慈善事业健康发展的指导意见》（国发〔2014〕61 号）中的基本原则部分，提出要"确保公开透明、强化规范管理"，这一规定对于维护捐赠者网络慈善信任具有重要作用。关于确保公开透明方面，该意见规定慈善组织以及其他社会力量要依据有关规定及时充分公开慈善资源的募集、管理和使用情况。该意见要求慈善组织切实履行信息公开责任，必须受到广泛的监督：行政监督、社会监督和舆论监督。通过外在监督来进一步强化慈善组织信息公开透明度建设。在强化规范管理方面，该意见强调应通过法规政策的完善和供给来规范与引导慈善事业健康发展；加强对参与慈善活动的相关主体进行依法依规的监管，对违法违规活动进行及时查处和惩治。可以说公开透明和强化管理是我国慈善事业发展的最为基本的原则，也是建立和维护捐赠者信任，确保我国慈善公信力的基本保障，对于我国网络慈善事业的发展至关重要。

在该意见的第三部分"培育和规范各类慈善组织"中，对公开透明原则有进一步的细化，规定要明确慈善组织信息公开责任，对公开内容、公开时限、公开途径等均做出了详细的规定。例如，明确规定了募捐周期和项目运行周期大于 6 个月的公开时限，即要求每 3 个月必须向社会公开一次，募捐结束后或项目结束后应在 3 个月内全面公开。在公开途径上，可以通过规定网站进行信息公开，具体为自身官方网站或批准其登记的民政部门认可的信息网站进行信息发布。这里可以看到网络已经成为信息公开的重要途径。

在该意见的第四部分"加强对慈善组织和慈善活动的监督管理"中，对强化规范管理原则进行了进一步的细化。强调要从五个方面来加强规范管理：加强政府有关部门的监督管理、公开监督管理信息、强化慈善行业自律、加强社会监督、建立健全责任追究制度。

尽管在该意见中没有专门对网络慈善的规定，但其在第三部分"培育和规范各类慈善组织"中明确指出"培育网络慈善等新的慈善形态，引导和规范其健康发展"。这表明我国从国家层面已经开始关注网络慈善的发展和规范。

二 《慈善法》中的相关规定

2016 年 9 月 1 日我国正式实施《慈善法》，该法涉及网络慈善和捐赠者信任的相关规定主要有以下几条。从第六十九条至第七十六条均涉及信息公开，对于民政部门等相关部门、慈善组织信息公开的义务、时限、内容等均做出了详细的规定。第二十七条和第一百零一条明确规定了广播、电视、报刊和网络服务提供者、电信运营商为慈善组织募捐活动提供服务时应履行的责任与义务；第二十七条规定要对利用其平台开展公募的慈善组织履行验证义务和责任，具体要验证其登记证书、公开募捐资格证书；第一百零一条规定如果未履行第二十七条规定的验证义务的，则要接受相应惩罚，具体惩罚措施有：主管部门予以警告，责令限期改正；逾期不改正的，予以通报批评。《慈善法》关于信息公开的规定对于维护捐赠者的知情权、保护捐赠者的合法权益、提升慈善组织的公信力具有重要意义。不难发现《慈善法》中关于网络慈善的规定甚少，而且在具体规定中把传统传媒与互联网传媒放在一起进行规定，缺少对网络慈善更为具体的规定。因此，有必要健全和完善《慈善法》对于网络慈善的相关规定，尤其应加强惩戒网络慈善失信行为，让相关责任主体承担相应的法律责任。

三 《慈善组织公开募捐管理办法》中的相关规定

为了规范慈善组织公开募捐活动，依据《慈善法》，2016 年 9 月 1 日我国正式实施了《慈善组织公开募捐管理办法》。该管理办法对慈善组织申请公募资格条件、提交材料、募捐行为及其责任等方面给予了规定；在第十六条中对慈善组织网络慈善募捐发布信息的渠道给予了规定。慈善组织开展网络公开募捐可以同时在两个渠道发布公开募捐信息：一是在民政部门统一或者指定的慈善信息平台上发布，二是在本慈善组织开通的网络平台上发布，如门户网站、官方微博、移动客户端等。在其他条目中尽管没有直接论述网络慈善募捐，但相关规定对线下公开募捐和线上公开募捐均适用。例如第十条对公开募捐方案内容给予了详细规定，要求公开募捐方案包括募捐目的、起止时间、接受捐赠方式、银行账户、受益人等详细内容。通过公开募捐方案详细信息的公开，可以最大限度地保障公众和捐赠者了解慈善项目的具体信息，保障其知情权。同时，该管理办法为慈善组织提升透明度提供了制度保障。第二十条对慈善组织信息公开时间做出了一定的规定，慈善组织应当依法依规定期向社会公开募捐情况和慈善项目实施情况。从《慈善组织公开募捐管理办法》的规定中可以看出，尽管该办法规定了慈善组织进行慈善募捐必须公开相应的信息，但规定还不够具体，应该更为具体地规定信息公开频率、公开内容、公开方式等，尤其应明确规定网络慈善公开募捐公开信息的具体内容和频率等。因为网络慈善主要是因其信息的公开透明吸引捐赠者，如果慈善组织在开展网络慈善公开募捐时能做到公开透明，会极大地增强捐赠者信任，激发捐赠者做出更多的捐赠行为。

四 《公开募捐平台服务管理办法》的相关规定

2016 年 9 月 1 日我国开始实施《公开募捐平台服务管理办法》。该管理办法共 15 条，分别对网络慈善捐赠平台的服务内容、权利、义务和责任、信息公开、违规责任等方面给予了规定，可以说这是关于网络慈善平台建设的专门性法律法规。该管理办法中公开募捐平台既包括传统媒体即电视、广播和报刊，也包括现代媒体即互联网。管理办法第二条特别规定网络公开募捐慈善平台应依法由民政部指定，并符合《互联网信息服务管理办法》等规定的条件。第三条和第六条规定网络慈善平台有验证义务，网络服务提供者应当查验慈善组织的资质证书，如登记证书和公开募捐资格证书等，不能代替慈善组织接受慈善捐赠财产。网络服务提供者应记录并保存慈善组织的资质证书（包括登记证书和公开募捐资格证书复印件）和其在平台上发布的信息，规定至少要保存两年。第四条规定网络慈善平台对慈善组织失信违规行为的处理方式。要求网络慈善平台发现慈善组织有失信违规行为时，应及时向民政部门报告。第八条规定，如停止为慈善组织提供公募信息服务的，应向社会公众告知。第十条对个人在网络慈善平台求助信息的真实性给予了明确规定，规定真实性由信息发布者个人负责。慈善捐赠平台有义务向公众进行风险防范提示。以上几条中对慈善组织失信行为及慈善平台应履行的责任、个人求助信息真实性等都给予了明确的规定，对维护捐赠者信任有一定的帮助。但也不难发现，该管理办法，是把传统媒体如广播、电视、报刊与互联网放在一起进行规定的。尚没有针对互联网慈善平台的特殊性给予具体而详细的规定。此外，第十条规定缺乏网络慈善平台对求助信息真实性的责任规定，如果不能确保网络慈善平台发布的慈善信息的真实性，让捐赠者自行检验和审核信息真实性，无疑会提高网络慈善捐赠的成本，也会降低捐赠者对网络慈善的信任。因此，应进一步加强对网络慈善平台审核求助信息真实性的责任规定。

五　关于互联网公开募捐的两个规范

2017 年 7 月 20 日民政部颁布《慈善组织互联网公开募捐信息平台基本技术规范》（以下简称《基本技术规范》）和《慈善组织互联网公开募捐信息平台基本管理规范》（以下简称《基本管理规范》）。这两个规范属于两项推荐性行业标准。

《基本技术规范》第五条"功能开发要求"中，对网络慈善平台公开募捐活动展示信息给予了规定，用户能通过活动名称等关键字在汇总展示的页面进行检索。展示的信息包括：备案编号、活动名称、募捐目的、活动进展、起止时间、受益人、活动负责人及联系方式等。善款管理一直是捐赠者较为关注的方面，《基本技术规范》在第五条中规定慈善组织要能对在网络慈善平台上开展的慈善活动、捐赠信息、捐赠者信息进行后台管理，如查看善款总额、与捐赠者进行互动和沟通、追踪查看捐赠详情、查看捐赠者个人信息等。平台要满足捐赠者查询善款的需求，包括查询捐赠时间、金额等。对于社会举报属实的，平台有义务也要有技术能力配合有权机关进行处理。总之，《基本技术规范》在网络慈善平台的性能基本要求、功能开发要求、安全要求、平台运行维护要求等方面做出了详细的规定，为网络慈善平台安全稳定地发展、开发和运行提供了指导性的蓝本。

《基本管理规范》详细地规范了网络慈善平台指定、平台运行、平台监管等问题。在平台运行信息展示部分中，该管理规范针对网络慈善信息的真实性问题给予明确规定，即信息的真实性由信息提供方负责，平台只负责向用户及社会公众告知个人求助和网络互助不属于慈善募捐。在平台运行风险管理的相关规定中，明确了平台在运行中负有风险管理的责任。例如，对于受到了行政处罚的慈善组织，平台首先应依法停止其正在进行的公开募捐活动，其次要积极配合民政部门做好调查处理等相关工作，并及时向社会公众和捐赠者公布相关情况。当平台发现公开募捐活动信息存在不实或者其他危害捐赠者权益情况存在时，要从两个方面做起，以履行平台风险管理责任。一方面应立即通知慈善组织及时依法处理相关事件，另一方面同时要向民政部门报告，并积极配合有权机关通过合法有效的程序解决相关问题。这表明该管理规范对捐赠者信任十分重视，注重失信信息的公开、维护捐赠者的知情权和其他合法权益。但我们也看到，两个规范属于推荐性的行业标准，并不具有强制性法律效力。从当前我国网络慈善平台发展的实际情况来看，网络慈善平台在很多方面，如善款查询、信息公开等方面，并未达到这个行业标准。此外，一些条目中的规定还有待进一步完善，如在个人求助、网络互助的真实性方面，应加入网络慈善平台审核信息真实性的责任规定。这主要是因为尽管个人求助和网络互助不是通过网络慈善组织进行的公开募捐，但是该慈善求助方式搭乘了网络这一媒介，已经不仅限于熟人之间的互助了，而是具有了一定的公共性。因此，应加强个人求助和网络互助信息真实性的审核和把关，确保捐赠者在进行网络慈善捐赠时看到的信息是真实而有效的，降低捐赠者审核网络慈善信息真伪的成本，增强公众对网络慈善的信任。

六 《慈善组织信息公开办法》的相关规定

2018 年 8 月 6 日民政部公布了《慈善组织信息公开办法》（以下简称《信息公开办法》），并于 2018 年 9 月 1 日实施。该办法共有二十六条，分别对慈善组织信息公开的义务、公开平台与内容、具有公募资格的慈善组织公开的信息内容及时限等方面给予了明确的规定。在该办法中多处提及信息公开的渠道，如第三条规定：慈善组织应当依法依规在民政部门提供的统一的信息平台（以下简称"统一信息平台"）上向社会公开信息。第七条规定了慈善组织开展公开募捐活动时要公开的具体信息内容，如公布组织名称、公开募捐资格证书、备案的募捐方案、联系方式、募捐信息查询方法等。同时要求慈善组织在统一信息平台上向社会公众和慈善组织公开以上信息。慈善组织通过互联网开展公开募捐的，应当按照有关规定在平台上发布相关募捐信息。这里可以看到，该办法对慈善组织线下募捐和线上网络募捐的信息公开进行了相应规定。此外，该办法对信息公开的真实性、完整性和时限等方面也给予了详细的规定。例如，第二条明确规定慈善组织的信息公开应当真实、完整、及时。应当建立信息公开制度，明确信息公开的范围、方式和责任。慈善组织应当对信息的真实性负责。信息公开透明能有效促进捐赠者的网络慈善信任，但当前我国慈善组织的信息公开透明度还不高，有必要进一步加强慈善组织的信息公开建设，可以实施强制性的慈善组织网络慈善信息公开机制，只要慈善组织进行网络筹款就必须进行信息公开，以此提升慈善组织和网络慈善的透明度，增强捐赠者和社会公众对网络慈善的信任。

七 《关于对慈善捐赠领域相关主体实施守信联合激励和失信联合惩戒的合作备忘录》

2018年2月11日国家发展改革委、中国人民银行、民政部等部门联合签署颁布了《关于对慈善捐赠领域相关主体实施守信联合激励和失信联合惩戒的合作备忘录》。在该备忘录中，根据"褒扬诚信、惩戒失信"的总体要求，各部门在信息共享与联合激励、联合惩戒的实施方式、守信联合激励的对象和措施、联合激励的动态管理、失信联合惩戒的对象和措施等方面给予了规定。如明确了失信联合惩戒对象，主要包括慈善捐赠活动中有失信行为的自然人、法人和非法组织。具体包括：被民政部门列入社会组织严重违法失信名单的慈善组织及其法定代表人、直接负责的主管人员；在通过慈善组织捐赠中失信，被人民法院依法判定承担责任的捐赠者；在接受慈善组织资助中失信，被人民法院依法判定承担责任的受益者；被公安机关依法查处的假借慈善名义或假冒慈善组织骗取财产的自然人、法人和非法人组织。可见，失信主体范围广，包括慈善活动的主要参与者，如慈善组织、捐赠者、受益者等。该备忘录规定了24种不同的惩戒方式，如对失信慈善组织降低评估等级，严重失信的，会取消评估等级；限制作为供应商参加政府采购活动、限制失信慈善组织从事互联网信息服务等。将"失信受益人信息在同一时段内认定享保、医疗救助、临时救助等社会救助对象、保障性住房等保障对象，以及复核其救助保障资格的重要参考"。相关部门会定期把联合惩戒的信息在全国信用信息共享平台上反馈给国家发展改革委和民政部。从该备忘录中可以看出，国家正在建立健全对慈善参与主体的守信激励机制和失信惩戒机制，这种多部委联合激励机制和惩戒机制一旦形成，对于捐赠者信任的建立和维护将会发挥良好的保障作用。但该备忘录尚未对网络慈善守信激励和失信惩戒给予特别规定，网络慈善与线下慈善毕竟有许多不同之处，其激励机制和惩戒机制应符合网络慈善的特点。

八 《"十四五"民政信息化发展规划》

2021年12月23日民政部发布了《"十四五"民政信息化发展规划》（以下简称《发展规划》）。《发展规划》的重点任务之一是以信息化助力基层社会治理精细化。其中规定要加强"慈善中国"这个全国统一的慈善信息平台建设，加大对互联网慈善的支持力度，激励互联网慈善四个层面的创新：模式创新、业态创新、管理创新、技术创新。可见在《发展规划》中，政府十分重视网络慈善事业的发展，并从模式、业态、管理和技术四个层面提出创新要求。在重点任务之二"增强业务应用能力"中，该规划规定要加强民政领域信用平台建设，对失信对象进行联合惩戒。建立健全一体化在线监管体系，提升"互联网＋监管"精准化、智能化水平。民政领域信用平台的建设对于失信的慈善参与主体可以起到威慑和惩戒作用，利于捐赠者信任的建立和维护。在重点任务之三"推动新技术与民政业务深度融合"中，该规划规定要开发建设民政统一的区块链支持服务平台，稳妥审慎推进民政领域慈善捐赠信息等数据上链。可见《发展规划》注重区块链等新技术运用至慈善领域，通过新技术的运用维护慈善信息安全，让每笔善款都可以被追踪，加强慈善捐赠的全过程透明化建设，增强和维护捐赠者信任，助力慈善公信力建设。

通过以上对我国捐赠者网络慈善信任相关的法律政策文本的梳理（见表1-5），可以看到，当前关于网络慈善、慈善领域守信激励和失信惩戒的法规政策还不完善。网络慈善法规、政策和制度的完善是应对网络慈善公信力缺失、维护捐赠者网络慈善信任的基本保障。从社会政策角度看，我国应制定和完善网络慈善守信激励和失信惩戒法规与政策，明确网络慈善平台、慈善组织、受助者、捐赠者等权利与义务，保护捐赠者的合法权益。只有当违规行为得到及时而有力的惩罚，并在制度建设上不断完善，才能促进捐赠者信任的生成和维护，增强慈善事业的公信力。

表1-5　关于捐赠者网络慈善信任法律与政策文本

法规与政策名称	颁布或实施时间	颁布和通过的部门与机构
《关于促进慈善事业健康发展的指导意见》	2014年11月24日	国务院
《慈善法》	2016年9月1日	第十二届全国人民代表大会
《慈善组织公开募捐管理办法》	2016年9月1日	民政部
《公开募捐平台服务管理办法》	2016年9月1日	民政部、工业和信息化部等
《慈善组织互联网公开募捐信息平台基本技术规范》	2017年8月1日	民政部
《慈善组织互联网公开募捐信息平台基本管理规范》	2017年8月1日	民政部
《慈善组织信息公开办法》	2018年9月1日	民政部
《关于对慈善捐赠领域相关主体实施守信联合激励和失信联合惩戒的合作备忘录》	2018年2月11日	国家发展改革委、中国人民银行、民政部、中央文明办、中央网信办等部门
《"十四五"民政信息化发展规划》	2021年12月23日	民政部

第二章
捐赠者网络慈善信任结构质性

第一节 引言

　　信任能有效降低交易成本，简化交易程序，使组织和社会高效运行（秦安兰，2015）。网络慈善信任是网络慈善事业发展的基石，是维护网络慈善正常运行的前提和基础。捐赠者只有对网络慈善持有充分的信任，才有可能进一步进行网络慈善捐赠。网络慈善捐赠的增长在微观层面可以促进我国公民个体慈善意识和社会责任感的增强、促进受困群体脱离困境并获得更多的发展机会。在宏观层面则可以促进我国现代慈善事业的快速发展、促进社会和谐与稳定、更好地发挥慈善事业在第三次分配中的作用。当前，我国网络慈善正处于蓬勃发展时期，关于捐赠者网络慈善信任的研究尚处于刚起步阶段，对于捐赠者的网络慈善信任概念及其组成要素有哪些我们尚不清晰。已有关于信任的研究从心理学、社会学、经济学等学科领域界定了信任的内涵，并明确了其内在结构。在第二章理论回顾与文献综述部分，我们对不同学科领域的信任概念进行了详细的梳理。心理学侧重于认为信任是一种个体心理现象，是个体基于一定情境，做出愿意承担一定风险的行为选择，是一种相对稳定的人格特质。社会学则更注重从社会关系和社会系统的角度对信任进行界定。经济学则强调信任是与风险相伴的、基于理论选择的风险决策。由于网络慈善信任具有领域的特殊性，我们并不清楚其内在信任结构具体的样态。已有信任概念研究可以为我们进一步分析捐赠者网络慈善信任提供重要的前期基础，我们需要在此基础上进一步详细刻画和勾勒出捐赠者网络慈善信任结构，明确捐赠者在进行网络慈善捐赠时信任谁和信任什么的问题。

已有关于信任概念与结构的研究多采用文献法对相关文献进行梳理总结与归纳，形成学者对信任结构的观点。这种研究方法尽管能很好地梳理既有文献，但由于缺乏对现实中个体的考察，其概念的可推广性或生态效应需要进一步检验。已有研究表明扎根理论具有广泛的适用性（于兆吉、张嘉桐，2017），已经应用于社会学、管理学、心理学、教育学等学科领域之中。许多学者把扎根理论应用于研究概念结构。如刘海燕、郭晶晶（2012）利用扎根理论建构出了大学生心理安全感的主要结构为情绪体验、行为意图和生理体验。石冠峰等（2022）使用建构型扎根理论，建构出中国员工错失焦虑主要包括工作信息错失焦虑、职场关系错失焦虑、职业发展错失焦虑、工作福利错失焦虑。还有学者基于扎根理论发现企业责任型领导的结构维度包括责任型领导关系构建、关系治理和共享导向（姚春序等，2020）。扎根理论适用于既有理论不足或理论解释力不够的问题领域，对于确定本土化的概念内涵及结构，扎根理论是一种有效的研究方法。本书正是基于扎根理论广泛的适用性，及其在概念内涵结构等研究中的重要价值，通过深度访谈收集资料，建构出捐赠者网络慈善信任的结构，为后续研究打下基础。

第二节　方法

一　研究对象

本书选取了有网络慈善经历的捐赠者为访谈对象，在初步筛选基础上确定了最终的访谈对象。第一步为确定访谈对象。本书采用质性研究常用的目的性抽样方法，抽取能为研究提供最大信息量的样本作为研究对象（Patton，1990）。具体采用目的性抽样中的强度抽样，抽取具有较高信息密度和强度的个案进行访谈研究，以期为研究问题提供密集而丰富的信息（陈向明，2000）。采用开放式访谈对准备进入正式访谈的样本进行调查。

选择信息量最大的访谈样本进入下一步。共选择 34 位访谈对象进入正式访谈。第二步为正式访谈。访谈对象为进行过网络慈善捐赠的捐赠者，共计34 名（见表 2-1）。本书选取的访谈对象人数符合 Lincoln 和 Guba 提出的访谈样本大于 12 人的标准要求（Lincoln & Guba，1985）。其中男性 16 名，女性 18 名。最小年龄为 19 岁，最大年龄为 51 岁，平均年龄为 29.44 岁。网络捐赠经历最短为 1 年，最长为 10 年。访谈对象来自安徽、广东、湖北、江西、浙江五个省份。

表 2-1 访谈样本总体分布情况

单位：人，%

性别	频数	占比
男	16	47.06
女	18	52.94
总体	34	100.0
婚姻状况	频数	占比
未婚	16	47.06
已婚	18	52.94
总体	34	100.0
政治面貌	频数	占比
中共党员	10	29.41
共青团员	10	29.41
群众	14	41.18
总体	34	100.0
居住地	频数	占比
城市	23	67.65
农村	11	32.35
总体	34	100.0

二 研究方法

（一）深度访谈

本书使用深度访谈法对访谈对象进行深度交谈访问，通过深度访谈了解捐赠者在进行网络慈善捐赠时其信任的对象是什么、信任的内在要素及其结构。通过深度访谈，我们获取了访谈对象关于网络慈善信任的具体看法，生成了大量的文本资料，为后续扎根理论的建构提供基础。

（二）扎根理论

扎根理论最早由 Glaster 和 Strauss 提出，该方法是采用自下而上的方式，从收集个体生活经验的资料中产生的（Glaser & Strauss，1967）。通过归纳与演绎的循环交替，研究者不断使用分析比较的方法，把收集到的原始资料缩减、转化、抽象为概念，通过找寻核心概念并建立这些概念之间的联系从而抽象概括化为理论（蔡佩琼，2009；陈向明，2000）。关于什么时候研究者适宜使用扎根理论，相关学者认为"当一个现象很少有相关的理论来解释某一现象"时，扎根理论就是一个较佳的选择（Skeat & Perry，2008）。目前，国内关于网络慈善信任的研究尚处于起步阶段，对网络慈善信任概念的界定尚不清晰，对网络慈善信任结构缺乏相关的理论研究，因此，选择使用扎根理论来研究网络慈善信任结构是恰当的、适宜的。

三　研究工具

（一）访谈工具

本书采用的访谈工具是在预访谈提纲基础上，经专家修正，最终确定的访谈提纲。正式访谈提纲主要有以下问题。[①]（1）您觉得网络上哪些慈善组织、慈善平台、慈善项目值得您信任？（2）关于慈善组织、项目、平台的公益慈善信息您从哪些渠道获得的？（3）这些慈善平台、组织、项目的哪些行为或做法赢得了您的信任？（4）在网络慈善平台上为一些慈善组织或项目捐赠时，对您所捐赠的善款流向您有怎样的关注？（5）您对这个慈善组织、慈善平台、慈善项目的信任程度对您的捐赠额度有怎样的影响？（6）请您举一个您自己亲身经历的为网络慈善平台、慈善组织、慈善项目捐款的例子，详细地说一说这个过程。（7）您在网上进行慈善捐赠一般是捐赠给您认识的人，还是不认识的人？（8）有哪些

---

① 在此仅列出部分简化处理后的问题，完整信息请见附录一第一部分。

原因让您愿意在网上进行捐款？可以详细谈谈吗？（9）请您举一个自己亲身经历的在网上为个人捐赠的例子，详细说一说整个过程。

（二）录音设备

在征得访谈对象知情同意的情况下，使用 MP3 作为录音工具，对访谈内容进行全程录音，便于后期访谈文本的转录与保存。

（三）分析工具

本书使用的分析工具为 NVivo11 质性分析软件。

四　研究程序

（一）访谈员的培训

在访谈之前，应对访谈员进行访谈培训。培训的主要内容包括：（1）深度访谈介绍，包括深度访谈概念、类别、优势与不足；（2）深度访谈执行：确定访谈目的、设计访谈提纲、正式访谈注意事项；（3）访谈技巧培训：追问和处理访谈突发事件等；（4）访谈信度和效度问题。

（二）预访谈

在预访谈中，列出了我们期望了解关于网络慈善信任的主要问题，如网络慈善平台或慈善组织、个人求助者哪些行为或做法会赢得访谈对象的信任？熟人在转发求助信息时，具体做了什么让访谈对象觉得这个信息是真实可信的？这个判断结果对访谈对象的捐赠有什么影响？对于陌生人的求助信息在哪些方面让访谈对象觉得它是真实可信的？请访谈对象举一个自己亲身经历的在网上捐赠的例子，详细说一说整个过程。着重说说在捐赠过程中访谈对象对网络慈善的信任是如何形成的？预访谈对象为有网络慈善捐赠经历的大学生 8 名，其中男生 4 名，女生 4 名，平均年龄 19.8 岁。通过预访谈收集的资料和访谈对象的反馈，对访谈提纲进行修改。在此基础上，进一步咨询专家，确定最终的访谈提纲。

（三）正式访谈

（1）访谈前的准备

访谈时间：本书的访谈对象来自安徽、广东、湖北、江西、浙江五个省份。访谈时间遵循访谈对象方便性原则，利用春节放假期间对访谈对象进行访谈。每次访谈均事前与访谈对象约好时间，访谈时长为 40 分钟至 60 分钟。

访谈地点：提前与访谈对象确定好访谈地点，地点选择与访谈对象的居住地较近且安静的空间，确保访谈期间无干扰。

（2）访谈过程

本书访谈分为三个部分：访谈开场、正式访谈、访谈结束。在访谈开场部分，访谈员要告知访谈的目的、介绍自己的身份、与访谈对象建立信任。访谈开场指导语可以这样设计（具体访谈时可进行相应调整）："您好，感谢您参与访谈。我们正在进行一项关于网络慈善信任的课题研究。我们想了解您个人的真实想法、经历。您提供的信息将有助于我们的课题研究。由于您提供的信息十分珍贵，为了便于后续整理，我会一边听一边记录。记录可能有所遗漏，所以我希望能录音。请您放心，所有内容只会用于学术研究，您的个人信息绝不会被泄露。请您不要有顾虑，畅所欲言。希望您能支持理解，谢谢！"在征得访谈对象同意后，开始录音，进行正式访谈。

在正式访谈中，访谈员根据访谈提纲进行提问，对访谈对象一些有价值的回答，访谈员可以进行适度追问，获得更丰富、更有价值的信息。正式访谈完成后，进入访谈结束阶段，访谈员告知访谈对象访谈即将结束，询问访谈对象对访谈主题是否有补充，填写个人基本信息并表达感谢"我们的访谈即将结束，您就慈善捐赠信任还有什么要说的吗？最后，请您填写一下个人的基本信息。感谢您参与我的访谈，谢谢"（可根据实际情况灵活调整）。

第三节　结果与分析

一　捐赠者网络慈善信任的内涵

本书使用扎根理论的内容分析方法，将转录的访谈文本材料导入 NVivo11 质性分析软件中。根据扎根理论编码的三个层次即一级开放式编码、二级关联式编码、三级核心式编码对访谈的文本材料进行逐级编码（见表2-2）。

表2-2 捐赠者网络慈善信任结构编码

单位：个

主范畴	次范畴	原始资料	参考点个数
G1 慈善组织或项目	F1 大型的慈善组织	那些大型的慈善组织应该都能信任	58
	F2 声誉好的慈善项目	那些声誉比较好的，如"免费午餐"项目，我就很信任	42
G2 网络慈善平台	F3 使用率高的网络慈善平台	支付宝里面的值得信赖，如轻松筹，水滴筹这种平台，大家使用较多，觉得比较可信	33
	F4 规范的网络慈善平台	就像那个水滴筹，很多人得了大病都在上面求助，我觉得它比较规范、比较大，挺值得信任的	22
G3 求助者	F5 熟人：捐赠给同学、同事、亲属等	以前有过一个，就是我同学得尿毒症的时候发起过这种募捐。……那时候我也才刚毕业没多少钱，能帮多少就帮多少	20
	F6 陌生人：捐赠给陌生人	一般是陌生人，通过微信朋友圈看到相关求助信息的为多数，还有在网上也会看到这样的消息	41
G4 能力信任	F7 助人能力	身边有朋友在急需筹钱款的时候，得到了这些组织的帮助。在这种时候，我会比较信任这些组织	14
	F8 沟通能力	关于后续的进展，如哪一步做了什么，都会发信息告诉我，让我觉得这个捐赠是有效的	13
	F9 项目设计能力	如果说相关项目比较符合个人的一些兴趣，那就会比较关注吧	10
	F10 传播能力	要看它的宣传力度，那些宣传做得比较多的，我会认为它的声誉比较好，这个组织是一个可靠的组织	12
	F11 管理能力	感觉轻松筹管理比较规范，与其他平台相比规模比较大，感觉其不会乱来，不会做出失信行为	9
	F12 执行能力	主要是觉得这个组织靠谱，值得捐赠，其有这个执行能力，把这些资金用到更需要的地方，发挥更大的价值	8

续表

主范畴	次范畴	原始资料	参考点个数
G5 正直信任	F13 证明佐证	因为我看到转发的信息里面有医院的证明，有医院盖的章，还有图片，所以我觉得比较可信	70
	F14 熟人推荐或担保	因为微信朋友圈转发的大部分是他们的亲友，他们一般都会写一些话来证明这个事情是真实的	40
	F15 公开透明	就是他们那个捐赠的东西哈，相关平台或组织都会把它罗列出来然后曝光，就是公示，因此相对比较透明公开化	44
	F16 诚信特质	就是诚实守信，然后是实事求是	51
G6 善心信任	F17 良心或善良	它们以身作则这一点是我比较欣赏的。就是我相信它们是有良心的，不会做出出格的事情	15
	F18 仁慈	我觉得这个平台它初始目的是助人，因为俗话说：一方有难，八方支援。它们的目的也是去帮助别人	12
	F19 考虑捐赠者利益	首先是信任这个平台才开始捐款。毕竟平台大，应该不会做出伤害捐款人的事情。它也要顾及名声呀	13

在一级开放式编码中，以原始资料的关键词为基本编码原则，从资料中找到本土化概念，生成开放式编码。如公信力、可信、认证、公开透明等。接着进行二级编码，即关联式编码，不断对开放式编码进行分析、比较与归类，将同一类概念归在一起，建立概念间的联系。关联式编码分为两个步骤完成，第一步是生成次范畴。例如我们找到了助人能力、沟通能力、项目设计能力、传播能力、管理能力、执行能力这些次范畴。第二步是在这些基础上进一步进行归类，析出一个主范畴"能力信任"。最后，进行三级编码，即核心式编码。通过对原始资料编码的不断拆解，不断地搜索、分析比较，发展出能使各个主范畴概念串联的关系，即网络慈善信任结构。进而建构出基于扎根理论的捐赠者网络慈善信任结构理论模型。

本书围绕捐赠者网络慈善信任结构，通过三级编码，勾勒出捐赠者网络慈善信任的内涵与维度。关联式编码提炼出 19 个次范畴，在此基础上，对次范畴进行分析比较，进一步归类，析出 6 个主范畴，即慈善组织或项目、网络慈善平台、求助者、能力信任、正直信任和善心信任。其中有两个次范畴 F1 大型的慈善组织和 F2 声誉好的慈善项目析出主范畴 G1 慈善组织或项目。两个次范畴 F3 使用率高的网络慈善平台和 F4 规范的网络慈善平台析出 G2 网络慈善平台。F5 熟人：捐赠给同学、同事或亲属等和 F6 陌生人：捐赠给陌生人这两个次范畴析出主范畴 G3 求助者。F7 助人能力、F8 沟通能力、F9 项目设计能力、F10 传播能力、F11 管理能力和 F12 执行能力这 6 个次范畴析出主范畴 G4 能力信任。4 个次范畴 F13 证明佐证、F14 熟人推荐或担保、F15 公开透明、F16 诚信特质析出主范畴 G5 正直信任。3 个次范畴 F17 良心或善良、F18 仁慈、F19 考虑捐赠者利益析出主范畴 G6 善心信任。进一步对这些主范畴进行核心式编码，析出这 6 个主范畴之间的关系，发现这 6 个主范畴主要呈现出两个内容，一个指向捐赠者信任谁，即受信任方。另一个指向捐赠者的网络慈善信任的内容，即信任什么的问题。以上 6 个主范畴涵盖了访谈文本所呈现的捐赠者网络慈善信任基本内容，明确了该概念的内涵与要素。

（一）慈善组织或项目

捐赠者提及较多的网络慈善组织或项目均指向大型的或声誉较好的组织或项目。"蚂蚁森林是我比较信任的，那么多人做总不会是骗人的，还有那种正规一点，很多人用的（平台），应该不会出问题。平台比较大，我就比较相信。""比较常见的就是红十字会，主要是这些组织比较官方，比较大。"从以上两位受访者的回答中我们可以看出，捐赠者作为信任方他们所信任的对象之一是慈善组织或项目，这些慈善组织或项目由于体量比较大、相对正规，或者声誉较好才赢得了捐赠者的信任。

（二）网络慈善平台

网络慈善平台是开展网络慈善活动的重要载体，由于网络慈善平台的公开、透明、便捷等特点，其也成为捐赠者网络慈善信任的重要对象之一。捐赠者网络慈善信任的对象除了慈善组织或项目外，还信任大型的、官方的、规范的网络慈善平台。捐赠者在谈及信任网络慈善平台的原因时认为"主要觉得网络慈善平台相对原来传统的线下捐赠机构更透明、更快捷"。"觉得这些平台比较大，各方面能力也比较强，所以大家使用得比较多，说明这些平台应该比较可信。"可见，网络慈善平台自身的优势如方便、透明、快捷、使用率高等特点促使捐赠者对其充满了信任。

（三）求助者

在日常生活中，当发生一些大型灾难、事故或特殊事件时，普通捐赠者会关注慈善组织或项目，如一位受访者谈及武汉发生疫情后的捐赠，"武汉发生疫情后，看到微博上武汉人民的困难，我深有触动，就看到腾讯公益平台发起来很多捐款项目，我就捐了1000元，献出自己的一份力量"。除了以上特殊时期，普通的捐赠者一般是通过微信朋友圈进行网络慈善捐赠的，他们的网络慈善信任通常指向个体求助者。捐赠者根据自身的情况，对不同的求助者进行慈善捐赠。如有捐赠者谈及捐赠对象时表明"有认识的也有不认识的"。"不认识，是通过网络（了解到的），现在不是有一个抖音平台嘛。"捐赠者信任的个体主要包括两类：一类为熟人，另一类为陌生人。熟人包括同事、好友、同学、亲戚等。陌生人主要指与捐赠者并无直接接触与交往的求助者。捐赠者主要是通过熟人推荐或网络新闻、网络视频等渠道获得相关求助信息。

（四）能力信任

能力信任主要指捐赠者对慈善组织或项目、网络慈善平台的助人能力、沟通能力、项目设计能力、传播能力、管理能力和执行能力方面的信任。这些能力体现出网络慈善本身的一些特殊性，如在传统慈善中慈善组织要想与捐赠者进行沟通所消耗的成本常常比较高，而在网络慈善中，慈善组织常常可以通过邮件或信息推送等多种形式完成与捐赠者的沟通，沟通形式多样，而且沟通成本显著降低。另外，慈善组织或项目借助网络强大的传播能力能更广泛地传播慈善项目和慈善理念。

第一，对受信任方助人能力的信任。捐赠者谈到助人能力时表示由于网络慈善平台能更快、更广泛地帮助人们解决困难，因此赢得了他们的信任。如"这个平台平常使用的人很多，能够帮助朋友解决困难"。"身边有朋友在急需筹钱款的时候，得到了这些组织的帮助。在这种时候，我会比较信任这些组织。"这种助人能力信任反映出捐赠者对网络慈善效能的认知，捐赠者认为网络慈善能在较短的时间内帮助人筹集急需的钱款，能帮助人们尽快脱离困境，正是这种对网络慈善持有较高效能的认知的捐赠者才会产生较高水平的助人能力信任。

第二，对受信任方的沟通能力信任。捐赠者对网络慈善信任的重要来源之一是慈善组织或项目、网络慈善平台、求助者的沟通能力。如"我觉得腾讯公益平台和阿里巴巴公益平台都还行，反正每次都会把资金流向的信息发给我"。"然后他们会把我的钱怎么用，流向谁的手里告诉我，这样我就会很清楚、明确地知道钱用在哪里，可以追踪到它去了哪里。"沟通能力反映出慈善组织或项目、网络慈善平台和求助者对捐赠者的重视与尊重，这既是赢得捐赠者信任的重要途径，也是赢得捐赠者持续捐赠的重要手段。

第三，对受信任方项目设计能力的信任。当前网络慈善项目要想获得捐赠者的青睐，项目设计就应符合捐赠者的需要和兴趣，因此，项目设计能力对赢得捐赠者网络慈善信任显得尤为重要。"他们的项目能够吸引我、打动我。""当时这个项目引发了我的兴趣，还是值得我信任的，而且我的捐款金额也不是很多。"慈善组织要赢得捐赠者对其项目设计能力的信任，需要考虑满足不同捐赠者的兴趣和需要，让捐赠者在阅读捐赠文本时产生捐赠动机，进行慈善捐赠时感到有趣、有价值。

第四，对受信任方传播能力的信任。在"互联网+"时代下，网络信息层出不穷，捐赠者常常陷入信息冗余的境地。如何在海量的信息中，让慈善组织或项目被看到考验的是慈善传播能力。捐赠者之所以会相信网络慈善，其中原因之一是他们认为某一慈善项目有声誉、有强大的传播能力。例如"要看它的宣传力度，那些宣传做得比较多的，我会认为它的声誉比较好，这个组织是一个可靠的组织"。"但这个水滴筹的确帮助了很多人，有强大的传播能力。"慈善组织或项目或网络慈善平台较强的传播能力会为其赢得较高的社会声誉，而社会声誉会成为捐赠者产生网络慈善信任的重要参考。

第五，对受信任方管理能力的信任。如果说前面四个能力均指向外部，那么管理能力信任则指向慈善组织或项目和网络慈善平台内部。只有那些管理能力较强、较为规范的慈善组织或项目和网络慈善平台才能赢得捐赠者信任。"感觉轻松筹管理比较规范，与其他平台相比规模比较大，感觉其不会乱来，不会做出失信行为。"管理能力信任主要表现为两个方面，一方面是相信慈善组织或项目和网络慈善平台日常管理到位、严格。另一个方面就是如果出现违规事件，慈善组织或项目和网络慈善平台会通过加强管理和制度建设来杜绝类似事件再次发生，达到维护信任的目的。"如果万一出现了违规事件，管理能力强的慈善组织能很好地处理和解决，不让类似的事情再次发生，取得公众的谅解。"

第六，对受信任方执行能力的信任。捐赠者在谈及网络慈善信任时，常常与传统线下慈善做比较，认为正是因为慈善组织或项目及网络慈善平台执行能力较强才会赢得捐赠者信任。"主要是觉得这个组织靠谱，值得捐赠，其有这个执行能力，把这些资金用到更需要的地方，发挥更大的价值。""与传统线下捐赠相比，网上（捐赠）的相对效率比较高。"

（五）正直信任

正直信任主要指捐赠者对网络慈善平台、慈善组织或项目和求助者传递信息的真实性、可靠性和诚信特质等方面的信任。具体包括以下内容：证明佐证、熟人推荐或担保、公开透明、诚信特质。

第一，通过证明佐证获得捐赠者的正直信任。捐赠者对网络慈善的信任生成是基于网络慈善项目能够提供较为真实的证明佐证材料，这些材料利于捐赠者形成信息真实性和可靠性的判断。如"我觉得应该是它的证明材料吧，很充分，就是能给人一种真实感"。在谈及证明佐证材料时，捐赠者认为并非材料越多越好，关键在于材料的权威性和精准性。"官方的东西和证据就更权威一点。比如生病，就必须要有医院的诊断和证明。"目前，我国网络慈善项目和相关信息真实性主要依靠捐赠者自身判断。网络慈善平台并不承担真实性责任，发布信息的相关组织和个人要承担信息真实性的责任。但是，由于捐赠者所掌握的信息与求助者、慈善组织或项目的信息存在明显的不平衡状态，捐赠者在进行慈善捐赠时只能依据平台所呈现的佐证资料来进行真实性判断。如"我还会看一下，他需要的捐赠额度，结合他的那个求助信息来判断"。"因为我们会分析一下他发布的这个内容是不是真实的，家里会不会是他说的这种情况。"

第二，通过熟人推荐或担保获得捐赠者正直信任。由于网络捐赠一般是小额捐赠，普通的捐赠者常常是通过熟人背书的方式生成网络慈善信任的。"一般是有熟人的背书，就是对熟人转发的信息我一般会有一个基本的判断""我是通过转发人的证明和表述来进行判断的，或者根据转发人与受助人亲密程度来判断。"一般来说，熟人推荐或转发相关求助信息时，如果对求助者的情况进行一个简单的描述或者介绍自己与求助者的关系等有助于捐赠者形成较高水平的正直信任。捐赠者常常会基于对熟人的信任而生成对求助者的信任。

第三，通过公开透明获得捐赠者正直信任。公开透明是网络慈善的显著特点，也是其赢得公众信任的重要手段。很多访谈对象均谈及正是由于网络慈善的公开透明，让他们觉得网络慈善平台和慈善组织或项目值得信任。如"我觉得是信息的公示吧，前面在微博上看到有个慈善组织，连收了几箱泡面都公示出来，感觉很受触动。""账单明细，视频直播等。捐赠者能够清楚地知道物资去向。""我参与的大部分项目对于善款的流向或者使用方向应该说是透明的。"可见，只有把网络慈善装在透明的口袋中，不断加强网络慈善的透明度建设，才能更好地增强捐赠者的信任。慈善组织或项目、网络慈善平台透明度主要包括信息透明、过程透明和结果透明。

第四，捐赠者认为网络慈善平台、慈善组织或项目和求助者拥有诚信特质。访谈对象谈及较多的诚信特质主要包括真诚、诚实、守信、踏实可靠、实事求是、为人正直。"一些平常的性格特点，如诚实可靠，我觉得都很重要。""我们经常使用其各种功能，这个平台比较正规，也比较有诚信。""这个人本身信誉度特别高，他的处事方式比较稳重，我觉得他比较值得信任。"可见，一旦捐赠者认为某一网络慈善平台、慈善组织或项目和求助者具有诚信特质，那么他们就会形成关于受信任方稳定的个性认知，这种认知一旦形成则不易改变。

（六）善心信任

善心信任是捐赠者对网络慈善平台、慈善组织或项目和求助者仁慈、善良、良心等方面的信任，即相信受信任方不会违背善良原则做出损害他人利益的事情。在本书中善心信任主要包括良心或善良、仁慈、考虑捐赠者利益三个方面。

第一，捐赠者相信受信任方遵循良心或善良原则行事。在谈及网络慈善平台、慈善组织或项目和求助者时，访谈对象认为这些主体的"善良、有正义感、有责任心等"很重要。捐赠者相信"人家也不会为了赚一点钱，就说这个人病得很严重"。"因为是认识的人转发的，我相信他品性也是和我一样比较纯真善良，而且因为是认识的人，所以说，我觉得他不会害人家，我们就一起扩散（求助信息），就是大家一起参与进来。"捐赠者正是认为慈善组织或项目、网络慈善平台有良心，才会信任它们。"它们以身作则这一点是我比较欣赏的。就是我相信它们是有良心的，不会做出出格的事情。"可见，人们进行网络慈善捐赠的前提是相信慈善信息的真实可靠，相信受信任方会遵循善良或良心原则不会做出欺诈行为，正是有了这种信任才让捐赠者愿意承担网络慈善一定的风险性而做出慈善捐赠行为。

第二，捐赠者相信受信任方是仁慈的。捐赠者认为不论是对于网络慈善平台还是对于慈善组织或项目来讲，人们普遍相信它们是仁慈的，是具有仁爱、慈善的价值追求的。"我觉得这个平台它初始目的是助人，因为俗话说：一方有难，八方支援。它们的目的也是去帮助别人。"正是捐赠者看到了网络慈善平台和慈善组织或项目的仁慈，对受困群体的境遇感到同情，才促使他们对网络慈善产生了较高的信任度。

第三，捐赠者相信受信任方不会只顾及自身利益，其会考虑捐赠者的利益。捐赠者愿意进行网络慈善捐赠的原因之一在于其相信网络慈善平台、慈善组织或项目、求助者在开展网络慈善活动时不会为了私利而损害捐赠者的利益，如故意隐瞒、私吞善款等。"玩花样的人很少，他们不会为了自己的私利伤害本人的。""因为这些平台有公信力，让你相信它们不会为了自己的利益做出损害我们捐款人利益的事情，如私吞善款之类的事情。""还有一个就是他是一个只顾及自己人，还是一个会顾及他人利益的人，如果他是一个只考虑自己的人，我觉得不可信。"由此可见，捐赠者认为如果受信任方能顾及捐赠者利益，那么发生网络慈善欺诈事件的概率会极大降低，捐赠者捐出的善款就会发挥最大效用，捐赠者的利益也会得到很好的保护。

综上所述，在本书中捐赠者网络慈善信任的内涵是指捐赠者对网络慈善平台、慈善组织或项目、求助者的能力、正直和善心方面的信任。

二 捐赠者网络慈善信任结构

根据前文对捐赠者网络慈善信任内涵的阐述我们可以明确两个基本问题，一是捐赠者在网络慈善中信任谁？二是捐赠者在网络慈善中信任什么？第一个问题关注的是谁是网络慈善信任中的受信任方，即信任的对象。通过访谈文本分析比较、编码，我们析出了三个主范畴是关于网络慈善信任对象的，即 G1 慈善组织或项目、G2 网络慈善平台和 G3 求助者，这三者是网络慈善参与的重要主体，捐赠者作为信任方对这三者的信任态度和水平直接决定网络慈善信任的整体水平。第二个问题关注的是信任内容是什么。通过对访谈文本的关联式编码我们析出了三个关于信任内容的主范畴，即 G4 能力信任、G5 正直信任和 G6 善心信任。通过三级核心式编码，我们发展出网络慈善信任结构（见图 2-1）。

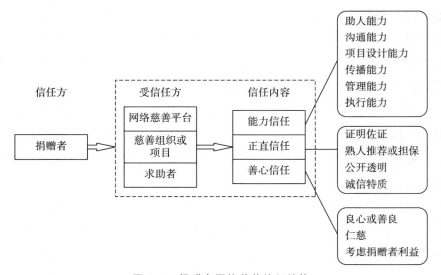

图 2-1 捐赠者网络慈善信任结构

由图 2-1 可以看出捐赠者网络慈善信任主要包括两个核心概念，即受信任方和信任内容。在捐赠者网络慈善信任结构中，受信任方主要有三个：网络慈善平台、慈善组织或项目和求助者。捐赠者作为信任方对以上三者的信任内容进行衡量与评价。此外，具体到网络慈善信任内容上，网络慈善信任包含三个维度：能力信任、正直信任和善心信任。总之，捐赠者网络慈善信任是指在网络慈善活动过程中，捐赠者对网络慈善平台、慈善组织或项目、求助者的能力、正直和善心的衡量与评价，是对受信任方持有的积极心理期望。其中能力信任是指捐赠者对受信任方助人能力、沟通能力、项目设计能力、传播能力、管理能力和执行能力的信任，即相信受信任方具有提供良好服务和慈善产品的能力。正直信任包括对受信任方的证明佐证、熟人推荐或担保、公开透明、诚信特质的信任，是捐赠者对受信任方会遵守诚实守信规则的信任。善心信任包括信任受信任方的良心或善良、仁慈，相信其会考虑捐赠者利益，是捐赠者相信受信任方会遵循良心原则、顾及捐赠者利益，不会做出损害捐赠者利益的事情。

第四节　研究结论

本书得出了以下主要研究结论。

（1）本书根据扎根理论界定了捐赠者网络慈善的概念内涵。捐赠者网络慈善信任是指在网络慈善活动过程中，捐赠者对网络慈善平台、慈善组织或项目、求助者的能力、正直和善心的衡量与评价，是对受信任方持有的积极心理期望。该概念明确了信任方与受信任方的构成，以及信任内容的构成，为后续的捐赠者网络慈善信任生成与维护机制研究打下基础。

（2）本书基于捐赠者对网络慈善信任认知的扎根理论，建构出了捐赠者网络慈善信任结构。该结构包括两个主要要素：受信任方和信任内容。受信任方主要包括网络慈善平台、慈善组织或项目和求助者，回答的是捐赠者信任谁的问题。信任内容包括三个维度，即能力信任、正直信任和善心信任，回答的是捐赠者信任什么的问题。

第三章
捐赠者网络慈善信任生成机制

　　捐赠者是网络慈善重要的参与主体，捐赠者的信任是促进网络慈善健康发展的基本保障。要想研究捐赠者网络慈善信任，从时间脉络上，我们需要研究捐赠者网络慈善信任是如何生成的，即捐赠者初始信任的生成主要受哪些因素影响，具体的机制是什么。本部分主要从两个层面来研究捐赠者初始信任。首先，研究网络慈善平台捐赠者初始信任生成机制。其次，研究基于社交软件的捐赠者网络慈善初始信任生成机制。前者探讨了在陌生人社会，第一次接触网络慈善平台的捐赠者是如何形成初始信任的。后者则研究了基于微信等社交软件所催生的线上"熟人社会"，个体捐赠者是如何建立网络捐赠初始信任的。

第一节　网络慈善平台捐赠者初始信任
生成机制研究

　　从 2016 年至今，民政部分三个批次认定了 32 个网络慈善平台。对于初次登录这些网络慈善平台的捐赠者而言，他们登录平台所形成的慈善信任就是初始信任。目前，学界关于网络慈善平台的研究主要集中在以下几个方面。一是网络慈善平台运作研究。林卡和李波（2021）研究发现网络慈善平台的运作主要受平台运作流量控制、监管与运作规程、技术门槛等影响，在运作过程中具有流量效应、挤压效应、涨落效应等多重效应。二是网络慈善平台监管与治理研究。鲁篱和程瀚（2020）研究发现当前我国网络慈善平台商业化倾向严重，在运行过程中存在信息严重不对称、管理缺位等问题。因此，需要切割商业与慈善众筹的联系，完善网络慈善平台内部管理等。冯春、黄静文（2019）也认为网络慈善平台存在求助信息真实性难以分辨、善款使用缺乏监管、平台有牟利行为等失范现象，要治理网络慈善平台失范现象需要从健全法律法规、建设公开透明制度、完善信息审核机制等方面着手。对于网络慈善平台的诚信治理，王琪（2020）认为需要建立多边用户与多主体合作共同治理的机制。三是网络慈善平台慈善项目、筹资、区块链应用等问题研究。何兰萍和王晟昱（2019）研究了我国网络慈善平台的133个大病救助项目，通过对项目的具体分析发现当前我国大病慈善救助可以获得多元渠道的社会资源支持，但尚存在支持力度不足、疾病病种救助范围狭窄、救助不充分的问题。当前我国网络慈善平台筹资模式以资金筹措为主，以物品筹措为辅（冯叶露，2018）。针对当前我国网络慈善平台出现的种种失范现象，李琪等（2017）提出了基于区块链技术的慈善应用模式，认为该模式可以有效跟踪善款流向、避免善款滥用。从已有网络慈善平台的相关研究中可以看出，鲜有直接以网络慈善平台捐赠者信任为主题的研究，与之相关的成果散落在网络慈善平台的监管与治理研究之中。

捐赠者信任是网络慈善发展的基石，我们需要清楚地知道捐赠者在第一次接触网络慈善平台时，其信任究竟是如何形成的，受到哪些因素的影响。在第一章理论回顾与文献综述的第四部分，我们对国内外捐赠者网络慈善初始信任生成的文献进行了回顾与梳理，发现影响捐赠者信任生成的主要因素有捐赠者因素、慈善组织因素、网络慈善平台因素和制度结构因素。捐赠者因素包括捐赠者的信任倾向、网络经验。慈善组织因素主要包括网络能力、声誉、组织规模、透明度。网络慈善平台因素主要包括有用性、易用性、安全性和设计性。制度结构因素主要是指结构性保障。本书将通过实证方式详细探究以上因素对捐赠者网络慈善信任的影响。

一 研究假设与理论模型建构

（一）影响网络慈善初始信任生成的路径关系假设

本书中信任的结构主要依据第二章的研究结果，即网络慈善信任包括能力信任、正直信任和善心信任。Gefen（2000）也认为网络信任具有能力、善心和正直三个维度。

　　信任在时间脉络上的发展具有阶段性特征，信任发展实际上是信任方与受信任方不断持续、动态交互的过程，包括信任的建立、保持和终结（翟学伟、薛天山主编，2014）。根据信任随时间发展的特点不同，网络信任发展可以分为早期阶段、中间阶段和成熟阶段。初始信任的建立就发生在早期阶段，它是网络信任建立的第一步，是捐赠者对网络慈善形成的第一印象。那么捐赠者如何在使用网络的过程中，生成对网络慈善的初始信任的呢？有哪些因素影响网络慈善初始信任的生成？这些因素之间的关系是怎样的？基于第一章理论回顾与文献综述的第四部分"捐赠者网络慈善初始信任生成文献回顾与述评"的分析，我们提出了网络慈善初始信任生成机制理论假设模型（见图3-1），该模型能回答以上问题。

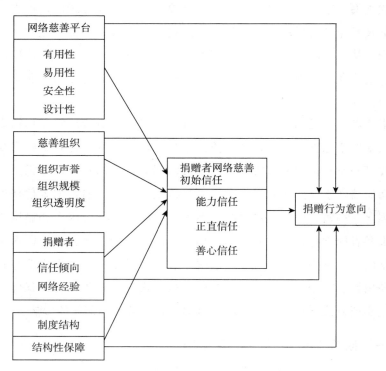

图3-1　捐赠者网络慈善初始信任生成机制理论模型

假设 H1a：网络慈善平台有用性正向影响网络慈善初始信任。

假设 H1b：网络慈善平台易用性正向影响网络慈善初始信任。

假设 H1c：网络慈善平台安全性正向影响网络慈善初始信任。

假设 H1d：网络慈善平台设计性正向影响网络慈善初始信任。

假设 H2a：慈善组织声誉正向影响网络慈善初始信任。

假设 H2b：慈善组织规模正向影响网络慈善初始信任。

假设 H2c：慈善组织透明度正向影响网络慈善初始信任。

假设 H3a：捐赠者信任倾向正向影响网络慈善初始信任。

假设 H3b：捐赠者网络经验正向影响网络慈善初始信任。

假设 H4：结构性保障正向影响网络慈善初始信任。

此外，网络慈善初始信任与慈善捐赠意向是何种关系？相关学者的研究表明信任对个体捐赠行为有正向影响（Sargeant & Lee，2004）。一项针对中国的调查研究发现社会信任能显著促进个体捐赠行为（南方、罗微，2013）。已有关于信任与行为意向的研究可以为本书提供参考。在消费领域，王建华和王缘（2021）对消费者信任和产品购买意愿进行了研究，发现信任对个体的购买意向具有正向影响。孙赫等（2020）对互联网理财的研究发现，用户的初始信任能持续稳定地影响产品的使用意愿。有学者在医疗服务领域内的研究发现，患者信任直接正向影响患者的行为意向，并且在信任感和有效性与行为意向之间起到了中介作用（周伟娇等，2018）。在公共管理领域内，秦梦真和陶鹏（2020）对政府信任和邻避行为意向的研究发现政府信任对利益感知与公民接受型行为意向有显著正向影响。基于以上研究，本书提出假设 H5：网络慈善初始信任对捐赠行为意向有正向影响。

由图 3-1 可见，捐赠者网络慈善初始信任主要包括能力信任、正直信任和善心信任三个维度。影响捐赠者网络慈善初始信任的前因变量主要包括四个因素：网络慈善平台、慈善组织、捐赠者和制度结构。网络慈善平台因素主要包括有用性、易用性、安全性和设计性。慈善组织因素主要包括组织声誉、组织规模和组织透明度。捐赠者因素主要包括信任倾向、网络经验。制度结构因素是指结构性保障。以上四个因素均会影响捐赠者的网络慈善信任，而网络慈善信任形成的直接结果是捐赠者的捐赠行为。

总体来说，捐赠者因素属于信任方因素，慈善组织因素则属于受信任方因素，而网络慈善平台因素属于媒介因素，这个因素体现出网络慈善信任与传统慈善信任的显著区别，即网络慈善信任需要通过媒介来完成信任方与受信任方的信任传递，而传统慈善信任主要通过面对面的交流互动完成信任传递。制度结构因素则属于信任发生的环境因素，是保障信任产生的环境土壤。

由该模型可以看出，不同于传统慈善信任，在网络慈善信任中较为特殊而且十分重要的因素主要有：捐赠者的网络经验，网络慈善平台的有用性、易用性、安全性和设计性因素。这些因素均与网络密切相关，或是网络平台自身的因素，或是信任方关于网络的经验因素。为什么说这些因素对网络慈善信任的生成十分重要呢？首先，这些因素体现出了明显的网络社会特征。网络社会是通过网络联系在一起的各种关系聚合的社会系统，是一种新的、真实的社会存在方式，是一种共享的交往模式（童星、罗军，2001）。网络社会具有表象化思维、符号化追求、感性化群聚等特征（刘少杰，2016）。捐赠者的网络经验，网络慈善平台的有用性、易用性、安全性和设计性因素均能体现出以上网络社会的特征，因此这些因素是影响网络慈善初始信任生成的重要因素。其次，网络社会中人们之间的关系是建立在双方信任基础上的，网络信任建立于虚拟空间，这种虚拟空间的不确定性和风险性等特征导致网络信任具有不稳定、脆弱的特点（吉登斯，2000）。因此，网络慈善平台的有用性、易用性、安全性和设计性因素需要考虑降低网络风险，进而增强网络慈善信任。而捐赠者的网络经验能助其规避风险、减少不确定性，自然有助于网络慈善信任的生成。而结构性保障能让捐赠者对网络慈善产生安全感，进而生成更多的网络慈善信任。

除了以上提及的因素之外，捐赠者的信任倾向，慈善组织的组织声誉、组织规模、组织透明度均对网络慈善初始信任产生影响。这些因素在传统慈善活动中也均被证明对捐赠者的慈善信任有影响，说明这些因素在网络慈善和传统慈善领域内具有一致性的作用，具有跨领域的存在意义。总之，通过建构捐赠者网络慈善初始信任生成机制模型，我们可以了解影响网络慈善初始信任生成的关键因素有哪些，这些因素是如何产生影响的，这些因素之间的内在关系是怎样的。在了解这些的基础之上，我们就可以根据这些因素来促成捐赠者生成更高水平的网络慈善信任，促进网络慈善事业的发展。

（二）网络慈善初始信任的中介关系假设

网络慈善平台、慈善组织、捐赠者和制度结构四个因素是不是通过网络慈善初始信任的中介才对慈善捐赠意向产生影响呢？

首先，我们回顾网络慈善平台因素、初始信任与捐赠行为意向的相关研究。有学者研究发现初始信任在互联网理财感知易用性与使用意愿之间存在显著的中介效应（孙赫等，2020）。也有学者在对电子商务供应商初始信任进行研究时发现个体因素如消费倾向、前因变量因素如商家信誉、制度结构因素如结构性保障均会促进用户对商家初始信任的生成（McKnight，Choudhury & Kacmar，2002）。李进华和王凯利（2018）基于 TAM 理论模型对微信信息流广告受众信任进行实证研究发现，易用性显著正向影响信任，信任显著正向影响行为意愿。林家宝等（2009）对移动证券消费者信任的实证研究发现有用性、安全性、信任倾向显著正向影响信任，信任可以显著促进使用意愿。应志恒等（2018）对网络零售可获得信息的信任研究发现，感知信息有用性正向影响信任，并通过信任的中介作用显著影响行为意向。万君等（2015）在对移动购物消费者信任进行研究后发现，感知有用性、结构性保障和商家信誉显著正向影响移动购物初始信任。卿硕（2014）通过对网站的实证研究发现，网站的易用性、安全性对用户的信任有显著正向影响。Sreen 等（2018）的研究也发现安全性感知可以促使人们增强对企业履行契约的信心。王筱纶等（2019）对志愿者信任的研究发现，声誉、网站易用性会显著正向影响信任。斯坦福说服技术实验室研究发现近一半的用户是基于网站的整体视觉设计的吸引力来评估网站的可信度的（Fogg，2002），这说明网站的设计性对用户的信任具有促进作用。另一项研究发现网站的导航设计、搜索引擎设计等会影响用户的交互印象与透明度感知，进而正向影响信任（Zhou et al.，2018；陈明亮、蔡日梅，2009）。基于已有研究，本书提出以下假设。

假设 H6a：网络慈善初始信任在网络慈善平台感知有用性与捐赠行为

意向之间起到中介作用。

假设 H6b：网络慈善初始信任在网络慈善平台感知易用性与捐赠行为意向之间起到中介作用。

假设 H6c：网络慈善初始信任在网络慈善平台感知安全性与捐赠行为意向之间起到中介作用。

假设 H6d：网络慈善初始信任在网络慈善平台感知设计性与捐赠行为意向之间起到中介作用。

其次，慈善组织因素、初始信任与捐赠行为意向的相关研究。蔡荣等（2015）关于组织声誉、信任的研究发现，组织声誉对信任具有明显正向增强功能。一项关于网约车的研究发现，声誉可以促进人们的信任判断（李庆功等，2020）。Boero 等（2009）在信任博弈实验研究中发现，信任方会向具有较高声誉的受信任方投入更多的资金，说明声誉会显著影响人们的信任，人们会倾向于更加信任那些具有良好声誉的人或组织。李晓东等（2020）基于中国 70 个城市样本数据分析发现，声誉是信任建立的基础，声誉可以促进人们的信任水平提升。此外，有学者对在线交易的研究发现，商家声誉对顾客的信任、参与意愿具有显著的正向影响（刘思强等，2014）。一项关于广告行为意向的研究发现，组织声誉显著正向影响消费者的信任和态度，而消费者信任又正向影响广告行为意向（孟雷、柴金萍，2013）。已有研究发现组织的规模会影响用户对其声誉的认知，进而影响信任（Laroche et al.，2012）。一般来讲，慈善组织规模越大，人们越倾向于认为该组织更正规，会更倾向于信任该组织，越有可能产生较高水平的捐赠行为意愿。慈善组织透明度是影响慈善事业发展的重要因素。张鹏等（2016）的研究认为增强捐赠信任的关键在于提升慈善透明度，并提出应建立慈善物资可追溯系统，从技术和制度两方面提升慈善透明度。基于已有相关研究，本书提出以下假设。

假设 H7a：网络慈善初始信任在慈善组织声誉与捐赠行为意向之间起到中介作用。

假设 H7b：网络慈善初始信任在慈善组织规模与捐赠行为意向之间起到中介作用。

假设 H7c：网络慈善初始信任在慈善组织透明度与捐赠行为意向之间起到中介作用。

再次，我们来回顾捐赠者个体因素、初始信任与捐赠行为意向的相关研究。一项关于个体特征对体育自媒体消费意愿的影响研究发现，信任倾向对人们的行为意图具有显著的正向影响（周甜甜、徐立功，2021）。已有研究进一步发现信任倾向显著正向影响人们信任动机的产生（方世巧、熊静，2021；韩涵等，2020）。因此，我们可以推断信任倾向是通过信任的中介作用对人们的行为意图产生影响的。作为初次进行网络平台慈善捐赠的个体，他们虽然没有网络慈善捐赠经验，但是很多捐赠者已经具有了其他网络经验，如网上购物、网上观影等。这些网络经验对他们初次使用网络慈善平台具有一定的正向促进作用。Corbitt 等（2004）的研究表明，个体的网络经验同网络信任水平存在高度正相关。Metzger（2006）认为一个人网络经验越丰富，就越有可能控制网络风险，因此会促进其网络信任水平的提升。已有研究表明网络信任能显著促进人们的网络行为意向，如网上购物意向、提供信息意向等（Yoon，2002）。由此，我们推断网络经验是通过网络慈善初始信任的中介作用对人们的捐赠行为意图产生影响的。基于已有相关研究，本书提出以下假设。

假设 H8a：网络慈善初始信任在捐赠者信任倾向与捐赠行为意向之间起到中介作用。

假设 H8b：网络慈善初始信任在捐赠者网络经验与捐赠行为意向之间起到中介作用。

最后，结构性保障能为网络慈善捐赠者提供制度环境支持。Mcknight、Choudhury 和 Kacmar（2002）通过实证研究发现，结构性保障能增强个体的初始信任，在网络环境具有风险的情境下，个体希望自己的隐私、资金等能被合同、法律、法规所保障。国内学者通过实证研究发现结构性保障是影响个体初始信任的重要因素之一，能显著促进个体生成初始信任（李召敏、宋光兴，2006；李宝库等，2016）。姚云浩和栾维新（2019）的研究发现结构性保障是影响消费行为意向的关键因素之一，对其具有显著正向影响。基于已有研究，我们提出假设 H9：网络慈善初始信任在结构性保障与捐赠行为意向之间起到中介作用。

基于已有研究，我们推论网络慈善捐赠者使用网络慈善平台进行慈善捐赠时虽然没有先前网络慈善捐赠经验，但捐赠者会根据其信任倾向、网络经验对网络慈善平台的有用性、易用性、安全性和设计性，慈善组织的声誉、规模和透明度形成相应的心理预期，进而形成初始信任，最终影响捐赠者的慈善捐赠意愿。

二 预测问卷设计与数据收集

（一）初始问卷设计

良好的问卷设计是获得优质测量结果的基本保障。问卷设计要注意三个方面：一是确定测量变量的维度及其潜变量；二是要在前人研究基础上设计问卷；三是确定题目与其对应潜变量的关系（Bollen，1989）。基于前一部分捐赠者网络慈善初始信任生成机制理论模型，本书共包含 14 个测量变量。根据已有相关研究，归纳总结出各测量变量的成熟量表，并根据本书情境进行相应的调整。

1. 网络慈善平台感知

网络慈善平台感知包括网站有用性、易用性、安全性和设计性四个维度，即 4 个测量变量。网络慈善平台感知有用性（perceived usefulness）是指个体认为使用网站能提高慈善捐赠效率的程度。网站有用性测量主要参考了 Gefen 等（2003）的研究，并根据本书情境进行了适当的修改。感知有用性包括 3 个题目："网络慈善捐赠程序简便、明了，节省了我的时间，提高了我的捐赠效率"；"该网站能让我快速地找到我想要帮助的人"；"使用该网站能让我便捷地做善事"（见表 3-1）。

表 3-1 感知有用性预测问卷题目

变量	题目
感知有用性（PU）	PU1：网络慈善捐赠程序简便、明了，节省了我的时间，提高了我的捐赠效率
	PU2：该网站能让我快速地找到我想要帮助的人
	PU3：使用该网站能让我便捷地做善事

感知易用性（perceived ease of use）是指个体认为使用网络平台的容易程度。易用性的测量指标主要参考了 Gefen 等（2003）的研究，并根据本书情境进行了适当的调整。本书采用 3 个题目测量感知易用性变量："打开网站时，可以直接一键登录，不用注册账号就能浏览网站对我来说很便利"；"该网站的操作方式清楚明了"；"该网站使用起来比较容易"（见表 3-2）。

表 3-2　感知易用性预测问卷题目

变量	题目
感知易用性 （PEU）	PEU1：打开网站时，可以直接一键登录，不用注册账号就能浏览网站对我来说很便利
	PEU2：该网站的操作方式清楚明了
	PEU3：该网站使用起来比较容易

感知安全性（perceived safety）是指个体认为网络平台的安全程度。网络慈善平台安全性测量指标主要参考了 Koufaris 和 Hampton-Sosa（2004）的研究，并根据本书情境进行了相应的修改。本书使用 3 个题目来测量平台感知安全性变量："捐赠时弹出的透明度提示让我觉得在该平台上进行捐赠是安全的"；"网站张贴了公益平台用户捐赠协议让我知道自己的信息是安全的"；"我认为该网站链接的电子支付系统是安全的"（见表 3-3）。

表 3-3　感知安全性预测问卷题目

变量	题目
感知安全性 （PS）	PS1：捐赠时弹出的透明度提示让我觉得在该平台上进行捐赠是安全的
	PS2：网站张贴了公益平台用户捐赠协议让我知道自己的信息是安全的
	PS3：我认为该网站链接的电子支付系统是安全的

感知设计性（perceived design）是指个体对网络平台页面、内容和结构等方面设计上的优劣感知。设计性的测量指标参考了 Wang 和 Emurian（2005a）的研究。网络慈善平台感知设计性变量共包括 3 个题目："网站的字体、图片、色彩搭配等页面设计给人的感觉比较专业，品质较高"；"网站在内容设计上突出了自己的品牌 Logo 和慈善宣传语"；"网站导航和

搜索引擎设计得很好，能让人简单、快捷地找到感兴趣的慈善信息"（见表 3-4）。

表 3-4　感知设计性预测问卷题目

变量	题目
感知设计性 （PD）	PD1：网站的字体、图片、色彩搭配等页面设计给人的感觉比较专业，品质较高
	PD2：网站在内容设计上突出了自己的品牌 Logo 和慈善宣传语
	PD3：网站导航和搜索引擎设计得很好，能让人简单、快捷地找到感兴趣的慈善信息

2. 慈善组织因素

声誉是指利益相关者对组织的特征及过往行为评价与印象的综合，声誉可以作为可靠的信号传递给利益相关者用于降低对未来行为的不确定性（党生翠，2019）。慈善组织声誉（charitable organization reputation）是指捐赠者对慈善组织特征和过往行为的评价与印象的综合感知，即对慈善组织声望名誉的感知。声誉是慈善组织拥有的稀有、可持续和难以模仿的无形资产（张冉，2014）。在参考党生翠研究的基础上，本书使用 3 个题目测量组织声誉："慈善组织能在网络上获得筹款表明它的声誉好"；"腾讯公益平台是国家认定的首批网络慈善平台，这表明该平台上的慈善组织均具有较高声誉"；"知名度较高的慈善组织更能吸引我的捐赠"（见表 3-5）。

表 3-5　组织声誉预测问卷题目

变量	题目
组织声誉 （OR）	OR1：慈善组织能在网络上获得筹款表明它的声誉好
	OR2：腾讯公益平台是国家认定的首批网络慈善平台，这表明该平台上的慈善组织均具有较高声誉
	OR3：知名度较高的慈善组织更能吸引我的捐赠

慈善组织规模（charitable organization size）是指个体对慈善组织大小和经营范围的感知。慈善组织规模代表其实力，规模越大，意味着慈善组织有募集较大数额善款的能力、更强的救助能力、更高的信息透明度，以及内部治理结构更完善（李昀颖，2015）。本书采用 3 个题目测量组织规模：

"规模大的、省级以上的慈善组织更能吸引我";"我更愿意向规模较大的慈善组织进行捐赠";"规模较大的慈善组织更能引起我的兴趣"（见表3-6）。

表 3-6　组织规模预测问卷题目

变量	题目
组织规模 （OS）	OS1：规模大的、省级以上的慈善组织更能吸引我
	OS2：我更愿意向规模较大的慈善组织进行捐赠
	OS3：规模较大的慈善组织更能引起我的兴趣

慈善组织透明度（charitable organization transparency）一直以来是慈善领域研究者关注的重点。信息披露是透明度建设的重要内容，研究发现公募基金会在线财务披露和业务披露能增加组织的捐赠收入（刘志明，2015）。本书在参考颜梦洁和李青（2021）研究的基础上，采用 3 个题目对组织透明度进行测量："慈善组织在网络平台上公布了关于项目、进展、机构等详细信息，让我觉得慈善组织具有较高透明度";"慈善组织在网络平台上公布了项目的筹款情况和公众捐款记录，让我觉得慈善组织筹款过程的透明度较高";"慈善组织在网络平台上公布了慈善项目的执行情况、项目预算、执行计划等详细信息，表明慈善组织执行过程透明度较高"（见表3-7）。

表 3-7　组织透明度预测问卷题目

变量	题目
组织透明度 （OT）	OT1：慈善组织在网络平台上公布了关于项目、进展、机构等详细信息，让我觉得慈善组织具有较高透明度
	OT2：慈善组织在网络平台上公布了项目的筹款情况和公众捐款记录，让我觉得慈善组织筹款过程的透明度较高
	OT3：慈善组织在网络平台上公布了慈善项目的执行情况、项目预算、执行计划等详细信息，表明慈善组织执行过程透明度较高

3. 捐赠者个体因素

捐赠者个体因素包括信任倾向、网络经验两个测量变量。信任倾向性（trust intention）是指捐赠者信任他人的一般意愿。信任倾向问卷在参考秦安兰（2018b）和王连生、王茂福（2021）研究的基础上，使用 4 个题目测量：

"我通常会信任他人""我觉得人性是可以信赖的，对人性有信心""大部分人都是诚实的""在这个社会上，绝大多数人都是可以信任的"（见表 3-8）。

表 3-8　信任倾向性预测问卷题目

变量	题目
信任倾向 （TI）	TI1：我通常会信任他人
	TI2：我觉得人性是可以信赖的，对人性有信心
	TI3：大部分人都是诚实的
	TI4：在这个社会上，绝大多数人都是可以信任的

网络经验（internet experience）是指捐赠者对网络使用的经验丰富性和对网络新生事物接受程度的整体评价与感知。本书在参考刘楠（2018）的研究基础上，根据本书主题对相关题目进行了修改，使用 3 个题目测量网络经验："日常生活中我经常使用网络""我对网络新生事物接受程度高""我认为自己的网络经验很丰富"（见表 3-9）。

表 3-9　网络经验预测问卷题目

变量	题目
网络经验 （IE）	IE1：日常生活中我经常使用网络
	IE2：我对网络新生事物接受程度高
	IE3：我认为自己的网络经验很丰富

4. 制度结构因素

结构性保障（property structural safeguard）是基于制度的信任保障，是捐赠者权益保障的基础（谢雪梅、石娇娇，2016）。关于慈善的法律法规制度规定等能降低捐赠者的风险感知，对捐赠者信任的建立和生成有促进作用。McKnight、Choudhury 和 Kacmar（2002）认为个体在安全可靠的环境中，更易对网络平台生成初始信任。王乐燕（2017）认为结构性保障可以为网络慈善捐赠者营造相对安全的外部环境，保护其合法权益，有利于初始信任的产生。本书在参考以上研究基础上，使用 3 个题目测量结构性保障："我认为目前出台的《慈善法》等相关的慈善法律法规能有效保障捐赠者的合法权益"；"我觉得政府对慈善组织和慈善平台的监管能有效保护捐赠者的合法权益";"我认为慈善平台上关于慈善项目的详细信息（如筹款情况、项目执行情况等）保障了捐赠者的知情权"（见表3-10）。

表3-10　结构性保障预测问卷题目

变量	题目
结构性保障（PSS）	PSS1：我认为目前出台的《慈善法》等相关的慈善法律法规能有效保障捐赠者的合法权益
	PSS2：我觉得政府对慈善组织和慈善平台的监管能有效保护捐赠者的合法权益
	PSS3：我认为慈善平台上关于慈善项目的详细信息（如筹款情况、项目执行情况等）保障了捐赠者的知情权

5. 捐赠者网络慈善信任

前面提及的因素均属于自变量，捐赠者网络慈善信任则属于因变量，使用第二章的研究结论，捐赠者网络慈善信任包括能力信任（ability trust）、正直信任（integrity trust）和善心信任（benevolence trust）。

慈善组织能力信任、正直信任和善心信任的测量题目编制主要参考了秦安兰（2020b）的研究，笔者在其基础上对相应题目进行精减和修改以适应本书情境。本书在此使用4个题目测量慈善组织能力信任："我觉得该慈善网站有能力提供丰富真实的慈善信息和服务"；"我认为慈善组织有能力筹集善款和急需的物资"；"我认为慈善组织有专业能力胜任它的角色"；"我认为慈善组织有能力完成它所负责的慈善项目"。本书在此使用4个题目测量正直信任："总体上，我觉得该网上慈善公益项目是可靠的"；"我相信该网站上的慈善公益组织会履行其承诺"；"我相信该网站会合理使用我的个人信息"；"我相信筹款的慈善组织能公平公正地分配善款和物资"。善心信任通过4个题目来测量："我相信腾讯公益平台不会为了自己的利益而去损害捐赠者的利益"；"我认为慈善组织会承担自己的慈善使命"；"我认为慈善组织在开展慈善项目前能充分调研，了解需求"；"网络慈善项目负责方和该网站既关注自身利益，又关注捐赠者利益"（见表3-11）。

表 3-11　能力信任、正直信任和善心信任预测问卷题目

变量	题目
能力信任 （AT）	AT1：我觉得该慈善网站有能力提供丰富真实的慈善信息和服务
	AT2：我认为慈善组织有能力筹集善款和急需的物资
	AT3：我认为慈善组织有专业能力胜任它的角色
	AT4：我认为慈善组织有能力完成它所负责的慈善项目
正直信任 （IT）	IT1：总体上，我觉得该网上慈善公益项目是可靠的
	IT2：我相信该网站上的慈善公益组织会履行其承诺
	IT3：我相信该网站会合理使用我的个人信息
	IT4：我相信筹款的慈善组织能公平公正地分配善款和物资
善心信任 （BT）	BT1：我相信腾讯公益平台不会为了自己的利益而去损害捐赠者的利益
	BT2：我认为慈善组织会承担自己的慈善使命
	BT3：我认为慈善组织在开展慈善项目前能充分调研，了解需求
	BT4：网络慈善项目负责方和该网站既关注自身利益，又关注捐赠者利益

　　网络平台捐赠行为意向（intention to donate）是指捐赠者将来在网络慈善平台进行慈善捐赠的倾向性。计划行为理论认为个体的行为受行为意向的影响。本书在参考已有研究基础上（张进美等，2011），自编测量题目 3 个："我愿意到腾讯公益平台进行慈善捐赠"；"我以后会再次访问腾讯公益平台并捐赠"；"我愿意把腾讯公益平台上的慈善公益项目分享给身边人"（见表 3-12）。

表 3-12　网络平台捐赠行为意向预测问卷题目

变量	题目
捐赠行为意向 （ID）	ID1：我愿意到腾讯公益平台进行慈善捐赠
	ID2：我以后会再次访问腾讯公益平台并捐赠
	ID3：我愿意把腾讯公益平台上的慈善公益项目分享给身边人

　　在正式施测前，本书进行了问卷预测。在预测中样本人数为 102 人，男性 49 人，占比 48%，女性 53 人，占比 52%。

　　本书使用自编问卷（"捐赠者网络慈善初始信任调查问卷"），问卷由影响因素问卷、捐赠者初始信任问卷和基本信息三个部分组成。影响因素问卷包括网络慈善平台、慈善组织、捐赠者和制度结构四个方面。网络慈

善平台影响因素主要分为慈善平台的易用性、设计性、安全性和有用性四个维度。捐赠者因素主要包括网络经验和信任倾向。慈善组织因素主要包括组织声誉、组织规模和组织透明度。制度结构主要由结构性保障来测量。捐赠者初始信任主要从信任信念和信任行为两个层面来测量，信任信念包括正直信任、能力信任和善心信任三个维度。信任行为主要根据捐赠行为意向来测量。基本信息部分主要测量性别、年龄、受教育水平、宗教信仰等。

（二）初始问卷预测

1.测试流程

本书预测采用网络发放电子问卷的方式进行。为了保证问卷施测的质量，本书预测先采用面对面的模拟捐赠，再以问卷调查施测方式进行。由于采用了模拟捐赠的方式，因此为了确保研究流程的精准和可控，本书调研团队在江西 C 高校和 G 高校随机选取了有网络捐赠经历且尚未登录过腾讯公益平台的样本 130 个。

在问卷调查开始前，先进行模拟捐赠。具体施测流程为以下几步。（1）让被调查者使用手机一键登录腾讯公益平台，先自行浏览平台上的相关信息、自主查询自己感兴趣的项目、熟悉平台网页功能。（2）指导被调查者熟悉腾讯公益平台的相关功能，如查询公益项目功能、运动捐步功能等。（3）请被调查者自行选择一个感兴趣的项目进行模拟慈善捐赠。具体步骤如下。首先，详细查阅项目介绍、了解项目进展、机构执行情况、项目筹款情况。其次，点击"单笔捐款"，阅读腾讯公益平台透明度提示相关内容。再次，点击"我已知情，继续捐赠"按钮，自行决定捐赠金额。又次，点击阅读"用户捐赠协议"，了解协议相关内容。最后，点击"确定"按钮，出现微信支付页面，由样本自由选择是否进行捐赠。总之，在正式施测前要花费 6 分钟左右的时间来让样本熟悉腾讯公益平台并进行模拟捐赠。由于问卷测量是先采用现场模拟捐赠，然后实施电子问卷测量的方式，为保证问卷测量质量，不宜在网络上进行大范围施测。

2.预测样本情况

本书调研团队在江西 C 高校和 G 高校随机选取了 130 个样本进行施

测。共回收问卷 130 份，删除无效问卷后，剩余有效问卷 125 份，问卷回收有效率为 96.15%。样本的平均年龄为 19.75 岁，预测样本的基本情况如表 3-13 所示。预测样本均为首次登录腾讯公益平台，并有网络慈善捐赠经验。

表 3-13 预测样本总体分布情况

单位：人，%

性别	频数	占比
男	51	40.80
女	74	59.20
总体	125	100.0
宗教信仰	频数	占比
有	4	3.20
无	121	96.80
总体	125	100.0
政治面貌	频数	占比
中共党员	10	8.00
共青团员	90	72.00
群众	25	20.00
总体	125	100.0
月生活费用	频数	占比
1000 元及以下	16	12.80
1001~2000 元	95	76.00
2001~3000 元	12	9.60
3001 元及以上	2	1.60
总体	125	100.0
情感状态	频数	占比
未婚有伴侣	20	16.00
未婚无伴侣	105	84.00
总体	125	100.00

（三）问卷题目分析

题目分析主要采用最为常用的两项指标"临界比值"和"题总相关"，

以此来检验问卷各个题目的鉴别力和同质性，并把这两个指标作为筛选题目和评价问卷质量高低的依据。

1. 临界比值分析

根据临界比值分析方法，笔者将问卷各个题目得分加总，把总分前27%的得分作为高分组的临界分数，后27%的得分作为低分组的临界分数，分出高分组和低分组。然后通过独立样本 t 检验来分析高分组与低分组在每个题目上的均数差异是否显著。若显著说明题目具有鉴别力，可以保留。若不显著则应删除题目（见表3-14）。

表 3-14　预测量表临界比值分析结果

题目	t	p	平均值差值（CR）
PU1	11.111	<0.001	1.103
PU2	9.896	<0.001	1.185
PU3	9.590	<0.001	1.022
PEU1	7.937	<0.001	1.185
PEU2	10.648	<0.001	1.156
PEU3	9.741	<0.001	1.048
PS1	13.721	<0.001	1.458
PS2	9.864	<0.001	1.321
PS3	5.808	<0.001	1.034
PD1	9.573	<0.001	1.072
PD2	6.108	<0.001	1.085
PD3	10.931	<0.001	1.159
OR1	7.805	<0.001	1.202
OR2	9.199	<0.001	1.207
OR3	8.936	<0.001	1.288
OS1	7.965	<0.001	1.286
OS2	6.909	<0.001	1.150
OS3	7.733	<0.001	1.286
OT1	10.293	<0.001	1.076
OT2	8.841	<0.001	1.073
OT3	9.243	<0.001	1.019

题目	t	p	平均值差值（CR）
TI1	7.665	<0.001	1.378
TI2	8.497	<0.001	1.327
TI3	7.555	<0.001	1.083
TI4	7.905	<0.001	1.328
IE1	5.094	<0.001	0.617
IE2	6.969	<0.001	1.072
IE3	8.219	<0.001	1.286
PSS1	6.760	<0.001	1.147
PSS2	8.012	<0.001	1.102
PSS3	8.359	<0.001	1.154
AT1	11.621	<0.001	1.210
AT2	11.177	<0.001	1.208
AT3	9.777	<0.001	1.123
AT4	10.817	<0.001	1.207
IT1	8.876	<0.001	1.198
IT2	9.442	<0.001	1.205
IT3	5.980	<0.001	1.163
IT4	9.450	<0.001	1.231
BT1	6.010	<0.001	1.220
BT2	10.284	<0.001	1.204
BT3	8.380	<0.001	1.123
BT4	10.938	<0.001	1.204
ID1	9.160	<0.001	1.310
ID2	6.898	<0.001	1.384
ID3	7.297	<0.001	1.306

根据表3-14临界比值分析的结果来看，预测问卷中所有题目的高分组与低分组的平均值差值均达到了极其显著的水平（$p<0.001$），而且 t 值均大于3，表明量表中各个题目具有良好的鉴别力和区分度，应全部保留。

2. 题总相关分析

通过题总相关分析可以检验各个题目的同质性程度，并可以进一步据此筛选题目。一般来讲，题目与量表总分相关度越高，说明该题目与整体的量表同质性越高，量表质量就越高。若相关系数小于 0.400，表明该题目与整体量表的同质性不高，可以删除（吴明隆，2010）（见表 3-15）。

表 3-15　题总相关分析结果

题目	相关系数
PU1	0.739 **
PU2	0.776 **
PU3	0.785 **
PEU1	0.778 **
PEU2	0.654 **
PEU3	0.830 **
PS1	0.872 **
PS2	0.850 **
PS3	0.827 **
PD1	0.834 **
PD2	0.796 **
PD3	0.652 **
OR1	0.712 **
OR2	0.754 **
OR3	0.826 **
OS1	0.807 **
OS2	0.807 **
OS3	0.858 **
OT1	0.788 **
OT2	0.781 **
OT3	0.774 **
TI1	0.845 **
TI2	0.856 **
TI3	0.845 **
TI4	0.898 **
IE1	0.715 **
IE2	0.903 **

题目	相关系数
IE3	0.895 **
PSS1	0.918 **
PSS2	0.928 **
PSS3	0.869 **
AT1	0.869 **
AT2	0.822 **
AT3	0.881 **
AT4	0.892 **
IT1	0.800 **
IT2	0.843 **
IT3	0.769 **
IT4	0.868 **
BT1	0.775 **
BT2	0.809 **
BT3	0.824 **
BT4	0.817 **
ID1	0.916 **
ID2	0.941 **
ID3	0.912 **

根据表 3-15 题总相关分析的结果可以看出，每个变量中的各个题目与其量表总分的皮尔森积差相关系数均大于 0.400，表明各个量表的内部一致性较高，具有良好的同质性，问卷质量较高，应对所有题目给予保留。

3. 信度分析

信度是体现量表一致性和稳定性的重要指标。信度分析中最常使用 Cronbach's α 系数，系数越大表明量表的信度越高，即内部一致性程度和稳定性程度越高，量表越可靠。研究者普遍认为 Cronbach's α 系数在 0.700 ~ 0.800，表示信度较好，在 0.800 ~ 0.900，表示信度非常好，0.700 是 Cronbach's α 最低可接受信度值（Hair et al., 2009）（见表 3-16）。

表 3-16 信度分析结果

变量	题目	CITC	删除题项后的 Cronbach's α	Cronbach's α
PU	PU1	0.923	0.811	
	PU2	0.853	0.818	0.866
	PU3	0.844	0.843	
PEU	PEU1	0.827	0.813	
	PEU2	0.880	0.815	0.863
	PEU3	0.870	0.827	
PS	PS1	0.873	0.791	
	PS2	0.841	0.806	0.853
	PS3	0.712	0.832	
PD	PD1	0.755	0.817	
	PD2	0.744	0.781	0.842
	PD3	0.781	0.804	
OR	OR1	0.801	0.806	
	OR2	0.820	0.811	0.852
	OR3	0.791	0.811	
OS	OS1	0.839	0.828	
	OS2	0.877	0.821	0.866
	OS3	0.892	0.813	
OT	OT1	0.870	0.830	
	OT2	0.903	0.819	0.870
	OT3	0.893	0.823	
TI	TI1	0.813	0.795	
	TI2	0.857	0.795	0.836
	TI3	0.822	0.807	
	TI4	0.879	0.785	
IE	IE1	0.821	0.855	
	IE2	0.851	0.772	0.843
	IE3	0.833	0.768	
PSS	PSS1	0.875	0.804	
	PSS2	0.895	0.813	0.864
	PSS3	0.816	0.839	

续表

变量	题目	CITC	删除题项后的 Cronbach's α	Cronbach's α
AT	AT1	0.882	0.801	0.844
	AT2	0.875	0.802	
	AT3	0.878	0.807	
	AT4	0.910	0.798	
IT	IT1	0.784	0.801	0.829
	IT2	0.822	0.794	
	IT3	0.772	0.778	
	IT4	0.869	0.783	
BT	BT1	0.782	0.777	0.830
	BT2	0.780	0.801	
	BT3	0.850	0.787	
	BT4	0.839	0.792	
ID	ID1	0.884	0.840	0.869
	ID2	0.910	0.805	
	ID3	0.871	0.823	

从表 3-16 信度分析结果可以看出，各个变量预测量表的信度均在 0.700 以上，说明预测问卷的信度良好，可以保留所有题目。

4. 探索性因子分析

问卷的效度是衡量问卷是否能测量出所要测量的客观事物属性和特征的程度。本书主要通过结构效度和内容效度来检测问卷的效度。结构效度最常用因子分析法，在预测问卷中多使用探索性因子分析方法来检验问卷的结构效度。

首先使用 SPSS 25.0 软件进行 KMO 样本充分性检验和巴特利特球形检验，以检验结果来判断数据是否适宜做因子分析。KMO 的判断标准是：如果 KMO 值在 0.500 以下，则表示数据不适宜做因子分析；如果在 0.600~0.700，则表示数据勉强可以做因子分析；如果在 0.700~0.800，则表示数据尚可做因子分析；如果在 0.800~0.900 则表示数据适宜进行因子分析；如果在 0.900 以上，则表示数据极其适宜做因子分析（Kaiser，1974）。

如表 3-17 所示，KMO 值为 0.876，说明预测问卷数据适宜做因子分析。巴特利特球形检验卡方值为 6316.556（$p<0.001$），自由度为 1035，说明问卷题项之间存在共同的因子，因此有必要做因子分析。

表 3-17　KMO 检验和巴特利特球形检验

KMO 值		0.876
巴特利特球形检验	卡方值	6316.556
	自由度	1035
	p	<0.001

根据已有研究，当题目的因子载荷小于 0.40 时，表明这个题目不宜包含于因子结构中，即该题目无法代表某个维度。因子载荷大于或等于 0.40 表明该题目包含于相关的因子结构中，能较好地代表相关的维度（Costello & Osborne，2005）。本书探索性因子分析共提取 14 个因子，14 个因子累计解释了总变异量的 86.187%，解释力较好。因子载荷均在 0.40 以上，说明各个题目均应保留。探索性因子分析表明该问卷结构效度良好。

三　正式问卷施测

本书正式调查样本与预测样本要求相同，要求被调查者有网络慈善捐赠经验，尚未登录过腾讯公益平台。在正式施测中，本书调研团队在江西省两所高校 C 高校和 G 高校共招募样本 360 人，通过筛查，筛除没有网络慈善捐赠经历或已登录过腾讯公益平台的样本，正式施测的样本总数为 319 人。由于本书采用的研究方式是先在实验室进行登录慈善平台模拟慈善捐赠的实验，然后再做问卷调查，因此，无法开展大规模的在线网络调查。样本总体情况如表 3-18 所示，其中男性 128 人，占比 40.13%；女性 191 人，占比 59.87%。有宗教信仰的 9 人，占比 2.82%；无宗教信仰的 310 人，占比 97.18%。受教育水平为本科的 246 人，占比 77.12%；研究生为 73 人，占比 22.88%。政治面貌中中共党员为 25 人，占比 7.84%；共青团员为 229 人，占比 71.79%；群众为 65 人，占比 20.38%。情感状态中未婚有伴侣的有 60 人，占比 18.81%，未婚无伴侣的有 259 人，占比 81.19%。月生活费用是反映样本经济情况的一个重要指标。月生活费用中 1000 元及以下的有 43 人，占比 13.48%；1001~2000 元的有 240 人，占比 75.24%；2001~3000 元的有 30 人，占比 9.40%；3001 元及以上的有 6 人，占比 1.88%。

表 3-18　正式施测样本总体分布情况

单位：人，%

性别	频数	占比
男	128	40.13
女	191	59.87
总体	319	100.00
宗教信仰	频数	占比
有	9	2.82
无	310	97.18
总体	319	100.00
受教育水平	频数	占比
本科	246	77.12
研究生	73	22.88
总体	319	100.00
政治面貌	频数	占比
中共党员	25	7.84
共青团员	229	71.79
群众	65	20.38
总体	319	100.00
月生活费用	频数	占比
1000 元及以下	43	13.48
1001~2000 元	240	75.24
2001~3000 元	30	9.40
3001 元及以上	6	1.88
总体	319	100.00

续表

情感状态	频数	占比
未婚有伴侣	60	18.81
未婚无伴侣	259	81.19
总体	319	100.00

四 研究结果分析与检验假设

（一）数据分析方法

本书采用 SPSS 25.0 和 Mplus 8.3 统计软件对样本数据进行问卷的信度和效度分析、描述性统计分析、检验假设。具体的数据分析方法主要有结构方程模型和多元线性回归分析。

（二）共同方法偏差检验

共同方法偏差也称同源偏差，是指由数据来源相同、测量环境一致、测量题目语境与题目本身特征造成的自变量与因变量之间的人为共变。这种共变可能会对研究结果和研究结论产生潜在的误导。为了避免共同方法偏差，本书采用 Harman 单因子检验方法。结果显示在未旋转的因子分析结果中，第一个因子的方差解释率为 38.040%。一般认为第一个因子的方差解释率小于 40% 就可认定问卷不存在共同方法偏差干扰。本书共同方法偏差检验结果表明，问卷不存在共同方法偏差干扰，所收集的数据有效。

（三）信度和效度分析

正式问卷的信度分析采用 Cronbach's α 系数检验各个分量表的内部一致性。信度分析结果如表 3-19 所示，感知有用性（PU）的 Cronbach's α 系数为 0.896，感知易用性（PEU）的 Cronbach's α 系数为 0.859，感知安全性（PS）的 Cronbach's α 系数为 0.853，感知设计性（PD）的 Cronbach's α 系数为 0.857，组织声誉（OR）的 Cronbach's α 系数为 0.836，组织规模（OS）的 Cronbach's α 系数为 0.896，组织透明度（OT）的 Cronbach's α 系数为 0.939，信任倾向（TI）的 Cronbach's α 系数为 0.899，网络经验（IE）的

Cronbach's α 系数为 0.795，结构性保障（PSS）的 Cronbach's α 系数为 0.892，能力信任（AT）的 Cronbach's α 系数为 0.943，正直信任（IT）的 Cronbach's α 系数为 0.900，善心信任（BT）的 Cronbach's α 系数为 0.890，捐赠行为意向（ID）的 Cronbach's α 系数为 0.911。可见，14 个研究变量分问卷的 Cronbach's α 系数均大于 0.700，表明各个分问卷均具有良好的信度。

表 3-19　正式问卷信度分析情况

变量	Cronbach's α
PU	0.896
PEU	0.859
PS	0.853
PD	0.857
OR	0.836
OS	0.896
OT	0.939
TI	0.899
IE	0.795
PSS	0.892
AT	0.943
IT	0.900
BT	0.890
ID	0.911

　　本书正式问卷数据使用内容效度和结构效度来进行效度检验。内容效度的检验主要采用的是以下方式。首先，在编制量表时尽量选取信度和效度较高的量表，根据本书情境需要对相关测量题目表述进行调整。有些变量尽管使用的是自编问卷，但自编题目也是在借鉴和参考已有研究基础上形成的。以上做法的目的是确保初始问卷具有良好的信度和效度。其次，通过专家修订、问卷预测、样本访谈等方式，对问卷题目的语言表达与措辞进行相应修改，优化问卷内容，提升问卷质量。从问卷修订流程的规范性上来看，本书所使用的正式问卷具有良好的内容效度。

　　本书采用验证性因子分析来检验正式问卷的结构效度。Hair（2009）

认为组成信度（CR）要大于 0.700，Fornell 和 Larcker（1981）建议平均方差萃取量即收敛效度（AVE）要大于 0.500。由表 3-20 可见，本书中各个分量表的组成信度均大于 0.700，收敛效度均大于 0.500。这表明正式量表具有良好的组成信度和良好的收敛效度。

表 3-20　组成信度与收敛效度分析

因子	题目	STD.	S. E.	Z	p	题目信度（SMC）	组成信度（CR）	收敛效度（AVE）
PU	PU1	0.909	0.014	63.795	<0.001	0.826	0.894	0.738
	PU2	0.805	0.023	35.542	<0.001	0.648		
	PU3	0.860	0.018	48.939	<0.001	0.740		
PEU	PEU1	0.671	0.034	19.520	<0.001	0.450	0.848	0.654
	PEU2	0.887	0.018	49.570	<0.001	0.787		
	PEU3	0.852	0.020	42.484	<0.001	0.726		
PS	PS1	0.893	0.016	55.058	<0.001	0.797	0.858	0.673
	PS2	0.882	0.017	51.877	<0.001	0.778		
	PS3	0.665	0.035	19.226	<0.001	0.442		
PD	PD1	0.784	0.023	33.734	<0.001	0.615	0.797	0.567
	PD2	0.703	0.028	25.089	<0.001	0.494		
	PD3	0.769	0.024	32.378	<0.001	0.591		
OR	OR1	0.814	0.020	39.197	<0.001	0.663	0.823	0.608
	OR2	0.727	0.027	26.785	<0.001	0.529		
	OR3	0.795	0.021	37.149	<0.001	0.632		
OS	OS1	0.791	0.025	31.655	<0.001	0.626	0.895	0.741
	OS2	0.906	0.016	57.880	<0.001	0.821		
	OS3	0.881	0.017	51.810	<0.001	0.776		
OT	OT1	0.858	0.017	50.840	<0.001	0.736	0.935	0.827
	OT2	0.933	0.010	90.871	<0.001	0.870		
	OT3	0.935	0.010	92.438	<0.001	0.874		
TI	TI1	0.784	0.026	30.132	<0.001	0.615	0.898	0.688
	TI2	0.865	0.020	43.582	<0.001	0.748		
	TI3	0.844	0.021	39.735	<0.001	0.712		
	TI4	0.823	0.023	35.799	<0.001	0.677		

续表

因子	题目	STD.	S. E.	Z	p	题目信度（SMC）	组成信度（CR）	收敛效度（AVE）
IE	IE1	0.671	0.040	16.853	<0.001	0.450	0.792	0.561
	IE2	0.825	0.030	27.538	<0.001	0.681		
	IE3	0.743	0.034	22.085	<0.001	0.552		
PSS	PSS1	0.837	0.021	39.905	<0.001	0.701	0.886	0.722
	PSS2	0.901	0.017	53.111	<0.001	0.812		
	PSS3	0.808	0.025	32.867	<0.001	0.653		
AT	AT1	0.877	0.015	59.548	<0.001	0.769	0.938	0.790
	AT2	0.879	0.014	60.901	<0.001	0.773		
	AT3	0.880	0.014	61.112	<0.001	0.774		
	AT4	0.919	0.011	84.886	<0.001	0.845		
IT	IT1	0.807	0.022	36.981	<0.001	0.651	0.902	0.699
	IT2	0.884	0.015	58.518	<0.001	0.781		
	IT3	0.756	0.026	28.764	<0.001	0.572		
	IT4	0.890	0.015	60.387	<0.001	0.792		
BT	BT1	0.760	0.026	29.370	<0.001	0.578	0.887	0.664
	BT2	0.843	0.019	45.286	<0.001	0.711		
	BT3	0.811	0.022	37.395	<0.001	0.658		
	BT4	0.842	0.019	44.756	<0.001	0.709		
ID	ID1	0.901	0.015	58.789	<0.001	0.812	0.907	0.765
	ID2	0.866	0.018	48.636	<0.001	0.750		
	ID3	0.856	0.019	45.732	<0.001	0.733		
TR	ATT	0.967	0.009	102.133	<0.001	0.935	0.967	0.907
	IT	0.922	0.014	65.581	<0.001	0.850		
	BT	0.968	0.011	86.855	<0.001	0.937		

　　进一步检验量表的区别效度，根据 Fornell 和 Larcker（1981）的标准，某一变量 AVE 的算术平方根要大于该变量与其他变量的相关系数的绝对值。本书量表的区别效度见表 3-21，粗体字为平均方差萃取量的算术平方根，该值均大于该变量与其他变量的相关值，表明本书的量表具有区别效度。

表 3-21 区别效度分析

	PU	PEU	PS	PD	OR	OS	OT	TI	IE	PSS	AT	IT	BT	ID
PU	**0.803**													
PEU	0.767	**0.828**												
PS	0.798	0.694	**0.869**											
PD	0.800	0.689	0.698	**0.918**										
OR	0.530	0.465	0.532	0.573	**0.851**									
OS	0.393	0.326	0.316	0.395	0.639	**0.762**								
OT	0.569	0.548	0.548	0.551	0.613	0.442	**0.825**							
TI	0.399	0.392	0.392	0.405	0.429	0.328	0.363	**0.721**						
IE	0.480	0.508	0.508	0.438	0.532	0.365	0.455	0.357	**0.824**					
PSS	0.582	0.510	0.510	0.535	0.547	0.466	0.562	0.416	0.360	**0.787**				
AT	0.595	0.524	0.626	0.577	0.632	0.432	0.616	0.571	0.489	0.636	**0.845**			
IT	0.543	0.442	0.571	0.534	0.573	0.404	0.547	0.632	0.428	0.589	0.831	**0.833**		
BT	0.540	0.458	0.581	0.570	0.593	0.376	0.532	0.577	0.397	0.549	0.842	0.815	**0.897**	
ID	0.530	0.455	0.623	0.562	0.546	0.304	0.502	0.539	0.364	0.518	0.718	0.680	0.774	**0.815**

（四）描述性统计分析

要检验数据是否呈正态分布，可以使用描述性统计分析，通过描述数据的偏度和峰度系数来检验其正态性。一般来说，如果峰度绝对值小于10，并且偏度绝对值小于3，说明数据基本可接受为正态分布（Kline，1998）（见表3-22）。

表 3-22　数据正态分布描述性分析结果

题目	均值	标准差	方差	偏度	峰度
PU1	4.326	0.654	0.428	−1.064	3.242
PU2	4.241	0.745	0.556	−1.112	2.433
PU3	4.367	0.654	0.428	−1.158	3.441
PEU1	4.351	0.856	0.732	−1.835	4.182
PEU2	4.361	0.704	0.459	−1.292	3.395
PEU3	4.386	0.658	0.433	−1.206	3.451
PS1	4.194	0.785	0.616	−0.946	1.424
PS2	4.229	0.774	0.598	−1.117	2.090
PS3	4.116	0.802	0.644	−0.764	0.856
PD1	4.232	0.724	0.525	−0.983	1.987
PD2	4.063	0.866	0.751	−0.851	0.668
PD3	4.298	0.702	0.439	−1.903	2.532
OR1	4.063	0.779	0.606	−0.673	0.728
OR2	4.122	0.744	0.554	−0.854	1.511
OR3	4.132	0.836	0.700	−1.096	1.682
OS1	4.085	0.863	0.744	−0.992	1.187
OS2	4.053	0.890	0.793	−0.965	0.921
OS3	3.984	0.889	0.789	−0.809	0.365
OT1	4.260	0.690	0.476	−0.971	2.385
OT2	4.229	0.692	0.479	−1.083	3.287
OT3	4.272	0.676	0.457	−1.131	3.709
TI1	3.762	0.865	0.748	−0.546	0.313
TI2	3.803	0.818	0.668	−0.490	0.414
TI3	3.881	0.760	0.577	−0.534	0.486

续表

题目	均值	标准差	方差	偏度	峰度
TI4	3.759	0.866	0.750	-0.477	0.085
IE1	4.542	0.632	0.400	-1.662	5.007
IE2	4.351	0.702	0.493	-1.251	2.804
IE3	4.112	0.766	0.587	-0.538	-0.171
PSS1	4.056	0.811	0.657	-0.852	1.144
PSS2	4.163	0.764	0.583	-0.924	1.463
PSS3	4.275	0.704	0.495	-1.097	3.058
AT1	4.091	0.664	0.441	-0.491	1.060
AT2	4.107	0.645	0.416	-0.456	1.177
AT3	4.082	0.663	0.440	-0.546	1.291
AT4	4.088	0.653	0.426	-0.431	1.011
IT1	4.025	0.663	0.440	-0.614	1.567
IT2	4.038	0.677	0.458	-0.536	1.142
IT3	3.831	0.867	0.751	-0.751	0.851
IT4	3.962	0.722	0.521	-0.398	0.394
BT1	3.909	0.844	0.712	-0.648	0.646
BT2	4.063	0.651	0.424	-0.131	-0.393
BT3	4.044	0.699	0.489	-0.560	0.955
BT4	4.063	0.675	0.455	-0.384	0.621
ID1	4.053	0.714	0.510	-0.704	1.529
ID2	3.934	0.823	0.678	-0.693	0.897
ID3	3.997	0.803	0.645	-0.728	0.947

由表 3-22 正态分布描述性分析可知，问卷各个题目的均值较为均衡，离散程度在可接受的范围之内。各个题目偏度的绝对值在 0.131~1.903，峰度绝对值在 0.171~5.007，符合峰度绝对值小于 10，偏度绝对值小于 3 的判定标准，因此能够认为本书数据可接受为正态分布数据。

本书对相关控制变量进行了方差分析，结果发现不同受教育水平、不同家庭经济收入、不同生活满意度和不同生活幸福感的调查对象对网络慈善信任和慈善捐赠意向有显著影响（见表 3-23、表 3-24、表 3-25 和表 3-26）。因此，在进行结构模型分析时可以把以上变量纳入控制变量。

表 3-23　不同受教育水平的调查对象在网络慈善信任和捐赠行为

意向上的差异比较

变量	组别	平均值	标准差	t	p
捐赠行为意向	本科生	4.057	0.697	2.729	0.007
	研究生	3.785	0.760		
能力信任	本科生	4.143	0.574	2.567	0.012
	研究生	3.918	0.682		
正直信任	本科生	4.045	0.626	4.154	0.000
	研究生	3.692	0.641		
善心信任	本科生	4.078	0.619	3.412	0.002
	研究生	3.822	0.610		

表 3-24　不同家庭经济收入的调查对象在网络慈善信任和捐赠行为

意向上的组间差异比较

变量	自由度	均方	F	p
能力信任	6	0.560	1.537	0.165
正直信任	6	0.965	2.376	0.029
善心信任	6	0.861	2.256	0.038
捐赠行为意向	6	0.722	1.404	0.213

表 3-25　不同生活满意度的调查对象在网络慈善信任和捐赠行为

意向上的组间差异比较

变量	自由度	均方	F	p
能力信任	9	0.980	2.800	0.004
正直信任	9	1.317	3.370	0.001
善心信任	9	1.400	3.873	0.000
捐赠行为意向	9	1.874	3.915	0.000

表 3-26　不同生活幸福感的调查对象在网络慈善信任和捐赠行为

意向上的组间差异比较

变量	自由度	均方	F	p
能力信任	9	0.914	2.579	0.007
正直信任	9	1.167	2.955	0.002
善心信任	9	1.246	3.403	0.001
捐赠行为意向	9	1.371	2.778	0.004

(五) 模型分析与检验假设

本书使用 Mplus 8.3 和 SPSS 25.0 进行假设检验。

1. 结构模型分析

由表 3-27 可见，结构模型的拟合度指标均较好，χ^2/df 为 2.647。CFI 为 0.939，TLI 为 0.930，均大于 0.90，这表明模型拟合度高。RMSEA 为 0.065，SRMR 为 0.042，两个指标均小于 0.08，这两个指标也表明模型拟合良好。

表 3-27　模型拟合度指标

拟合度指标	关键值	模型指标	符合
χ^2	越小越好	632.729	符合
Df	越大越好	239	符合
χ^2/df	介于 1 和 3 之间	2.647	符合
CFI	>0.90	0.939	符合
TLI	>0.90	0.930	符合
RMSEA	<0.08	0.065	符合
SRMR	<0.08	0.042	符合

2. 假设检验结果

由表 3-28 和图 3-2 可以看出，网络慈善平台有用性对网络慈善初始信任的标准化路径系数为 0.604，对应的 p 值在 0.001 水平上达到显著，表明网络慈善平台有用性对网络慈善初始信任有显著影响，因此研究假设 H1a 成立。网络慈善平台的易用性对网络慈善初始信任的标准化路径系数为 0.509，对应的 p 值在 0.001 水平上达到显著，表明网络慈善平台易用性对网络慈善初始信任的影响显著，因此研究假设 H1b 成立。网络平台的安全性对网络慈善初始信任的标准化路径系数为 0.634，对应的 p 值在 0.001 水平上达到显著，表明网络慈善平台的安全性对网络慈善初始信任有显著的正向影响，即网络慈善平台的安全性越高，捐赠者的网络慈善初始信任水平就越高，因此研究假设 H1c 成立。网络慈善平台的设计性对网络慈善初始信任的标准化路径系数为 0.715，对应的 p 值在 0.001 水平上达到显著，表明网络慈善平台的设计性对网络慈善初始信任有显著的正向影响，即网络慈善平台的设计性越好，捐赠者的网络慈善初始信任水平也越高，因此研究假设 H1d 成立。

慈善组织声誉对网络慈善初始信任的标准化路径系数为 0.664，对应的 p 值在 0.001 水平上达到显著，表明慈善组织声誉对网络慈善初始信任有显著的正向影响，即慈善组织的声誉越好，捐赠者的网络慈善初始信任水平就越高，因此研究假设 H2a 成立。慈善组织规模对网络慈善初始信任的标准化路径系数为 0.466，对应的 p 值在 0.001 水平上达到显著，表明慈善组织规模对网络慈善初始信任有显著影响，研究假设 H2b 成立。慈善组织透明度对网络慈善初始信任的标准化路径系数为 0.657，对应的 p 值在 0.001 水平上达到显著，表明慈善组织透明度对网络慈善初始信任有显著的正向影响，即慈善组织的透明度越高，捐赠者的网络慈善初始信任水平就越高，因此研究假设 H2c 成立。

捐赠者信任倾向对网络慈善初始信任的标准化路径系数为 0.686，对应的 p 值在 0.001 水平上达到显著，表明捐赠者信任倾向对网络慈善初始信任有显著的正向影响，即捐赠者的信任倾向性越高，其网络慈善初始信任水平就越高，因此研究假设 H3a 成立。捐赠者的网络经验对网络慈善初始信任的标准化路径系数为 0.563，对应的 p 值在 0.001 水平上达到显著，表明捐赠者的网络经验对网络慈善初始信任有显著正向影响，即捐赠者的网络经验越丰富，其网络慈善初始信任水平就越高，因此研究假设 H3b 成立。

结构性保障对网络慈善初始信任的标准化路径系数为 0.705，对应的 p 值在 0.001 水平上达到显著，表明结构性保障对网络慈善初始信任有显著的正向影响，研究假设 H4 获得支持。网络慈善初始信任对捐赠行为意向的标准化路径系数为 0.823，对应的 p 值在 0.001 水平上达到显著，表明网络慈善初始信任对捐赠行为意向有显著的正向影响，研究假设 H5 获得支持。

表 3-28　研究模型假设分析

路径关系	估值	S. E	Est. /S. E.	p	假设
平台有用性→初始信任	0.604	0.040	15.094	<0.001	成立
平台易用性→初始信任	0.509	0.047	10.772	<0.001	成立
平台安全性→初始信任	0.634	0.039	16.252	<0.001	成立
平台设计性→初始信任	0.715	0.036	19.704	<0.001	成立
组织声誉→初始信任	0.664	0.056	11.926	<0.001	成立
组织规模→初始信任	0.466	0.049	9.530	<0.001	成立
组织透明度→初始信任	0.657	0.054	12.127	<0.001	成立

续表

路径关系	估值	S. E	Est. /S. E.	p	假设
信任倾向→初始信任	0.686	0.035	19.601	<0.001	成立
网络经验→初始信任	0.563	0.047	11.919	<0.001	成立
结构性保障→初始信任	0.705	0.034	20.931	<0.001	成立
初始信任→捐赠行为意向	0.823	0.023	35.894	<0.001	成立

注：S.E. 为标准误差，Est. 为参数估计值。

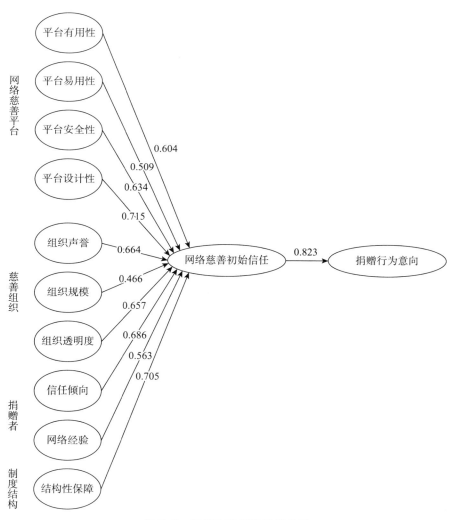

图 3-2　结构方程模型路径分析

3. 中介效应分析

根据本书假设，为了进一步检验中介效应，笔者使用 Mplus 8.3 进行中介模型检验。用 Bootsrap 1000 的方法检验置信区间是否包括 0，如果置信区间不包括 0 则表明中介效应显著，如果包括 0 则表明中介效应不显著。具体检验结果如表 3-29 所示。

表 3-29　中介效应检验结果

路径	点估计量	系数乘积			Bootstrap 1000 95%置信区间 偏差校正		假设
		S. E.	Est./S. E.	p	下限	上限	
PU→TR→ID	0.498	0.065	7.657	<0.001	0.376	0.630	成立
PEU→TR→ID	0.472	0.076	6234	<0.001	0.340	0.632	成立
PS→TR→ID	0.426	0.062	6.842	<0.001	0.308	0.555	成立
PD→TR→ID	0.606	0.102	5.920	<0.001	0.443	0.861	成立
OR→TR→ID	0.586	0.096	6.089	<0.001	0.419	0.808	成立
OS→TR→ID	0.380	0.061	6.278	<0.001	0.268	0.511	成立
OT→TR→ID	0.611	0.081	7.524	<0.001	0.466	0.781	成立
TI→TR→ID	0.508	0.086	5.890	<0.001	0.354	0.706	成立
IE→TR→ID	0.525	0.093	5.669	<0.001	0.371	0.722	成立
PSS→TR→ID	0.522	0.067	7.815	<0.001	0.409	0.669	成立

注：S. E. 为标准误差，Est. 为参数估计值。

表 3-29 中介效应检验结果表明，网络慈善初始信任在平台感知有用性对捐赠行为意向的正向影响中起到中介作用，中介效应值为 0.498，对应的 p 值在 0.001 水平上达到显著，其置信区间为（0.376，0.630），不包含 0。因此可以说网络慈善初始信任在平台感知有用性与捐赠行为意向之间起到中介作用，研究假设 H6a 成立。进一步分析网络慈善初始信任在平台感知有用性对捐赠行为意向的影响的中介效应是部分中介还是完全中介。由于网络慈善初始信任的中介效应值为 0.498，是显著的（$p<0.01$），直接效应值 0.592，也是显著的（$p<0.01$），因此网络慈善初始信任起到了部分中介作用，即平台感知有用性是部分通过网络慈善初始信任影响人们的捐赠行为意向的。

网络慈善初始信任在平台感知易用性对捐赠行为意向的正向影响中起到中介作用，中介效应值为 0.472，对应的 p 值在 0.001 水平上达到显著，其置信区间为（0.340，0.632），不包含 0。可以说网络慈善初始信任在平台感知易用性与捐赠行为意向之间起到中介作用，研究假设 H6b 成立。进一步分析网络慈善初始信任在平台感知易用性对捐赠行为意向的影响的中介效应是部分中介还是完全中介。由于网络慈善初始信任的中介效应值为 0.472，是显著的（$p<0.01$），直接效应值 0.541，也是显著的（$p<0.01$），因此，网络慈善初始信任起到了部分中介作用，即平台感知易用性是部分通过网络慈善初始信任影响人们的捐赠行为意向的。

网络慈善初始信任在平台感知安全性对捐赠行为意向的正向影响中起到中介作用，中介效应值为 0.426，对应的 p 值在 0.001 水平上达到显著，其置信区间为（0.308，0.555），不包含 0。可以说网络慈善初始信任在平台感知安全性与捐赠行为意向之间起到中介作用，研究假设 H6c 成立。进一步分析网络慈善初始信任在平台感知安全性对捐赠行为意向的影响的中介效应是部分中介还是完全中介。由于网络慈善初始信任的中介效应值为 0.426，是显著的（$p<0.01$），直接效应值 0.576，也是显著的（$p<0.01$），因此网络慈善初始信任起到了部分中介作用，即平台感知安全性是部分通过网络慈善初始信任影响人们的捐赠行为意向的。

网络慈善初始信任在平台感知设计性对捐赠行为意向的正向影响中起到中介作用，中介效应值为 0.606，对应的 p 值在 0.001 水平上达到显著，其置信区间为（0.443，0.861），不包含 0。因此，网络慈善初始信任在平台感知设计性与捐赠行为意向之间起到中介作用，研究假设 H6d 成立。进一步分析网络慈善初始信任在平台感知设计性对捐赠行为意向的影响的中介效应是部分中介还是完全中介。由于网络慈善初始信任的中介效应值为 0.606，是显著的（$p<0.01$），直接效应值 0.703，也是显著的（$p<0.01$），因此网络慈善初始信任起到了部分中介作用，即平台感知设计性是部分通过网络慈善初始信任影响人们的捐赠行为意向的。

网络慈善初始信任在慈善组织声誉对捐赠行为意向的正向影响中起到中介作用，中介效应值为 0.586，对应的 p 值在 0.001 水平上达到显著，其置信区间为（0.419，0.808），不包含 0。因此，网络慈善初始信任在慈善组织声誉与捐赠行为意向之间起到中介作用，研究假设 H7a 成立。进一步分析网络慈善初始信任在慈善组织声誉对捐赠行为意向的影响的中介效应是部分中介还是完全中介。由于网络慈善初始信任的中介效应值为 0.586，是显著的（$p<0.01$），直接效应值 0.669，也是显著的（$p<0.01$），因此网络慈善初始信任起到了部分中介作用，即慈善组织声誉是部分通过网络慈善初始信任影响人们的捐赠行为意向的。

网络慈善初始信任在慈善组织规模对捐赠行为意向的正向影响中起到中介作用，中介效应值为 0.380，对应的 p 值在 0.001 水平上达到显著，其置信区间为（0.268，0.511），不包含 0。因此，网络慈善初始信任在慈善组织规模与捐赠行为意向之间起到中介作用，研究假设 H7b 成立。进一步分析网络慈善初始信任在慈善组织规模对捐赠行为意向的影响的中介效应是部分中介还是完全中介。由于网络慈善初始信任的中介效应值为 0.380，是显著的（$p<0.01$），直接效应值 0.330，也是显著的（$p<0.01$），因此网络慈善初始信任起到了部分中介作用，即慈善组织规模是部分通过网络慈善初始信任影响人们的捐赠行为意向的。

网络慈善初始信任在慈善组织透明度对捐赠行为意向的正向影响中起到中介作用，中介效应值为 0.611，对应的 p 值在 0.001 水平上达到显著，其置信区间为（0.466，0.781），不包含 0。因此，网络慈善初始信任在慈善组织透明度与捐赠行为意向之间起到中介作用，研究假设 H7c 成立。进一步分析网络慈善初始信任在慈善组织透明度对捐赠行为意向的影响的中介效应是部分中介还是完全中介。由于网络慈善初始信任的中介效应值为 0.611，是显著的（$p<0.01$），直接效应值 0.622，也是显著的（$p<0.01$），因此网络慈善初始信任起到了部分中介作用，即慈善组织透明度是部分通过网络慈善初始信任影响人们的捐赠行为意向的。

网络慈善初始信任在信任倾向对捐赠行为意向的正向影响中起到中介作用，中介效应值为 0.508，对应的 p 值在 0.001 水平上达到显著，其置信区间为（0.354，0.706），不包含 0。因此，网络慈善初始信任在信任倾向与捐赠行为意向之间起到中介作用，研究假设 H8a 成立。进一步分析网络慈善初始信任在信任倾向对捐赠行为意向的影响的中介效应是部分中介还是完全中介。由于网络慈善初始信任的中介效应值为 0.508，是显著的（$p<0.01$），直接效应值是 0.557，也是显著的（$p<0.01$），因此网络慈善初始信任起到了部分中介作用，即捐赠者的信任倾向是部分通过网络慈善初始信任影响人们的捐赠行为意向的。

网络慈善初始信任在网络经验对捐赠行为意向的正向影响中起到中介作用，中介效应值为 0.525，对应的 p 值在 0.001 水平上达到显著，其置信区间为（0.371，0.722），不包含 0。因此，网络慈善初始信任在网络经验与捐赠行为意向之间起到中介作用，研究假设 H8b 成立。进一步分析网络慈善初始信任在网络经验对捐赠行为意向的影响的中介效应是部分中介还是完全中介。由于网络慈善初始信任的中介效应值为 0.525，是显著的（$p<0.01$），直接效应值是 0.519，也是显著的（$p<0.01$），因此网络慈善初始信任起到了部分中介作用，即捐赠者的网络经验是部分通过网络慈善初始信任影响人们的捐赠行为意向的。

网络慈善初始信任在结构性保障对捐赠行为意向的正向影响中起到中介作用，中介效应值为 0.522，对应的 p 值在 0.001 水平上达到显著，其置信区间为（0.409，0.669），不包含 0。因此，网络慈善初始信任在结构性保障与捐赠行为意向之间起到中介作用，研究假设 H9 成立。进一步分析网络慈善初始信任在结构性保障对捐赠行为意向的影响的中介效应是部分中介还是完全中介。由于网络慈善初始信任的中介效应值为 0.522，是显著的（$p<0.01$），直接效应值 0.539，也是显著的（$p<0.01$），因此网络慈善初始信任起到了部分中介作用，即结构性保障是部分通过网络慈善初始信任影响人们的捐赠行为意向的。

五 结论讨论与对策建议

（一）结论与讨论

1. 研究结论

本书得出以下研究结论。

（1）影响捐赠者网络慈善初始信任建立的有四个关键因素：网络慈善

平台因素、慈善组织因素、捐赠者因素和制度结构因素。

（2）网络慈善平台的有用性、易用性、安全性和设计性，慈善组织的声誉、规模和透明度，捐赠者信任倾向和网络经验以及结构性保障均会显著正向影响网络慈善初始信任的生成。

（3）网络慈善初始信任在平台有用性、易用性、安全性、设计性对捐赠行为意向的正向影响中起到部分中介作用。网络慈善初始信任在慈善组织声誉、规模和透明度对捐赠行为意向的正向影响中起到部分中介作用。网络慈善初始信任在捐赠者信任倾向、网络经验对捐赠行为意向的正向影响中起到部分中介作用。结构性保障是通过网络慈善初始信任的部分中介作用对捐赠行为意向产生正向影响的。

2. 讨论

（1）捐赠者网络慈善初始信任生成路径讨论

本书研究发现影响捐赠者网络慈善初始信任建立的关键要素主要有四个，即网络慈善平台因素、慈善组织因素、捐赠者因素和制度结构因素。具体而言，网络慈善平台有用性、网络慈善平台易用性、网络慈善平台安全性、网络慈善平台设计性、慈善组织声誉、慈善组织规模、慈善组织透明度、捐赠者信任倾向、捐赠者网络经验、结构性保障这十个因素均显著正向影响捐赠者网络慈善初始信任的建立。这意味着以上这些因素会正向促进网络慈善初始信任的建立。

首先，网络慈善平台的有用性、易用性、安全性和设计性均会正向影响网络慈善初始信任。本书结果支持了 Davis 等（1989）提出的 TAM 模型，该模型认为用户感知有用性和易用性对个体的使用态度有显著影响，并决定其行为意向。当捐赠者感知到网络慈善平台是有用的，可以帮助自己实现助人心愿，找到意欲帮助的目标人群，高效完成慈善捐赠任务时，就会促进捐赠者形成网络慈善初始信任。本书还发现网络慈善平台易用性显著正向影响网络慈善初始信任。当捐赠者第一次接触网络慈善平台，发现该平台使用便捷、简单，很容易上手操作时，就会促使捐赠者初始信任的生成。这与 Koufaris 和 Hampton-Sosa（2004）的研究结果一致，他们的研究也发现网站的易用性会增强人们的初始信任。网站的安全性能为捐赠者提供安全感，网络慈善平台在保护捐赠者隐私、电子支付安全等方面让捐赠者感知到安全时，就会帮助捐赠者建立对网络慈善平台的信心，促进网络慈善信任的产生。本书还发现网络慈善平台的设计性对网络慈善初始信任有正向影响。陈氢和韦榕（2017）认为在用户日益重视体验的背景下，网站应从感官体验、交互体验、浏览体验、情感体验和信任体验几个方面来增进用户的体验，增加用户黏性，如提供鲜明的网站 Logo，页面布局合理清晰等。Tsygankov（2004）研究发现网站导航设计、网站布局设计等是用户对网站可信性评估的重要因素。此外网站的内容设计对用户信任也有直接正向影响（Wang and Emurian，2005a）。总之，网络慈善平台的有用性、易用性、安全性和设计性反映的是捐赠者使用网络慈善平台的体验性特征，也是网络慈善平台质量的体现。高质量的网络慈善平台会给捐赠者带来良好的使用体验，即感知到该网络慈善平台是有用的、易用的、设计性较强，而且安全性高，这样良好的体验会增加捐赠者使用该网络慈善平台的黏性，增强捐赠者对该网络慈善平台的信任。

其次，慈善组织因素中组织声誉、组织规模和组织透明度三个因素显著正向影响网络慈善初始信任，即慈善组织声誉越高、组织规模越大、透明度越高，捐赠者生成的网络慈善初始信任水平也就越高。在网络慈善捐赠中，很多慈善项目是通过慈善组织募捐方式进行的，因此慈善组织因素对捐赠者的网络慈善初始信任的形成具有重要影响。在本书中，虽然捐赠者是初次接触腾讯公益平台，在此之前没有使用该平台的经验，但很多捐赠者都使用过腾讯的其他产品如 QQ，也听说过腾讯 99 公益日，因此，会倾向于认为能入驻腾讯公益平台的慈善组织声誉都比较好。本书关于组织声誉与初始信任的结果支持了已有研究。已有研究发现当用户没有先前经验可以借鉴时，受信任方的声誉对初始信任的建立具有正向影响（Koufaris & Hampton-Sosa，2004）。同时，电子商务中关于组织声誉的研究对网络慈善发展研究提供了借鉴。例如，研究发现，商家声誉会通过网络信誉系统如买家信誉评分和文本评论、网络组织信誉等级评价等反映出来（Jøsang et al.，2007；Pavlou & Dimoka，2006）。如果网络慈善平台也像电子购物平台一样，设置捐赠者评分和文本评论系统、提供慈善组织信誉等级等信息供潜在的捐赠者参考，一方面会促使更多的潜在捐赠者转变为实际捐赠者，促进慈善捐赠事业的发展。另一方面，也会促使慈善组织更加注重积累自己的信誉，做出更多诚信的行为。慈善组织的规模对捐赠者网络慈善初始信任具有正向影响，本书结果支持了於世为等（2005）的研究。公众会普遍认为慈善组织规模越大就越正规，信誉也会越好，这会促进捐赠者生成网络慈善初始信任。尤其在我国当前慈善事业发展并不充分的情况下，规模大的慈善组织偶尔也会出现损害捐赠者信任的负面事件，公众对小规模的慈善组织的公信力更存在怀疑。人们会倾向于认为慈善组织规模越大，管理会越正规，越会在赢得公众信任方面做出更多努力，如增加透明度、提升信誉水平等，自然公众会倾向于信任那些规模大的慈善组织。本书还发现慈善组织透明度对网络慈善初始信任具有正向影响。Farwell 等（2019）通过 3853 人的实证调查发现，慈善组织透明度显著正向影响公众对慈善组织的信任，即慈善组织透明度越高，人们对慈善组织的信任水平就越高。当前我国慈善公信力不足的一个重要原因在于慈善组织透明度低，慈善组织财务公开的程度低（方俊、何雄杰，2013）。因此，提升慈善组织透明度可以有效增强捐赠者对网络慈善的初始信任。

捐赠者个体因素也是影响网络慈善初始信任的重要因素。本书发现捐赠者的信任倾向和网络经验对网络慈善初始信任的建立具有显著的影响。本书结果支持已有研究。Spector 和 Jones（2004）通过实证调查发现，信任倾向与初始信任间存在显著的正相关，即信任倾向性高的个体对他人的初始信任水平也较高。信任倾向对信任的影响尤其在线索信息不清晰、新情境或不可预测的情境下最为明显，也就是说信任倾向仅仅对不熟悉的个体有显著效应（Gill et al.，2005）。Teo 和 Liu（2007）的实证研究表明，信任倾向性高的用户在信息条件有限的情况下倾向于相信他人或组织，而信任倾向性低的个体则倾向于不相信他人或组织，他们需要更多的信息才能形成对他人或组织的信任。这表明在捐赠者初次接触网络慈善平台时，由于没有先前交互的经验，对网络慈善平台、慈善组织、求助者等的情况不了解，这时捐赠者对网络慈善平台、慈善组织和求助者的可信度判断会更多地受自身信任倾向的影响。那些信任倾向性较高的捐赠者倾向于信任网络慈善平台、慈善组织和求助者，而那些信任倾向性较低的个体则难以形成这种初始信任。此外，本书还发现网络经验对捐赠者的网络慈善初始信任生成具有正向促进作用。已有研究也发现网络经验对个体的信任水平有显著影响，那些网络经验丰富的个体，对网络操作熟练度越高，对网络风险的控制水平也就越高，网络信任水平就会越高（Metzger，2006）。但也有研究者发现网络经验与信任的关系并非简单的直线关系，而是呈现倒U字形的关系，即当个体网络经验较少或较多时，其信任水平都不会太高。而网络经验中等水平的个体其信任水平是最高的。这些研究结果的不一致也表明，网络经验对网络慈善信任的影响可能并不是简单的直接影响，而是通过个体对网络的风险感知的中介才会影响对网络慈善的信任。将来的研究可以在这个方面进一步探讨。

最后，结构性保障对网络慈善初始信任具有正向影响。结构性保障能为捐赠者进行网络慈善捐赠提供安全保障，如有关的合同条款、相关的慈善捐赠法律法规等。McKnight、Choudhury 和 Kacmar（2002）的研究发现结构性保障会增强消费者的初始信任。在网络交易环境存在一定的风险性和不确定因素的情境下，个体希望有相关法律法规、政策或合同来保护自己的合法权益。王宏伟和夏远强（2009）的实证研究也发现，结构性保障如电子交易法律、隐私保护等能显著促进信任的产生。由于结构性保障能为捐赠者提供法律、合同等方面的保护，捐赠者易形成网络慈善捐赠的安全感知，进而会促进捐赠者生成网络慈善初始信任。

总之，本书实证研究结论表明捐赠者网络慈善生成机制受网络慈善平台因素、慈善组织因素、捐赠者因素和制度结构因素影响，具体表现为网络慈善平台的有用性、易用性、安全性和设计性，慈善组织声誉、规模和透明度，捐赠者的信任倾向、网络经验和结构性保障这些变量均能正向促进捐赠者网络慈善初始信任的生成。

（2）网络慈善初始信任中介路径关系讨论

前文阐述了网络慈善平台因素、慈善组织因素、捐赠者个体因素和制度结构因素与网络慈善初始信任生成的路径关系。本书的中介效应检验发现以上各个因素均是通过初始信任的中介作用进一步影响网络慈善捐赠行为意向的。已有研究也发现信任对行为意向具有显著正向影响。在消费、医疗、旅游等研究主题中，关于信任在其他因素与行为意向之间的中介效应也支持了我们的研究结论，即许多因素是通过信任的中介效应影响行为意向的。范齐等（2018）通过对线上购物信任的实证研究发现，信任直接会影响消费行为意向，即产生较高信任水平的个体会有较高的消费行为意向。周伟娇等（2018）通过感知服务质量、满意度、信任对患者行为意向影响的实证研究发现，信任是其他变量的中介因素，即其他变量是通过信任的中介间接影响行为意向的。韩剑磊等（2021）对影响旅游行为意向的因素进行了研究，发现信任在社交媒体对旅行行为意向的影响中起到了中介作用。计划行为理论认为，个体的信念、意图和行为之间存在紧密的联系，具体表现为信念影响意图，意图促进个体实际行为。网络慈善信任对行为意向的影响主要表现为影响对网站的正向评价（Hargittai et al.，2010）、再次访问该网站（Urban et al.，2009）或向他人推荐使用该网站（Smith et al.，2005）、再次捐赠等。从相关领域中可以看出，信任在一些因素与行为意向之间起到中介作用。这些因素常常可以分为个体因素，如买家、用户、患者等；媒介因素，如网络平台、社交媒体等；组织因素，如商家、医院、合作组织等；环境因素，如结构性保障。在本书中，涉及的四个因素为网络慈善平台因素、慈善组织因素、捐赠者个体因素和制度结构因素，这些因素中分别包含有不同变量，网络慈善平台因素包括网络慈善平台的有用性、易用性、安全性和设计性。慈善组织因素包括慈善组织声誉、慈善组织规模和慈善组织透明度。捐赠者因素包括信任倾向和网络经验。制度结构因素是指结构性保障。以上十个变量均是通过网络慈善初始信任的部分中介作用对捐赠行为意向产生显著正向影响的。这主要是因为一旦捐赠者产生较高的网络慈善初始信任，捐赠者会减少对网络慈善捐赠风险方面的考量，会愿意相信网络慈善平台、慈善组织和求助者，对整个慈善捐赠会持有较为积极的期待。

进一步详细分析各个因素是如何通过网络慈善初始信任影响网络慈善捐赠行为意向的。本书发现网络慈善平台因素中的有用性、易用性、安全性和设计性均是通过网络慈善初始信任的部分中介作用影响捐赠行为意向的。网络慈善平台的有用性、易用性、安全性和设计性这些特征体现的是网络慈善平台质量和捐赠者使用网络慈善平台时的体验。网络慈善捐赠者感知网络慈善平台越有用、越容易使用和操作、安全性越高、设计水平越高，那么捐赠者使用该平台的效率体验和捐赠操作体验就越好，捐赠者对网络慈善平台就越有信心，越容易生成对网络慈善平台较高水平的初始信任，也越相信能入驻网络慈善平台的慈善组织是值得信任的，自然对慈善组织在网络慈善平台上发布的求助信息给予更多的信任。初始信任一旦形成后，捐赠者网络慈善的风险感知就会降低，也越易于形成较高水平的捐赠行为意向，会愿意再次访问网络慈善平台，再次进行捐赠。

本书还发现慈善组织因素中的慈善组织声誉、规模和透明度都是通过网络慈善初始信任的部分中介作用影响捐赠行为意向的。这一方面表明了初始信任在捐赠行为意向形成中的重要作用，另一方面也表明了慈善组织要想吸引更多的网络慈善捐赠需要不断提升自身的声誉水平、扩大组织规模、提升透明度，以此来促进捐赠者信任水平的提升，进而增强捐赠行为意向，促进捐赠行为的产生。在网络慈善捐赠环境下，面对诸多慈善组织，捐赠者持有的信息与慈善组织所持有的信息是不对称、不平衡的。信号理论表明在信息不对称的条件下，信息优势方需要对劣势方呈现更多的关于自身的真实信息，才有可能降低信息不对称程度（Ghose，2003）。因此，慈善组织的声誉、规模和透明度等信息，在某种程度上会弥补信任方与受信任方之间的信息不平衡状态，促进捐赠者初始信任的建立，进而促进捐赠行为意向的产生，激发实际捐赠行为。

本书研究结果表明捐赠者因素中的两个变量信任倾向和网络经验也都是通过网络慈善初始信任的部分中介作用影响捐赠行为意向的。信任倾向是个体在日常生活实践中形成的一种稳定的人格特质，这种人格特质作为个体心理和行为的发生背景，常常会使个体的心理和行为带有独特的色彩。有研究者研究表明个体的信任倾向性越高，越倾向于相信受信任方（Gefen，2000）。本书研究结果支持了这个观点。在第一次接触网络慈善平台时，尽管缺乏先前的交互经验，且对网络平台较为陌生，但信任倾向性越高的捐赠者，越有可能形成较高水平的初始信任，其网络慈善捐赠的风险感知越低，捐赠行为意向越强。这主要是因为信任倾向是一个稳定的人格特质，越是在陌生的情境中，高信任倾向的个体的初始信任越会显著高于低信任倾向的个体，其风险感知也越低，行为意向自然也越高。此外，本书还发现捐赠者的网络经验会通过初始信任的部分中介作用对捐赠行为意向产生正向影响。这主要是由于网络经验越丰富的个体，对网络越是熟悉，这会提升他们对网络风险的控制能力，进而促进网络慈善初始信任的生成。初始信任一旦建立，人们会倾向于对网络慈善持有积极的、正向的期待，会促进捐赠行为意向的提升。

结构性保障是通过网络慈善初始信任的部分中介效应对捐赠行为意向产生正向影响的。结构性保障能让捐赠者感知到自己的权益受到法律和相关规定的保障，在网络慈善平台进行慈善捐赠不会让自己的利益处于危险之中，这样利于捐赠者获得网络慈善捐赠的安全感，促进初始信任的建立。初始信任建立后，捐赠者愿意相信网络慈善平台、慈善组织和求助者的正直、诚信，相信其不会为了自己的利益而损害捐赠者的利益，这样就降低了捐赠者慈善捐赠的风险感知，进而促进捐赠行为意向。

（二）促进网络慈善捐赠者初始信任生成的对策建议

1. 加强网络慈善平台质量建设，增强捐赠者捐赠体验

网络慈善平台作为网络慈善捐赠的重要媒介与载体，为捐赠者、慈善组织和求助者建立了沟通的渠道和桥梁，使得慈善参与主体能在网络慈善平台上表达自己需求、实现自我价值。捐赠者作为参与网络慈善的重要主体，他们对网络慈善初始信任的形成对后续慈善活动的展开具有重要的价值，而网络慈善初始信任首先受到网络慈善平台因素影响，如网络慈善平台的有用性、易用性、安全性和设计性等特性均会影响捐赠者的网络慈善初始信任。具体来说，网络慈善平台如果让捐赠者在感知上觉得平台有用，便于操作，在平台进行捐赠是安全的、可靠的，网页设计合理、美观，那么就会提升捐赠者的捐赠效率、节省捐赠者的时间，进而增强捐赠者的平台使用体验，自然会促进对网络慈善平台初始信任的生成。因此，为了促进对网络慈善平台初始信任的生成，网络慈善平台需要加强平台的质量建设，如增强平台的有用性、易用性、安全性和设计性。

（1）提升网络慈善捐赠者捐赠效率，增强有用性感知

网络慈善平台有用性是体现平台价值的特征。当捐赠者使用网络慈善平台时感觉平台能给自己带来价值，能提升捐赠效率，就会增强捐赠者对网络慈善平台的信任，促进网络慈善初始信任的生成。因此，可以通过提高捐赠效率来增强网络慈善平台的有用性感知。在网络慈善尚未出现之前，人们进行慈善捐赠往往需要到银行柜台汇款，费时费力，捐赠者在捐赠时所付出的时间成本极高。而网络慈善平台的出现，极大地降低了捐赠者慈善捐赠的时间成本，当捐赠者在网络慈善平台上发现合适或感兴趣的慈善项目时，可以通过移动支付即时完成捐赠。网络慈善捐赠为捐赠者提供了可供选择的多样化的捐赠渠道，使得慈善捐赠"唾手可得"。根据已有研究，网站可以通过增强安全性、互动性、设计性等来彰显网站的有用性（邵一明等，2017）。网络慈善平台可以建立与潜在捐赠者的沟通互动机制，增强慈善组织与捐赠者、受助者与捐赠者之间的互动。良好的互动可以增强捐赠者的捐赠体验，捐赠者在捐赠完成后，慈善组织应及时向捐赠者反馈慈善项目的动态和善款流向。同时，平台还可以通过问卷调查或电话调查等方式了解捐赠者使用网络慈善平台的体验，并依据体验反馈改进相关功能。此外，网络慈善平台搜索引擎设计要醒目、合理，能让捐赠者通过搜索引擎方便快捷地找到自己感兴趣的慈善项目。慈善捐赠程序要简单明了，能为捐赠者节约时间，提升捐赠效率。捐赠金额设计要灵活，以促进小额捐赠的增长。

（2）从上网登录至捐赠完成全流程增强易用性感知

网络慈善平台易用性反映的是使用平台的便捷程度。如登录网站平台进行捐赠注册的方便性，以腾讯公益平台为例，用户要登录该平台无须烦琐的注册流程，只需使用 QQ 或微信一键登录功能即可。这种登录的便捷性，使得潜在的捐赠者能很快地进入平台，节约了捐赠者使用平台的时间。因此，网络慈善平台可以从登录便捷性、操作方便性、使用体验性等方面来增强网络慈善平台的易用性。比如，在登录便捷性上，网络慈善平台需要尽量减少用户的登录程序，能使用 QQ 或者微信等一键登录来缩减登录流程，帮助捐赠者节约时间，提高捐赠者对网站的好感度。在操作方

便性上，要确保捐赠者每一步操作都尽量简化，操作流程清晰明了。捐赠按钮的设计要醒目，在捐赠金额或捐赠物资设计上既要有可以选择的设计，也要有自定金额或数量的设计按钮，给捐赠者更多的选择空间和自由。网络慈善平台可以从用户体验角度改进网页布局与设计、操作流程、付款流程等，让捐赠者在使用网络慈善平台时获得良好的使用体验。当捐赠者感受到平台便捷好用时，自然会增强其对网络慈善平台的易用性感知。

（3）从保护捐赠者信息安全和财产安全方面来增强平台的安全性

当前，捐赠者使用网络慈善平台越来越注重个人信息、隐私和财产方面的安全。当平台在这些方面能提供相应的技术保障和管理保障时，捐赠者就会形成较高的安全感知，初始信任就较易形成。网络慈善平台可以从以下三方面来提升安全性感知。一是可以采用先进的技术手段来确保捐赠者的信息安全，如采用先进技术对捐赠者信息和隐私进行保护，防止信息泄露。还可以使用区块链技术使捐赠者可以对善款进行追踪，追踪物资或善款流向和使用情况。使用公众认可的、安全稳定的在线支付系统会显著提升捐赠者的安全感知，如微信、支付宝、网上银行等。二是加强组织各个层面的管理，确保组织内部人员有强烈的安全意识。如经常性开展平台工作人员安全培训，明确各自的职责与任务，知晓泄露捐赠者信息应承担的法律责任。三是在网络慈善平台上设置可供选择的按钮和公布安全保障信息。通过建立选择按钮，让捐赠者自行决定是否公布个人相关信息，如是否匿名捐赠，是否公布自己的头像、昵称和捐赠金额等相关信息。在捐款流程中，还可以通过设置阅读合同条款的方式让捐赠者了解自己的权利与义务，知晓自己合法权益是否受到保护。网络慈善平台还可以通过公布隐私保护声明来增强捐赠者对平台的安全性感知。

（4）从捐赠者多感官体验视角增强网络慈善平台的设计性

网络慈善平台应从视觉、听觉等多感官体验上增强网站页面的设计性。如在视觉上，可以从色彩搭配、页面布局、图片质量、视频播放等方面来增强捐赠者的设计性感知。网络慈善平台的色彩搭配要求不混乱、有主色调、凸显专业性。网站页面设计布局合理，区块分割科学，页面布局有层次，整体风格统一。图文搭配合理，文字简洁明了，不宜过大、过多。网页上的图片清晰度要高，图片大小合理，明暗度适中。视频播放要注重流畅性、视频制作的精细度和播放时长等。此外，网络慈善平台的网页设计要注重慈善捐赠的温暖气氛情感表达。通过图片、颜色、文字等为首次登录平台的捐赠者营造温暖感受的首因效应。温暖、专业的感受体验一旦形成，初始信任就易生成，捐赠行为意向就会显著增强。

2. 慈善组织应注重积累声誉、注重组织规模增长、加强透明度建设

网络慈善平台上很多慈善项目均是由慈善组织执行的。慈善组织作为网络慈善重要的参与者，其声誉、组织规模和透明度均对捐赠者的网络慈善初始信任具有显著影响。因此，我们可以通过提升慈善组织声誉、发展组织规模和加强透明度建设来促进慈善初始信任的生成。

（1）通过多种方式建立和积累慈善组织声誉

慈善组织声誉对于初次使用网络慈善平台的捐赠者来说具有重要的参考价值，因为选择声誉好、知名度高的慈善组织会降低捐赠者的风险感知，促进其初始信任生成。那么，如何建立和积累良好的组织声誉呢？学者研究表明积极曝光、第三方评价和与知名慈善组织建立联系是建立良好声誉的重要因素（Toms & Taves，2004）。首先，慈善组织可以通过积极曝光的方式如进行信息披露、公益广告宣传、Logo设计、正面事件营销等来提高捐赠者对组织的熟悉度和喜爱度。心理学的曝光效应表明只要一个人、事或物在个体面前不断出现，人们对其熟悉度和喜爱度就有可能不断上升。其次，可以通过第三方评价建立和积累慈善组织声誉，促进捐赠者信任水平的提升。由于既不与慈善组织存在隶属与利益关系，也与政府不存在隶属与利益关系，这决定了第三方具有天然的独立性，因此也决定了其评价的结果具有公正性。当第三方评价结果向社会公众公布后，会帮助捐赠者识别信誉高、管理规范的慈善组织，为潜在的捐赠者提供捐赠行为决策信息（梁璞璞、覃丽芳，2017）。最后，慈善组织可以通过自己的网络平台与一些知名的慈善组织建立联系，如中华慈善总会、中国社会福利基金会、中国发展研究基金会等，以此提升自身的声誉，扩大影响力。因为捐赠者在使用网络慈善平台，看到这些声誉高的慈善组织时，会在认知

上产生联想，会倾向于认为能与这些声誉高的、知名的慈善组织建立联系的网站和组织其声誉也不会差。

（2）通过纵横维度和内外联动方式开展慈善业务，扩大组织规模

本书发现，慈善组织规模会正向影响捐赠者网络慈善信任。人们倾向于信任那些组织规模较大的慈善组织。因此，慈善组织在发展过程中需要不断拓展业务，扩大规模，以此来赢得更多的信任。慈善组织的发展离不开广泛的群众基础，因此，慈善组织需要纵向发展自身的业务。如开展广泛的志愿活动、激发公众的慈善热情、慈善项目设计要涉及广泛的领域等。同时，慈善组织在横向层面需要注意培育自身的行业特色，凸显自身在同类组织中的优势与价值。

慈善组织要发展壮大，需以内外的联动方式来开展慈善业务，扩大自身规模。首先，对内需要加强内部管理、增强组织能力、提供专业服务等。只有组织设计合理，管理严格、规范、到位的慈善组织，在发展过程中才能有效处理各种问题，不断发展壮大。其次，对外需要增强自身宣传能力、协调能力、沟通能力、网络能力等多方面的能力。尤其是在互联网时代，网络慈善快速发展，慈善组织的网络能力发展显得尤为重要。最后，慈善组织只有不断提升自身的专业服务水平，满足社会公众需求，满足捐赠者和求助者的需求，才有可能不断拓展自己的业务，不断扩大组织规模。

（3）通过多种方式加强慈善组织透明度建设，提升组织透明度

透明度建设是慈善组织赢得捐赠者信任的重要因素。透明度建设的核心是建立信息公开制度。在慈善捐赠过程中，由于捐赠者与慈善组织所掌握的信息具有不对称性，慈善组织处于信息的优势地位，掌握大量慈善信息，而捐赠者则处于劣势地位，仅仅能掌握网络慈善平台公布的信息。如何降低这种不对称性成为提高组织透明度的重要任务。信号理论认为只有信息优势方提供更多关于自身的真实信息，才有可能降低信息不对称程度（Ghose，2003）。实际上，仅仅靠慈善组织自身进行信息的披露还不够，还需要建立慈善信息公开的第三方监督机制，以此来保障公众的知情权（孙发锋，2012）。

另外，慈善组织还可以通过区块链技术，保证慈善信息的公开透明。如把慈善项目所获捐款的记录上传至区块链，确保信息永久保存，无法人为篡改。世界粮食计划署已经使用健全的区块链系统帮助难民营的居民通过 Building Blocks 系统兑换食物及获得现金援助。2016 年蚂蚁金服集团与中华社会救助基金会合作，利用区块链为 10 名听障儿童筹集了 19.84 万元（王晓峰、德索扎，2020）。区块链对发生的每笔交易都有完整如实的记录，保证了转账的透明度和安全性。区块链是一个公开的数据库，具有信息透明、可追溯和防止篡改等优势，极大地降低了慈善信息披露的成本。区块链凭借以上优势能有效助力捐赠者建立起网络慈善信任。拥有了信任，慈善捐赠数额就会增长。

此外，在捐赠流程中，还可以通过设置透明度提示弹窗，把慈善项目的相关信息简约地呈现给捐赠者，如善款接收单位、项目执行单位、项目执行时间、是否提交执行预算及执行计划、是否进入执行披露期等。通过这些信息的披露保障捐赠者的知情权，提升平台的透明度，赢得捐赠者信任。

3. 根据捐赠者不同人格特质和经验背景开展多元化的服务

本书研究结果表明捐赠者的信任倾向和网络经验会正向促进网络慈善初始信任的建立。因此，慈善组织在开展网络慈善活动时，要考虑捐赠者因素对初始信任建立的影响，能根据不同人格特质和网络经验提供多元化的网络慈善服务。

（1）为不同信任倾向群体提供网络慈善服务，关注信任倾向性低的捐赠者

本书发现捐赠者的信任倾向会正向影响网络慈善初始信任的建立，即捐赠者信任倾向性越高，当第一次接触网络慈善平台，开展网络慈善捐赠时，越有可能在较少信息情境下，生成较高水平的初始信任。反之，对于那些信任倾向性较低的捐赠者，在缺乏先前交互信息的情境下，他们难以生成初始信任。因此，慈善组织和网络慈善平台在提供慈善服务时需要重点考虑信任倾向性低的捐赠群体对信息的需求。在提供网络慈善服务时，可以通过多种方式来满足他们的安全需要、降低他们的风险感知，如提供

丰富的慈善组织、慈善项目和求助者的信息，提升组织透明度及组织声誉、提供权威认证信息等。总之，通过为捐赠者提供真实而丰富的信息，让信任倾向性低的捐赠者有更多的信息可以参考，有利于促进其初始信任的建立。

（2）为不同网络经验群体提供网络慈善服务，关注网络经验少的捐赠者

参与网络慈善捐赠的群体年龄覆盖面广，其网络经验多寡不一，这会直接影响网络慈善捐赠效率和网络慈善信任。《2019年中国互联网慈善报告》显示，关注公益的人群中30岁以下的占比63%，参与慈善活动的人群中30岁以下的占比52%。可见，网络慈善捐赠者年轻化趋势明显。水滴筹发布的2021年数据报告显示，"80后"和"90后"群体成为网络慈善捐赠的主力军，占比为56%。"80后"和"90后"这些年轻的捐赠者相对于其他年龄段捐赠者来说，网络经验更丰富，对网络操作的熟练程度更高，也更容易生成较高的初始信任水平。由于这些群体网络经验丰富，他们会对不同网站进行比较，会对网络慈善平台在易用性、有用性、设计性等方面提出更高的要求。因此，网络慈善平台应加强平台质量建设，增强平台易用性、有用性和设计性，设计简洁明了的捐赠步骤和操作流程以获得网络经验丰富群体的喜爱。

此外，不能忽视的是其他捐赠群体，尤其是老年捐赠群体。老年人接受新鲜事物的能力较弱，网络经验匮乏，这会直接影响他们参与网络慈善的积极性和热情，也会直接影响他们初始信任的生成。但是，由于老年人有时间、具有一定的经济基础，很多人具有善心和爱心，他们实际上是网络慈善捐赠需要挖掘和拓展的重要群体。网络慈善平台和慈善组织应充分考虑老年群体的特殊需求，进行一些有针对性的设计来激发老年捐赠者的热情，满足他们的网络捐赠需要。如在页面设计上要充分考虑老年人的视力状况，文本和按钮大小要保持较大的状态。点击阅读任何信息都可以放大，确保老年人能清晰地看到信息。导航设计尽可能简单、流畅，因为老年人的记忆力和专注力正处于衰退的过程。因此，为了避免遗忘和注意力分散，可以把导航设计为水平菜单式以显示所有内容模式。网络慈善平台

在页面设计上要尽量清晰简洁，每一步操作都能给予简单的指引，这会极
大地增加老年捐赠者的黏性，会提高老年群体对网络慈善的好感度，自然
会提升其初始信任。

4. 加强慈善相关法律法规和政策等环境制度建设

（1）完善慈善法律法规，健全慈善法律体系

2016 年我国《慈善法》正式颁布实施，《慈善法》成为规范慈善活
动，保护慈善参与者合法权益的根本法。《慈善法》对网络慈善给予了相
应规定。如《慈善法》第二十三条规定慈善组织可以通过互联网媒体发布
公开募捐信息。慈善组织通过互联网开展公开募捐的，应当在国务院民政
部门统一或者指定的慈善信息平台发布募捐信息，并可以同时在其网站上
发布募捐信息。慈善组织要开展网络慈善活动，发布慈善信息，必须到合
法的慈善平台发布，即要在民政部指定的慈善信息平台上发布。第二十四
条规定开展公开募捐，应当制定募捐方案。募捐方案包括募捐目的、起止
时间、银行账户、受益人等。第二十五条规定开展公开募捐，应公布募捐
组织名称、公募资格证书、募捐方案、联系方式、募捐信息查询方法等。
由以上几条可以看出，开展网络慈善，慈善组织必须要制定募捐方案，并
在慈善平台上公布相关募捐信息。第二十七条规定"广播、电视、报刊以
及网络服务提供者、电信运营商，应当对利用其平台开展公开募捐的慈善
组织的登记证书、公开募捐资格证书进行验证"。这条规定表明网络慈善
平台负有登记、验证慈善组织公募资格证书的责任。基于以上《慈善法》
的相关条款，我们可以看到《慈善法》对慈善组织开展的公募慈善活动给
予了一定的规定。但对个人网络求助的私募慈善活动并未给予相关的
规定。

由于缺乏法律规制，许多借助社交媒体如微信、QQ、微博等进行网络
慈善求助与筹款的信息真假难辨，一些网络诈捐、骗捐事件的时有发生极
大地损害了捐赠者信任。因此，完善慈善法律法规，健全慈善法律体系已
成为必然的选择。当前我国关于网络慈善的法律法规及政策文件主要有
《慈善法》《公开募捐平台服务管理办法》《慈善组织公开募捐管理办法》
《互联网信息服务管理办法》《慈善组织互联网公开募捐信息平台基本技术

规范》《慈善组织互联网公开募捐信息平台基本管理规范》等。尽管在《慈善法》出台后，国家先后颁布了与网络慈善紧密相关的一些法律法规，但是这些法律法规在体系上还需要进一步健全和完善，尤其应出台关于个人网络求助的相关法律法规。以三大个人求助平台为例，2018 年水滴筹、轻松筹和爱心筹发布了《个人大病求助互联网服务平台自律倡议书》、签订了《个人大病求助互联网服务平台自律公约》（温远等，2019）。这种以行业自律形式来规范个人求助网络平台和个人求助行为仅仅能达到部分制约和引导作用，我们还需要建立重要的外部约束机制，以此来规范、引导网络个人求助行为，引导个人求助网络平台的良性发展、保护网络慈善参与主体的合法权益，为捐赠者网络慈善信任的建立和维护提供良好的制度环境。

（2）加大法律法规实施力度，确保法律政策落到实处

法律法规的建设关键是能将其落到实处，能在实践中保护人们的合法权益。最高人民法院中国裁判文书网收录的裁判文书显示，截至 2020 年底，共有 120 起案件涉及了《慈善法》，表明《慈善法》在实践层面已经运用实施。

除了《慈善法》，与《慈善法》配套且与网络慈善紧密相关的政策文件，在实践层面上也逐步得到落实。如《公开募捐平台服务管理办法》《慈善组织公开募捐管理办法》《慈善组织信息公开办法》《社会组织信用信息管理办法》《互联网信息服务管理办法》等政策文件对引导网络慈善平台和慈善组织的健康发展，监督网络慈善平台和慈善组织的行为，明确其权利与义务具有重要的指导意义和价值。慈善组织在网络上开展慈善活动时，应根据《慈善组织公开募捐管理办法》、《慈善组织信息公开办法》和《社会组织信用信息管理办法》履行信息公开的义务等。对于不履行法律规定的义务或违反法律规定的慈善组织，应将其纳入全国统一的社会组织信用信息系统，并在相关网站向社会公众公布，如民政部门户网站、"信用中国"网站、"慈善中国"网站等。对于网络慈善平台，要根据《慈善法》《公开募捐平台服务管理办法》《慈善组织互联网公开募捐信息平台基本技术规范》《慈善组织互联网公开募捐信息平台基本管理规范》

开展网络慈善活动。对于违反相关法律法规的网络慈善平台，由民政部或其他主管部门通过全国信用信息共享平台公布惩戒信息。对于违反相关法律规定的个体求助者，也需要在信用平台上给予曝光。目前，我国信用信息共享平台可以查询各类社会主体的信用信息，尚无法查询个人信用信息。因此，要把网络慈善的相关法律规定落到实处，真正促进网络慈善参与主体的诚信行为，促进网络慈善健康发展，需要进一步加强全国统一的社会信用体系建设，让网络慈善参与主体的违法违规行为均可以在信用体系中被查询到。通过信用监管和社会治理的新方式促进网络慈善主体的诚信行为，提升捐赠者网络慈善信任水平。在法律建设和信用体系建设的基础上，推动我国网络慈善事业稳步健康发展。

第二节　基于社交软件的捐赠者网络慈善初始信任生成机制研究

中国慈善联合会发布的《2020 年度中国慈善捐赠报告》显示，2020年我国慈善组织通过 20 家互联网慈善平台共筹集善款 82 亿元，同比增长52%；超过 100 亿人次点击、关注和参与了网络慈善捐赠（中国慈善联合会，2021）。随着中国社交媒体使用率的不断提升和网络慈善的蓬勃发展，新型社交媒体已经成为捐赠者进行网络慈善捐赠的重要媒介。所谓新型社交媒体是指用户用来沟通、分享、自由讨论和评价的新型虚拟社区和网络平台（朱燕菲，2019）。CNNIC 发布的《2016 年中国社交应用用户行为研究报告》显示，2016 年即时通信工具以微信、QQ 为代表，其中微信使用率高达 92%。可见，微信在社交媒体应用市场中居于首位。这主要是由于微信满足了用户即时交流互动的社交需要。微信朋友圈是以即时通信工具为基础衍生出来的社交服务模块，微信朋友圈在社交关系上偏重熟人社交，趋向于通过分享个人生活信息促进熟人之间的互动、增进情感，朋友圈的使用率为 85.80%（中国互联网络信息中心，2017）。艾媒研究院发布的《2020—2021 中国移动社交行业研究报告》显示，2020 年中国移动社交媒体用户规模突破 9 亿人。微信、QQ、微博的月度活跃用户规模达到亿级，保持领先优势（艾媒研究院，2021）。由于以微信为代表的社交媒体的广泛使用，网络慈善发展也日益与社交媒体相互融合，越来越多的人利用社交媒体转发、传播网络慈善信息，促进了网络慈善捐赠额的提升。由于微信等社交媒体的可及性强，人们在接触慈善信息时，更愿意通过社交媒体支持慈善事业。

在第一节中，我们主要探究了基于网络慈善平台的捐赠者网络慈善初始信任建立机制。由于在现实生活中，很多人常常通过社交软件如微信、微博、QQ等进行网络慈善捐赠，因此基于这种现实情况，本书选择当前使用最为广泛的社交软件——微信，来详细探究捐赠者网络慈善初始信任生成机制。目前，微信是用户使用率最高的社交软件，很多网络慈善平台发布的信息均可以通过微信在朋友圈内进行分享和传播。当人们在朋友圈内看到他人发布的慈善求助信息时，是否会生成网络慈善初始信任，做出慈善捐赠行为？究竟哪些因素会影响人们的信任生成？本书将对以上问题进行详细探讨。

一　文献回顾与理论假设

（一）关系对初始信任的影响

中国是一个关系本位的社会，关系在中国社会中发挥着极大的作用。由于中国人具有"寻求相互依赖"的特性，因此，他们特别重视关系（许烺光，1990），这也决定了在中国社会人们的行为往往会受到周围人际关系的影响。薛天山（2008）认为中国人的关系基本样式是人情，人情的运作遵循"施与报"的观念。当一个人施与别人恩惠时并不总期望他人偿还，但作为受惠者总觉得欠着人情，需要找时机给予报答。在这样一种逻辑下，当一个人遇到了困难后，首先想到的不是主动求助他人，而是秉持"尽量不求人"和不欠人情债的信念，尽量自己解决（王思斌，2001）。当个体实在解决不了自己的困难时，才会主动向他人或组织求助。与求助者的被动性不同，助人者常常是相对主动的，这种主动助人行为常常发生在较近的人际关系中，如熟人、好友、同事等（王思斌，2001）。这表明关系对捐赠者的信任产生和捐赠行为有影响。已有研究表明，中国社会中人们往往通过关系产生信任，如 Whitley（1991）研究华人社会，发现华人常常从关系入手来建立和发展信任，华人家族企业主要是通过发展与主要下属和生意伙伴的私人关系，来促进与他们信任的建立。彭泗清（1999）的调查研究发现中国人把关系运作当作建立和发展人际信任的主要方法。

社会学家 Granovetter（1973）提出弱连接理论，他把关系分为强关系和弱关系，通过研究发现在职业流动中弱关系对职业流动的影响比强关系更大。这主要是因为弱关系在信息流通过程中起到桥梁作用，因此，弱关系是个人机会和社区整合所必需的。但是，也有学者在中国的实证研究中发现个人的职位变迁常常通过强关系来实现，而非弱关系。这主要是由于强关系以信任和义务为基础，它在更难获取的某些东西上有更大的作用（Bian，1997）。当然仅仅把关系简单划分为强弱二元状态有其先天不足之处，刘林平（2001）从动态、多维视角看待关系，把关系分为强关系、弱关系、弱强关系、强弱关系四种形态。李继宏（2003）认为应把强度与向度结合在一起来看待关系，认为应把建立在人际关系过程中的流通信息或资源作为对关系强度的判定标准，而非继续采用格兰诺维特的标准。我们在探讨关系对人们网络慈善信任的影响时，不能仅仅用强关系和弱关系来审视关系对信任的影响，而应更为具体地探讨不同关系如近关系、中等关系和远关系对人们网络慈善初始信任生成的影响。

王兴标和谷斌（2020）对基于信任的电子商务购买意愿的影响因素进行研究后发现，关系强度对人们的信任生成具有正向影响，关系越亲密，对信任生成的正向影响作用越大。朱秋锦等（2021）通过情景启动实验研究发现，亲疏关系不仅可以直接对人际信任产生显著影响，而且可以通过感知可信赖特质间接影响人际信任。之所以亲疏关系会影响信任，可能是在内隐认知中人们会更快地把自我和亲人与积极情感词语联系在一起，而对陌生人与积极情感词语联系在一起的反应速度会更慢（袁晓劲、郭斯萍，2017）。与信任有关的词语，如可靠、真诚、诚信等均会被人们赋予积极的情感。因此，才会导致人们对关系中的近距离关系给予更多的信任。朱灏等（2020）通过实验研究发现捐赠者与求助者之间的关系对个体的捐赠行为有显著影响，具体表现为捐赠者与受助者是熟人关系比陌生关系对捐赠行为影响更大。在网络慈善捐赠领域内，有研究发现基于不同人际关系建立的社会网络在网络众筹中的认证作用不同，证实人认证作用的大小随关系的强弱呈现倒 U 形，当第一位认证人与求助者为非亲人关系时其认证作用更大，所发挥的影响力也更大（王正位、王新程，2021）。

已有研究多是关注信任方与受信任方之间的关系，在此基础上研究关系对信任的影响。而在微信慈善捐赠中，常常涉及第三方，正如格兰诺维特认为的人的行为是"嵌入"在一定的社会网络之中的。在真实生活中，人们的慈善捐赠常常并非直接捐赠给自己认识的熟人，而是经由熟人或朋友的信息推送，而捐赠给第三方。因此，本书中所探讨的关系是涉及三方的关系：信任方（捐赠者）、受信任方（微信信息发送者）、第三方（求助者）。本书通过实验操纵信任方与受信任方不同的关系类型（近关系、中等关系、远关系），考察信任方与受信任方之间的关系是否会产生溢出效应，即是否会产生"爱屋及乌"的现象。基于已有关于关系与信任的研究，本书提出假设 H1：捐赠者与信息发送者之间的关系对捐赠者的网络慈善初始信任具有显著影响，捐赠者与信息发送者越亲密，捐赠者生成的对求助者的初始信任水平越高。

（二）情感感知对初始信任的影响

网络慈善信任常常与捐赠者的情感感知紧密相关。在中国社会，信任赖以生存的根本是人与人之间的伦理情感（王润稼，2022）。儒家认为"苟有其情，虽未之为，斯人信之矣。未言而信，有美情者也"。只要有真情实感的流露，那就可以产生"信"。由此可见，情感感知会促进初始信任的生成（荆门市博物馆编，1998）。

已有心理学研究发现当个体接受一个新异刺激时，由于先前没有关于该刺激的信息可以使用，因此其会更愿意依赖自己的感知觉和情感来对刺激进行评估（Pham et al.，2001）。这也揭示了情感在个体认知新事物过程中的重要作用。Forgas（1995）提出了情感注入模型，描述了情感在信息处理过程中是如何起作用的。他认为在信息处理的启发处理策略中，由于个体在加工信息时没有既定的框架和目标，因此，情感就成为一种可供参考的重要信息，人们会采用最小的努力、使用尽可能快捷的方式来处理信息。李海军等（2014）对判断与决策中的情感启发模式进行了文献回顾，认为情感启发模式是指在个体判断与认知决策过程中，有意识或无意识地利用自己对认知任务的主观情感来做出相应决策。研究者发现当个体处于不确定的情境中时，基于情感做出认知决策是一个更为有效、快捷的方法（Dohle et al.，2010）。这表明情感在决策中具有重要地位，尤其个体在一个不确定的情境或初次接触新刺激的情境中。此外，双加工理论也能较好地解释情感对决策的影响。双加工理论认为人们的信息加工系统可以分为经验系统和理性系统。经验系统主要依赖直觉。在加工信息时，情感是其基础，经验系统占用较少的心理资源，加工速度快，也被称为快系统。理性系统更多依赖于理性，占用心理资源较多，加工速度慢，也被称为慢系统（孙彦等，2007；Kahneman，2011）。Kahneman（2011）认为尽管在人的认知中存在慢系统，可以调用理性来分析处理问题，做出决策。但是，大脑常常具有惰性，它常常依赖情感和经验做出决策，因为这样的处理方式较为高效。

网络慈善捐赠常常是小额捐赠和冲动型捐赠，人们在网络中看到慈善求助信息，常常是在阅读求助信息后，产生相应的情感感知的，在情感感知基础上来评价风险与收益，做出是否信任的决策。由 Finucane 等（2000）提出的情感启发式模型能较好地解释情感在信任生成中的作用机理。个体在进行决策过程中，先以情感评价感知风险，然后判断其收益或风险。在网络慈善捐赠过程中，我们可以把是否信任当作一个决策。个体在决定是否信任时，也是先以情感评价感知风险，由于网络慈善捐赠常常是小额捐赠，捐赠者付出的成本一般较小，捐赠者倾向于认为与自己小额捐赠相匹配的风险也较低，这样自然容易生成较高的信任。在消费领域的研究发现也支持了情感对信任生成的重要影响。当个体面对陌生的品牌时，情绪情感会显著影响其对品牌的信任，表明情感对信任的生成具有显著影响（黄晓治、曹鑫，2013）。

在本书设置的情境实验中，使用的情境是捐赠者在微信朋友圈看到朋友转发一个陌生人的求助信息时，是否产生相应的慈善信任。可以说这个求助者所呈现出的求助信息对于捐赠者来说是一个新异刺激，因为求助者对捐赠者来说是陌生人，他们之间没有直接互动的经验。这意味着求助者信息的真实性对捐赠者来说具有一定的不确定性，因此，这个情境是一个不确定的情境。在这样一个情境下，捐赠者决定是否信任求助者及求助信息更多地会受到情感的影响。

捐赠者在进行慈善捐赠时一般会感受到不同的情感情绪体验，有正向的情感体验，如鼓舞、振奋等，也有负向的，如同情、悲伤、难过等。当捐赠者在阅读了慈善求助信息后，如果感受到了求助者在困境中悲伤、痛苦、无奈等消极情绪，这种消极情绪会通过捐赠者的共情机制促使其产生网络慈善捐赠的初始信任。当捐赠者在阅读完慈善求助信息后，如果感知到求助者在困境中的自强不息、面对困苦的勇气，以及看到求助者及其家人的优秀人格品质时，捐赠者会产生钦佩、欣赏、赞赏等积极的情绪，这些积极情绪进而会产生鼓舞效应。已有研究发现当个体看到他人在不幸中的勇气、毅力等优秀的人格品质时，会被这些品质和行为所吸引与鼓舞（Liang et al.，2016）。在这些积极情绪的影响下，人们会倾向于生成较高的初始信任，较高的慈善捐赠意愿。

基于已有研究，本书提出假设 H2：情感感知对网络慈善捐赠初始信任具有显著正向影响。捐赠者感知到积极情感比感知到消极情感更能促进其初始信任的生成。

（三）解释水平对初始信任的影响

解释水平理论由 Liberman 和 Trope 提出，该理论认为人们对同一事物的反应取决于其心理表征，心理表征可以采用或抽象或具体的方式，抽象的表征方式被称为高解释水平，具体的表征方式被称为低解释水平（黄俊等，2015；Trope & Liberman，2003）。关于解释水平对决策的影响研究发现，在高解释水平下，人们倾向于关注价值，更愿意做出具有高价值的决策。而在低解释水平情况下，更会优先考虑决策的可行性（Liberman & Trope，1998）。在对决策事件效价的感知上，不同解释水平的影响也不同。在低解释水平条件下，个体较少考虑负性事件。这是因为与正性事件相比，负性事件常常被认为更抽象更遥远，发生的可能概率更低（凤四海等，2008）。

已有研究发现在高解释水平条件下，个体采取的提升焦点策略让人们对事物的积极特征更为敏感，即关注收益。在低解释水平条件下，个体更多地采用防御焦点策略让人们对事物的消极特征更为敏感，即更多地关注损失（Forster & Higgins，2005；Mogilner et al.，2008）。不同解释水平条件下，个体会出现解释水平匹配效应，即在个体做决策时更加关注与解释水平相匹配的信息（柴俊武等，2011）。在高解释水平条件下，个体更容易受到抽象的信息所影响，在低解释水平条件下，个体更容易被具体的信息影响（Berson et al.，2014）。

目前解释水平理论已经广泛应用于营销和消费者行为领域、社会认知研究领域、决策与协商研究领域、社会化研究领域等（黄俊等，2015）。但在信任研究领域的应用较为缺乏。

解释水平影响信任生成的逻辑是成立的，即解释水平对网络慈善初始信任生成有显著影响，具体为不同解释水平的捐赠者对网络慈善初始信任有不同影响。这基于以下理由：网络慈善求助信息常常是具体而形象的。根据解释水平匹配效应可以推论，在高解释水平条件下，个体关注信息的抽象特点，由于慈善求助信息是具体的，解释水平与信息的不匹配，会产生较低水平的初始信任。而在低解释水平条件下，个体关注信息的具体特点，与慈善求助信息是匹配的，因此会生成较高水平的初始信任。基于此，本书提出假设 H3：解释水平对捐赠者网络慈善初始信任生成具有显著影响。具体为解释水平越低，越能促进初始信任的生成。

（四）心理距离、共情、自我表达、信任倾向对初始信任的影响

1. 心理距离对初始信任的影响

心理距离是关于事物距离自我、此地、此刻远近以及发生概率大小的一种主观体验（Trope & Liberman，2010）。心理距离包括四个维度即空间距离（远与近）、时间距离（现在与未来）、社会距离（自我与陌生人）和假设性距离（大与小）（沈旺等，2020）。空间距离是指事物地理空间距离此地的远近；社会距离是指他人与自我之间人际关系的远近；时间距离

是指事物发生的时间点距离此刻的远近；假设性距离是指事物发生概率的大小（Liberman et al.，2007；Trope & Liberman，2010）。

Bar-Anan 等（2006）研究证明了解释水平与心理距离的四个维度之间的紧密关系，并且心理距离的所有四个维度都以类似的方式与解释水平相关。后续的许多研究进一步表明解释水平与心理距离之间是相互影响的关系，具体而言，解释水平越高，抽象水平也越高，心理距离就越远；反之，解释水平越低，事物就越具体、越具有细节性，心理距离也就越近（Liberman et al.，2007；Trope & Liberman，2010）。

Trope 和 Liberman（2010）研究认为人际关系亲疏不同具有的心理距离远近也不同。费孝通（1998）在《乡土中国》中用差序格局来描述中国的人际关系，"我们的社会结构本身和西洋的格局不相同，我们的格局不是一捆一捆扎清楚的柴，而是好像把一块石头丢在水面上所发生的一圈圈推出去的波纹。每个人都是他社会影响所推出去的圈子的中心"。从费孝通的描述中可以看出，不同的人际关系均是以自我为中心的。黄元娜（2015）的研究认为不同的人际关系在心理距离上会有不同的反应。高娟等（2020）研究认为在现实人际关系中，不同的人际关系意味着不同的社会距离，而这种社会距离不完全等同于心理距离。人们可能会与亲近关系中的他人心理距离较远（如亲子之间关系淡漠疏离甚至反目成仇），而与陌生人会产生较近的心理距离（如网恋）。因此，可以推论关系对网络慈善捐赠初始信任的影响是通过心理距离的中介作用产生的，即不同的人际关系由于在心理距离上的不同才影响网络慈善捐赠初始信任。因此，本书提出假设 H4：心理距离在关系对网络慈善初始信任的影响上起到了中介作用。

在慈善捐赠领域，已有研究发现捐赠者与求助者之间的心理距离对慈善捐赠意愿有显著影响，即人们更愿意捐赠给那些在心理距离上离自己较近的个体和慈善机构（Duclos & Barasch，2014）。同时，捐赠者的个体特征（如性别认同、爱等）会促进人们对心理距离较远的求助者进行捐赠（Winterich et al.，2009；Cavanaugh et al.，2015）。Jones 和 Rachlin（2006）的研究发现人们对他人的慷慨程度随着社会距离的增大而呈现逐渐递减的趋势，即社会距离越近，慷慨程度越高，越远则慷慨程度越低。已有研究证实了心理距离对个体利他行为具有负向影响，即心理距离越远，个体的利他行为就越少（Stephan et al.，2011）。但已有研究尚未关注解释水平、心理距离对网络慈善初始信任生成的影响，尤其是未关注在社交平台的慈善捐赠情境下，潜在的捐赠者与朋友圈内的信息发送者之间的心理距离、解释水平对慈善初始信任生成的影响。在微信慈善捐赠中，很多捐赠者在朋友圈内看到微信好友转发的慈善求助信息，求助者对捐赠者来说常常是陌生人，但捐赠者与微信好友在心理距离上又具有不同的关系，有可能是亲近关系，也有可能是熟人关系，还有可能是陌生人关系。这种不同人际关系在心理距离的远近上也会带来不同的感知，进而会影响捐赠者的慈善初始信任生成。人们更有可能相信在心理距离上较近的朋友转发的求助信息。同时，转发信息者在转发信息时的证言具有不同的解释水平，当解释水平较高时，抽象水平也越高，潜在的捐赠者在心理距离上也会更远，有可能更难生成初始信任，慈善捐赠的意愿也较低。当解释水平较低，越具体、越具有细节性时，潜在的捐赠者在心理距离上也更近，越有可能生成较高的初始信任，慈善捐赠意愿就越高。基于以上分析，本书提出研究假设 H5：心理距离在解释水平对网络慈善初始信任的影响上起到了中介作用。

2. 共情对初始信任的影响

共情（empathy）也被称为"共感"或"同理心"，是指个体感知或想象他人情感，并部分体验到他人感受的心理过程（Singer & Lamm，2009）。共情通过情绪感染、同情关怀和共情性观点采择三个维度从不同层面促进利他行为的产生（周详、程乐华，2010）。学者们通过实证研究发现共情的确可以促进利他行为的产生（李文辉等，2015），而且在网络环境下，共情还可以促进个体的网络利他行为产生（郑显亮、赵薇，2015）。那么，共情是如何促进利他行为的呢？国外学者研究发现共情通过促使个体建构自己与他人的情感体验，以及与他人幸福感的普遍联系促成利他行为的产生（Batson，1987）。利他行为包括助人、分享、捐赠和合作等行为（Eisenberg & Fabes，1998）。由此可见，网络慈善捐赠行为属于利他行为。

已有关于共情与信任的研究表明，共情可以促进信任的生成。吴红彦、周晓伟和庞楠（2019）对共情能力和人际信任之间的关系进行了实证调查，发现共情与人际信任关系密切，共情能显著地作用于人际信任。费定舟和刘意（2018）的实验研究表明，共情水平高的个体较少受到社会距离的影响。通过诱发共情能显著地增强个体对陌生人的信任，减少差别信任。谢方威等（2021）通过调查研究发现，网络人际信任对网络利他行为具有正向预测作用，这种作用随着个体共情水平的提高而增强（谢方威等，2021）。这主要是由于在高共情水平下，个体更能对求助者的困境与状态感同身受，会产生更多的利他动机，因此会增强网络人际信任对网络利他行为的正向预测作用。相关研究表明，在医患关系紧张的背景下，共情是重建医患信任关系的重要路径（刘汉龙、刘惠军，2012）。这表明共情是影响信任建立和重建的重要因素。

共情—利他主义假说认为个体利他行为的产生是由个体对处于困境中的他人的忧伤而激起的，随着共情体验加深，个体更易感知他人情绪，利他动机就越强，自然更易于产生利他行为（Batson，1987）。夏勉和王远伟（2015）通过情境实验研究发现，共情对助人行为具有正向影响，而人际信任正向调节了共情对助人行为的影响。

由此，本书提出研究假设 H6：共情在关系对网络慈善初始信任的影响中起到中介作用。本书提出研究假设 H7：情感通过共情的中介效应影响网络慈善初始信任生成。

3. 自我表达对初始信任的影响

自我表达是指个体通过行为、语言或选择来表达个人看法和感觉，是一种把自我思想和观点投射至外在世界的行为（Kim & Ko，2007；Kim & Sherman，2007）。自我表达是自我个性特点的主张宣言。自我表达是人类的基本需求，因为个体只有把自己的思想和观点表达给他人，才能够被他人了解（Kim & Drolet，2003）。用社会学家 Goffman（1959）的拟剧理论来看自我表达，自我表达就是人们在不同舞台情境下进行有控制的自我展示，使自己的角色呈现符合大众和自我的期待。

以微信为代表的社交媒体是个体进行网络社交和自我表达的重要平台。做决策或选择是个体自我表达的一种方式（Kim & Drolet，2003）。捐赠行为决策也是一种自我表达的形式。当慈善信息呈现时，与捐赠者相关的信息会显著影响自我相关性感知（Fajardo et al.，2018）。同时，自我表达需求存在个体差异。高自我表达需求的个体对环境中的线索更为敏感，更易感知道德线索对捐赠的影响（Reed II et al.，2016）。Song 等（2015）的研究发现在网络慈善捐赠中，积极性、自我表达和话题兴趣对捐赠者的捐赠行为具有重要影响。与选择决策有关的自我表达研究表明，捐赠者在进行捐赠决策时会寻求与个体自我相关性相关的信息，然后才做出是否捐赠的决策（Fajardo et al.，2018）。Rifkin 等（2021）的研究表明，可以把捐赠行为视为表达与身份相关的偏好机会，利用此种方法来激励小额捐赠行为。在该研究中，Rifkin 等通过二选一的方法让捐赠者在两种选择之间做出决定（如猫与狗，巧克力与香草冰淇淋）。这种捐赠方式通过为潜在捐赠者提供更大的自我表达机会来激发其慈善捐赠行为。因此，如果能在捐赠时满足捐赠者的自我表达需求，那么就会促进捐赠决策。

在慈善领域，已有研究多是关注自我表达与慈善捐赠的关系。已有研究发现在社交媒体中自我表达和信任共同促进捐赠意愿的产生。捐赠者在高信任条件下，自我表达对捐赠意愿影响不显著。但在低信任条件下，自我表达对捐赠意愿影响显著。自我表达能促进慈善捐赠的原因在于，个体通过自我表达激发了愉悦心情，这种积极情绪促进了捐赠意愿的增强（陈敏，2019）。由于个体的自我表达需求不同，在社交媒体环境下，捐赠者的不同表达倾向会显著影响信任的生成，即在高自我表达水平下，捐赠者更易感知道德线索对捐赠的影响，更易生成较高的初始信任。而在低自我表达水平下，捐赠者感知道德线索的敏感度低，较难生成初始信任。因此，本书把自我表达纳入控制变量。

4. 信任倾向对初始信任的影响

信任倾向是个体稳定的人格特质，是个体形成总体信任的能力和意愿（Grabner-Kraeuter，2002）。信任倾向的形成主要与个人的文化背景、经验、成长经历等密切相关（Lee and Turban，2001），一旦形成不易改变。

韩涵等（2020）认为个体的信任倾向会显著影响其对陌生事物的初始信任。Kramer（1994）认为信任倾向会影响个体对非特定他人的初始信任，影响在不同情境下对他人可靠性和善意性的评价，即信任倾向性越高的个体，越会相信他人是善意的、可靠的。这表明信任倾向会直接影响个体的初始信任。在消费领域，顾忠伟等（2015）研究发现，信任倾向显著影响人们的初始信任，即信任倾向性越高，人们的初始信任水平就越高。Gefen（2000）研究发现信任倾向性越高的个体越倾向于相信受信任方，也越容易生成初始信任。因此，我们可以推导出个体信任倾向会显著影响网络慈善初始信任的建立。为了更好地考察关系、情感和解释水平对网络慈善捐赠初始信任的影响，在本书中我们把信任倾向也纳入控制变量。

二 研究设计

（一）研究对象

本研究中的研究样本共计1005人，并通过问卷星在上海、重庆、石家庄、南昌、广州五个城市发放问卷。共回收问卷1122份，删除没有网络慈善捐赠经历的117份，保留有效问卷1005份，有效问卷回收率为89.57%。

样本总体分布情况如表3-30所示。在性别分布上，男性有323人，占比32.14%，女性682人，占比67.86%。在年龄分布上，18岁及以下的91人，占比9.06%；19~30岁的有474人，占比47.16%；31~40岁的有266人，占比26.47%；41岁及以上的有174人，占比17.31%。在地域分布上，上海297人，占比29.55%；重庆148人，占比14.73%；石家庄171人，占比17.01%；南昌164人，占比16.32%；广州225人，占比22.39%。在职业分布上，学生237人，占比25.58%；公务员261人，占比25.97%；普通员工389人，占比38.71%；专业技术人员57人，占比5.67%；个体经营者61人，占比6.07%。在婚姻状况上，已婚有536人，占比53.33%，未婚有469人，占比46.67%。其中未婚有伴侣者158人，占比15.72%，未婚无伴侣者311人，占比30.95%。

表 3-30 样本总体分布情况

单位：人，%

性别	频数	占比
男	323	32.14
女	682	67.86
总体	1005	100.00
年龄	频数	占比
18 岁及以下	91	9.06
19~30 岁	474	47.16
31~40 岁	266	26.47
41 岁及以上	174	17.31
总体	1005	100.00
地域	频数	占比
上海	297	29.55
重庆	148	14.73
石家庄	171	17.01
南昌	164	16.32
广州	225	22.39
总体	1005	100.00
受教育水平	频数	占比
初中	6	0.60
高中	83	8.26
大专	91	9.06
本科	681	67.76
研究生	144	14.33
总体	1005	100.00
宗教信仰	频数	占比
有	123	12.24
无	882	87.76
总体	1005	100.00
政治面貌	频数	占比
中共党员	189	18.81
共青团员	393	39.10

续表

民主党派成员	10	0.99
群众	413	41.10
总体	1005	100.00
职业	频数	占比
学生	237	23.58
公务员	261	25.97
普通员工	389	38.71
专业技术人员	57	5.67
个体经营者	61	6.07
总体	1005	100.00
婚姻状况	频数	占比
未婚有伴侣	158	15.72
未婚无伴侣	311	30.95
已婚	536	53.33
总计	1005	100.00

（二）研究方法

本书采用情境模拟实验方法，具体采用 3（关系：近、中、远）×2（解释水平：高、低）×2（情感：积极、消极）的组间实验设计。实验情境采用"封面故事+不同解释水平的证言+慈善求助信息"的方式来呈现。封面故事展示捐赠者与慈善信息转发者之间的人际关系，分为三种类型：近、中、远，分别对应的人际关系为近关系、中等关系、远关系。不同解释水平的证言主要分为两类：一类是信息转发者仅仅用简单的语句来进行证实，该证言是高解释水平的；另一类是信息转发者使用翔实的语句来证实，该证言是低解释水平的。慈善求助信息采用积极情感感知和消极情感感知两种方式来展示，并通过在求助信息中呈现不同情绪情感词语来进行操作。如在积极情感感知中使用"鼓励""打败""坚强""乐观"等令人振奋的词语。在消极情感感知中使用"痛心""自责""唉声叹气""不知所措"等词语。为了验证实验操纵是否有效，在研究中笔者设计了专门的题目进行有效性检测。样本在阅读相关信息后，完成相应问卷调查。最后，填写个人基本信息并结束实验。

（三）实验程序

由于本书采用 3（关系：近、中、远）×2（情感：积极、消极）×2（解释水平：高、低）的组间实验设计，因此共有 12 个实验组，每个样本被随机分配到任意一个实验组。

实验程序如下。（1）呈现封面故事。介绍微信信息转发者与样本的关系（近关系、中等关系、远关系），接着呈现转发者转发的慈善求助信息，在转发信息后有不同解释水平的证言（高解释水平、低解释水平）。（2）在封面故事后有三道题目来检测证言、关系操纵、解释水平操纵的效果。（3）呈现慈善求助信息的具体内容。不同实验组呈现方式不同，积极情绪感知组在慈善求助信息中呈现积极情绪词语，如希望、坚强、乐观、鼓励等。消极情绪感知组在慈善求助信息中呈现消极情绪词语，如晴天霹雳、痛心、自责、唉声叹气等。（4）测量情感感知、情感影响与情绪类型。（5）测量四个问卷，问卷一为捐赠行为意向问卷，问卷二为捐赠者信任问卷，问卷三为捐赠者个人信任倾向性问卷，问卷四为自我表达问卷。（6）完成个人信息填写，结束实验。

（四）变量测量

本书中网络慈善初始信任问卷在本章第一节的基础上，同样分为三个维度：正直信任、能力信任和善心信任。在前期研究基础上，根据本书实验情境进行相应修改，初始信任问卷共有 9 个题项，采用 5 点量表方式计分，1 表示非常不符合，5 表示非常符合。分数越高表示初始信任水平越高。捐赠行为意向问卷采用自编问卷，采用 5 点量表方式计分，有 3 个题项，分别测量捐赠意愿、捐赠金额意向、转发信息行为。捐赠者个人信任倾向性问卷包括 4 个题项，与本章第一节的信任倾向问卷相同。采用 5 点量表方式计分，1 表示十分不符合，5 表示十分符合。分数越高表示个体信任倾向性越高。共情问卷来自 Batson 等（1995）的研究，包括 6 个形容词，即感到同情的、怜悯的、心肠软了、想体贴、想温暖、被感动了；该问卷采用 7 点量表方式计分，1 表示没有感受，7 表示感受非常强烈。分数越高表明个体的状态共情反应越强烈。自我表达问卷包括 4 个题项，量表题目来自 Rozenkrants 等（2017）的研究，采用 7 点量表方式计分。1 表示非常不同意，7 表示非常同意。分数越高表明个体的自我表达倾向性越高。为了检测人际关系的远近，本书采用 Aron 等（1992）的心理距离量表来检测。

三　结果与分析

（一）问卷内部一致性系数检验

初始信任问卷、捐赠行为意向问卷、捐赠者个人信任倾向性问卷、共情问卷、自我表达问卷内部一致性信度系数分别为 0.797、0.718、0.795、0.910、0.794，表明本书使用问卷具有较好的信度。

（二）对关系、情感和解释水平的实验操作

经检验，近关系亲疏感知的均值为 5.767，中等关系亲疏感知的均值为 4.059，远关系亲疏感知的均值为 2.550，组间差异值 F 为 920.343，组间差异极其显著 $p < 0.001$（见表 3-31）。这表明本书对关系的操纵是有效的。进一步分析不同关系之间的两两比较结果，发现这三组关系之间两两差异均十分显著。具体表现为近关系与中等关系、远关系组间差异极其显著，组间差值分别为 1.708，$p < 0.001$；3.217，$p < 0.001$。中等关系与远关系差异也极其显著，组间差值为 1.509，$p < 0.001$。

表 3-31　关系实验操作检验

关系	M	SD	F
近关系	5.767	0.924	
中等关系	4.059	1.039	920.343 ***
远关系	2.550	0.962	

注：*** $p < 0.001$，下同。

经检验，积极情感感知的均值为 3.910，消极情感感知的均值为 2.889，t 为 16.241，组间差异极其显著 $p < 0.001$（见表 3-32）。这表明本书对不同关系的操纵是有效的。积极情感组的积极情感感知显著高于消极情感组。

表 3-32 情感感知实验操作检验

情感感知	M	SD	t
积极情感	3.910	0.677	16.241 ***
消极情感	2.889	1.247	

经检验，低解释水平的均值为 3.584，高解释水平的均值为 2.622，t 为 16.574，组间差异极其显著 $p<0.001$（见表 3-33）。这表明本书对解释水平的操纵是有效的。

表 3-33 不同解释水平实验操作检验

解释水平	M	SD	t
低解释水平	3.584	0.833	16.574 ***
高解释水平	2.622	1.008	

（三）变量的相关系数分析

由表 3-34 可知，在排除其他控制变量影响后，初始信任分别与关系、情感、解释水平、信任倾向、共情、自我表达均存在显著的关系，其中初始信任与关系的相关系数为 0.592，与情感的相关系数为 0.166，与解释水平的相关系数为 0.112，与信任倾向的相关系数为 0.399，与共情的相关系数为 0.488，与自我表达的相关系数为 0.246。进一步计算各变量的方差膨胀因素，结果显示，所有变量的 VIF 值都小于 1.0。根据 Ryan（2008）的观点，VIF 可接受上限为 10.0，本书中所有变量的 VIF 值远低于 10.0，说明解释变量之间不存在多重共线性问题。

表 3-34 变量的相关系数分析

	初始信任	关系	情感	解释水平	信任倾向	共情	自我表达
初始信任	1						
关系	0.592 **	1					
情感	0.166 **	−0.008	1				
解释水平	0.112 **	0.013	−0.008	1			
信任倾向	0.399 **	0.042	0.006	0.055	1		
共情	0.488 **	0.139 **	−0.012	0.035	0.492 **	1	
自我表达	0.246 **	0.049	0.006	0.056	0.379 **	0.318 **	1

注：** $p<0.05$，下同。

（四）关系、情感和解释水平对网络慈善捐赠初始信任的影响

在本书中网络慈善捐赠初始信任主要包括三个维度：正直信任、能力信任和善心信任。首先，以网络慈善初始信任的三个维度（正直信任、能力信任、善心信任）和总初始信任为因变量，进行 3（关系：近、中、远）×2（情感：积极、消极）×2（解释水平：高、低）方差分析。

1. 关系、情感和解释水平对正直信任的影响

结果表明在正直信任上，关系主效应显著，$F = 158.583$，$p < 0.001$。不同关系下，正直信任的差异显著。不同亲疏关系条件下，两两差异显著。具体表现为，近关系条件下，正直信任水平显著高于中等关系和远关系，差异值分别为 0.408 和 0.783，p 值均小于 0.001。远关系条件下，正直信任水平显著低于近关系和中等关系，差异值分别为 -0.783，-0.375，p 值均小于 0.001。情感主效应显著，$F = 60.873$，$p < 0.001$。积极情感（$M = 3.872$，$SD = 0.672$）比消极情感（$M = 3.597$，$SD = 0.644$）能更显著地影响正直信任。解释水平主效应显著，$F = 5.747$，$p < 0.05$。低解释水平（$M = 3.782$，$SD = 0.610$）比高解释水平（$M = 3.689$，$SD = 0.726$）能更显著地影响正直信任。

情感与解释水平的二阶交互作用显著，$F = 3.904$，$p < 0.05$。进一步进行简单效应分析，表明在积极情感下，低解释水平（$M = 3.884$，$SD = 0.041$）与高解释水平（$M = 3.860$，$SD = 0.040$）在正直信任上没有显著差异（$F = 0.174$，$p = 0.677$）。在消极情感下，低解释水平（$M = 3.680$，$SD = 0.042$）在正直信任上显著高于高解释水平（$M = 3.514$，$SD = 0.039$）。关系与情感的二阶交互作用不显著，$F = 0.457$，$p = 0.634$。关系与解释水平的交互作用不显著，$F = 2.147$，$p = 0.117$。关系、情感与解释水平的三阶交互效应不显著，$F = 0.969$，$p = 0.380$。

2. 关系、情感和解释水平对能力信任的影响

在能力信任上，关系主效应显著，$F = 93.940$，$p < 0.001$。在不同关系下，能力信任的差异显著。在不同亲疏关系条件下，两两差异显著。具体表现为，在近关系条件下，能力信任水平显著高于中等关系和远关系，差异值分别为 0.366 和 0.635，p 值均小于 0.001。在远关系条件下，能力信任水平显

著低于近关系和中等关系，差异值分别为-0.635，-0.269，p 值均小于 0.001。情感主效应显著，$F=19.063$，$p<0.001$。积极情感（$M=3.710$，$SD=0.688$）比消极情感（$M=3.551$，$SD=0.639$）更显著地影响能力信任。解释水平主效应显著，$F=6.439$，$p<0.01$。低解释水平（$M=3.714$，$SD=0.641$）比高解释水平（$M=3.549$，$SD=0.868$）能更显著地影响能力信任。

情感与解释水平的二阶交互作用不显著，$F=0.013$，$p=0.910$。关系与情感的二阶交互作用不显著，$F=2.086$，$p=0.125$。关系与解释水平的交互作用不显著，$F=1.614$，$p=0.200$。关系、情感与解释水平的三阶交互效应不显著，$F=0.393$，$p=0.675$。

3. 关系、情感和解释水平对善心信任的影响

在善心信任上，关系主效应显著，$F=236.124$，$p<0.001$。在不同关系下，善心信任的差异显著。在不同亲疏关系条件下，两两差异显著。在近关系条件下，善心信任水平显著高于中等关系和远关系，差异值分别为 0.607 和 0.945，p 值均小于 0.001。在远关系条件下，善心信任水平显著低于近关系和中等关系，差异值分别为-0.945，-0.339，p 值均小于 0.001。情感主效应显著，$F=11.531$，$p<0.01$。积极情感（$M=3.670$，$SD=0.661$）比消极情感（$M=3.557$，$SD=0.730$）能更显著地影响善心信任。解释水平主效应显著，$F=9.484$，$p<0.01$。低解释水平（$M=3.674$，$SD=0.653$）比高解释水平（$M=3.554$，$SD=0.735$）能更显著地影响善心信任。

在善心信任上，关系与情感的二阶交互作用显著，$F=3.216$，$p<0.05$。进一步进行简单效应分析，表明在近关系下，积极情感（$M=4.130$，$SD=0.044$）与消极情感（$M=4.131$，$SD=0.044$）差异值为-0.001，差异不显著（$p=0.979$）。在中等关系下，积极情感（$M=3.629$，$SD=0.043$）与消极情感（$M=3.414$，$SD=0.045$）差异值为 0.215，差异显著（$p<0.01$）。在远关系下，积极情感（$M=3.264$，$SD=0.044$）与消极情感（$M=3.112$，$SD=0.044$）差异值为 0.152，差异显著（$p<0.05$）。关系与解释水平的二阶交互作用不显著，$F=1.612$，$p=0.200$。情感与解释水平的交互作用不显著，$F=0.434$，$p=0.510$。关系、情感与解释水平的三阶交互效应不显著，$F=0.060$，$p=0.942$。

4. 关系、情感和解释水平对总体初始信任的影响

进一步分析关系、情感和解释水平对总体初始信任的影响，结果发现关系主效应显著，$F = 295.460$，$p < 0.001$。在不同关系下，初始信任的差异显著。在不同亲疏关系条件下，两两差异显著。在近关系条件下，初始信任水平显著高于中等关系和远关系，差异值分别为 0.464 和 0.791，p 值均小于 0.001。在远关系条件下，初始信任水平显著低于近关系和中等关系，差异值分别为 -0.791，-0.328，p 值均小于 0.001。情感主效应显著，$F = 49.750$，$p < 0.01$。积极情感（$M = 3.751$，$SD = 0.545$）比消极情感（$M = 3.570$，$SD = 0.531$）能更显著地影响初始信任。解释水平主效应显著，$F = 18.813$，$p < 0.01$。低解释水平（$M = 3.723$，$SD = 0.504$）比高解释水平（$M = 3.600$，$SD = 0.577$）能更显著地影响初始信任。

关系与情感二阶交互作用不显著，$F = 0.253$，$p = 0.776$。关系与解释水平的二阶交互作用不显著，$F = 1.143$，$p = 0.319$。情感与解释水平的交互作用不显著，$F = 0.947$，$p = 0.331$。关系、情感和解释水平的三阶交互效应不显著，$F = 0.006$，$p = 0.994$。通过以上数据分析，我们可以看出，关系、情感、解释水平均能显著地正向促进网络慈善捐赠初始信任的生成。具体表现为，近关系比中等关系和远关系能更显著地促进初始信任的生成。积极情感比消极情感能更显著利于初始信任的生成。低解释水平比高解释水平更能促进初始信任的产生。因此本书假设 H1、H2 和 H3 均成立。

5. 心理距离、共情的中介效应检验

为了进一步检验中介效应，本书根据实验法的经典文献（Pankaj & Mcgill，2012），使用 SPSS 25.0 进行了回归分析。

本书采用两种方法对中介效应进行检验。第一种方法是经典的"三步法"，即先检验自变量与因变量之间的关系，接着检验自变量与中介变量之间的关系，最后在控制中介变量对因变量的影响后，检验自变量对因变量的最初影响是否减弱或消失（Baron and Kenny，1986）。检验结果如表3-35 所示。模型 2 表明在控制了信任倾向、共情、自我表达基础上，关系、情感和解释水平显著正向影响慈善捐赠初始信任（回归系数分别为 $\beta = 0.365$，$p < 0.001$；$\beta = 0.188$，$p < 0.001$；$\beta = 0.090$，$p < 0.001$）。模型 5

表明在控制信任倾向、共情和自我表达之后，关系对慈善捐赠初始信任具有显著的正向影响（$\beta = 0.886$，$p < 0.001$），情感和解释水平对慈善捐赠初始信任影响不显著（回归系数分别为 $\beta = 0.020$，$p = 1.437$；$\beta = 0.018$，$p = 1.288$）。将心理距离也带入模型后，关系、情感、解释水平对慈善捐赠初始信任均具有显著的正向影响（回归系数分别为 $\beta = 0.302$，$p < 0.001$；$\beta = 0.186$，$p < 0.001$；$\beta = 0.088$，$p < 0.001$；$\beta = 0.030$，$p < 0.05$）。以上结果表明，心理距离在关系对慈善捐赠初始信任上起到部分中介作用。而心理距离在解释水平对慈善捐赠信任的影响上中介效应不显著。

表 3-35　心理距离的中介效应检验

变量	初始信任			心理距离	
	模型 1	模型 2	模型 3	模型 4	模型 5
信任倾向	0.160 ***	0.172 ***	0.170 ***	-0.007	0.025
共情	0.155 ***	0.116 ***	0.112 ***	0.361 ***	0.084 ***
自我表达	0.160 *	0.022 *	0.022 *	0.014	0.009
关系		0.365 ***	0.302 ***		0.886 ***
情感		0.188 ***	0.186 ***		0.020
解释水平		0.090 ***	0.088 ***		0.018
心理距离			0.030 *		
R^2	0.246	0.575	0.577	0.043	0.813
调整 R^2	0.244	0.573	0.575	0.042	0.813
F 值	110.139	227.809	196.800	45.303 ***	2205.384 ***

注：＊$p < 0.05$，下同。

已有研究表明用"三步法"检验中介效应有可能存在偏误，需要采用自主重复抽样法 Bootstrap 对中介效应进一步进行检验（MacKinnon et al.，2007）。通过自主重复抽样 1000 次对数据进行分析，结果显示心理距离在关系对网络慈善初始信任的正向影响中中介效应是显著的，95％的置信区间为 [0.108，0.238]，不包括 0。研究假设 H4 得到了支持，即心理距离在关系对网络慈善初始信任的影响上起到了中介作用，而且是起到了部分中介作用。心理距离在解释水平对网络慈善初始信任的影响中的中介效应不显著，95％的置信区间为 [-0.019，0.155]，包括 0。表明研究假设 H5

不成立。

　　继续采用两种方法对共情的中介效应进行检验。第一种方法是经典的"三步法"。检验结果如表3-36所示。模型2表明在控制了信任倾向、自我表达基础上，关系、情感和解释水平显著正向影响网络慈善初始信任（回归系数分别为$\beta=0.384$，$p<0.001$；$\beta=0.185$，$p<0.001$；$\beta=0.090$，$p<0.001$）。模型5表明在控制信任倾向和自我表达之后，关系和情感对共情具有显著的正向影响（$\beta=0.100$，$p<0.001$；$\beta=0.127$，$p<0.05$），解释水平对共情影响不显著（$\beta=0.015$，$p>0.05$）。将共情也带入模型后，关系、情感、解释水平和共情对网络慈善初始信任均具有显著的正向影响（回归系数分别为$\beta=0.373$，$p<0.001$；$\beta=0.171$，$p<0.001$；$\beta=0.089$，$p<0.001$；$\beta=0.171$，$p<0.001$）。以上结果表明，关系和情感是通过共情的部分中介作用对网络慈善初始信任产生影响的。

表 3-36　共情的中介效应检验

变量	初始信任			共情	
	模型 1	模型 2	模型 3	模型 4	模型 5
信任倾向	0.262 ***	0.248 ***	0.188 ***	0.565 ***	0.562 ***
自我表达	0.051 ***	0.038 ***	0.023 *	0.143 ***	0.140 ***
关系		0.384 ***	0.373 ***		0.100 ***
情感		0.185 ***	0.171 ***		0.127 *
解释水平		0.090 ***	0.089 ***		0.015
共情			0.171 ***		
R^2	0.170	0.533	0.564	0.242	0.252
调整 R^2	0.168	0.531	0.562	0.241	0.249
F 值	103.736 ***	230.949 ***	217.657 ***	162.101 ***	85.301 ***

　　为了检验"三步法"的准确性，笔者采用自主重复抽样法 Bootstrap 进行中介效应检验。通过自主重复抽样1000次对数据进行分析，结果显示共情在关系对网络慈善初始信任的正向影响中起到的中介效应是显著的，95%的置信区间为 [0.106，0.039]，不包括0。这表明研究假设 H6 成立。共情在情感对网络慈善初始信任的正向影响中中介效应显著，95%的置信区间为 [0.004，0.047]，不包括0。表明研究假设 H7 成立。

6. 关系、情感和解释水平对捐赠行为的影响

在捐赠行为上，关系主效应显著，$F = 64.817$，$p < 0.001$。在不同关系下，捐赠行为的差异显著。在不同亲疏关系条件下，两两差异显著。在近关系条件下，捐赠行为水平显著高于中等关系和远关系，差异值分别为 0.302 和 0.612，p 值均小于 0.001。在远关系条件下，捐赠行为水平显著低于近关系和中等关系，差异值分别为 -0.612，-0.310，p 值均小于 0.001。情感主效应显著，$F = 4.652$，$p < 0.05$。积极情感比消极情感更能显著地影响捐赠行为。解释水平主效应显著，$F = 16.817$，$p < 0.001$。低解释水平比高解释水平更能显著地影响捐赠行为。

关系与情感二阶交互作用不显著，$F = 2.956$，$p = 0.053$。关系与解释水平的二阶交互作用不显著，$F = 2.257$，$p = 0.105$。情感与解释水平的交互作用不显著，$F = 0.006$，$p = 0.937$。关系、情感与解释水平的三阶交互效应不显著，$F = 1.376$，$p = 0.253$。通过以上数据分析，可以得出关系、情感、解释水平均能显著地正向促进捐赠者网络慈善行为。与中等关系和远关系相比，近关系能更显著地促进捐赠者网络慈善捐赠行为。积极情感比消极情感能更显著地激发捐赠者网络慈善捐赠行为。低解释水平比高解释水平更能促进捐赠者网络慈善捐赠行为。

四 结论与讨论

（一）研究结论

通过实验研究本书得出以下结论。

（1）关系、情感和解释水平均能显著地正向促进网络慈善初始信任生成，具体表现为关系、情感和解释水平均能显著地正向促进正直信任、能力信任和善心信任的生成。在人际关系上，与中等关系、远关系相比，近关系能更显著地促进初始信任产生。捐赠者与微信信息转发者之间的关系会在网络慈善信任生成上产生溢出效应。与消极情感相比，积极情感能更显著地促进初始信任生成。与高解释水平相比，低解释水平能更显著地促进初始信任产生。

（2）关系、情感和解释水平在网络慈善初始信任的不同维度上有不同

影响。在正直信任上，情感与解释水平交互作用显著。具体表现为在积极情感下，低解释水平与高解释水平无显著差异。在消极情感下，低解释水平显著高于高解释水平。在善心信任上，关系与情感交互作用显著，具体表现为在近关系下，积极情感与消极情感两者差异不显著。而在中等关系和远关系下，积极情感条件下的初始信任显著高于消极情感条件下的初始信任。在能力信任上，关系、情感和解释水平的主效应显著，而交互效应则不显著。

（3）关系对网络慈善初始信任的促进作用分别是通过心理距离和共情的中介作用完成的。微信信息转发者与捐赠者之间的关系越亲密，其心理距离越近，就越能促进网络慈善初始信任生成。反之，越是陌生的关系，心理距离就越远，越难以产生初始信任。同时，关系越是亲密，捐赠者越容易产生共情，越能促进初始信任生成。反之，关系越陌生，捐赠者越难产生共情，也越难产生初始信任。

（4）情感是通过共情的中介作用影响网络慈善初始信任的生成的。与消极情感相比，积极情感更利于捐赠者对求助者的困境产生共情，更利于初始信任生成。

（5）关系、情感和解释水平均能显著地正向促进网络慈善行为。具体而言，近关系比中等关系、远关系能更显著地促进网络慈善捐赠行为。积极情感比消极情感更能显著地促进网络慈善捐赠行为。低解释水平比高解释水平能更显著地促进网络慈善捐赠行为。

相关结论可以归结为以下模型（见图3-3）。

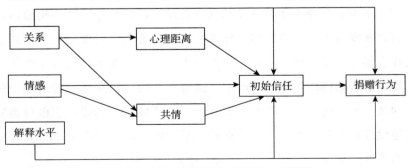

图3-3　微信慈善捐赠初始信任生成模型

（二）讨论与启示

当前，网络慈善研究对基于社会软件的网络慈善捐赠研究较少。本书与已有研究的不同之处在于本书紧密结合当下网络慈善捐赠现实，探究社交软件的捐赠者网络慈善初始信任生成机制，以微信慈善捐赠为例，聚焦于社交软件捐赠的不同群体（信息转发者、求助者、捐赠者）在网络慈善捐赠初始信任中的作用，通过实验法深入检验了信息转发者与捐赠者、求助者之间的关系，以及求助者文本让捐赠者获得的情感感知、信息转发者证言的解释述评对网络慈善初始信任生成的影响。

1. 关系对网络慈善初始信任和捐赠行为的影响

本书结果证实捐赠者与信息转发者之间的关系对第三方形成的网络慈善信任具有显著正向影响，即关系对正直信任、能力信任和善心信任均具有显著影响，该研究结果不同于已有研究之处在于该研究证实了在网络慈善捐赠领域，信任方与受信任方的关系会产生溢出效应，即会产生"爱屋及乌"的效果。本书中捐赠者与信息转发者之间的关系更接近于沈毅所研究的"人缘关系"。沈毅（2013）认为"人缘关系"常常具有较为明显的"人情取向"和面子情分，呈现出血缘、地缘、姻缘、业缘、学缘等"差序"特征。在微信朋友圈，人们之间呈现的关系是一种较为私人化的关系。在微信发展初期，微信朋友圈旨在发展的是熟人社交，通过微信朋友圈传播的信息较易被好友接收和信任（金晓玲等，2017）。但随着微信的发展与普及，进入微信朋友圈的人不仅有熟人，仅有一面之缘的陌生人也有机会进入朋友圈。因此，微信朋友圈越来越呈现出与现实生活类似的关系特征，即朋友圈内的关系也具有差序格局。本书发现微信朋友圈的慈善信息转发者与捐赠者之间亲疏关系不同对网络慈善信任具有显著影响，即慈善信息发送者与捐赠者之间的关系越亲密，捐赠者对于第三方产生的网络慈善初始信任就越高。这主要是由于微信朋友圈、微信群这种较为私人化的社交媒介，具有典型的中国"关系本位"的社会特征，即人们会对朋友圈的好友进行关系远近亲疏的判断。因此，基于这种人际判断，关系就产生了溢出效应，即基于微信的网络慈善初始信任和捐赠行为也呈现出"远近亲疏""内外有别"的典型特征。这既反映出许烺光（1990）所说的中国人"具有情境中心和相互依赖的处世观",也反映出个人的公共生活起始于家,由家到国,形成家国联系的差序格局(罗婧,2021)。

本书不同于已有研究之处还在于发现了关系对网络慈善初始信任影响的内在机制,即关系通过心理距离和共情的中介效应影响网络慈善初始信任的生成。关系的亲疏有别,并非等同于心理距离的远近,因为有时亲近的关系可能在心理距离上却很远,如亲子之间反目成仇。有时关系较远,但可能心理距离上会较近,如远亲不如近邻。人们只对那些较近心理距离的关系产生更高水平的初始信任。由此可见,关系对网络慈善初始信任生成的内在机制在于人们在内心对这种关系的心理距离判断。这种心理距离的判断是一种主观认知判断,依赖于人们的交往频率、互惠原则等。此外,关系还通过共情的中介效应影响网络慈善初始信任的生成。当微信信息转发者与捐赠者属于近关系时,如果网络慈善求助文本难以让捐赠者产生共情反应,捐赠者就较难生成初始信任。如果关系亲密,加之慈善求助文本又能较好地激发捐赠者的共情反应,那么捐赠者就较易生成初始信任。这里可以看出共情作为关系对网络慈善初始信任生成中的重要中介变量,对初始信任生成具有重要的影响。

同时,本书还发现关系对人们网络慈善捐赠行为也有显著影响,即关系的远近亲疏会显著影响人们的捐赠意愿和捐赠金额。这一研究结论也印证了社会折现现象的存在。社会折现是对社会距离的折现,指人们会对不同社会距离的人表现出不同的慷慨程度,即人们对社会距离近的他人表现出的慷慨程度高,而对社会距离远的他人表现出的慷慨程度低(张武科、金佳,2019)。从进化理论来看,个人对不同对象的利他行为是有所不同的。人们更会对亲密的人做出利他行为如慈善行为。从进化理论来看,这是亲缘选择的结果。因为当个体为自己的亲属提供帮助时,尽管可能自己的利益受到损失,但因为关系越近,相同基因就越多,那么这种损失是值得的,可以保障相同的基因获得传承(刘鹤玲等,2007)。从脑科学的神经机制研究来看,个体做出慈善捐赠行为时,大脑的颞顶联合区较为活跃,这个区域的活跃有利于个体克服自利行为、做出利他行为决策(Tina et al.,2015)。慈善捐赠行为属于利他行为,已有研究发现催产素与利他行为关系密切。催产素能增加个体对远心理距离的陌生人的慷慨程度（Pornpattananangkul et al.，2017）。催产素的实验干预研究发现，催产素可以促进人们亲社会行为的产生（Bethlehem et al.，2013）。这种催产素对个体慷慨行为的影响可能源于对他人的共情反应（张旭凯等，2018）。如Strang 等（2017）的研究发现催产素组的个体共情水平与慷慨行为呈现出正相关关系。

以上结论可以运用于网络慈善捐赠领域，慈善组织利用社交媒体进行网络募捐的过程中，要考虑利用社交媒体中人们之间的关系来增强捐赠者网络慈善初始信任，例如，可以通过微信朋友圈或微信群中的亲近关系来激发人们生成更高水平的网络慈善初始信任。有研究者通过实验研究认为不同的个体为了帮助他人所愿意付出的成本有所不同，有些人仅仅关心自己，不愿意付出多少成本，但大多数人都会关心他人的幸福和利益（克里斯塔基斯、富勒，2012）。正是由于大多数人有利他的需求，慈善捐赠才成为可能。结合新近的脑科学研究，我们可以利用人们近心理距离的关系，通过图片、文字等方式激发人们更多的共情反应，提升人们催产素水平，进而促进人们更多地向陌生人做出慈善捐赠行为。在进行慈善宣传和倡导时，我们可以结合三度连接理论，鼓励捐赠者通过利他的捐赠行为把自己的影响力在三度连接以内释放出来。通过自己的捐赠行为使距离自己较近（三度以内）的他人脱离困境并获得幸福。

2. 情感对网络慈善初始信任和捐赠行为的影响

本书发现情感能显著影响人们的网络慈善初始信任，即情感能显著影响人们的正直信任、能力信任和善心信任，而且这种影响是通过共情的部分中介效应产生的。当捐赠者体验的情感强度越强时，他们越能产生较高的共情反应，越能生成较高水平的网络慈善初始信任。这一结论也支持了感性选择理论。刘少杰（2005）认为"感性意识具备选择的能力，同样的一个社会事件，不同层面上的人的感受和体验是不同的……而实际上却因为印象和感受不同而发生了大相径庭的选择"。网络慈善捐赠常常是快速决策，即捐赠者在较短时间内决定是否信任、是否捐赠。已有研究发现在时间压力下，情感对风险与收益的知觉和决策的影响更大（Finucane et al.，2000)。这主要是因为在时间压力下，个体追求效率优先，会促使其使用情感启发式，即利用自己对当前认知信息的主观情感来做出相应决策(李海军等，2014)。而且在微信朋友圈这一社交媒介下，个体每天接收大量的信息，个体以情感为基础进行信息加工可以有效节省心理资源，快速做出决策，节省时间。本书也支持了黄晓治和曹鑫 (2013) 的研究，他们发现个体的情绪情感会显著地影响对陌生事物的信任。

不同情感类型对人们的网络慈善初始信任影响不同。与消极情感相比，积极情感更能促使人们生成网络慈善初始信任。心境一致模型认为当人们处于积极情绪状态时，倾向于选择和加工与积极情绪相一致的信息，表现出情绪的启动效应。Olson (2006) 使用心境一致性模型研究发现积极情绪可以提高信任水平，消极情绪会降低信任水平。本书与他们的研究发现并不完全一致，本书发现不论是积极情感还是消极情感都会对人们的网络慈善初始信任有显著正向影响，只是积极情感比消极情感的影响更为明显。这可能与网络慈善捐赠本身的独特性有关。在网络慈善捐赠中，捐赠者会面对各种积极或消极的求助信息，一般求助信息包括文字和图片。在求助信息中，一般都会具有较为强烈的积极情绪词语或消极情绪词语，这些情绪词语具有一定的情绪启动效应。当捐赠者阅读相关信息后，就会启动相应情绪情感。一类是悲伤、难过等消极情感体验。当慈善求助文本以一种悲情的叙事方式呈现时，会引发捐赠者的悲伤、难过的情感体验，激发人们的"恻隐之心"，引发捐赠者的共情反应，促使其生成慈善初始信任，产生慈善捐赠行为。另一类是钦佩、欣赏等积极情感体验。当捐赠者阅读了越来越多的苦情、悲情叙事方式的慈善求助信息时，就会引发捐赠者的审美疲劳，甚至还有可能引发捐赠者的无力感。而与之相对比，当捐赠者接触到乐观向上叙事方式的求助信息时，并在情感上感知到求助者在困境中的不气馁、家人朋友的坚强支持时，捐赠者因求助者及其家人的积极人格品质而感到钦佩、欣赏，这些积极情感会对捐赠者产生鼓舞。Liang (2016) 研究认为当个体看到他人在不幸中的勇气、毅力等优秀的人格品质时，会被这些品质和行为所吸引和鼓舞，这种鼓舞会激发捐赠者更高的共情水平，产生更高的慈善初始信任，促使捐赠者做出更多的慈善捐赠行为。刘梦琳（2017）认为传统的苦情慈善尽管能打动人心，获得帮助。但这种效果是短期的，难以建立起理智的、具有可持续性的、出于社会责任的慈善意识。只有慈善由苦情走向快乐，建立普遍互助的理性观念，才能真正走向现代慈善。

该研究结果对网络慈善的启示是，当前我国有很多网络慈善项目是建立在"悲天悯人"的传统施与报的基础上的，这与现代慈善理念是不相吻合的。现代慈善应该是建立在社会责任意识基础之上的，在情感基调上应更多偏向积极情感，如在求助文本的设计上可以给捐赠者呈现更多的积极情感词语，在图片上可以呈现更多的求助者积极、乐观、向上的正向情感场景。通过慈善求助信息的呈现，让捐赠者在心理上获益，即对求助者的认同、鼓舞和钦佩，激发捐赠者出于理性、出于社会责任意识而做出慈善捐赠行为。

3. 解释水平对网络慈善初始信任和捐赠行为的影响

本书还发现解释水平能显著影响人们的网络慈善初始信任，即解释水平显著正向影响人们的正直信任、能力信任和善心信任。而且低解释水平的证言显著比高解释水平的证言更能促使人们生成网络慈善初始信任。这表明人们对信息加工的心理表征会对初始信任和捐赠行为决策产生影响，而且这种影响是通过信息的图式化不同程度来产生的。图式化较高的就是高解释水平，是相对抽象的心理表征，图式化程度低的就是低解释水平，是较为具体的心理表征（孙晓玲等，2007）。不同的解释水平对人们网络慈善初始信任和捐赠行为的影响不同，一个可能的原因是在不同的解释水平下，人们的行为决策会出现解释水平匹配效应。具体表现为人们在做行为决策时更加关注与解释水平相匹配的信息。在高解释水平下，人们更容易受抽象信息影响。在低解释水平下，人们则更容易被具体的信息影响（Berson et al.，2014）。在现实中，网络慈善求助信息是较为具体的，详细介绍了求助者的个人信息，病情与现在面临的困难等，可以说这些信息均较为具体。在低解释水平下，由于捐赠者更易被具体信息影响，而恰好慈善求助信息为具体信息，因此捐赠者更易生成较高水平的初始信任，促进更多慈善捐赠行为产生。在高解释水平下，捐赠者更关注信息的抽象特点，更易被抽象信息影响，由于求助信息并非抽象信息，而是具体信息，因此高解释水平下捐赠者的初始信任水平和慈善捐赠行为显著低于低解释水平。另一个可能的原因在于个体在低解释水平下较少考虑负性事件（凤四海等，2008）。当微信信息转发者提供的证言是低解释水平的，在这种水平下捐赠者倾向于认为信息发送者更真诚、可靠。因此，倾向于认为其转发的信息不会存在虚假、欺诈等情况，更易生成较高的慈善初始信任，做出更多的慈善捐赠行为。而当信息转发者提供的证言是高解释水平的，这种情况下捐赠者会倾向于认为信息发送者不真诚，因此会怀疑慈善信息的可靠性，难以生成较高水平的慈善初始信任，慈善捐赠行为相应地也较少。

以上结论给我们的启发是，网络慈善募捐应考虑捐赠者不同的解释水平对网络慈善初始信任和慈善捐赠行为的影响，即考虑不同心理表征对网络慈善初始信任和慈善捐赠行为的影响。当在网络上呈现慈善求助信息时，应考虑捐赠者的阅读时间和心理资源损耗，提供相对具体的慈善信息。鼓励信息转发者在转发慈善信息时尽量给予与慈善信息相匹配的证言，即要提供相对具体的证言，以促使捐赠者获得真诚感知，激发其产生更高水平的网络慈善初始信任，催生慈善捐赠行为。克里斯塔基斯和富勒（2012）认为语言是维护人际关系的纽带。信息转发者通过低解释水平的证言，能够连接更多的关系，让他人对二度连接的关系（朋友的朋友）产生行动，即做出信任决策和捐赠行为。

4. 关系、情感、解释水平的交互作用对正直信任和善心信任的影响

本书研究结果表明，关系、情感和解释水平的交互作用在网络慈善初始信任的不同维度上有不同表现。在正直信任上，情感与解释水平交互作用显著。具体表现为在积极情感下，低解释水平与高解释水平无显著差异。在消极情感下，低解释水平显著高于高解释水平。这表明解释水平对正直信任的影响取决于情感。这主要是因为捐赠者在阅读慈善求助信息时如果感受到积极情感，感受到求助者的不气馁、在逆境中努力抗争的优秀人格，积极情感的渲染作用就使信息转发者证言的解释水平高低对正直信任不产生多少影响。但如果捐赠者在阅读慈善求助信息时感受到的是消极

情感，由于当前求助文本多是采用悲情或苦情的叙事方式，捐赠者已经麻木，因此，此时捐赠者会更多地寻求信息转发者的证言作为支持。因此，在消极情感下，信息转发者作为受信任方其证言的解释水平就会对正直信任产生影响。

在善心信任上，关系与情感交互作用显著。具体表现为在近关系下，积极情感与消极情感两者差异不显著。在中等关系和远关系下，积极情感的善心信任显著高于消极情感。这表明情感对善心信任的影响取决于人际关系远近亲疏，这与中国社会是关系本位的现实情况相吻合。捐赠者在对第三方的慈善初始信任的生成过程中，首先考虑的是信任方（捐赠者）与受信任方（信息转发者）之间的关系。在近关系下，由于信任双方已经有前期大量的人际互动和交互经验，实际上双方已经建立了稳定的信任关系，在这种情境下第三方求助者文本所呈现的情感类型已经对善意信任不起多少作用，这也反映出信任方与受信任方之间的近关系对第三方善心信任的溢出效应。但是，随着信任方与受信任方之间关系的疏远，情感对善心信任的影响就显现出来了。具体表现为在中等关系和远关系下，积极情感的善心信任显著高于消极情感。由于关系已经突破了近关系圈，不论是中等关系还是远关系，人们都需要审慎地评估第三方的善意、善心是否值得信任，这种评估显著地受到情绪情感的影响。当作为第三方的求助者在求助文本中呈现出较多的积极情绪词语，表达求助者及其家庭在逆境中的坚持、顽强等积极人格特质时，捐赠者作为信任方会受到这种积极人格的鼓舞，情绪的正向渲染作用使得捐赠者倾向于相信第三方求助者是善良的。而当求助者在求助文本中呈现更多的消极情绪词语时，捐赠者易产生麻木或司空见惯的反应，因此与积极情感相比，消极情感对善心信任的影响较小。

基于以上这一研究结果，我们可知在发展网络慈善过程中，应关注关系、情感、解释水平的交互作用对正直信任和善心信任的影响。对于慈善组织，在发布网络慈善项目时，可以充分利用微信朋友圈的功能，利用三度分隔影响力促成正直信任和善心信任的生成。使用多种激励策略激发人们利用自己的人际关系更多地转发慈善信息，引发慈善捐赠行为。求助者应充分利用自己的人际关系，尤其关注近关系在信息转发过程中的价值与作用。求助者在请求他人帮助转发信息时，可以提出证言需求，即请求他人在转发信息时尽量使用低解释水平的证言，甚至求助者可以先行制定好符合低水平解释水平的证言模板供他人转发信息时修改使用，这样可以减少他人撰写证言的时间，扩大解释水平对正直信任和善心信任的影响。此外，求助者在撰写求助文本时要突破悲情的叙事方式，采用新颖而有成效的乐观叙事方式，通过在文本中传递积极向上、自强不息的品质获得捐赠者的初始信任，吸引捐赠者做出更多的慈善捐赠行为。可以说，当采用积极情感的叙事方式时，这种慈善更具有现代慈善的意味，即捐赠者与求助者是在互惠原则基础上进行互动的，具体表现为求助文本本身会给捐赠者带来精神上的收益，捐赠者通过慈善信任与捐赠使求助者获得物质上的收益。

第四章
信任修复理论视角下捐赠者网络慈善信任维护机制

在网络慈善中，捐赠者与网络慈善平台、慈善组织、求助者之间是一种虚拟的、符号化的关系，各主体在短时间内生成的信任关系通常是不稳定的，一旦出现慈善危机事件便会导致双方信任关系破裂（汪丹，2014），直接危及网络慈善公信力。因此，受信任方在信任违背后，如何修复信任，降低其对网络慈善公信力的损害是信任维护机制首先要回答的问题。本章主要基于信任修复理论视角，从微观层面依次探究网络慈善项目、慈善组织和网络慈善平台的捐赠者网络慈善信任维护动态机制。本章主要由三节构成。（1）第一节为慈善项目网络舆情危机生成机理、特征及捐赠者网络慈善信任维护。该部分在信任修复理论和社会燃烧理论基础上，探究当慈善项目遭遇网络舆情危机时如何维护信任。（2）第二节为慈善组织信任违背类型、修复策略对捐赠者网络慈善信任的影响。主要探究不同的违背类型、修复策略对信任修复效果的影响。（3）第三节为网络慈善平台信任违背与捐赠者网络慈善信任维护动态机制研究。该部分细分两个子部分。研究4-3-1部分为基于微博数据挖掘的网络慈善信任违背与信任修复机制研究。采用大数据挖掘的方法，基于对"水滴筹扫楼事件"的微博数据挖掘，探究网络慈善平台信任维护的阶段与修复策略及其效果。研究4-3-2部分则进一步从动态视角详细考察信任修复过程和捐赠者信任的变化，并采用情境问卷法，动态呈现不同阶段修复策略，考察捐赠者在不同修复阶段的认知、情感和信任结构方面的变化，进而深入探究捐赠者网络慈善信任维护的动态机制。

第一节　慈善项目网络舆情危机生成机理、特征及捐赠者网络慈善信任维护

当前我国慈善事业正由传统慈善模式快速转向基于互联网的现代慈善模式。这一转变意味着慈善组织不仅要关注线下现实社会中慈善资源的拓展，更要涉足网络世界，通过互联网筹集善款，传播慈善观念，塑造慈善文化。目前，网络慈善已经成为慈善事业中发展最快的领域。以腾讯"99公益日"为例，2015 年有 200 万人次参与捐款 1.27 亿元，2019 年有 4800万人次参与捐款 18.83 亿元。在捐款人次上，2019 年是 2015 年的 24 倍，在捐款金额上，2019 年是 2015 年的 14.83 倍。不论从捐款人次的上升还是从善款的增长来看，网络慈善均呈现快速发展态势，网络捐赠已经成为聚合慈善资源的"新大陆"。在网络慈善蓬勃发展的同时，我们也看到了一些令人忧心的现象。一些网络慈善项目在网上发布后演化为网络慈善危机事件。这些事件让网络慈善的信任受损，公众对网络慈善的公信力持怀疑态度，网络慈善公信力也因此成为网络舆情的焦点。从社会燃烧理论视角来看，慈善项目在网络传播过程中出现质疑声音并形成舆情危机实际上就是网络舆情的燃烧。慈善组织如何妥善处理公众的怀疑，阻止网络舆情扩散与极化，如何有效修复捐赠者受损的信任，已经成为制约网络慈善发展的关键问题。本书基于社会燃烧理论和信任修复理论具体分析慈善项目网络舆情危机的产生机理、特征及捐赠者信任修复与维护，以期为慈善组织网络舆情危机管理提供参考，为慈善组织加强公信力建设提供借鉴。

一　文献综述

随着互联网的普及和发展，互联网的功能不断拓展和深化，网络越来越成为当今社会重要的舆情载体。网络舆情是由各种事件的刺激而产生，并通过互联网传播的人们对该事件的所有认知、态度、情感和行为倾向的

集合（曾润喜、徐晓林，2009）。网络舆情危机是针对某一特殊刺激事项所产生的涉及民众利益较深较广的舆情。其能在短时间内生成大量信息，并在民众中掀起范围更大、强度更高的社会反应，最终与事项刺激方或事项本身形成激烈的认识或观点的对抗（刘毅，2007）。网络慈善舆情危机实际上是网络舆情的特殊状态，是在网络上短时间出现的对特定组织或个人具有严重威胁的舆情，且该舆情严重损害捐赠者信任并威胁组织公信力和名誉，需要涉事主体快速做出反应。

如果慈善组织不能准确知晓网络慈善舆情危机的特征、演化过程及其机理，就难以有效应对和引导网络舆情，会使其付出捐赠者信任下降的代价。而当慈善组织失去捐赠者信任时，必然会面临"塔西佗陷阱"。由于信任本身具有脆弱性，一旦遭受破坏，势必需要付出极大的努力来修复和重建信任。在当前网络慈善危机事件频出的背景下，慈善组织如何应对网络慈善危机，如何修复捐赠者信任已经成为慈善组织危机管理必须面对和解决的问题。在网络舆情危机研究领域，相关研究主要涉及舆情主体、特征、阶段、机制四个层面，其中网络舆情特征和机制对其他层面研究具有重要价值，也是当前学界研究较为深入的层面。

已有研究表明舆情事件的破坏性、公共性、突发性、社会敏感性等内部因素和媒体推动、政府调控、涉事主体的应对等外部因素共同作用，加之舆情事件不断演化最终导致网络舆情危机的产生（高虓源等，2019；曾润喜、陈创，2018）。关注网络舆情危机的主体多为网民、网络媒体和政府，网络舆情危机是在网民关注、网络媒体报道、政府应对的综合交互作用下爆发的。在危机应对研究方面，已有研究主要以政府为研究主体，认为政府作为对网络舆情具有强有力影响的主体，其信息的透明度、响应时间、危机处理力度对网络舆情危机有显著影响（余乐安等，2015）。政府应在网络舆情的不同时期，针对危机的特征如种类或强度采取不同的舆情危机应对手段（张玉亮、杨英甲，2017）。也有学者开始关注其他涉事主体。王筱纶和顾洁（2019）将研究主体聚焦于企业，研究企业网络舆情危机应对，发现危机的负面后果会产生纵向的溢出效应。因此，企业在进行网络舆情管理时，既要对自身企业网络舆情进行关注，还需要对供应链合作伙伴的危机事件进行管理。还有学者认为除了要完善政府和相关部门监管机制外，还需增强涉事主体的危机公关能力，增强媒体的自律性和独立性，发挥意见领袖的舆情代表作用，完善公众参与机制（李翠敏，2018）。但已有研究对慈善组织这一主体研究甚少，聚焦于网络慈善项目的微观研究更少。已有研究尚未明确回答以下问题。（1）慈善项目网络舆情危机如何产生，有何特征？（2）网络舆情危机对捐赠者信任造成何种影响？（3）慈善组织在网络舆情危机暴发后如何维护捐赠者信任？在我国网络慈善快速发展的宏观背景下，网络慈善危机事件频发，慈善组织不同于其他组织的慈善特性决定了其应对网络舆情危机的手段具有特殊性。

在研究的理论视角上，已有网络舆情研究主要基于 4R 危机管理理论、生命周期理论、危机溢出效应理论等，探究危机形成的过程与阶段以及危机的消极影响，但尚没有详细阐明卷入舆情的不同物质在网络舆情危机产生中各自的地位与功能，对网络舆情爆发的过程描述尚不清晰。而社会燃烧理论为网络舆情危机的爆发提供了良好的理论解释视角。社会燃烧理论由牛文元（2001）提出，其是对社会稳定及其预警系统进行解释分析的理论。该理论认为，物质的燃烧需要三个条件：燃烧材料、点火温度、助燃剂，三者缺一不可。社会燃烧理论是将自然界的燃烧理论运用于社会科学研究的产物。社会燃烧理论可以用于分析社会系统的运行和群体性事件。从社会燃烧理论角度来看，慈善项目的网络舆情危机与自然界的燃烧现象有高度相似之处，具体表现为以下几方面。（1）在网络慈善中，公众、捐赠者与慈善组织或求助者关系的不和谐构成社会"燃烧材料"。（2）具有一定规模或影响、能快速引发公众关注的突发性网络慈善事件是"点火温度"。（3）互联网的去中心化及扁平化的结构、移动通信的方便快捷、网络舆论领袖的意见、网络谣言、慈善组织透明度低等是危机爆发的"助燃剂"。因此，慈善项目网络舆论危机的发生是一个燃烧材料、助燃剂和点火温度三个因素相互作用不断演化的过程。

本书拟以社会燃烧理论为理论分析工具，运用文本分析法和内容分析法，以"小朋友画廊"慈善项目为例，分析网络舆情危机的演化过程，总结提炼网络舆情危机特征，刻画网络舆情危机对慈善组织的捐赠者信任所造成的影响，同时基于信任修复理论，提出捐赠者信任维护的应对策略。

二 "小朋友画廊"慈善项目的网络舆情危机个案分析

（一）个案情况

该部分研究样本来源于"小朋友画廊"网络舆情事件。这一事件在一段时间内成为网络上的热点舆情，具有较好的典型性与代表性。"小朋友画廊"是由腾讯公益、深圳市爱佑未来慈善基金会和上海艺途公益基金会（WABC）联合出品的线上线下互动公益项目。"小朋友画廊"项目的网络筹款方式新颖，网络捐赠者只需花一元钱就可以购买孤独症儿童的绘画作品电子版，因此在很短的时间内就得到网友纷纷点赞，争相转发，捐款额迅速上升。但在2017年8月29日下午1时左右，一则消息称该活动背后有投资商参与，受助者连1/10的钱都拿不到。随后，腾讯公司发布声明说明活动细则和善款去向。尽管活动组织方及时澄清，但仍有很多人质疑善款的最终流向、画作真实性等，给该活动蒙上阴影。一时间网络舆情危机形成，需要相关慈善组织做出危机的应对与管理。

（二）分析方法

该部分主要采用内容分析法和文本分析法。内容分析法是一种分析研究对象内容，透过现象看本质的科学研究方法。内容分析法属于量化研究的范畴，其借由数理统计对传播内容进行量化分析与描述，进而得出相应的数据分析结果和经验性结论。内容分析法在网络研究中逐渐被新闻传播、图书情报等领域所广泛接受和应用（成波、黄晓斌，2007）。

文本分析法属于质性研究方法，其旨在运用符号学、结构主义和语言学的分析方法来分析文本的意义与结构，并对文本内容进行不断地挖掘和利用，探索其内在的意义和价值。

（三）数据分析与研究发现

1. 燃烧材料：社会公众、捐赠者与慈善组织、求助者不和谐的关系

当前我国慈善负面事件时有发生，这些事件让捐赠者对涉事慈善组织的公信力产生怀疑，显现出捐赠者与慈善组织、求助者之间不和谐的关系。在社会燃烧理论看来，不和谐的关系是网络舆情燃烧的主要根源。一

方面，由于慈善组织是"善"的代言人，是社会公平、正义的体现，社会公众对慈善组织诚信度和慈善能力要求较高（秦安兰，2020b）。捐赠者在捐赠后需要慈善组织进行沟通反馈，让捐赠者知晓善款去向，了解慈善项目进展情况。另一方面，有些慈善组织在发展网络慈善过程中，由于人力资源不足、网络审核不严、危机处理能力低下和短视行为等造成慈善资源分配不均、网络慈善求助信息不实、与捐赠者沟通不畅以及善款流向不明，使得社会公众、捐赠者与慈善组织、求助者之间产生矛盾。这些矛盾一旦通过网络媒体曝光，在互联网上被聚焦和放大，就会形成网络舆情，损害捐赠者信任，威胁慈善组织的公信力。捐赠者对涉事的慈善组织和求助者均会产生不信任，甚至会产生信任危机的溢出效应，使公众对整个网络慈善事业失去信心。

2. 点火温度："小朋友画廊"事件

本书该部分数据来自新浪舆情通大数据平台，抽取数据的时间节点为2017年8月28日零点至2017年9月28日零点。选取的关键词为"小朋友画廊"或"一元画"+"公益"或"慈善"，共采集到26483条信息。"小朋友画廊"事件的全网信息量最高峰出现在2017年8月30日，当天共产生6148条相关信息；事件源头来自2017年8月28日09：56分发布在一点资讯上的题名为《策划方回应"小朋友画廊"活动质疑》的文章。可以说"小朋友画廊"事件实际上反映的是社会公众、捐赠者对慈善组织透明度的怀疑，该事件能在短时间内产生网络舆情危机，主要是由于以下原因。（1）在"99公益日"前夕人们普遍关注公益慈善，"小朋友画廊"新颖的筹款方式吸引了社会公众的关注。（2）慈善组织自身透明度不高引发社会公众和捐赠者的怀疑。（3）由于互联网具有扁平化、去中心化的特征，社会公众可以自由表达自己的观点、宣泄情绪，关于该项目的海量信息让人们难辨真伪，因此网络舆情的燃点较低。

从图4-1可以看出"小朋友画廊"网络舆情可以分为潜伏期、爆发期、持续期和消退期，该舆情仅用两天时间就快速进入峰值，形成舆情危机。可见，该慈善项目网络舆情具有爆发期短的特征。从表4-1信息源类型来看，微博、网站等网络媒体平台是信息的主要来源，占比达60.57%，其中微博的占比最高，达到 38.99%，而传统媒体（如报刊）占比未达到 1%。这表明该慈善项目网络舆情的社会燃点较低，一经点燃，舆情在网络的各种信息源上迅速蔓延，引发社会公众的质疑和讨论，形成网络舆情危机。

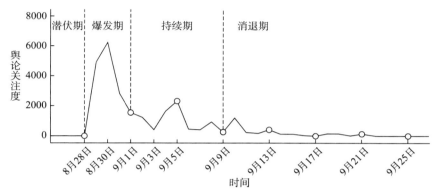

图 4-1　"小朋友画廊"事件舆情发展趋势

表 4-1　不同信息源对"小朋友画廊"事件的关注度

单位：条，%

来源	条目	占比
微博	10286	38.99
网站	5793	21.58
新闻	4320	16.37
客户端	2699	10.23
微信	1192	4.52
论坛	1165	4.42
博客	487	1.85
报刊	242	0.92
政务	220	0.83
视频	50	0.19
外媒	29	0.11

　　注：微博，即新浪微博；网站，指搜狐网、新浪网等各类综合类网站；新闻，指在国家新闻出版署注册备案的媒体；客户端，指今日头条等各类以新闻社交互动为主的 App；微信，即微信公众号；论坛，指百度贴吧、天涯论坛等以留言发帖为主的论坛；博客，指新浪博客和其他博客平台；报刊，指纸质媒体的电子版；政务，指各级政府网站及各种政务多媒体；视频，指短视频；外媒，指在境内有审批备案的境外媒体。

3. 助燃剂：社会舆论

（1）微博文本分析

结合图 4-1 和表 4-1 我们可以看到，微博在"小朋友画廊"事件的信息传播中所占比重最高。因此，有必要对微博数据进行进一步分析。"小朋友画廊"微博声量最高峰出现在 2017 年 8 月 29 日，与全网信息量最高峰出现时间（8 月 30 日）相比，微博声量最高峰在时间维度上具有明显的领先优势，体现出微博在信息传播速度上的快捷性。从该事件微博用户特征来看，微博"大 V"的占比达到 35.17%，达人占 9%，普通用户占 55.83%。微博"大 V"的占比超过 1/3，表明在该事件的网络舆论发酵过程中，微博"大 V"具有较高的参与度。从社会燃烧理论来看，微博"大 V"的推波助澜是舆情燃烧的助燃剂。

拉扎斯菲尔德的两级传播理论认为信息的传播先从大众传播抵达舆论领袖，然后由舆论领袖传递至社会公众。由表 4-2 可见，以当日转载数在 200 次以上的微博为代表，对这四条"大 V"微博信息内容进行分析，第一条微博在情感属性上属于积极情感表达，"刷爆""美好"等词语显示出一些网络"大 V"对该慈善项目的肯定态度，引发了社会公众对该项目的认可。第 2、3、4 条微博在情感属性上均属于消极情感表达，"作秀""质疑"等词语表达了一些网络"大 V"对该慈善项目的怀疑，引发社会公众对善款去向的讨论。基于热门微博的内容分析，我们可以发现社会公众对该慈善项目呈现出肯定和质疑共存的对立态度，这种态度的形成与网络"大 V"们的态度保持一致。也正是因为两种声音的明显对立，产生了较强的网络舆情，引发人们对该慈善项目的关注与讨论。

表 4-2　信息量高峰时段热门微博分析

序号	来源站点	时间	标题及内容	转载数（次）
1	新浪微博	2017-08-29 15：50：03	【听说你的朋友圈被小朋友画廊刷屏了~】今天，腾讯公益"小朋友"画廊刷爆了朋友圈，孤独症画者的真诚画作让人震撼……他们的世界或许和我们有一点点不同，但他们的内心却很美好！……	335

续表

序号	来源站点	时间	标题及内容	转载数（次）
2	新浪微博	2017-08-29 23：14：57	【对话小朋友画廊发起人：为何1500万元善款没直接给孩子】在"小朋友画廊"项目中，用户每购买一幅孤独症儿童的画作……随着朋友圈上演刷屏，该项目几乎只用了半天就完成了1500万元的筹款目标	424
3	新浪微博	2017-08-29 16：06：17	【"小朋友画廊"刷爆朋友圈 ……策划方回应】捐赠一块钱就可以买一幅孤独症、智力障碍人群的画作……募集资金已超800万元，捐款人次达到217.2万人次。有网友怀疑这些画作不是患者自己画的，还有人询问捐款资金去向	245
4	新浪微博	2017-08-29 21：12：54	【"小朋友画廊"的创始人回应1500万元筹款去向：孩子肯定是有补贴】对于公益活动"小朋友画廊"的刷屏，人们有赞赏也有质疑。创始人苗世明回应，"画是孩子自己创作的，老师只是指导"，对于大众关心的筹款用途，苗世明称将"主要用于今后项目的维持和发展"	239

（2）关键词及词云分析

通过观察词云（见图4-2）中词语分布的结果，可以看出"小朋友画廊"事件中热点话题为朋友（25828次）、公益（25785次）、小朋友（23738次）、画廊（23455次）、小朋友画廊（23163次），这些词语出现的次数均超过23000次。说明在"小朋友画廊"事件中，人们普遍关注事件的公益性质和儿童这一特殊群体。

进一步对事件的关键词进行归类分析，我们发现这些关键词可以分为四类：疾病与慈善项目、关系与群体、态度与事件时空特征、慈善组织与互联网。把这些关键词进行串联，我们可以解读出关于"小朋友画廊"事件的网络舆情特征。第一，该事件网络舆情传播速度快、范围广。该"项目"（18480次）通过"腾讯"（17038次）网络平台进行发布，发布后迅速在"朋友圈"（21495次）"刷屏"（15945次）。这体现出"朋友圈"的广泛传播能力，也支持了拉扎斯菲尔德两级传播理论的观点，即人际传播比大众传播在态度改变上更有效。公众可以通过"朋友圈"的人际传播，

图 4-2　"小朋友画廊"词云

迅速让一个慈善项目受到关注。第二，在网络社会中，公众十分关注具有创意点的慈善项目。该项目抓住了公众对弱势群体"孤独症"（15644 次）儿童、"小朋友"（23738 次）的关注，其创意在于它并非单纯引发公众对孤独症儿童的同情心，而是通过展示这个群体的"艺术"（11621 次）价值来收获爱心。第三，公众对"小朋友画廊"项目的态度主要分为两类：一类为质疑类，即对该项目的运作持"质疑"（12282 次）态度，结合表4-2 热门微博的文本，我们可以看到这种质疑主要是针对画作的真实性和善款的用途。另一类态度则是支持类，即通过"帮助"（12108 次）和"参与"（12005 次）的方式表达对该项目的支持。总之，从文本分析和内容分析来看，社会公众的舆论是"小朋友画廊"事件的助燃剂。正是因为不同舆论的对抗与交锋，让该项目的网络舆情迅速燃烧，舆情危机产生，危害捐赠者慈善信任，损害慈善组织公信力。

（3）新媒体强劲的传播能力

网络舆情信息传播模式主要有偶发模式、偶遇机会模式和裂变式传播模式。裂变式传播模式不仅能加快信息的传播速度，更能扩大信息的受众范围，扩大网络信息的影响力（李菲等，2017）。"小朋友画廊"事件的网络舆情传播模式属于裂变式传播模式，该项目的网络舆情传播路径以"中国新闻网"为核心节点，再经由"人民网""人民日报""新华网""中青在线""红网""东方网"六个二级节点进行传播。其中"人民网"和"人民日报"的传播能力最强，它们能通过三级节点，使得信息扩散至四级节点，通过这些四级节点使得信息扩散至全网。正是新媒体借助互联网扁平非线性结构促使信息传递速度加快，公众才能及时获取信息，促成网络舆情危机产生。

综上所述，网络慈善项目舆情危机是在燃烧材料、点火温度和助燃剂共同作用下产生的。社会公众、捐赠者与慈善组织、求助者之间不和谐的关系构成了燃烧材料、"小朋友画廊"突发性事件构成点火温度，而由该事件引发的网络舆论则构成助燃剂。舆情危机的爆发降低了捐赠者对网络慈善的信任，引发了社会公众的质疑。慈善组织应在发现危机后，及时采用适宜的信任修复策略对捐赠者受损的信任进行修复。具体而言，可以采取减少社会燃烧材料、阻断助燃剂、控制点火温度等方式及时阻止网络舆情继续"燃烧"，修复捐赠者信任，提高组织公信力。

三　结论

本节以"小朋友画廊"慈善项目为个案，结合社会燃烧理论，详细分析了慈善项目网络舆情危机的特征、生成机理以及危机对捐赠者信任和慈善组织公信力的损害。

本节主要得出以下研究结论。

（1）网络慈善项目舆情危机是在燃烧材料、点火温度、助燃剂三个因素相互作用下不断演化而产生的。具有爆发期短、传播速度快、传播路径呈裂变式等特征。

（2）舆情可以在短时间内点燃网民的负面情绪，形成舆情危机，损害捐赠者信任。

（3）慈善组织可以采取减少社会燃烧材料、阻断助燃剂、控制点火温度的手段来阻止网络舆情继续"燃烧"，维护捐赠者信任，提高组织公信力。

四　网络舆情危机应对中对捐赠者信任维护的策略

当慈善组织开展网络慈善项目筹款时，发现关于该项目的网络舆情危机后，应及时采用适宜的信任修复策略，开展必要的信任修复工作，维护受损的组织形象、重建网络慈善信任。

（一）减少燃烧材料：缩短澄清时间，澄清事实真相，诚恳地修复信任

首先，当网络舆情危机爆发时，慈善组织应缩短澄清时间，及时回应公众质疑，此举能有效减少社会燃烧材料。当捐赠者和网民对"小朋友画廊"募集的资金的用途产生怀疑时，涉及该网络慈善项目的三方均做出了及时回应。如慈善组织在舆情危机发生当日就发文表达了诚恳、积极的态度。通过多渠道沟通方式，如微博、视频影像、文本形式回应了捐款的去处、捐款的使用及查看方式、谣言传闻等。此外，在舆情爆发期内，慈善组织在其官网披露该慈善项目所筹集的资金和善款的详细用途及项目计划等。正是该事件中慈善组织做出了及时回应，缩短了澄清时间，控制危机的发展并引导了舆论，才为捐赠者慈善信任修复与维护提供了保障。

其次，当慈善组织发现关于网络慈善项目的质疑声音时，应主动、积极地向社会公众公布事实真相，避免公众因猜疑、质疑而对项目产生曲解、误会。正所谓先发制人，后发制于人。正面的声音如果跟不上，负面的信息就会肆意传播（张珂，2012）。因此，建立公开透明的信息传播机制是慈善组织应对网络舆情、修复受损的慈善信任，重建公信力的必然选择。

最后，在舆论危机中，慈善组织应采取诚恳的态度对捐赠者和社会公众进行信任修复。如果慈善组织发现自身确实存在问题和纰漏，应真诚地进行信任修复，除了进行口头上的道歉、承诺之外，更需要采取实质性的措施，如补偿、惩罚、制度建设等。可以说，坦诚是信任的前提，信息的迅捷报道、采取措施的透明化是建立社会信任的必要条件（喻国明，2011）。

（二）控制点火温度：建立网络舆情监测预警机制及谣言防控机制

捐赠者信任是慈善组织的生命线，是网络慈善快速发展的重要土壤。慈善组织应建立网络舆情监测预警机制，一旦在网络上发布慈善项目，就应实时监测网络慈善舆情的动态发展。研判哪些信息会危及捐赠者信任，评定风险等级，确定舆情危机级别，并启动相应级别的应急响应机制。在

应急响应过程中，应遵循"黄金 4 小时"法则，即在突发事件出现后，要在 4 小时内清理事实真相，完成各个部门协调工作和信息披露文书（黄小燕，2012）。网络社会是一个风险社会，慈善组织在开展网络慈善时，应建立、健全网络舆情谣言防控机制。当网络出现部分有一定依据的批评舆论时，慈善组织应即刻启动审查机制，核查情况是否属实。如果属实，应立即实施信任修复策略如加强内部管理、进行补偿、加强组织制度建设等，通过综合修复策略来重建捐赠者信任，实现社会公众对慈善组织未来行为的积极预期。当舆论中出现的信息并不属实或出现恶意中伤的言论时，慈善组织应启动辟谣机制，通过信息的公开透明，弥补公众知晓信息与事实信息之间的空隙，减少怀疑和猜测。同时，需要追究发布谣言的个人或组织的法律责任。慈善组织应在网络舆情的爆发期内，发现信息传播的关键节点，有策略性地进行舆情应对和危机控制，引导舆情的发展。

已有研究发现，信任是舆情危机传播中的点火温度控制器（张懿雯、朱春阳，2015）。捐赠者对慈善组织的信任度越高、组织的公信力越高，舆情危机爆发的燃点则越高，反之则越低。尤其在网络舆情危机发生后，慈善组织的公信力受损，公众对其信任水平下降，会直接导致舆情燃点降低。因此，危机后慈善组织应尽快修复与重塑捐赠者信任，加强自身公信力的建设。从能力信任、正直信任和善心信任三个方面来提升捐赠者信任水平，进而提升燃点，控制点火温度。

（三）阻断助燃剂：注重网络舆论领袖作用，提升透明度，健全相关法律法规

慈善组织应详细分析网络舆情的特征，明确舆情燃烧的助燃剂，在日常工作中通过有效方法阻断助燃剂。首先，慈善组织需要注重网络意见领袖的作用。在网络社会中，意见领袖在网络舆情的传播中具有重要的作用，是舆情传播的关键角色。慈善组织应在日常工作中注意培养、规范、引导意见领袖，通过意见领袖的引领作用来引导网络舆情发展，引导公众理性看待慈善组织存在的问题。其次，慈善组织应加强自身透明度建设，及时披露慈善项目的财务状况和项目进展情况，公布善款流向，保护公众的知情权。慈善组织信息的公开透明有助于组织从危机中恢复，有利于组

织形象重塑和捐赠者信任度提升。最后，为了降低网络慈善危机事件的发生概率，应完善与网络慈善相关的法律法规。网络慈善法律法规的完善能让慈善组织、求助者成为一个为自身行为负责的主体，使其明确法律禁止的行为，从而避免违规行为的发生。网络慈善法律法规的健全，能够对当前网络违规行为和网络谣言传播行为起到震慑、警示和制裁作用。

第二节　慈善组织信任违背类型、修复策略对捐赠者网络慈善信任的影响

慈善组织是慈善事业的重要载体。党的十九届四中全会明确规定公益慈善事业在第三次分配中的重要作用，提出要重视并促进社会公益慈善事业的发展。由此看来，慈善组织在慈善事业中所发挥的作用正在变得越发重要。自 2016 年《慈善法》颁布实施以来，慈善组织的运营和发展正日渐规范化和法治化，但慈善丑闻也时有发生。例如"郭美美事件""水滴筹平台诈捐事件"以及在新冠疫情初期某地慈善组织救援物资分配不公事件。这些慈善负面事件严重损害了慈善组织的公信力，也影响了捐赠者的捐赠意愿和对慈善组织的信任。因此，在慈善组织发生负面事件后，以及在捐赠者捐赠意愿和网络慈善信任下降的背景下，如何有效修复捐赠者对慈善组织的信任，重新引导捐赠者的捐赠行为就显得十分重要。目前，国内学界关于信任的研究主要聚焦于人际信任、组织信任等领域。关于信任修复的研究尚少，涉及慈善组织领域的信任修复研究更是屈指可数。在倡导"全民公益"的今天，慈善组织在发生信任危机后，采取何种信任修复策略才能有效修复信任，这不仅关系到慈善组织的形象重塑，更关系到我国慈善事业整体公信力塑造问题。

一　文献回顾与研究假设

（一）捐赠者网络慈善信任研究

学界关于信任的研究由来已久，且一直是心理学及其相关领域的研究热点。国外学者 Rousseau 等（1998）认为信任是一种心理状态，即在了解

他人意图和行为后产生的一种积极期待，并且愿意承担与之相伴的风险。信任不仅能够促进个体的身心健康（简佳等，2007），而且对团队和组织的发展也具有积极影响（Dirks & Ferrin，2002）。信任被人们当成人与人交往的润滑剂和黏合剂，它不仅能够调节人与人之间的人际关系，减少企业的隐性支出，同时也能够促进社会的和谐与安定。

捐赠者信任不仅是捐赠者参与慈善活动的前提条件，也是慈善组织的发展基础。一般而言，一个良好的慈善组织形象和品牌声誉是有效提升捐赠者对该慈善组织信任度的关键所在，会直接影响捐赠者的捐赠意愿和行为（钟智锦，2015）。如果慈善组织发生了信任违背行为，会使捐赠者对其信任感降低甚至丧失，还会影响捐赠者的再捐赠意愿（什托姆普卡，2005）。这不仅会阻碍慈善组织发展，甚至会影响整个慈善行业的健康与持续发展（Hind，2017）。

有学者结合慈善组织公信力、捐赠者信任以及捐赠意愿或行为，探讨其之间的关系。首先，慈善组织公信力一方面代表了民众对慈善组织的信任程度，另一方面也是慈善组织获取民众信任的能力体现。评价慈善组织公信力的指标，一般包括该慈善组织的影响力、号召力以及民众满意度等因素（石国亮，2012）。其次，慈善组织公信力是捐赠者信任与捐赠意愿的"中介"。研究表明，对慈善组织信任水平较高的个体，往往会对其做出较高的公信力评价，从而更有可能形成捐赠意愿并做出捐赠行为（石国亮，2014）。

捐赠者网络慈善信任是网络慈善事业健康发展的基石，是捐赠者对慈善组织、网络慈善平台、求助者等网络慈善参与主体的信任。由于本书主要探究的是慈善组织作为受信任方，其参与网络慈善过程中的信任违背与信任修复对捐赠者网络慈善信任的影响。因此，在本书中捐赠者网络慈善信任可定义为捐赠者在参与网络慈善活动过程中对慈善组织的信任，包括对慈善组织的能力信任、正直信任和善心信任。

（二）信任违背研究

国外学者认为信任违背是指受信任方的行为与信任方的预期出现了不一致的情况（Tomlinson et al.，2004）。许多因素会导致信任违背事件的发生。例如信任本身所具有的脆弱性、受信任方与信任方之间互为依存的程度以及人们通常偏信那些关于信任违背行为或相关过失的指控。即使是高信任水平状态也常会被日常生活中的各种信任事件所破坏，从而引起信任违背（姚琦等，2012）。

进行信任修复的重要前提是明确信任违背的类型，针对不同的违背类型，有针对性地采取不同的信任修复策略。依据信任违背的内容不同，可以将信任违背的类型分为正直信任违背与能力信任违背两种（姚琦等，2012）。因为自身工作能力不足而未能达到信任方的预期所导致的信任破坏，可称为能力信任违背。正直信任违背则是指受信任方因道德败坏而做出违反基本伦理道德和社会规范等越轨行为，不能完成信任方所委托的事情所导致的信任破坏。

（三）信任修复策略研究

Sehoorman 等（2007）提出按照不同的修复性质，可以将信任修复策略分为言语修复和实质性的行为修复两种。其中，道歉、承诺、否认和沉默等修复策略属于言语修复。行为修复一般指会触动相关者既定利益的修复策略。因此，本书将按照触动利益的不同途径，将实质性的行为修复策略划分为直接行为修复和间接行为修复。其中直接行为修复策略主要有赔偿、惩罚、抵押、制度建设等，间接行为修复策略主要有引进第三方监管、签订协议或合同以及建立奖励机制等。不同的言语及行为修复策略对不同违背事件的修复效果不尽相同。国外研究发现将言语修复策略与实质性的行为修复策略结合使用对信任具有更好的修复效果（Bottom et al.，2002）。

1. 言语修复策略研究

目前国内外对于信任的言语修复策略，大多研究集中在道歉、承诺等方式上（袁博等，2017）。对于言语修复策略，本书主要探究道歉对信任修复的作用。道歉作为一种不平等、尝试补救自己过错的交流方式，它向信任方传达了违背方对事实承认的态度，以及对违背事件承担相应后果的意愿（Cody & McLaughlin，1985）。根据归因理论（Heider，1958），我们可以将道歉分为内归因道歉与外归因道歉。内归因道歉是指违背方自身原因，例如工作能力不足、道德素养不高等，导致信任的违背，违背方表达自责并愿意承担全部责任的陈述。外归因道歉是指部分外部因素导致违背事件发生，违背方对此承担部分责任的陈述。在已有研究结果中，不同学者对道歉的修复效果尚存在争议。一方面，部分学者认为道歉能够获得信任方的原谅，可以间接修复信任方的信任信念，因此，道歉可以有效修复信任（Carlisle et al.，2012）。例如，有学者通过投资游戏发现受害者更倾向于信任那些做出了歉意表达的违背方，在后续的投资上愿意做出信任投资行为（Haselhuhn et al.，2010）。另一方面，还有学者认为道歉并不能有效修复信任。这是因为道歉意味着承认了违背方的过错，这将会使信任方形成对违背方难以改变负面事件结果的错觉，进而影响信任修复。还有学者从成本与收益视角对道歉的修复效果矛盾不一的原因进行了解释，认为道歉修复效果好是由于人们感知到了道歉产生的收益大于成本。如果人们感知到成本将会大于收益，将导致道歉丧失其本身的功能，自然修复效果不佳（张海涛、龙立荣，2015）。

2. 行为修复策略研究

通过梳理文献发现，以往研究者往往会更倾向于研究言语修复策略对修复效果的影响，而对实质性的行为修复策略研究相对较少。但从理性经济人的角度来看，在实际生活中信任违背事件发生后，相比于只有言语表述的道歉与承诺，信任方会更愿意相信及时做出实质性行动来弥补过失的受信任方。因为行为修复更符合成本与收益理论的观点，即理性人行为的开始建基于对将来收益会大于成本的积极预期之上。也有学者基于结构理论认为，间接行为修复策略不直接涉及信任双方，而是通过改变信任双方所处的大环境从而修复双方的信任，如对公司的监管体系、合同制定规则和激励制度进行改进等（张海涛、龙立荣，2015）。本书对实质性修复策略的探究主要集中于直接行为修复策略，如惩罚等。信任违背事件的发生导致涉事主体原有社会地位和社会规则改变，想要重建社会规范，恢复原有的社会位置就需要违背方通过道歉、惩罚等社会仪式来实现（姚琦、马华维，2013）。另外，有学者发现自愿接受惩罚的方式能够更好地修复信任，因为这更能向信任方呈现违背方弥补过失的诚意和决心（Desmet et al.，2011）。

综上可知，学界关于言语修复策略与行为修复策略的修复效果的研究尚未形成一致的结论。本书认为慈善领域的捐赠者网络慈善信任不同于其他领域的信任。在一定程度上，捐赠行为不是类似于商业领域的对等交换行为，捐赠者做出的捐赠行为往往是不求回报的高尚行为，能满足捐赠者自身的精神追求，捐赠者的付出与回报不具有对等性。由此，捐赠者信任修复也不同于其他领域的信任修复，相比其他领域的信任修复难度可能更大。特别是在发生正直违背事件后，单一的道歉或惩罚策略可能无法让捐赠者感知到成本与收益的平衡，达不到修复捐赠者信任的目的。此外，大多数研究仅仅关注人际信任修复或者其他组织信任修复，关于慈善组织的信任修复研究较少。本书的主要目的是探索在公益慈善领域，言语修复策略（道歉）和行为修复策略（惩罚）以及组合修复策略（道歉—惩罚）对捐赠者网络慈善信任的修复效果。基于此，本书提出以下假设。

假设 H1：在能力违背情景下，三种修复策略对捐赠者网络慈善信任的修复效果有显著差异。其中，惩罚对捐赠者网络慈善信任修复效果优于道歉（H1a），道歉—惩罚策略修复效果分别优于惩罚、道歉（H1b）。

假设 H2：在正直违背情景下，三种修复策略对捐赠者网络慈善信任的修复效果有显著差异。其中，惩罚对捐赠者网络慈善信任修复效果优于道歉（H2a），道歉—惩罚策略修复效果分别优于惩罚、道歉（H2b）。

假设 H3：总体上，组合策略对捐赠者网络慈善信任修复优于单一策略。

二 实验设计与信效度检验

（一）实验设计

本书使用国外学者的"捐赠者对慈善组织信任测量问卷"（Hassan et al.，2018）、国内张星等（2019）学者的"网络捐赠意愿问卷"以及六组自编的情境问卷，调查慈善组织信任违背并实施信任修复策略后，信任方对慈善组织的信任以及再捐赠意愿。实验设计为 2（违背类型：能力违背、正直违背）×3（修复策略：道歉、惩罚、道歉—惩罚）。根据实验设计将情境问卷分为 6 种情况，每一种情况的问卷，除了情境控制材料不同，其余内容均保持一致。本书中情境材料是根据已有文献和慈善捐赠的现状由笔者自行编制而成，并经专家评估修订后定稿。具体实验程序如下。

首先，呈现慈善组织网络慈善信任违背的背景材料。其大致内容如下：你所在的省发生流行性疾病，医疗物资告急，各慈善组织在努力筹资，但某慈善组织在物资分配中出现不公正问题。本书将违背原因分为两类，一类是因为工作人员态度散漫、工作能力和业务水平不足引发的能力违背；另一类是工作人员以权谋私引发的正直违背。其次，呈现三种修复策略。第一种是道歉策略，即口头表示无比自责、内疚和反思。第二种是惩罚策略，对负责人采取降职处理并给予一定的行政处罚。第三种是道歉—惩罚策略。最后，被试根据不同情境问卷回答测验题目。每一个被试只填答一种情境问卷。

本书的调查对象分为学生和非学生群体，共 310 名。共发出 310 份问卷，回收 287 份，问卷回收率为 92.58%。删除无效问卷 17 份，得到有效问卷 270 份，问卷有效回收率为 87.10%。

（二）信效度检验

对数据进行信效度检验，结果显示：Cronbach α 值为 0.953，具有较高的内部一致性，即样本数据具有较高的信度。KMO 和巴特利特球形检验结果显示，KMO 值为 0.962，大于 0.8，说明本次收集的问卷数据适合做因子分析，巴特利特球形检验结果显示，近似卡方值为 10293.289，自由度为 741，$p<0.001$，说明量表的结构效度较好。综上，量表信效度较好，可以进行下一步数据分析。

三 研究结果

本书运用 SPSS 25.0 软件对回收的数据进行分析，主要包括基本的人口学变量统计、违背类型与修复策略之间的差异性分析。

（一）人口学变量统计分析

人口学变量统计分析主要目的是了解被试的基本信息分布情况。在性别和职业方面，被试者占比较为均衡。男性和女性的占比分别为 52.96% 和 47.04%。学生群体占比 49.26%，非学生群体占比 50.74%。在年龄方面，被试主要集中于 30 岁左右的年轻群体，占比约为 84%。这一年龄群体分布和大数据调查结果相匹配，即我国慈善捐赠群体主要为 40 岁以下的中青年群体（中国慈善联合会，2019；中国互联网络信息中心，2020）。在受教育程度方面，近八成的被试为接受过大学专科和本科教育的群体。

（二）差异分析

1. 两种违背类型与修复策略对捐赠者信任修复的影响

通过方差分析，可探究违背类型与修复策略之间的交互作用，结果如表 4-3 所示。

表 4-3　信任违背类型与修复策略对捐赠者信任修复的影响

类别	信任倾向		能力信任		正直信任		善心信任		信任度		捐献意愿	
	F	p	F	p	F	p	F	p	F	p	F	p
A	0.006	0.939	0.034	0.853	0.088	0.767	0.549	0.459	0.134	0.715	0.657	0.418
B	6.900	0.001	6.533	0.002	7.528	0.001	5.690	0.004	7.139	0.001	6.155	0.002
A×B	18.416	0.000	15.523	0.000	16.222	0.000	11.890	0.000	10.684	0.000	8.762	0.000

注：A 表示信任违背类型，B 表示信任修复策略。

根据表 4-3 可知，不同修复策略在信任倾向、能力信任、正直信任、善心信任、信任度、捐献意愿方面，p 值均小于 0.05，对于主效应具有显著性；且信任违背类型与信任修复策略的交互作用在信任倾向、能力信任、正直信任、善心信任、信任度、捐献意愿上 p 值也均小于 0.05，说明两者之间的交互作用显著。

2. 三种修复策略在不同违背类型上对捐赠者信任修复的影响

本书通过 t 检验，分析在不同信任违背类型上的道歉、惩罚、道歉—惩罚三种策略对捐赠者信任的修复效果，数据分析结果如表 4-4 所示。

表 4-4　不同违背类型上三种修复策略的修复效果 t 检验

分析项	能力违背		正直违背	
	比较项	t	比较项	t
能力信任	道歉 vs. 惩罚	−4.065***	道歉 vs. 惩罚	2.161*
	道歉 vs. 道歉—惩罚	−2.652**	道歉 vs. 道歉—惩罚	−2.497*
	惩罚 vs. 道歉—惩罚	2.401*	惩罚 vs. 道歉—惩罚	−4.429***

续表

分析项	能力违背		正直违背	
	比较项	t	比较项	t
正直信任	道歉 vs. 惩罚	-3.769^{***}	道歉 vs. 惩罚	2.071
	道歉 vs. 道歉—惩罚	-2.390^{*}	道歉 vs. 道歉—惩罚	-2.996^{**}
	惩罚 vs. 道歉—惩罚	2.367^{*}	惩罚 vs. 道歉—惩罚	-4.732^{***}
善心信任	道歉 vs. 惩罚	-3.292^{**}	道歉 vs. 惩罚	1.688
	道歉 vs. 道歉—惩罚	-1.797	道歉 vs. 道歉—惩罚	-2.666
	惩罚 vs. 道歉—惩罚	2.112^{*}	惩罚 vs. 道歉—惩罚	-3.806^{***}
信任度	道歉 vs. 惩罚	-3.396^{***}	道歉 vs. 惩罚	1.736
	道歉 vs. 道歉—惩罚	-2.766^{**}	道歉 vs. 道歉—惩罚	-2.410^{*}
	惩罚 vs. 道歉—惩罚	1.473^{*}	惩罚 vs. 道歉—惩罚	-3.889^{***}
捐赠意愿	道歉 vs. 惩罚	-3.350^{**}	道歉 vs. 惩罚	2.053^{*}
	道歉 vs. 道歉—惩罚	-4.119^{***}	道歉 vs. 道歉—惩罚	-1.583
	惩罚 vs. 道歉—惩罚	0.852	惩罚 vs. 道歉—惩罚	-3.117^{**}
总分	道歉 vs. 惩罚	-4.032^{***}	道歉 vs. 惩罚	2.058
	道歉 vs. 道歉—惩罚	-2.761^{**}	道歉 vs. 道歉—惩罚	-2.748^{**}
	惩罚 vs. 道歉—惩罚	2.254^{*}	惩罚 vs. 道歉—惩罚	-4.474^{***}

由表4-4可知，首先，在能力违背情境下，就整体总分而言，道歉与惩罚、道歉与道歉—惩罚、惩罚与道歉—惩罚相比，p值均小于0.05，说明三种修复策略之间呈现出显著差异性。在正直违背情景下，道歉与惩罚相比，p值大于0.05，说明道歉策略与惩罚策略之间没有显著差异，但道歉与道歉—惩罚、惩罚与道歉—惩罚相比，p值均小于0.05，说明道歉策略、惩罚策略均与道歉—惩罚策略的修复效果有显著差异，即假设H1得到支持，假设H2得到部分支持。

其次，慈善组织发生能力违背事件后，不同修复策略对捐赠者信任修复效果不同。就总体修复效果而言，道歉分别与惩罚、道歉—惩罚相比，t值均小于0，p小于0.01，说明惩罚以及道歉—惩罚策略修复效果均优于道歉策略。此外，惩罚与道歉—惩罚相比，t值大于0，p小于0.05，说明惩罚策略修复效果优于道歉—惩罚策略。慈善组织发生正直违背事件后，在总体修复效果上，道歉和惩罚修复策略在捐赠者信任修复效果上无显著差异；道歉与道歉—惩罚、惩罚与道歉—惩罚相比，p 小于 0.01，说明道歉—惩罚这种组合策略修复效果优于单一策略修复效果。综上，能力违背情景下的惩罚修复策略修复效果优于道歉策略；但组合修复策略并不是完全优于单一修复策略；正直违背情景下的道歉与惩罚修复策略之间无显著差异；但组合修复策略均优于单一修复策略。由此，假设 H1a 得到全部支持，假设 H1b 得到部分支持，假设 H2a 没有得到支持，假设 H2b 得到全部支持。此外，本书还分析了总体情况下的单一修复与组合修复策略的修复效果，如表 4-5、表 4-6 所示。

表 4-5　总体上不同修复策略的 t 检验分析

	修复策略 （$M \pm SD$）		t	p
	组合修复策略	单一修复策略		
能力信任	3.966±1.073	3.673±1.191	2.066	0.040
正直信任	3.945±1.041	3.639±1.175	2.200	0.029
善心信任	3.950±1.256	3.665±1.221	1.860	0.064
信任度	3.957±1.157	3.584±1.145	2.618	0.009
捐赠意愿	3.874±1.123	3.427±1.359	2.943	0.004
总分	3.960±1.045	3.638±1.106	2.406	0.017

首先，通过分析表 4-5 可知，总体情况下，单一修复与组合修复比较，在能力信任、正直信任、信任度、捐赠意愿和总分上，t 值均大于 0，且 p 小于 0.05，说明以上维度的组合修复策略得分显著高于单一修复策略。其次，通过表 4-6 的事后多重比较分析可知，在总体情况下，组合修复策略与单一修复策略比较，能力信任、正直信任、信任度、捐赠意愿以及总分差值均为正数，且 p 值均小于 0.05，说明在能力信任、正直信任、信任度、捐赠意愿以及总分上，组合修复策略效果均显著高于单一修复策略效果。由此，当慈善组织发生信任违背事件后，组合修复策略对捐赠者信任的修复效果显著优于单一修复策略，即假设 H3 也得到了支持。

综上，假设 H1、假设 H1a、假设 H2b、假设 H3 均全部得到支持，假设 H1b、假设 H2 得到部分支持，假设 H2a 没有得到支持。

表 4-6　总体上不同修复策略的事后多重比较

	修复策略（M）		差值（I-J）	p
	组合修复策略（I）	单一修复策略（J）		
能力信任	3.966	3.673	0.293	0.040
正直信任	3.945	3.639	0.306	0.029
善心信任	3.950	3.665	0.285	0.064
信任度	3.957	3.584	0.373	0.009
捐赠意愿	3.874	3.427	0.447	0.004
总分	3.960	3.638	0.323	0.017

四　结论、讨论与建议

（一）研究结论

综上分析，本书得出以下结论。

（1）在能力违背情景下，道歉、惩罚以及道歉—惩罚的修复效果均呈现显著差异。惩罚策略修复效果优于道歉，道歉—惩罚策略修复效果优于道歉。

（2）在正直违背情景下，道歉—惩罚策略的修复效果显著优于道歉、惩罚策略，而道歉策略与惩罚策略之间在修复效果上无显著差异。

（3）在总体情况下，组合修复策略与单一修复策略的修复效果差异明显，且组合修复策略修复效果显著优于单一修复策略。

（二）讨论与建议

1. 能力违背情景下不同修复策略对捐赠者网络慈善信任修复效果的讨论与建议

在能力违背情境下，慈善组织采取不同的修复策略对捐赠者的网络慈善信任修复均有一定的修复效果。首先，在慈善组织发生能力型信任违背事件后，三种不同的信任修复策略对网络慈善信任修复效果均有显著差异。在现实慈善捐赠中，因为慈善组织自身能力欠缺而导致的信任违背事件发生后，慈善组织采取道歉、惩罚和道歉—惩罚中任一种修复策略均能起到一定的修复作用。如果慈善组织能够让捐赠者感知到其有诚意并有能力弥补过错，将挽救组织形象，会有效修复捐赠者的信任。其次，相比道歉修复策略，选择惩罚修复策略，对于修复捐赠者信任具有更好的效果。说明实质性的行为修复效果要好于口头性的言语修复。计划行为理论认为，个人的认知与态度决定行为意向，再通过行为意向影响行为（Fishbein & Ajzen，1977）。从慈善组织的角度来看，慈善组织发生信任违背事件后，如果采用道歉修复策略，能够代表组织在态度层面上表达、承认自己的过错；当组织具有了良好的悔过态度，就在一定程度上能够获得捐赠者的原谅。如果组织选择实质性的惩罚修复策略，通过实质行动向捐赠者展示悔过的决心。说明慈善组织在做出惩罚行动之前，在态度和意向上均有深刻的认识，更能获得捐赠者的信任，即惩罚修复效果要好于道歉修复效果。最后，惩罚修复效果优于道歉—惩罚修复效果，可能是因为行为修复的修复效果已经覆盖了道歉所能带来的修复效果，即组合修复策略中的道歉修复效果被惩罚所"替代"。因此，当慈善组织发生能力违背事件后，惩罚修复策略是三种修复策略中的最优解。

2. 正直违背情景下不同修复策略对捐赠者网络慈善信任修复效果的讨论与建议

在正直违背情境下，慈善组织采取不同的修复策略对捐赠者的网络慈善信任修复效果不一。具体讨论分析如下。第一，正直违背情景下道歉策略与惩罚策略对捐赠者网络慈善信任修复没有显著影响。捐赠者网络慈善信任往往不同于其他领域的信任。这是因为慈善捐赠行为并非商品买卖过程中的对等交换行为，而是一种满足精神追求的高尚利他行为，捐赠者的付出和回报本身不具有对等性。慈善组织的各种修复策略是为了平衡捐赠者的"收益—成本"杠杆（张海涛、龙立荣，2015）。因此，在慈善组织出现信任违背事件并进行信任修复时，需要花费更多的成本使捐赠者感知到组织为此付出的努力，即当慈善组织出现了正直违背事件后，道歉与惩罚并无显著的修复效果，说明无论采取何种单一的修复策略都不能很好地修复捐赠者信任。第二，在正直违背情景下，相比单一的修复策略，采用组合修复策略对修复捐赠者网络慈善信任具有更好的效果。在慈善捐赠领域，当慈善组织发生了正直违背事件后，采用组合修复策略的修复效果要好于单一修复策略。说明慈善组织做出的修复诚意越大、砝码越多，就越能使捐赠者的"收益—成本"天平趋于平衡。这与国外学者的研究不谋而合，即组合修复策略具有更好的信任修复效果（Bottom et al.，2002）。因此，在慈善组织发生正直违背事件后，应尽可能采取一些能够让捐赠者感知到组织悔过的诚意态度的策略和付出更多代价的策略。

3. 不同修复策略对捐赠者网络慈善信任修复效果的总讨论与建议

总体上，组合修复策略对捐赠者网络慈善信任修复效果显著优于单一修复策略。当慈善组织发生信任违背事件后，且无法明确界定是属于正直违背还是能力违背时，采取道歉—惩罚的组合修复策略对捐赠者信任修复效果要好于单一的道歉或惩罚修复策略。从心理学角度来看，这是因为人们为了降低负面事件给自己带来的不良情绪，总会习惯性地把事情往坏处想，以期获得"掌控感"。由此，在慈善组织发生信任违背事件后，人们会潜意识地认为这是一件非常严重的事情。为了降低自己被骗的不良情绪，人们在选择原谅时，需要组织付出更多的诚意与代价，即组织做出的组合修复策略。本书的研究结果与已有相关研究结果一致，即组合修复策略能更有效地修复信任（林红焱、周星，2012；韩平、宁吉，2013）。

总之，在慈善组织发生信任违背事件后，首先，应根据信任违背类型的不同采取针对性的策略与方式去修复捐赠者的网络慈善信任。例如在能力违背情景下，适宜采取惩罚修复策略；在正直违背情景下，适宜采取道歉—惩罚的组合修复策略等。总体而言，采取组合修复策略是修复捐赠者网络慈善信任的首选，应尽最大努力去修复捐赠者信任，挽救组织形象，重塑组织公信力，增强捐赠者信任，促进组织和慈善事业的发展。其次，捐赠者信任是慈善组织发展的基础，慈善组织应当时刻维护好与捐赠者的关系，通过提升自身能力水平和道德素质等方式，从源头避免信任违背事件的发生。

本研究还存在以下不足。（1）样本量还不够丰富。只集中于中青年群体，没有考虑未成年群体和老年群体。（2）纸质问卷的情境材料未能很好地激发被试做出更好的选择。分析以上不足，在未来研究中可以丰富被试的样本数量，使回收的数据更有说服力；纸质的情境问卷方式可以转换为视频形式，使被试感受更加深刻。此外，未来研究还可以聚焦于实际的慈善组织及其相关事件进行案例分析，探讨违背类型与修复策略的具体差异。

第三节　网络慈善平台信任违背与捐赠者网络慈善信任维护动态机制研究

一　问题提出

随着我国网络慈善的快速发展，社会公众的慈善捐赠热情持续高涨，网络慈善捐赠额迅猛增长。但当前由于慈善法律法规尚不健全、慈善组织能力较低、网络慈善平台管理不规范等原因，网络慈善信任违背事件时有发生，如"小朋友画廊"事件、德云社吴鹤臣众筹事件、水滴筹扫楼事件等。这些信任违背事件的发生，损害了公众的信任，降低了网络慈善的公信力，威胁我国网络慈善事业的健康发展。在第二节中我们研究了慈善组织的信任违背类型、修复策略对捐赠者网络慈善信任的影响，在本节中我们将探究网络慈善平台的信任违背与信任维护机制。网络慈善平台作为网络慈善发展的重要媒介，连接了慈善组织、捐赠者、求助者等多个慈善参与主体，既具有与个人相连接的向度，又同时具有与公众相连接的向度（罗婧，2021），是促进公众参与慈善事业的重要载体。网络慈善平台合法、守信、自律对促进网络慈善事业发展具有重要价值，但是一旦网络慈善平台做出了信任违背行为，由于其涉及面较广，会对捐赠者网络慈善信任产生重大损害，严重降低我国网络慈善公信力。因此，研究网络慈善平台信任违背与捐赠者网络慈善信任维护动态机制对于促进我国网络慈善平台的发展，推动我国网络慈善事业健康发展具有重要意义。

二　文献回顾

（一）网络慈善平台相关研究

早期关于网络慈善平台的研究主要关注网络慈善区别于传统慈善的天然优势，如成本低、效率高、无地域限制等（宋道雷、郝宇青，2017）。

尤其在大病救助与社会保障体系中，网络慈善具有弥补大病保障制度的不足，减轻患病家庭经济负担与降低家庭灾难性医疗支出的重要作用（严蓓蕾、王高玲，2017）。也有学者关注网络慈善捐赠机制与运作模式。刘秀秀（2014）研究发现当前网络慈善的动员机制是由运动创业家的主体动员和契合网络慈善特质的制度设计共同建构的；参与机制是在支持与反对声浪中形成的多元参与。张杰和覃柯文（2017）提出了网络慈善的情感动力机制模型，认为网络慈善是在移情和信任基础上所产生的同情，进而引发人们的网络慈善捐赠行为。汪国华和张晓光（2014）研究了网络慈善运作模式，认为中国网络慈善可以分为网友自发型、企业倡导型和慈善组织主导型三种类型。这三种慈善模式在动力机制、筹资机制和信任机制等方面均具有差异。邵祥东（2017）研究关注了公益慈善网络筹款机理，发现网络慈善众筹具有"救急不问病"和"偶遇点捐"的内生机理，呈现出羊群效应、责任扩散效应和长尾效应。林卡和李波（2021）基于影响网络慈善平台运作的因素，如流量限制、技术门槛、监管与运作过程等，发现网络慈善平台运作具有流量效应、涨落效应、挤压效应、虚拟效应等多重效应，以上效应重塑着网络慈善生态。

随着研究的深入，研究者开始关注网络慈善及网络慈善平台发展困境与出路。当前我国网络慈善发展存在诸多困境，如求助信息真假难辨、善款使用透明度缺失、网络慈善平台存在牟利行为等（冯春、黄静文，2019），网络慈善相关法律政策不完善、监管体系不健全、透明度不高、社会信任缺失、网络慈善平台存在信息不对称、平台内部管理缺位等（鲁篱、程瀚，2020；张卫、张硕，2021）。网络慈善活动的合法性、公信力以及与政府关系的平衡等问题成为制约网络慈善健康发展的主要障碍（彭小兰、高凌云，2018）。突破困境的出路是加强网络慈善法律法规建设、创新监管机制、提高慈善透明度、加强网络慈善平台内部管理（鲁篱、程瀚，2020；张卫、张硕，2021）。在加强网络慈善监管上，学者提出多元主体应在共同参与、协同互动的社会治理理念下充分利用互联网的优势建构互动型和回应型网络慈善平台，最终实现多种监管机制整合（袁同成、沈宫阁，2014）。在网络慈善平台法律规制研究方面，王丹阳（2017）认为当前一些网络慈善平台存在筹资功能复杂、规则混乱、监管不到位等诸多问题，但由于我国慈善相关法律法规关于网络慈善平台的规制尚不健全，网络慈善平台在现实发展过程中常常面临尴尬境地。因此，应以包容态度积极引导网络慈善平台有序健康发展，在法律层面要以宽严相济的方式对网络慈善平台进行规制，社会力量要发挥舆论监督的影响力，促使网络慈善平台自律和诚信。

从已有关于网络慈善平台的研究中，我们可以看到鲜有研究直接以网络慈善平台信任为主题。但在网络慈善困境研究中我们可以发现已有研究提及网络慈善平台存在诸多问题导致公众对平台的信任有所下降。目前，我们并不清楚当网络慈善平台发生信任违背事件后，捐赠者信任是如何受损的以及受损的程度如何。尤其是当网络慈善平台在进行相应的信任修复工作后，捐赠者信任是如何恢复的。对于网络慈善平台违背事件发生后的信任维护机制我们知之甚少。基于此，本书以水滴筹扫楼事件为例，勾勒并刻画网络慈善平台信任违背的消极后果，即对捐赠者信任的损害。通过微博大数据挖掘，探查水滴筹在扫楼事件后的信任修复策略及其产生的修复效果，以此来探明网络慈善平台的信任维护机制。

（二）企业信任修复相关研究

网络慈善平台是企业创办的具有商业属性的互联网平台，因此关于网络慈善平台的信任修复本书主要讨论了企业信任修复的相关研究。当前企业信任修复研究主要集中在以下几个方面：（1）信任修复策略及效果研究；（2）信任修复的内在机制研究；（3）企业社会责任与信任修复研究。

1. 信任修复策略及效果研究

当前学界研究主要聚焦于探索信任修复策略分类及其修复效果，研究者基于不同分类角度把信任修复策略分为不同类别。第一种分类基于约束—展示信任框架，把修复策略分为不信任约束策略和信任展示策略。所谓不信任约束策略是指违背方通过对自身采取一些措施来达到降低信任方负面期望的策略。信任展示策略则是指违背方为了弥补过错、展示诚意和引发信任方的积极期望而采取的信任修复策略。姜冰和李翠霞（2018）研究了乳制品质量安全危机背景下的信任修复策略，发现不信任约束策略包括考核策略和问责策略。信任展示策略包括服务补救策略和风险交流策略。赵燕妮和张淑萍（2018）研究了危机事件下消费者信任修复策略，她们也把修复策略分为约束策略和展示策略。她们认为两种策略均对消费者信任具有正向影响，其中约束策略修复效果比展示策略更好。进一步研究发现归因不同，信任修复效果也不同。在内归因情境下，约束策略修复效果好于展示策略。但在外归因情境下，两种策略的差异并不显著。

第二种分类是基于组织层面，把修复策略分为情感修复策略、功能修复策略和信息修复策略（Dawar & Pillutla，2000；Lyon & Cameron，2004；Xie & Peng，2009）。情感修复策略是指通过道歉表达对已发生违背行为的后悔，因违背事件发生而对信任方的损害表达同情。道歉是一种违背方在信任违背事件发生后，向信任方展示自己的真诚、后悔和愿意承担责任的态度。功能修复策略是指在信任违背后，违背方向信任方提供经济补偿以弥补其损失和采取避免类似违背事件再次发生的管理措施。前者包括提供优惠券、退款等，后者包括调查违背事件、完善管理机制等。信息修复策略的理论基础是危机辩解理论和公共关系取向的危机修复理论。违背方通过提供不同于网络报道的信息，通过修辞表达来获得信任方较为正面的或中立的观点和看法。信息修复策略主要包括解释、积极沟通、提供证据、澄清事实、披露事情进展情况等，让信任方对事件有更为全面的、客观的看法（王溥、陈宁睿，2020）。在违背事件发生后，违背方主动积极与信任方进行沟通十分重要，可以有效避免信息不对称带来的消极后果，如误解、猜疑等，能增进信任方对未来双方合作的积极预期。

张珺等（2016）以农产品安全危机事件为例，研究不同类型信任修复策略的修复效果。结果显示，功能策略、情感策略和信息策略均显著正向增强消费者信任，三者在消费者信任修复效果上有显著差异。具体表现为信息策略修复效果最优，其次为功能策略，再次为情感策略。青平等（2012）采用实验法研究了危机发生后不同修复策略的修复效果，发现不同类型修复策略的修复效果有显著差异。功能修复策略修复效果最好，信息修复策略次之，最后为情感修复策略，违背类型对信任修复效果起到了调节作用。

第三种分类基于宏观—微观视角把信任修复策略分为宏观政策修复策略和微观企业修复策略。李建良等（2019）以"魏则西"和"竞价排名"事件为案例研究了互联网企业负面事件发生后信任修复策略的市场反应，结果发现，针对诚信型负面事件，微观层面互联网企业的不同修复策略如语言修复和行为修复、宏观层面政府制度修复策略都能显著修复公众信任，具体表现为行为修复的效果显著好于语言修复，仪式型行为比补偿行为修复效果更好，政府制度修复效果好于企业修复。冯蛟等（2015）对508 个样本进行实证研究后发现，影响消费者信任修复的企业策略主要有约束策略、主动召回策略和信息交流策略。同时，他们的研究还强调宏观层面政府的修复策略，如加强监督管理、完善法律法规、加强调控等。还有学者研究了更为具体的修复策略，如王涵（2019）以 2008 年经济危机时期 30 篇主席致辞为蓝本，研究企业信任修复的话语策略，结果发现企业均注重能力修复，在话语策略方面企业既重视积极策略也注重消极策略。积极策略主要有突出企业地位、做出预测以及与第三方联合等。消极策略包括化危机为机遇、强调危机的普遍性。

2. 信任修复的内在机制研究

已有研究主要探究了在信任修复策略与修复效果之间起到中介效应和调节作用的变量。信任修复主要存在两大机制：控制不信任感和展示可信性（Gillespie & Dietz，2009；冉霞，2012）。控制不信任感主要目的是降低消极预期，企业需要采取一些约束策略来防范信任违背事件再次发生，主要包括道歉、承认过错、赔偿等策略。展示可信性的目的是建立信任方的正向期望。已有学者开始关注企业在互联网上的互动沟通对消费者信任修复的影响。实证研究表明危机事件发生后，企业与消费者的网络互动通过消费者负面情绪感知和风险感知的中介显著增强信任修复效果，而危机类型对修复效果具有调节作用（孙华梅、张晨珙，2017）。杨柳（2015）则从情绪视角对消费者信任修复进行了综述，发现情绪在信任修复中起到中介作用，分析了影响积极情绪发挥中介作用的重要因素有商品提供方因素、情境因素、消费者因素。她认为在互联网情境下情感修复策略的效果有待加强。杨柳和吴海铮（2015）进一步采用实证研究方法研究了网络购物环境下消费者信任修复策略，结果显示修复策略对消费者信任具有显著的正向影响，其中信任违背类型在两者之间起到了调节作用，积极情绪起到了中介作用。此外，他们还进一步详细研究了情绪对消费者信任修复的影响。他们发现积极情绪对信任修复效果的影响存在线索效应，即在相关情境下，不论商家是否实施行为修复策略，积极情绪的修复效果都显著优于中性情绪和消极情绪。但在不相关情境下，商家实施行为修复策略时，积极情绪的修复效果好于中性情绪和消极情绪；当商家不实施行为修复策略时，积极情绪的修复优势不存在，即三种情绪在修复效果上无显著差异（杨柳、吴海铮，2016）。刘与哲等（2021）基于情境危机传播理论，通过实验研究发现当意外型危机出现时，有无危机历史和修复策略均会影响信任修复效果。有危机历史的慈善组织采取重建策略可以取得较好的修复效果，而无危机历史的慈善组织采取弱化的策略就可以取得较好的修复效果。

3. 企业社会责任与信任修复研究

近年来，一些研究者开始关注企业社会责任与信任修复之间的关系。崔泮为等（2015）通过情境实验法研究了企业危机类型、修复策略对消费者品牌信任的影响，结果发现企业社会责任能显著修复消费者的信任，危机类型在两者之间起到了调节作用，消费者满意和宽恕在两者之间起到了中介作用。李四兰等（2021）采用情境实验方法对企业社会责任与信任修复之间的关系进行了研究，发现企业社会责任水平和时间选择的积极主动性正向促进消费者对企业的认同和增强消费者宽恕意愿，企业社会责任利他性动机正向促进消费者对企业的认同，消费者对企业的认同对宽恕具有正向促进作用。刘凤（2014）详细研究了不同类型的企业社会责任对信任修复效果的影响，发现不同类型企业社会责任对消费者信任修复效果不同，外部企业社会责任行为可以获得更好的修复效果。消费者对企业社会责任行为的归因会影响到修复效果，在企业社会责任与信任修复效果之间起到了调节作用。张蓓和盘思桃（2018）把企业社会责任细化为品牌责任、道德责任和环境责任，在危机背景下不同责任对消费者信任修复意愿具有不同影响。品牌责任、道德责任和环境责任对消费者消费意愿具有显著正向影响。其中在蓄意型危机情境中，三种责任对消费者修复意愿正向作用更强。胡银花等（2018）研究了企业社会责任对品牌信任修复的影响，结果显示企业社会责任显著影响消费者信任的修复效果，过失纠正、伦理道德、监管改进和慈善公益这四种企业社会责任均能积极正向影响消费者的信任修复。

已有研究为我们即将开展的研究打下了坚实的基础，尤其是已有研究中关于信任修复的分类、信任修复机制为本书提供了借鉴和参考。但已有研究存在以下不足，值得后续研究者进行拓展。首先，对于信任是否能够被修复存在争论。有学者认为信任一旦被破坏，很难修复（Lewicki & Bunker，1996），但有些学者却认为信任违背后，只要修复得当，受损的信任可以得到很好的修复，甚至回到原初的水平（Rousseau et al.，1998；Kim et al.，2006；Xie & Peng，2009）。因此，本书试图在网络慈善研究领域探究网络慈善平台信任违背后，采取不同修复策略是否能有效修复信任，以此来回应相关争议。其次，已有信任修复研究基本上采用的是静态研究法，考察不同修复策略对信任效果的影响，其研究的生态效度难以保障。而实际上信任修复是一个动态的过程，具有不同的阶段，在不同阶段内应有针对性地采用不同策略。Gillespie 和 Dietz（2009）从信任修复时间视角，提出信任修复需要经历四个阶段：即时回应阶段、判断原因阶段、实施干预阶段和评估反馈阶段。本书与已有研究不同之处在于我们将采用动态研究的方法，基于时间继起视角考察信任违背事件后不同时间段内违背方信任修复策略及其效果，探明信任维护的内在机制。再次，已有研究常常忽略信任修复是双向的过程，多是将违背方作为信任修复的主体，忽略了信任方的认知、情绪等因素在信任修复过程中的重要作用。信任修复的成功源自违背方与信任方之间的交互作用，因此，今后的研究应注重讨论信任方的因素在信任违背中的作用。最后，已有研究方法多采用实验法和问卷调查法，这两种方法可以确定信任修复效果量，但对实验者实验情景的设计和问卷质量均有较高的要求，其生态效度难以保证。本书主要采用大数据挖掘方法，以水滴筹扫楼事件为例，对相关微博数据进行大数据挖掘，考察违背事件发生后不同时间段内，网络慈善平台的修复策略及效果，发现信任维护的动态机制。总之，本书基于网络慈善危机事件实际发生的进程进行考察，能最大限度地保证研究的生态效度。

三　研究设计与实证研究

本部分通过两个研究（研究 4-3-1 和研究 4-3-2）分别基于微博数据挖掘和情境问卷方法来分析网络慈善平台信任违背与维持机制。

（一）研究 4-3-1：基于微博数据挖掘的网络慈善信任违背与信任修复机制研究

1. 研究目的

本研究以水滴筹扫楼事件为例，基于微博数据挖掘，探究网络慈善平台信任违背后捐赠者信任受损、平台信任维护策略与效果，进而总结提炼出网络慈善平台信任维护机制，为维护捐赠者持续信任提供借鉴和参考。

2. 数据来源

本研究为确保数据资料的质量，以水滴筹扫楼事件为研究案例，选取数据量较大、可信度较高的水滴筹官方微博、水滴筹 CEO 沈鹏的微博、梨视频微博、新浪财经微博于 2019 年 11 月 30 日至 2019 年 12 月 26 日发布的相关信息文本。对数据进行清洗和去重后，最终获得 16277 条微博和评论。

3. 研究方法

本书使用 Python 语言 Anaconda 工具对相关数据进行主题分析和情感分析。

（1）主题分析

主题分析是内容分析的一种形式。内容分析法是社会科学研究方法中对文本内容进行编码、分类、语义判断，并形成可供分析数据的量化分析法。它是指用客观、系统与量化的方式来研究与分析信息内容的研究方法（Kerlinger，1973）。它能对已有信息内容主题直接进行计量与分析，通过信息文本的语义关系真实反映文本的主题内容（邵作运、李秀霞，2020）。在某种意义上说，主题分析就是对一个文本的摘要提取。本书使用 SnowNLP 包中自带的 Summary 方法（见图 4-3）。

首先，读取文本，用变量 t 存储读取的内容，用 SnowNLP 封装 t 为对象 s，再调用 Summary 方法，对其进行摘要提取。

```
f=open("excel4.txt","r",encoding="utf-8")
t=f.read()
f.close()
```

```
s=SnowNLP(t)
summary=s.summary(limit=4)
for i in summary:
    print(i)
```

水滴筹一直在帮助有需要的人 希望水滴筹越来越好　加油👊
水滴筹一直在帮助有需要的人 加油
希望水滴筹不忘初心
希望水滴筹能够不要让善良的人失望

图 4-3 主题分析示例

SnowNLP 的 Summary 方法包含了对文本进行分句、分词、关键词提取等操作，这主要是基于 TextRank 算法，而 TextRank 是基于图模型实现的。

我们首先对文本进行分词，每一句都由一组词向量表示。那么就把每一个词看作一个节点，而词与词之间的边，则利用"共现"关系来确定。所谓"共现"，就是共同出现。这样，每条边都是一个度，观察每个节点连的边的个数，也就是度数，或者称为权重就可以分析出每个词的重要程度。权重越大，自然关键程度就越大。其次是摘要提取。摘要提取也可以理解为"关键句"提取，节点不再是词，而是句子。词与词之间的联系使用"共现"确定，句与句之间的联系就使用"相似度"来确定。把相似度求出来后，即每个句子的边也就确定了，同样将之看成权重，权重越大，那么关键程度也就越大。

（2）情感分析

情感分析也被称为情感挖掘，是研究者使用相应的技术和方法对带有情绪情感的微博信任或评论文本内容进行分析、处理的过程，进而发现评论者的态度和意见（冯莎，2017）。本书采用基于情感词典的方法进行情感分析，我们使用的是 BosonNLP 情感词典和自建的词典。BosonNLP 情感词典是由波森自然语言公司推出的一款情感词典，该词典对每个情感词均已进行了情感值评分。该词典的优势是包括了很多网络用语和非正式简称，对非规范文本具有较高的覆盖率。自建词典主要是由文本评论中提取的相应词语建构的。我们使用 SnowNLP 包进行情感分析。首先是对文本进行分句及分词，然后将分词好的列表数据对应 BosonNLP 情感词典和自建词典进行逐一匹配，并记录匹配到的情感词分值，最后统计汇总所有情感分值。情感分析结果取值范围为 0~1，以 0.5 为分界点，大于 0.5 为积极情绪，越接近 1 表示情绪越积极。小于 0.5 为消极情绪，越接近 0 表示情绪越消极（见图 4-4）。

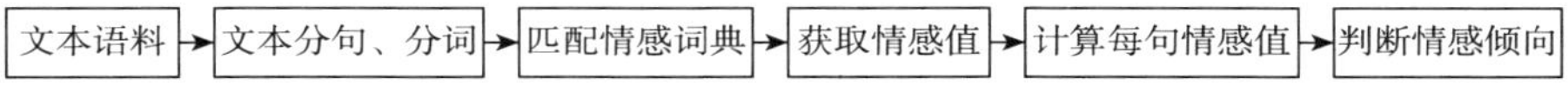

| 文本语料 | → | 文本分句、分词 | → | 匹配情感词典 | → | 获取情感值 | → | 计算每句情感值 | → | 判断情感倾向 |

图 4-4　情感分析步骤

4. 案例介绍与信任修复阶段

水滴筹是我国较大的个人大病救助求助平台，于 2016 年 7 月正式运营。水滴筹由水滴公司负责运营。2019 年 11 月 30 日梨视频在微博上发布了题为《卧底水滴筹医院扫楼筹款：高薪+绩效考核，审核漏洞多》的视频报道，在报道中其曝光水滴筹平台在超过 40 个城市派驻地推人员，即"志愿者"，也称"筹款顾问"。这些人员会逐个去病房引导患者发起筹款，他们对募捐金额、病情、财产状况等信息审核不严，缺乏对捐款用途的监督。这一视频引发了 1132 万人次的观看，视频下的评论数为 3837 条。这一事件被称为水滴筹扫楼事件，也被称为水滴筹地推门事件。

我们以新浪舆情通大数据平台为基础，抽取数据的时间节点为 2019 年 11 月 30 日零点至 2019 年 12 月 20 日零点。选取的关键词为"水滴筹"+"地推门/扫楼/顾问门"+"信任/怀疑/质疑"。在互联网上共采集到 181041 条信息，并对其进行了舆情走势分析。在 2019 年 11 月 30 日曝光当天，网络舆情声量就比较高，超过了 20000 条。真正达到舆情顶点的是 2019 年 12 月 2 日。随着水滴筹实施了相应的慈善修复策略，网络舆情开始逐渐呈现下行趋势。2019 年 12 月 5 日进入舆情缓冲期，网络舆情声量接近 10000 条。至 2019 年 12 月 9 日，该事件的网络舆情一直处于平稳下降态势，尽管 2019 年 12 月 10 日又有小幅度的上升，但不影响整体舆情平稳下滑的趋势，直至 2019 年 12 月 20 日关于该事件的舆情为零。

本书以水滴筹扫楼事件曝光时间为研究时间起点，基于时间顺序把水滴筹平台及其 CEO 沈鹏微博上的相关信任修复工作划归为不同阶段。（1）即时回应阶段（Instant Response，IR），即 2019 年 11 月 30 日曝光当天，水滴筹平台及其 CEO 沈鹏在微博上做出的信任修复反应，在该阶段，水滴筹主要实施了信息修复策略。（2）判断原因与加强监管修复阶段（Judge the Reason and Strengthen Supervision，JRSS）。2019 年 12 月 1 日至 2 日，该事件在网络上不断发酵，直至 2019 年 12 月 2 日水滴筹扫楼事件达到网络舆情声量顶点。在舆情的最高点，网络慈善平台一定要采取相应的修复策略，修复捐赠者受损的信任。该阶段水滴筹及时判断事件原因并加强了监管，该阶段水滴筹主要实施了复合的修复策略，即综合使用了信息修复策略、情感修复策略和功能修复策略。（3）内外双向深度修复阶段（Internal and External Two-way Deep Repair，IETDR）。从 2019 年 12 月 3 日至 5 日，网络舆情声量开始下降，为水滴筹信任修复工作提供了较好的生态空间。此时网络慈善平台处于内外双向修复阶段，向外主要对捐赠者实施了复合修复策略，并综合使用了信息修复策略和情感修复策略，向内对组织实施了功能修复策略。（4）评估反馈阶段（Evaluation Feedback，EF）。2019 年 12 月 6 日至 9 日，关于该事件的网络舆情正处于平稳下滑期，有利于网络慈善平台开展后期信任修复工作，提升捐赠者信任水平。该阶段水滴筹主要实施了功能修复策略和信息修复策略。

5. 研究结果与讨论

（1）水滴筹扫楼事件曝光后的主题分析和情感分析

①主题分析

本研究爬取了梨视频 2019 年 11 月 30 日发布的微博，以及新浪财经 2019 年 11 月 30 日转发的该条微博，共爬取两个微博下的有效评论 4728 条。笔者采用 Python 语言提取两个微博下评论中的高频词语，以掌握捐赠者在水滴筹扫楼事件后的关注热点特征及其关联强度，并利用 Word-cloud 库绘制出高频词的词云图（见图 4-5）。由词云图和高频词表（见表 4-7）来看，水滴筹扫楼事件引发了公众对慈善捐赠善款即"钱"的高度关注，该词的频率最高。此外，捐赠者还重点关注捐赠者身份、捐赠行为及其价值，如"自己""捐""捐款""爱心""帮助"。最后，捐赠者还普遍关注网络慈善捐赠平台，如"平台""筹款"。

图 4-5　水滴筹扫楼事件曝光后的词云

表 4-7　水滴筹扫楼事件曝光后排名前十的高频词

单位：个

排名	高频词	频数	排名	高频词	频数
1	钱	779	6	捐款	503
2	帮助	714	7	真的	456
3	捐	572	8	筹款	431
4	自己	521	9	平台	386
5	爱心	520	10	好	328

根据梨视频的相关报道可以看出，捐赠者对"钱"的关注主要表现为以下几个方面。一是"捐"出的"钱"是否真正用到需要的人身上，网络慈善平台通过扫楼地推的方式进行网络慈善推广，很有可能使真正需要筹款的人筹不到钱。二是这些"钱"的去向是否透明。由于平台在审批上存在一些漏洞或问题，部分患者将善款提现后并未提供善款的去向凭证。公众普遍认为网络捐赠善款的目的是"帮助"患者进行疾病治疗，恢复健康。由梨视频报道可以看出水滴筹平台做出了信任违背事件，这直接损害了捐赠者的网络慈善信任，让捐赠者在感知上认为网络慈善平台使自己捐

赠的善款并未达成善行的目标，即"帮助"他人。

我们使用 SnowNLP 的 Summary 方法进行主题提取，发现水滴筹扫楼事件当天的评论主题主要有三个："以后不会再给水滴筹的人捐钱了""真正需要筹款平台的人筹不到钱""水滴筹导致真正需要帮助的人筹不到钱"。主题一明确表达出了捐赠者对水滴筹的不信任，可以看出水滴筹扫楼事件的确严重损害了捐赠者信任。结合高频词可以看出这种信任受损表现为捐赠者对善款"钱"的不放心与关注，以及对自身捐赠者身份价值的怀疑。主题二则反映出公众对水滴筹扫楼做法的不认同和怀疑，公众作为潜在的捐赠者其对网络慈善平台的怀疑会直接动摇网络慈善信任。公众对网络慈善平台的扫楼方式最直接的拷问是这种商业化推销做法违背慈善价值。由于这种商业化的操作会损害捐赠者信任，该事件后会使得真正需要网络慈善平台的人筹不到钱。主题三也反映出水滴筹扫楼事件的消极结果，潜在的捐赠者质疑这种网络筹款方式是在消费捐赠者的善心，导致捐赠者不愿再相信网络慈善，也不愿意进行网络慈善捐赠，直接的结果是导致真正需要帮助的求助者筹不到钱。总之，从水滴筹扫楼事件曝光当天的评论可以看出，水滴筹扫楼事件使得捐赠者网络慈善信任受损严重，表现为公众对外质疑善款流向、网络慈善平台，对内怀疑自身捐赠行为价值是否实现等。

②情感分析

在梨视频曝光水滴筹扫楼事件后，捐赠者情感呈现出明显的消极特征，即消极情感为主导。评论中消极情感词语数有 15127 个，积极情感词语数仅有 8012 个（见图 4-6）。消极情感占比 65.37%，积极情感占比 34.63%。由不同类型情感的词语数可以看出，网络慈善平台负面事件会直接损害捐赠者的情感，使捐赠者情感直接呈现出消极情感占主导的情感格局。这种消极情感的存在会降低捐赠者对网络慈善平台的信心，增加捐赠者对网络慈善平台的怀疑，损害捐赠者对网络慈善的信任。

（2）即时回应阶段的主题分析与情感分析

①主题分析

在即时回应阶段，我们主要爬取了 2019 年 11 月 30 日水滴筹 CEO 沈鹏发布的《针对于今天"线下筹款顾问"相关报道的说明》微博下的评

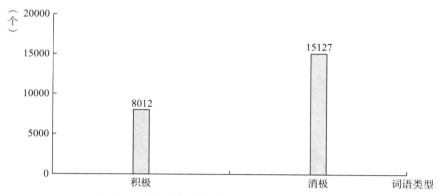

图 4-6　水滴筹扫楼事件曝光后不同情感词语数

论，以及 2019 年 11 月 30 日水滴筹官方微博发布的《水滴筹关于"线下筹款顾问"相关报道的说明》微博下的评论，共爬取了 650 条有效微博评论。采用 Python 语言提取两个微博下的评论中的高频词语，并利用 Word-cloud 库绘制出高频词的词云图（见图 4-7）。同时，把排名前十的高频词绘制成高频词表，如表 4-8 所示。

由图 4-7 和表 4-8 来看，首先，在水滴筹做出信任修复行为后，公众关注点最高的是"平台"：如"平台""筹款""问题""好"。可以看出在这种关注中，既有对水滴筹目前存在问题的担忧，如"失去信誉是天大的问题"（IR528）、"有个疑问，你们靠什么来维持运营？钱是否有监管"（IR205）等。也有对水滴筹筹款现行做法的怀疑，如"那种车还没卖就来筹款的，我表示一百万个问号"（IR490）、"慈善筹款也可以设定 KPI（关键绩效指标），果然这很互联网"（IR516）。同时也有对水滴筹的肯定与支持，如"希望越来越好，细水长流"（IR615）、"水滴筹的回应不推诿、态度好、有担当"（IR620）。其次，公众普遍较为关注自身善行的价值，即帮助他人、奉献爱心，如"帮助""爱心""希望"。如"尽自己的能力去帮助别人"（IR224）、"希望可以帮助更多真正有需要的人吧"（IR229）。正是由于捐赠者关注自己善行的价值是否能实现，因此质疑水滴筹扫楼的做法是在"把爱心做成生意"（IR556），"别推销了行吗，这样做会让爱心人士反感"（IR396）。捐赠者认为水滴筹扫楼的做法损害了其慈善信任，因此，一些捐赠者表示"我不会再给水滴筹平台的筹款人献爱心了"（IR245）、

图 4-7 即时回应阶段信息修复后的评论词云

表 4-8 水滴筹实施信息修复策略后的高频词

单位：个

排名	高频词	频数	排名	高频词	频数
1	平台	87	6	筹款	52
2	帮助	82	7	不会	47
3	爱心	68	8	好	47
4	希望	60	9	问题	43
5	钱	54	10	捐	42

"我不会捐了，除非是我认识的人"（IR379）。由此可见，水滴筹扫楼事件对捐赠者的网络慈善信任造成了极大的损害，尤其严重损害了捐赠者对陌生人的慈善信任，降低了对陌生人实施慈善行为的可能性。最后，水滴筹在做出即时回应和修复后，公众仍然较为关注捐赠的善款，即"钱"。具体包括质疑善款用途，如"我捐的钱都给困难家庭了吗？你们从中获取利益了吗？"（IR76），还有对捐赠行为的后悔"刚刚充了钱，都想退了"（IR154）。

信息化社会的到来，使得捐赠者与慈善组织掌握的信息常常处于不平衡的状态。尤其在慈善危机事件曝光后，网络上的报道常常是负面报道。这种揭露问题式的报道方式一方面引发了公众对该事件的关注，但另一方面由于网络的放大效应，也会急剧地降低捐赠者对相关方的信任程度。在面对危机事件时，慈善组织应加强对负面事件的正面报道和增强危机处理能力，以此降低捐赠者的危机感知和不公平感知，进而降低违背事件对捐赠者信任的影响。在梨视频曝光水滴筹扫楼事件后，水滴筹 CEO 沈鹏及水滴公司第一时间进行了回应，从其微博中可以看出水滴筹所采用的修复策略属于信息修复策略，水滴筹对于报道中部分片面现象可能引发的误解给予了详细的说明。这些说明的宗旨是给予公众全面的信息以消除社会公众、捐赠者与水滴筹之间的信息不平衡所导致的一些误解。

为了进一步检验水滴筹在即时回应阶段中所使用的信任修复策略的效果，我们进行了主题提取和情感分析。使用 SnowNLP 的 Summary 方法进行主题提取，结果发现在即时回应阶段，水滴筹所实施的信息修复策略下的评论主题主要有三个："不会再给水滴筹平台献爱心和捐钱了""水滴筹为什么筹够钱还不给患者用""帮助不会筹钱的老人"。从主题分析上来看，信息修复策略并未取得良好的修复效果，评论中大家讨论的主题主要偏向负面。结合词云图和主题分析，我们可以看出，在即时回应阶段水滴筹主要实施了信息修复策略，其修复效果并不理想，在捐赠者的评论反馈中既存在消极的认知，也存在宽容的态度。

②情感分析

本研究采用基于情感词典的方法进行情感分析，并使用 BosonNLP 情感词典和自建的词典。研究发现在即时回应阶段，信息修复策略下捐赠者的情感呈现出积极情感与消极情感共存，积极情感略多于消极情感。具体表现为积极情感词语数为 13198 个，消极情感词语数为 10014 个（见图 4-8）。在情感极性上，正向积极情感所占比重为 56.86%，消极情感占比 43.14%。由图 4-9 可以看出，捐赠者在水滴筹实施信息修复策略后，对水滴筹所持有的积极情感和消极情感的强弱程度。从整体上看，捐赠者持有积极情感倾向度的评论数较多，分布在 0.8~1.0 分的积极情感较多，消极情感在 0~0.1 分分布较多。这显示出在水滴筹开展信任修复工作后，捐赠者的情感呈现出较为明显的两极分化趋势，即捐赠者存在两种相互对立的情感，一种是贬斥失望的消极情感，另一种则是宽恕和期待的积极情感。这两种情感形成了较为明显的主流观点，导致评论的情感倾向呈现两极化态势。

总之，在水滴筹实施信息修复策略后，捐赠者的情感已由梨视频曝光后的消极情感占主导，转变为积极情感占主导。在信息修复策略推出后，捐赠者积极情感更多地反映的是对水滴筹的包容、理解和支持，如"感激""爱心平台""支持"等。而消极情感反应呈现最多的词语是"失望""心凉""寒心"等。从情感分析结果可以看出，水滴筹在即时回应阶段所采用的信息修复策略已经起到了一定的效果，即捐赠者在情感极性上积极情感超过了消极情感，但不能忽略的是仍有 43.14% 的捐赠者尚处于消极情感之中，尤其应该关注消极情感值为 0~0.1 分的捐赠者，因此，慈善平台有必要继续进行后续的信任修复工作，在后续的信任修复过程中应观照捐赠者情绪情感的修复。

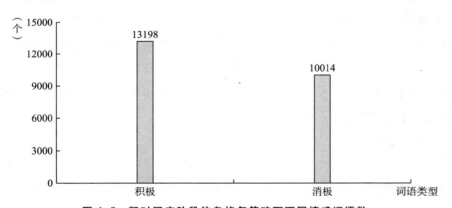

图 4-8　即时回应阶段信息修复策略下不同情感词语数

（3）判断原因与加强监管修复阶段的主题分析与情感分析

①主题分析

在判断原因与加强监管修复阶段，我们爬取了 2019 年 12 月 2 日水滴筹 CEO 沈鹏个人微博中的三条相关微博，同时爬取了 2019 年 12 月 2 日水滴筹官方微博中的相关微博，共爬取到微博下的评论 545 条。水滴筹在该

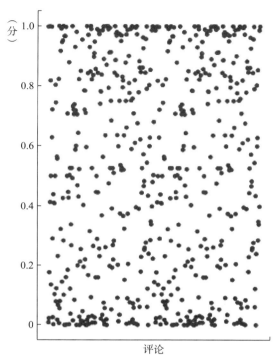

图 4-9　即时回应阶段信息修复策略情感倾向度分布

阶段主要采用了复合修复策略，即综合使用了情感修复策略、信息修复策略和功能修复策略。通过词云图和高频词分析（见图 4-10 和表 4-9）我们可以看出该阶段水滴筹所用策略的效果。在水滴筹实施信任修复工作后，捐赠者首先关注的点是平台及其行为，如"平台""公司""筹款""问题""加油""好""希望"。捐赠者对平台的关注主要表现为以下两个方面：一方面是对平台存在问题的怀疑，如"感觉平台审核不严、监控措施不到位"（JRSS532）；另一方面是对平台的支持和鼓励，如"一直以来都支持水滴筹"（JRSS512）、"加油，我认为水滴筹是非常棒的"（JRSS527）。其次，捐赠者表达自身对水滴筹的希望，如"帮助""爱心"等。具体为"希望你们越做越好，帮助更多的人"（JRSS394）、"希望水滴筹更完善一些"（JRSS367）、"希望不要让更多有爱心的人心寒"（JRSS432）等。最后，捐赠者还关注求助者及其家庭，如"感谢这个平台帮助了很多家庭"（JRSS68）、"为更多的家庭带去希望"（JRSS452）。从词云图和高频词表中可以看出，在水滴筹实施进一步的信息修复策略和功能修复策略后，捐赠者的信任得到部分修复。这种修复可以从评论中窥见一斑，如"官方的这个说明给力，最起码说到位了"（JRSS43）、"我相信还有很多人需要水滴筹的帮助"（JRSS397）、"我也相信平台不会搬起石头砸自己的脚"（JRSS449）。尽管还有部分捐赠者仍然表达了对水滴筹存在问题的怀疑，但更得多的捐赠者开始认可水滴筹的修复工作，表达了对水滴筹的期望和鼓励，这表现出了捐赠者的宽恕倾向，这种宽恕倾向能有效增强捐赠者信任修复效果。

图 4-10　判断原因与加强监管修复阶段水滴筹信任修复后的词云

表 4-9　水滴筹实施综合修复策略后的高频词

单位：个

排名	高频词	频数	排名	高频词	频数
1	帮助	88	6	加油	42
2	平台	84	7	问题	41
3	希望	82	8	公司	38
4	钱	52	9	筹款	37
5	好	51	10	家庭	35

水滴筹在该阶段综合使用了三种修复策略：情感修复策略、信息修复策略和功能修复策略。水滴筹的声明一开始最先使用的是情感修复策略，如"我们感到愧疚和痛心""我们深表歉意"。已有研究发现真诚的道歉策略能有效传达违背方对违背事件的后悔与愧疚等情感，因此可以对信任方的情感起到一定的修复作用（Tomlinson et al.，2004）。接着水滴筹用 5 个条目分别向公众呈现了其就扫楼事件的原因分析与内部监管措施。首先，承认问题的存在，分析原因主要在于公司管理。其次，完善内部监管，如调整绩效管理方式、成立独立的服务监督团队、强化监督机制，加强行业自律等。最后，进行信息修复，澄清公众对水滴筹的误解。水滴筹是水滴公司非营利模块部分，报道中的"提成"并非来自用户筹款，而是来自公司自有资金。可以看到水滴筹在声明中使用最多，占用篇幅最大的是功能修复策略。功能修复策略主要是通过经济手段、加强管理或正式制度给予信任方以经济上的补偿、对涉及违背事件的相关责任人给予惩罚、对违背方管理或制度上的漏洞给予弥补（王绮等，2018）。功能修复策略的重点是降低违背事件给信任方带来的信任损害，获得信任方的宽恕与原谅，恢复信任方对双方未来合作的积极预期。水滴筹的功能修复策略主要指向内部监管机制的完善。作为网络慈善平台它具有不同于一般商家的特征。一般商家如在信任违背后，采用功能修复策略主要是针对消费者个体直接进行相应的补偿。而水滴筹此次事件并非涉及某一个具体的案例，而是线下相关工作人员的工作方式欠妥，有违公众信任。因此，在这种情况下，功能修复策略更多的不是指向捐赠者，而是指向组织内部。此外，水滴筹还采用了信息修复策略。之所以在第二阶段还需要实施信息修复策略，是因为该平台发现公众对水滴筹仍存在一些误解，需要给予澄清，因此在声明中对"提成"等问题给予了解释，以解决公众与网络慈善平台之间的信息不平衡问题。总之，水滴筹在第二阶段采用了复合修复策略，集情感修复、信息修复和功能修复于一体，在网络舆情的最高点实施复合修复策略是十分有必要的。这也反映出网络慈善平台在信任修复上的努力程度较高。下面我们将进一步通过主题分析和情感分析来研究水滴筹在该阶段的信任修复效果。

本研究使用 SnowNLP 的 Summary 方法进行主题提取，发现在水滴筹实施修复策略后，捐赠者关注的主题有以下四个："一直都在使用水滴筹，希望钱能给到真正需要帮助的人""水滴筹是个好平台""不是水滴筹帮助你""这种情况怎么让人去相信水滴筹"。可以看出，前两个主题均呈现正向的积极情感和态度，表达了捐赠者对水滴筹的肯定、支持和认可，捐赠者希望通过水滴筹这个平台帮助更多需要帮助的人。这表明，一部分捐赠者在水滴筹做出违背信任的事件并进行相应的信任修复工作后，选择愿意相信该平台，说明水滴筹的信任修复工作增强了部分捐赠者的信任。另外两个主题则显示出，部分捐赠者在水滴筹扫楼事件后信任受损较为严重，尽管水滴筹已经在两个阶段实施不同信任修复策略，但捐赠者对水滴筹的信任仍没有得到很好的修复。这表明信任一旦遭受破坏，修复与维持信任的确是较困难的一件事，需要违背方花费大量的时间，做出更多的努力才有可能使得信任得到修复。

②情感分析

在判断原因与加强监管修复阶段，水滴筹实施了集情感修复、功能修复和信息修复于一体的复合修复策略。本研究在此使用 SonwNLP 情感词典和自建的词典进行情感分析。情感分析结果显示该阶段平台的修复结果是捐赠者积极情感偏多，消极情感略少，积极情感与消极情感共存。具体表现为积极情感词语数为 13507 个，消极情感词语数为 10278 个（见图 4-11）。在情感极性上，正向积极情感所占比重为 56.79%，消极情感占比 43.21%。与第一阶段相比，积极情感占比降低了 0.07 个百分点，消极情感占比多了 0.07 个百分点，整体修复效果与第一阶段基本持平。究其原因是水滴筹选择在舆情声量最高点进行信任修复。此时由于舆情声量最高，公众的负面情绪积累较多，平台尽管采用了多种修复策略，做出了多种努力，但在网络舆情声量的冲击下，修复效果并不理想，积极情感反而比第一阶段略有下降，消极情感略有上升。尽管如此，我们还看到，在第二阶段捐赠者的情感仍是以积极情感占主导，消极情感为辅的情感格局状态。积极情感占主导说明大多数捐赠者对水滴筹是持有正向的支持态度的，如"支持""力挺""加油""感谢"等。当然，部分捐赠者的消极情感也不容忽视，如"寒心""冷漠""心凉"等。正是由于有部分捐赠者仍处于消极情感之中，他们受损的信任尚未得到很好的修复，因此需要网络慈善平台继续做出修复努力，提升捐赠者的信任水平，改善网络慈善平台与捐赠者之间的关系。

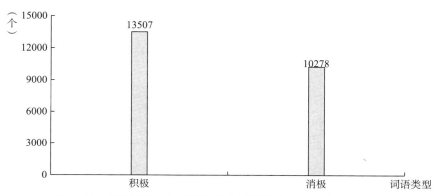

图4-11 判断原因与加强监管修复阶段捐赠者不同情感词语数

从捐赠者情感倾向度的分布图来看（见图4-12），与上一阶段相比，该阶段捐赠者的情感倾向度发生了新变化。主要表现为出现了较多的中立情感，即有很多捐赠者的评论集中于0.5分这个分界点附近，这从另一个侧面反映出信任修复的效果，即信任修复不是把消极的态度情感一定要转变为积极的态度情感，而是只要捐赠者的态度和情感脱离消极倾向，趋向中立或积极就可以说信任修复工作取得了较好的效果。此外，捐赠者情感倾向还表现为趋向积极和消极情感的评论数较多，具体表现为分布在0.7~1.0分，以及分布在0~0.2分的情感倾向度点数较多。总之，从第二阶段捐赠者情感倾向度分布图可以看出，捐赠者情感呈现多极化趋势，即趋向积极、中立和消极的评论数较多。这种情感多极化特点反映出在水滴筹扫楼事件后，公众的评论至少存在三种观点，即支持包容的积极观点、保持观望的中立观点和失望痛心的消极观点，这三类观点形成了多个观点丛，使得情感倾向性呈现出多极化趋势。捐赠者情感倾向度的多极化趋势为网络慈善平台提供了更多的修复空间和可能。对水滴筹来说争取更多具有中立情感倾向的捐赠者难度要远远小于争取处于消极情感的捐赠者。因此，我们可以预测，下一个阶段网络慈善平台的信任修复难度会变小，修复效果会有所提升。

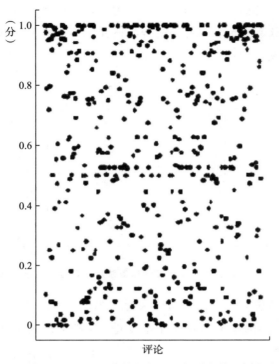

图 4-12 判断原因与加强监管修复阶段捐赠者情感倾向度分布

（4）内外双向深度修复阶段的主题分析与情感分析

①主题分析

在内外双向深度修复阶段，我们主要爬取了 2019 年 12 月 5 日水滴筹
CEO 沈鹏个人微博数据，在微博中其以图片的方式发布了一篇名为《水滴
筹欢迎大众的监督，希望重新赢得信任》的文章。在该文章下本研究共爬
取到评论数共计 15103 条。在这篇文章中，沈鹏主要采用了多种修复策略，
具体策略如下（见表 4-10）。一是实施信息修复策略。以讲故事的方式告
知捐赠者水滴筹创办的初衷与缘起。二是实施情感修复策略，修复捐赠者
受损的情感。对捐赠者直接表达歉意，如"向大家说声：对不起！"三是
继续实施信息修复策略，实施否认、解释、说明和披露事件进展等具体策
略，向捐赠者和社会公众提供更多的事件相关信息。四是多角度进行功能
修复。首先，使用惩罚和加强监管策略。进一步排查与发现问题，在公司

组织架构层面成立了三大检查组，并对相关责任人进行处罚。这两种功能策略主要指向违背方自身，通过惩罚能让做出违背行为的责任人付出代价，还能平复捐赠者的消极情感，并使受损的信任得到部分恢复。其次，实施防患于未然的组织修复策略，如加强纪律培训和增强服务意识，严格考核制度等。通过指向未来的组织管理机制的完善，从功能修复上让捐赠者对水滴筹的未来行为持有积极期待。五是再一次实施信息修复策略。进一步弥补捐赠者与违背方之间的信息不平衡，即告知捐赠者所谓的"提成"来自公司支付而非用户筹款。还使用解释策略来明确解释水滴公司的商业模式，避免因捐赠者误解而导致的信任下滑，弥合捐赠者与企业管理者之间的信息不平衡状态，消除因公众误解所导致的消极情感。六是实施情感修复策略。对因管理问题引发的公众愤怒表示愿意承担责任，并表达歉意。同时，还表达了感谢和对未来的承诺。可以说最后的情感修复策略与该文章前面的主题产生了很好的呼应。该篇文章的主题是"再管不好，我愿把水滴筹交给相关公益组织"，表达了自己的情感与志向，也表达出对公众和捐赠者负责的态度。

表 4-10　内外双向深度修复阶段水滴筹的修复策略

出现顺序	策略分类	具体策略	示例
1	信息修复策略	解释与说明	于是我就怀着"用互联网科技助力大病患者脱离危难"的想法在这个方向创业了
2	情感修复策略	道歉	这一次我们辜负了爱心用户对我们的信任，我代表水滴筹的全体成员向大家说声：对不起
2	情感修复策略	承认错误	这是我们管理层的管理责任，我们的价值观没有深入到员工心里，我们的管理动作没做到位
3	信息修复策略	否认、解释与说明	所谓"提成"实为公司支付给线下服务团队的酬劳，并非来自用户筹款
3	信息修复策略	披露事情进展	我们正在进一步排查和发现问题，也会及时向大家继续公布进展
4	功能修复策略	加强监管、惩罚	公司成立了三大检查组全面排查整顿……违规相关的所有直接或间接参与的同事都将为此承担责任
4	功能修复策略	加强培训、完善考核制度	我们开始加强纪律培训和服务规范提升，实行考核上岗

续表

出现顺序	策略分类	具体策略	示例
5	信息修复策略	解释说明	其实水滴筹的本质是一个免费的互联网个人大病求助工具
6	情感修复策略	表达感谢	也再次感谢一直支持我们的用户给予水滴筹的包容
		道歉	因管理问题导致这次风波引起了大家的愤怒……再次向大家致歉
		承诺	我们一定坚守初心，全力以赴助推更多的真实需要帮助的家庭走出困境，为社会创造更多的价值

注：示例部分内容来自沈鹏的微博文章，为保留原貌，在此未做修改。

可以看出在这篇文章中沈鹏使用了3000余字详细地解释和澄清了相关信息，明确地承认公司管理问题和错误，同时进一步向公众公布了公司对该事件的处理情况和管理上的完善措施。与上一阶段相比，该阶段中水滴筹作为信任违背方其态度更为诚恳。在该阶段，沈鹏一开始就先指向组织的内部，即承认公司管理方面存在漏洞导致违背事件发生。同时，在功能修复策略中，其直接公布惩罚措施、加强管理、加强培训和增强服务规范意识等具体做法，与上一阶段相比在功能修复上更为清晰和明确。这些功能修复策略能让捐赠者在认知上明确违背方的努力，违背方期待通过这些补救、惩罚和防范措施的实施，公众可以对水滴筹将来的行为产生积极预期，重建对水滴筹的信任。在信息修复策略使用上，该阶段比上一阶段提供的信息更为丰富，上一阶段仅仅公布了所谓"提成"的来源，但该阶段还向捐赠者公布了水滴筹成立的初衷与缘起、解释水滴公司的性质等信息，这些信息的供给可以为捐赠者形成更为中立的情感提供基础，也为捐赠者对该事件形成更为全面的认知提供充足的信息资源。在情感修复策略上，其也与上一阶段不同，上一阶段仅仅在声明中的起始部分表达了水滴筹的歉意、内疚和痛心，而其他部分的语言均比较官方，缺乏感情色彩。而在本阶段，微博文章的全篇内容均充满了浓烈的感情色彩，表达歉意的次数和方式上均与上一阶段有所不同。在本阶段中，沈鹏代表水滴筹两次表达了歉意，多次表达歉意是违背方内疚心理的体现。在表达方式上，其也与上一阶段有所不同，采用直接说"对不起"的方式，而非使用书面语言"歉意"，这让捐赠者在阅读时感受到该阶段水滴筹的道歉更为真诚。

在内外双向深度修复阶段中，水滴筹主要采用了复合修复策略，即集信息修复策略、功能修复策略和情感修复策略于一体的修复策略。通过词云图和高频词分析（见图 4-13 和表 4-11）可以看出，在该阶段中，捐赠者关注最高的是对水滴筹的正向态度，即鼓励、支持和信任，如"平台""加油""好""支持""相信"。在评论中如"加油，不要放弃"（IETDR4561）、"好好改善，（我）还是会继续支持的"（IETDR4556）、"我看过的声明或者说是道歉里面最走心的一个，愿意相信你们"（IETDR4672）。另一个关注的重点是捐赠价值，即捐赠者希望自己的捐赠价值能够实现，如"帮助""希望""家庭"。"希望可以把好处落到实处，帮助需要帮助的人"（IET-DR4751）、"支持水滴筹，为更多的家庭带来希望"（IETDR91）、"希望严格筛选，帮助真正需要帮助的人"（IETDR217）。从词云图中可以看出，该阶段水滴筹采用复合修复策略后，捐赠者的信任得到了较大的修复。捐赠者对水滴筹持有较多的积极态度。

图 4-13　内外双向深度修复阶段水滴筹信任修复后的词云

表 4-11　内外双向深度修复阶段水滴筹信任修复后的高频词

单位：个

排名	高频词	频数	排名	高频词	频数
1	加油	2398	6	支持	1162
2	好	2128	7	相信	919
3	帮助	1724	8	公益	257
4	希望	1565	9	家庭	761
5	平台	1169	10	可以	746

　　进一步进行主题分析发现，该阶段捐赠者关注的主题主要有五个："太多人对水滴筹平台不了解""水滴筹确实帮助了不少人，希望能够做得更好，有更多的人得到帮助""水滴筹很好呀，加油""觉得很多真正需要帮助的人筹不到钱""多少人在水滴筹上面骗钱啊，能不能管好"。可以看出前三个主题均呈现出捐赠者对水滴筹正向支持的态度，表现出明显的积极情感。通过水滴筹的信任修复工作，有许多捐赠者对水滴筹的认知更为清晰，消除了因认知模糊导致的误解。如"水滴筹本来就是不赚钱的，也确确实实帮助了很多家庭，好多人在不了解的情况下恶意揣测，实在令人心寒"（IETDR1212）。同时，在水滴筹采用了复合修复策略后，由于较为真诚，捐赠者对其管理上的不足更宽容，也宽恕了其信任违背行为。如"水滴筹确实帮助了不少人，但也有一些漏洞，（修复这些漏洞）有个过程，加油"（IETDR2109）、"说得真的很真诚，错了就是错了，敢于承认"（IETDR3195）。也正是由于水滴筹真诚、负责的修复态度，敢于承认自身的问题，赢得了捐赠者的宽恕和谅解，很多捐赠者在水滴筹实施信任修复工作后，均表现出正向、积极的支持态度，愿意继续相信水滴筹。从信任修复效果上来看，该阶段水滴筹达到了较为良好的修复效果。如"看到了你的真诚，我们愿意相信你，加油"（IETDR4686）、"相信善款一定能充分得到利用，希望这个优秀的（筹款）途径可以真正帮助该帮助的人"（IETDR2161）。

　　另外，从主题中还可以看出，仍有部分捐赠者持有怀疑的态度，其受损的信任尚未得到很好的修复。他们普遍关注两个方面：一方面是对信任违背事件消极结果的担忧，如担心真正需要帮助的人会因为信任违背事件的发生筹不到善款；另一方面是水滴筹善款的管理和使用问题。这表明信任违背事件一旦发生，其消极结果并不会在短时间内消失，需要违背方从两个方向不断加强修复工作，重建信任。对外即对捐赠者和公众要不断进行多种策略的信任修复工作，对内则是通过加强管理、惩罚责任人等方式消除再次发生违背事件的可能性。实际上这两种不同路径的修复工作是违背方在使用两种不同的修复机制即控制不信任和展示可信度。对捐赠者和公众的信任修复工作主要是通过情感修复策略和信息修复策略来控制捐赠者的不信任，消除捐赠者的愤怒、痛心、伤心等消极情感。已有研究也表明控制不信任能有效降低信任方的消极情绪（Gillespie & Dietz，2009）。可以说这种控制不信任的修复机制得以发生主要是违背方一方面通过自身的修复努力很好地修复了信任方受损的情绪，另一方面是通过信息供给解决了信任方与违背方之间的信息不平衡问题。控制不信任在时间轴上主要指向过去已经发生的信任违背事件，是受信任方对其信任违背事件所带来的消极后果的修复。而展示可信度在时间轴上则是指向未来，是违背方通过情感修复策略和功能修复策略，让捐赠者对违背方的未来行为持有积极预期，愿意相信违背方不会再次发生信任违背事件。

②情感分析

在此，有研究使用 SonwNLP 情感词典和自建词典进行情感分析。情感分析结果显示，在该阶段，平台实施信任修复后，捐赠者情感呈现出积极情感显著增加，消极情感明显减少的状态。由图 4-14 可见，该阶段积极情感词语为 158963 个，占比 65.79%，消极情感词语为 82657 个，占比 34.21%。与上一阶段相比，积极情感词语数上升了 9.00 个百分点，消极情感词语数下降了 9.00 个百分点。另外，从情感词语数量的增加上可以看出，水滴筹的信任修复工作引发了捐赠者较为强烈的情感反应。积极情感词语数是上一阶段的 11.77 倍，消极情感词语数是上一阶段的 8.04 倍。情感词语数量骤然增长反映出水滴筹的信任修复工作引发了公众和捐赠者较为强烈的情感反应，尤其引发了捐赠者较多的积极情感反应。因此，从情感修复角度来看，这一阶段平台的修复策略取得了较好的修复效果，化解了捐赠者部分消极情感，增强了捐赠者的积极情感。

从图 4-15 可以看出，在该阶段，情感倾向度分布点较为密集，表明

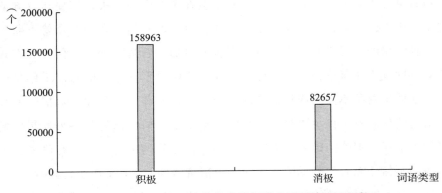

图 4-14　内外双向深度修复阶段捐赠者不同情感词语数

水滴筹的信任修复工作引发了捐赠者较多的情感反应。捐赠者情感倾向度中积极情感占较大优势，较多的评论分布于 0.8~1.0 分。同时，在 0.5 分分界点附近的评论也很多，表明部分捐赠者持有中立情感。消极情感则呈现出较为弥散的分布状态，小于 0.5 分的消极情感分布较为均匀，还有部分评论集中于 0 附近。总之，从图 4-15 可以看出，该阶段水滴筹的信任修复工作取得了较好的效果。

（5）评估反馈阶段的主题分析与情感分析

①主题分析

在评估反馈阶段，我们爬取了 2019 年 12 月 9 日水滴筹 CEO 沈鹏的个人微博内容（《水滴筹整改措施》《水滴筹内部信 公布整改措施：成立三大检查组》），同时，爬取了 2019 年 12 月 9 日的新浪科技微博、中国新闻周刊微博关于水滴筹整改的相关报道，共爬取到微博文章下的评论 389 条。从评论数可以看出，该阶段捐赠者对水滴筹的关注热度明显下降。结合水滴筹扫楼事件网络舆论走势，可以发现 12 月 5 日至 12 月 9 日该事件的网络舆情呈现出显著下降的趋势。捐赠者对水滴筹扫楼事件的关注度明显下降，这表明水滴筹前期的信任修复工作取得了较为明显的效果，因此需要对其前期修复工作进行评估与反馈。在该阶段水滴筹主要使用了功能修复策略和信息修复策略。一方面通过加强组织管理，避免类似的信任违背事件再次发生。另一方面通过公布决议和解释说明策略，告知捐赠者处理扫楼事件的进展，对相关情况给予说明。

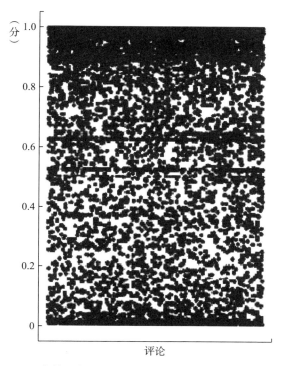

图 4-15 内外双向深度修复阶段捐赠者的情感倾向度分布

通过图 4-16 和表 4-12 可以看出，捐赠者在该阶段主要关注的热点有以下几个。一是对水滴筹持有积极的期待。如"帮助""希望""好""公司""平台"。具体表现为"希望你们能坚持下去，去帮助需要帮助的人"（EF21）、"希望能帮助更多的人吧，真正贫困的病人真的特别需要一个好的平台"（EF26）、"挺好的，多一些调查的职位，我们也愿意捐钱"（EF59）、"共同监督，相信水滴筹可以成长得更好"（EF87）。可见该阶段捐赠者对水滴筹持有较高的积极期待，同时也愿意在行为上继续支持水滴筹，即愿意在该平台上进行网络慈善捐赠。这表明至此阶段，水滴筹的信任修复工作已经取得了良好的效果，捐赠者信任水平明显提高。二是关注筹款、患者和线下服务团队等问题。如"以虚假筹款为第一高压线"（EF278）、"希望平台越来越好，机制越来越完善，去帮助更多的大病患者"（EF312）、"出现问题了就好好调整"（EF321）。但不容忽略的一点是，仍有部分捐赠者十分关注水滴筹可能存在的一些问题，如是否能帮助到真正需要帮助的患者，线下服务团队的管理、筹款的管理等问题。这表明还有部分捐赠者对水滴筹的信任是存疑的，其需要长时间的信任维护才能取得良好效果。只有违背方在较长时段的行为中不再发生类似事件，并且加强组织管理机制建设，才能较好地控制捐赠者的不信任。

图4-16 评估反馈阶段水滴筹信任修复后的词云

表4-12 评估反馈阶段水滴筹修复后的高频词

单位：个

排名	高频词	频数	排名	高频词	频数
1	帮助	52	6	公司	20
2	希望	33	7	筹款	20
3	好	30	8	平台	19
4	服务	27	9	患者	15
5	线下	26	10	问题	15

进一步进行主题提取分析，该阶段捐赠者关注的主题有以下三个："水滴筹一直在帮助有需要的人，希望水滴筹越来越好，加油""希望水滴筹不忘初心""希望水滴筹不要让善良的人失望"。这三个主题均表达了捐赠者对水滴筹的正向期待，这种积极期待主要表现为对水滴筹良好运作、

坚持价值追求、杜绝信任违背行为的期待。可见，本阶段已经进入信任修复工作的尾声。基于前期信任修复的累积效果和该阶段信任修复的效果叠加，在该阶段捐赠者呈现出强烈的支持、包容的态度。

②情感分析

本研究使用 SonwNLP 情感词典和自建的词典进行情感分析，情感分析结果表明（见图 4-17），在评估反馈阶段，捐赠者的情感反应相对平静，即积极情感词语数和消极情感词语数相比上一阶段显著下降。积极情感词语数 5858 个，比上一阶段减少了 153105 个，约占上一阶段积极情感词语数的 3.69%。消极情感词语数 2239 个，比上一阶段减少了 80418 个，约占上一阶段消极情感词语数的 2.71%。不论是从情感词语绝对数量还是从相对数量来看，本阶段捐赠者的情感表现出了较为平静的趋势。在该阶段，积极情感总体占比 72.35%，比上一阶段提升了 6.56 个百分点。消极情感占比为 27.65%，比上一阶段下降了 6.56 个百分点。从情感类型分布上来看，呈现出以积极情感为主，消极情感为辅的情感格局。

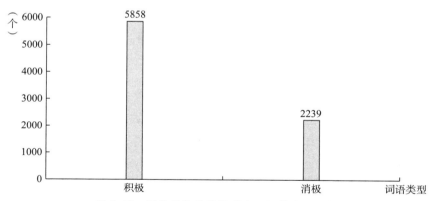

图 4-17　评估反馈阶段捐赠者不同情感词语数

由图 4-18 可以看出，在评估反馈阶段，情感倾向度点数分布较为稀疏，表明该阶段捐赠者情感反应较少，捐赠者对事件的关注度明显下降。捐赠者情感倾向度以积极情感为主，积极情感较多集中于 0.9~1.0 分。消极情感则呈现出较为分散的状态，小于 0.5 分的消极情感倾向度点数分布较为弥散，在 0 附近的情感倾向度点数较前一阶段显著减少。总之，从图 4-18 可以看出，该阶段水滴筹的信任修复工作取得了良好的效果。

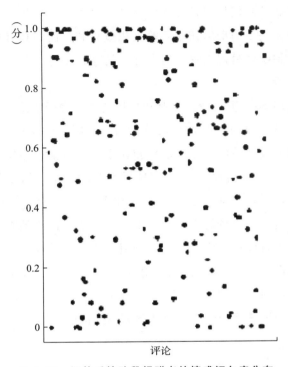

图 4-18 评估反馈阶段捐赠者的情感倾向度分布

（6）信任修复时序分析

把不同阶段下捐赠者情感词语数进行汇总比较（见图 4-19），能清晰地勾勒出随着信任修复阶段的发展信任修复效果的变化。

在梨视频曝光后至阶段一即时回应阶段，捐赠者的积极情感和消极情感具有显著差异（$\chi^2 = 2307.752$，$p < 0.001$）。具体表现为在水滴筹做出即时回应后，捐赠者的消极情感明显下降，积极情感显著上升，表明即时回应阶段水滴筹做出的信任修复工作取得了初步成效。

对阶段二与阶段一中捐赠者积极情感和消极情感进行比较，发现两个阶段的信任修复工作在取得的效果上无显著差异（$\chi^2 = 0.024$，$p = 0.877$），即在两个阶段中捐赠者的积极情感和消极情感无显著变化。产生这种结果的原因主要有两个。一是水滴筹选择在网络舆情声量最高点开展信任修复工作，这种修复工作的时间点选择并非最佳。从危机发展角度来看，由扫楼事件引发的危机在此时正处于扩散蔓延期，通过网络舆情的发酵和传播，危机由最初的爆发走向不断扩散。越来越多的公众知晓了该事件，知晓率的爆炸式增长助推舆情走向顶点。尽管此时水滴筹采用各种修复策略，进行信息修复、情感修复和功能修复，但由于这些修复效果可能被众多的网络舆情信息所淹没，因此修复效果与第一阶段相比无显著差异。二是该阶段尽管综合使用了三种修复策略，但从其声明中我们可以看出水滴筹的信任修复态度比较官方，捐赠者并未明显感受到违背方修复信任的真诚态度，因此修复效果欠佳。这一结果给我们的启示是违背方在进行信任修复时，应注意修复时机的选择，尽量不要在网络舆情声量最高点实施修复策略。可以把阶段二的信任修复策略实施时间节点尽量靠前，避免与网络舆情最高点重叠。选择在网络舆情处于上升期但尚未达到顶点时做信任修复工作效果会更好。

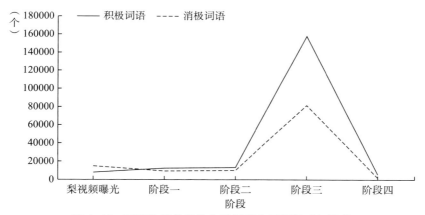

图 4-19 不同阶段信任修复后捐赠者不同情感词语数

注：阶段一为即时回应阶段、阶段二为判断原因与加强监管修复阶段、阶段三为内外双向深度修复阶段、阶段四为评估反馈阶段。

比较阶段三与阶段二的信任修复工作效果，发现两个阶段在信任修复效果上具有显著差异（$x^2 = 771.239$，$p < 0.001$）。具体表现为阶段三中捐赠者的积极情感显著增加，消极情感也显著增加，但积极情感增加幅度显著高于消极情感。从危机发展角度来看，该阶段依然处于危机扩散蔓延期，但网络舆情出现了明显的回落态势，此时水滴筹继续采用复合修复策略，但在修复努力度和真诚度上显著高于上一阶段，因此修复效果显著好于上一阶段。同时，我们可以看出，该阶段水滴筹的修复工作引发捐赠者

广泛的关注和讨论，仅水滴筹 CEO 沈鹏个人微博下的评论数就达到 15103条之多，而且在评论中捐赠者积极情感倾向显著多于消极情感倾向。表明捐赠者情感上更多地选择支持、包容和肯定水滴筹。这与危机时整体下滑的信任态势形成了明显的对比，形成了修复回应声量高、网络其他舆情声量低的"此涨彼落"的积极态势。可见当违背方在信任违背事件发生后，在舆情回落阶段，要进行诚恳的道歉，采用集情感、信息和功能修复策略于一体的深度信任修复策略，才可以有效引发信任方的关注，赢得信任方的宽恕、谅解和支持，进而取得良好的修复效果。

比较阶段四与阶段三的信任修复效果，发现两个阶段中修复策略在取得的效果上具有显著差异（$\chi^2 = 150.125$，$p < 0.001$）。具体表现为阶段四中捐赠者的积极情感和消极情感均显著下降，积极情感显著多于消极情感。这种下降趋势实际上反映的是捐赠者对扫楼事件的关注度下降，信任修复策略取得了较好的效果。从危机发展角度来看，该阶段处于危机消退期，由扫楼事件引发的组织危机正逐渐退散，表明水滴筹的信任修复工作收获了较好效果，危机得到较好的化解。随着时间推移，危机最终会消散。

6. 研究结论

本书在此得出以下结论。

（1）在网络慈善平台信任违背事件发生后，信任修复工作可以分为四个阶段：即时回应、判断原因与加强监管、内外双向深度修复、评估反馈（见图 4-20）。当信任违背事件发生后，捐赠者对网络慈善平台的信任会降低。网络慈善平台首先要做出即时回应。在这个阶段可以使用信息修复策略来应对捐赠者与网络慈善平台之间信息的不平衡问题。其次，在判断原因与加强监管修复阶段，可以使用复合策略，包括情感修复策略、信息修复策略和功能修复策略，从捐赠者情感和认知层面进行相应的修复。同时加强组织内部管理，预防违背行为再次发生，降低捐赠者的不信任感。再次，在内外双向深度修复阶段，违背方可以多次使用复合修复策略，包括情感修复策略、信息修复策略和功能修复策略，还要加大修复的力度。最后，在评估反馈阶段违背方要对前几个阶段的修复效果进行科学评价，

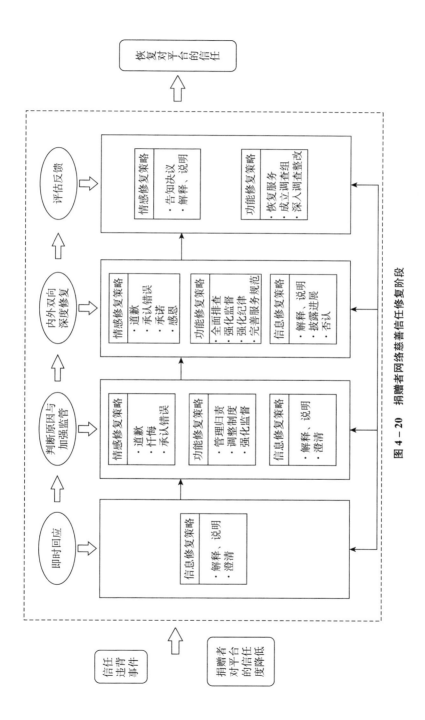

图 4 - 20 捐赠者网络慈善信任修复阶段

总结不足与经验，在该阶段把组织的决议反馈给捐赠者。总之，通过网络慈善平台几个不同阶段的信任修复工作，捐赠者信任会得到较好的恢复。

（2）信任修复的时机对信任修复效果影响显著。在违背事件发生当天，违背方及时进行信任修复可以取得良好的修复效果。要避免在舆情最高点进行信任修复，以免舆情声量对信任修复效果产生冲击，影响信任修复效果。

（3）信任修复策略对信任修复效果影响显著。综合使用多种策略比单独使用一种策略修复效果更好。在同一修复阶段内综合且多次使用情感修复策略、信息修复策略和功能修复策略能有效地提升捐赠者信任水平，收获良好的信任修复效果。

（二）研究 4-3-2：捐赠者网络慈善信任修复动态机制研究

研究 4-3-1 是以水滴筹扫楼事件为例，通过微博数据挖掘的方式来研究网络慈善信任违背与修复机制。该方式由于只能基于捐赠者在微博下面的评论进行数据分析，可供分析的数据本身具有不足之处，难以动态探测到捐赠者随时间变化在认知、情感、信任结构等方面的修复效果。因此，为了进一步从动态视角深入研究捐赠者网络慈善信任修复机制，研究 4-3-2 采用了情境问卷方法开展研究。

1. 研究目的

本研究目的是从动态视角深入分析不同信任修复阶段信任违背方所采用的修复策略的修复效果。不同于研究 4-3-1，本研究在每个信任修复阶段均呈现违背方的修复策略，进而分阶段测量捐赠者对网络慈善平台的信任情况，以及捐赠者对违背方信任修复工作的反应，从多个角度探测出不同修复策略的修复效果，从而得出网络慈善平台的信任修复动态机制。

2. 研究方法

本研究采用实验法开展实证研究，具体为单因素重复测量实验设计。本研究对研究样本在不同时间点进行不同的实验处理，即多次测量不同修复策略的修复效果。该实验设计方法克服了个体间变异，在某种程度上减少了误差来源。同时该方法可以探测出个体随时间发展的动态变化情况。

3. 变量测量

本研究对情绪的测量借鉴了已有研究中关于积极情绪和消极情绪的量表（杜建刚、范秀成，2007；张圣亮、高欢，2011）。在已有研究基础上，根据本研究的情境确定了情绪测量的量表。在本研究中，前测是测量捐赠者的情绪基线。首先在正式施测之前，给被试呈现一段 35 秒的轻音乐，听完音乐后，测试被试的情绪状态。我们采用了一个独立单极概念来测量，采用愉快、放松、舒畅、平静来测量积极情绪。该情绪量表的信度为 0.875。之后开始正式实验，在不同的时间节点呈现不同的实验材料，每呈现完一个实验材料后，会先测量样本的情绪反应。消极情绪量表借鉴陈晨等（2018）、杜建刚和范秀成（2007）的相关研究，使用了三个消极情绪词语来测量被试的情绪体验，具体为愤怒、厌恶、失望。该情绪量表的信度为 0.924。

对每个信任修复阶段中网络慈善平台修复策略的修复效果进行测量，主要分为两个分问卷。分问卷一是对网络慈善平台的信任测量，共包括 4 个题项，分别测量了捐赠者对网络慈善平台的信任度、正直信任、善心信任和能力信任四个因素。分问卷一的信度为 0.901。分问卷二是对捐赠者反应的测量，包括情绪量表和认知量表，情绪量表包括 3 个题项，主要测量了捐赠者的消极情绪，具体为愤怒、厌恶、失望。该量表的信度为 0.924。认知量表通过信息掌握、积极期待、宽恕意愿、捐赠意愿、修复效果评价五个方面来测量，共包括 5 个题项。该量表的信度为 0.902。

4. 研究样本

样本采用网络招募形式，在上海、重庆、广州、石家庄和南昌五个城市发放情境问卷共 594 份，共回收 590 份。删除没有网络慈善捐赠经历的样本，共回收有效样本 467 份。具体样本分布情况如表 4-13 所示。

表 4-13 样本整体分布情况

单位：人，%

性别	频数	占比
男	172	36.83
女	295	63.17
总体	467	100.00

年龄	频数	占比
18 岁及以下	58	12.42
19~30 岁	191	40.90
31~40 岁	128	27.41
41 岁及以上	90	19.27
总体	467	100.00
地域	频数	占比
上海	128	27.41
重庆	79	16.92
石家庄	55	11.78
南昌	67	14.35
广州	138	29.55
总体	467	100.00
受教育水平	频数	占比
初中	7	1.50
高中	52	11.13
大专	62	13.28
本科	309	66.17
研究生	37	7.92
总体	467	100.00
宗教信仰	频数	占比
有	68	14.56
无	399	85.44
总体	467	100.00
政治面貌	频数	占比
中共党员	89	19.06
共青团员	154	32.98
民主党派成员	5	1.07
群众	219	46.90
总体	467	100.00
职业	频数	占比
学生	104	22.27
公务员与企业管理者	136	29.12

续表

普通员工	168	35.97
专业技术人员	33	7.07
个体经营者	9	1.93
其他	17	3.64
总体	467	100.00
婚姻状况	频数	占比
未婚有伴侣	48	10.28
未婚无伴侣	130	27.84
已婚	286	61.24
离异	3	0.64
总计	467	100.00

5. 研究结果与讨论

（1）实验前捐赠者的情绪状态

从表 4-14 可以看出，在正式实验前，被试的积极情绪值均高于中间值 4，表明在正式实验前，被试者多处于相对平静、放松、舒畅和愉快的情绪状态之中。

表 4-14　实验前情绪基线分析

情绪类型	N	M	SD
愉快	467	4.37	1.61
放松	467	5.25	1.48
舒畅	467	5.10	1.47
平静	467	5.09	1.52

（2）信任违背事件对捐赠者信任的损害

由表 4-15 可知，水滴筹扫楼事件作为信任违背事件被曝光后损害了捐赠者的信任，捐赠者信任损害程度为 3.90±0.91，表明信任违背事件对捐赠者的信任损害程度较为严重。同时，在信任违背事件被曝光后，捐赠者对网络慈善平台的信任程度仅为 2.34±0.96，低于中间值 3，这也从另一个侧面表现出信任违背事件对捐赠者信任的损害。

表 4-15　违背事件曝光后捐赠者信任程度和信任损害程度

信任测量	N	M	SD
信任程度	467	2.34	0.96
信任损害程度	467	3.90	0.91

（3）不同责任归因在信任修复效果上的差异

依据海纳的归因理论，本书把信任违背归因为以下五类：①能力，属于稳定、内在、不可控归因；②努力，属于不稳定、内在、可控归因；③任务难度，属于稳定、外在、不可控归因；④运气或媒体报道，属于不稳定、外在、不可控归因；⑤外部监管，属于稳定、外在、不可控归因。根据捐赠者的不同归因选择，本研究把样本分为五组。由表 4-16 多因素方差分析可见，各个归因组间差异显著，$F = 6.286$，$p < 0.001$。不稳定、外在、不可控归因组在修复效果上显著好于稳定、外在、不可控归因组，前者比后者高 0.421，$p < 0.05$。不稳定、外在、不可控归因组在修复效果上显著好于稳定、外在、不可控归因组，前者比后者高 0.452，$p < 0.05$。不稳定、内在、可控归因组在修复效果上显著好于稳定、外在、不可控归因组，前者比后者高 0.306，$p < 0.05$。稳定、外在、不可控归因组在修复效果上显著好于稳定、内在、不可控归因组，前者比后者高 0.530，$p < 0.05$。通过比较，我们可以得出结论：当捐赠者做出不稳定归因时，在修复效果上显著好于稳定归因的修复效果；外在归因的修复效果显著好于内在归因修复效果；可控归因的修复效果显著好于不可控归因。

表 4-16　不同责任归因在信任修复效果上的差异分析

归因类型	N	M±SD	—外部监管	—努力	—能力	—任务难度
运气或媒体报道	15	3.77±0.57	0.421*	0.116	0.499	−0.031
任务难度	58	3.80±0.56	0.452*	0.146	0.530*	
能力	14	3.26±0.91	−0.078	−0.383		
努力	215	3.65±0.72	0.306*			
外部监管	165	3.35±0.86				

（4）不同阶段捐赠者消极情绪变化

从表 4-17 可以看出，在愤怒情绪上，不同阶段之间捐赠者的愤怒情绪整体存在显著差异，$F = 131.144$，$p < 0.001$。多重比较显示，在梨视频曝光该事件后捐赠者即时的愤怒情绪为 4.58 ± 1.57，在阶段一，愤怒情绪为 3.11 ± 1.46，比修复前显著降低了 1.467（95% 置信区间：［1.307，1.626］），$p < 0.001$。阶段二实施信任修复工作后，愤怒情绪为 2.83 ± 1.55，比阶段一显著降低了 0.278（95% 置信区间：［0.175，0.382］），$p < 0.001$。阶段三实施信任修复工作后，愤怒情绪为 2.42 ± 1.53，比阶段二显著降低了 0.415（95% 置信区间：［0.297，0.534］），$p < 0.001$。阶段四实施信任修复工作后，愤怒情绪为 2.32 ± 1.62，比阶段三降低了 0.096（95% 置信区间：［-0.003，0.196］），$p > 0.05$，表明阶段四实施信任修复工作后，捐赠者愤怒情绪与阶段三差异不显著。

在厌恶情绪上，不同阶段之间捐赠者的厌恶情绪均存在显著差异，$F = 136.494$，$p < 0.001$。在梨视频曝光该事件后，捐赠者即时的厌恶情绪为 4.74 ± 1.64，在阶段一，厌恶情绪为 3.18 ± 1.52，比修复前显著降低了 1.559（95% 置信区间：［1.389，1.729］），$p < 0.001$。阶段二实施信任修复工作后，厌恶情绪为 2.92 ± 1.64，比阶段一显著降低了 0.261（95% 置信区间：［0.153，0.370］），$p < 0.001$。阶段三实施信任修复工作后，厌恶情绪为 2.47 ± 1.59，比阶段二显著降低了 0.445（95% 置信区间：［0.327，0.564］），$p < 0.001$。阶段四实施信任修复工作后，厌恶情绪为 2.35 ± 1.59，比阶段三显著降低了 0.120（95% 置信区间：［0.016，0.223］），$p < 0.05$。

表 4-17　不同阶段消极情绪在修复效果上重复测量方差分析

阶段	愤怒	F	p	多重比较结果
曝光后	4.58 ± 1.57			
阶段一	3.11 ± 1.46			曝光后>阶段一>阶段二>阶段三>阶段四
阶段二	2.83 ± 1.55	131.144	<0.001	阶段四与阶段三差异不显著，其他阶段间
阶段三	2.42 ± 1.53			差异显著
阶段四	2.32 ± 1.62			

阶段	厌恶	F	p	多重比较结果
曝光后	4.74±1.64			
阶段一	3.18±1.52			
阶段二	2.92±1.64	136.494	<0.001	曝光后>阶段一>阶段二>阶段三>阶段四 各个阶段之间差异显著
阶段三	2.47±1.59			
阶段四	2.35±1.59			
阶段	失望	F	p	多重比较结果
曝光后	5.20±1.64			
阶段一	3.45±1.63			
阶段二	3.05±1.66	154.548	<0.001	曝光后>阶段一>阶段二>阶段三>阶段四 各个阶段之间差异显著
阶段三	2.64±1.63			
阶段四	2.51±1.66			

注：阶段一为即时回应阶段、阶段二为判断原因与加强监管修复阶段、阶段三为内外双向深度修复阶段、阶段四为评估反馈阶段。阶段一中使用信息修复策略。阶段二和阶段三中均使用了复合修复策略，具体为信息修复策略、情感修复策略和功能修复策略，阶段四中使用了功能修复策略和信息修复策略，下同。

在失望情绪上，不同阶段之间捐赠者的失望情绪均存在显著差异，$F=154.548$，$p<0.001$。在梨视频曝光该事件后，捐赠者即时的失望情绪为 $5.20±1.64$。在阶段一，失望情绪为 $3.45±1.63$，比修复前显著降低了 1.747（95%置信区间：[1.565，1.929]），$p<0.001$。阶段二实施信任修复工作后，失望情绪为 $3.05±1.66$，比阶段一显著降低了 0.396（95%置信区间：[0.282，0.510]），$p<0.001$。阶段三实施信任修复工作后，失望情绪为 $2.64±1.63$，比阶段二显著降低了 0.409（95%置信区间：[0.288，0.530]），$p<0.001$。阶段四实施信任修复工作后，失望情绪为 $2.51±1.66$，比阶段三显著降低了 0.131（95%置信区间：[0.026，0.236]），$p<0.05$。

从图 4-21 可以看出，在信任违背事件发生后，捐赠者最难以修复的情感是失望，其次为厌恶，最后为愤怒。从信任修复四个阶段捐赠者消极情绪的比较来看，只有愤怒情绪在阶段四与阶段三差异不显著，即阶段四中愤怒情绪并不显著低于阶段三。愤怒情绪在其他阶段中，后一阶段均显著低于前一阶段。而失望和厌恶情绪在事件曝光后的四个阶段中均呈现出一致的趋势，即后一阶段显著低于前一阶段。

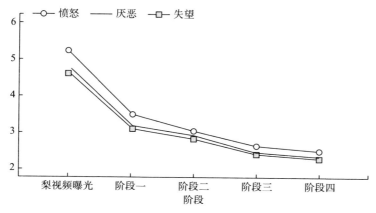

图 4-21 各阶段消极情感修复效果

从捐赠者的消极情绪修复效果总体变化趋势上来看，消极情绪呈现出降低先快后慢的趋势。阶段一实施即时修复后，捐赠者消极情绪下降最为明显，下降程度最大。表明阶段一的信任修复工作对降低捐赠者消极情绪具有重要作用。这主要是因为在信任违背事件被媒体曝光后，捐赠者的消极情绪常常比较高，此时捐赠者非常迫切地想获得事件真相和违背方信任修复进度。在即时修复阶段，水滴筹主要使用信息修复策略，由于违背方能在违背事件曝光当天就能即时做出信任修复，对于捐赠者可能存在的认知误区给予澄清，让捐赠者获得较为全面的事件信息。因此，在信任修复效果上，捐赠者消极情绪明显降低。

（5）不同阶段捐赠者网络慈善信任变化

由表 4-18 可见，捐赠者的信任度在不同阶段存在显著差异，$F =$ 192.034，$p < 0.001$。多重比较显示，在梨视频曝光该事件后，捐赠者对网络慈善平台的信任度为 2.34±0.44。阶段一实施即时修复后，信任度为 3.09±0.41，比修复前显著提高了 0.745（95% 置信区间：[0.663，0.827]），$p < 0.001$。阶段二实施信任修复工作后，信任度为 3.37±0.41，比阶段一显著提高了 0.283（95% 置信区间：[0.217，0.348]），$p < 0.001$。阶段三实施信任修复工作后，信任度为 3.67±0.42，比阶段二显著提高了 0.306（95% 置信区间：[0.243，0.369]），$p < 0.001$。阶段四实施信任修复工作后，信

任度为 3.76 ± 0.43，比阶段三显著提高了 0.084（95%置信区间：[0.022，0.145]），$p<0.01$。

表 4-18 不同阶段捐赠者的慈善信任程度与信任维度重复测量方差分析

阶段	信任度	F	p	多重比较结果
曝光后	2.34±0.44			
阶段一	3.09±0.41			
阶段二	3.37±0.41	192.034	<0.001	曝光后<阶段一<阶段二<阶段三<阶段四 各个阶段之间差异显著
阶段三	3.67±0.42			
阶段四	3.76±0.43			
阶段	正直信任	F	p	多重比较结果
曝光后	2.60±0.92			
阶段一	3.16±0.88			
阶段二	3.40±0.89	103.723	<0.001	曝光后<阶段一<阶段二<阶段三<阶段四 各个阶段之间差异显著
阶段三	3.60±0.94			
阶段四	3.71±0.98			
阶段	善心信任	F	p	多重比较结果
曝光后	2.52±1.05			
阶段一	3.09±0.97			
阶段二	3.32±0.99	102.408	<0.001	曝光后<阶段一<阶段二<阶段三<阶段四 各个阶段之间差异显著
阶段三	3.61±1.04			
阶段四	3.69±1.05			
阶段	能力信任	F	p	多重比较结果
曝光后	3.00±1.03			
阶段一	3.39±0.99			
阶段二	3.57±0.98	56.019	<0.001	曝光后<阶段一<阶段二<阶段三<阶段四 各个阶段之间差异显著
阶段三	3.76±1.01			
阶段四	3.86±1.02			

正直信任在不同阶段之间存在显著差异，$F=103.723$，$p<0.001$。多重比较显示，在梨视频曝光该事件后，捐赠者对网络慈善平台的正直信任为 2.60 ± 0.92。阶段一实施信任修复工作后，正直信任为 3.16 ± 0.88，比修复前显著提高了 0.555（95%置信区间：[0.471，0.639]），$p<0.001$。

阶段二实施信任修复工作后，正直信任为 3.40±0.89，比阶段一显著提高了 0.244（95%置信区间：[0.178，0.310]），$p < 0.001$。阶段三实施信任修复工作后，正直信任为 3.60±0.94，比阶段二显著提高了 0.193（95%置信区间：[0.125，0.260]），$p < 0.001$。阶段四实施信任修复工作后，正直信任为 3.71±0.98，比阶段三显著提高了 0.118（95%置信区间：[0.054，0.182]），$p < 0.001$。

善心信任在不同阶段存在显著差异，$F = 102.408$，$p < 0.001$。多重比较显示，在梨视频曝光该事件后，捐赠者对网络慈善平台的善心信任为 2.52±1.05。阶段一实施信任修复工作后，善心信任为 3.09±0.97，比修复前显著提高了 0.576（95%置信区间：[0.479，0.673]），$p < 0.001$。阶段二实施信任修复工作后，善心信任为 3.32±0.99，比阶段一显著提高了 0.225（95%置信区间：[0.148，0.301]），$p < 0.001$。阶段三实施信任修复工作后，善心信任为 3.61±1.04，比阶段二显著提高了 0.291（95%置信区间：[0.215，0.367]），$p < 0.001$。阶段四实施信任修复工作后，善心信任为 3.69±1.05，比阶段三显著提高了 0.079（95%置信区间：[0.009，0.149]），$p < 0.05$。

能力信任在不同阶段之间存在显著差异，$F = 56.019$，$p < 0.001$。多重比较显示，在梨视频曝光该事件后，捐赠者对网络慈善平台的能力信任为 3.00±1.03。阶段一实施信任修复工作后，能力信任为 3.39±0.99，比修复前显著提高了 0.385（95%置信区间：[0.288，0.483]），$p < 0.001$。阶段二实施信任修复工作后，能力信任为 3.57±0.98，比阶段一显著提高了 0.180（95%置信区间：[0.109，0.251]），$p < 0.001$。阶段三实施信任修复工作后，能力信任为 3.76±1.01，比阶段二显著提高了 0.193（95%置信区间：[0.116，0.270]），$p < 0.001$。阶段四实施信任修复工作后，能力信任为 3.86±1.02，比阶段三显著提高了 0.103（95%置信区间：[0.034，0.171]），$p < 0.01$。

由图 4-22 可以看出不同阶段捐赠者的信任度变化趋势。在整体信任度的变化上，捐赠者信任度在信任违背事件曝光后最低。随着信任修复工作的展开，捐赠者的信任度不断上升，后一阶段的信任度显著高于前一阶段。这一方面表明水滴筹的信任修复工作在每个阶段都取得了较好的效果，另一方面还可以看出信任度上升幅度变化呈现出先快后慢的趋势。阶段一即时修复阶段捐赠者的信任度上升最快，而阶段四捐赠者的信任度上升最慢。

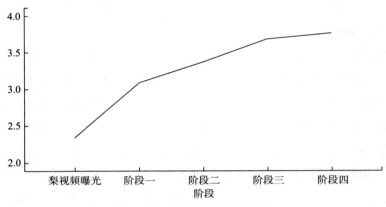

图 4-22　不同阶段信任度变化

在信任违背事件曝光后，捐赠者的信任度仅有 2.34±0.44，低于中间值 3。这主要是由于信任违背事件对捐赠者的信任损害较大。在扫楼事件中，水滴筹平台通过在不同阶段使用不同的信任修复策略，显著提升了捐赠者的信任度。到了阶段四，捐赠者的信任度上升至 3.76±0.43。尽管如此，我们还是要看到，信任一旦遭受破坏，通过信任修复来维持信任需要违背方做出大量的努力。尽管信任修复效果比一开始信任遭受损害时有显著提高，但与发生信任违背事件前相比，还存在很大差距。捐赠者对违背方的信任尚未达到比较信任的水平。因此，违背方还需要在今后的组织行为中不断维护捐赠者信任，通过更多的诚信行为激发捐赠者对平台的信心，逐渐提升其信任水平。

从图 4-23 可以看出，在具体的信任结构中，能力信任的得分在不同阶段中得分最高，其次为正直信任，最后为善心信任。即使在水滴筹扫楼事件被曝光后，捐赠者的能力信任仍处于 3.00±1.03，表明捐赠者对水滴筹能力信任度较高，也说明该事件对能力信任损害度较低。因此，在后面不同的修复阶段中，捐赠者的能力信任修复效果也最好。整体来说，水滴筹在信任违背事件发生后能取得较好的信任修复效果也得益于捐赠者对水滴筹的能力具有较高的信任。此外，信任违背事件对捐赠者的善心信任和正直信任损害较大，因此对这两个维度的信任修复难度也较大，修复效果相对也较差一些。

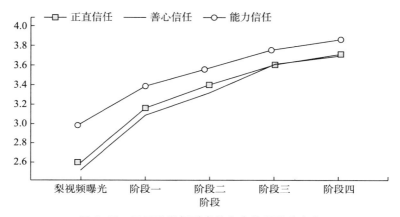

图 4-23　不同阶段捐赠者的各个信任维度变化

同时，我们还可以看出，尽管水滴筹在信任修复上取得了较好的效果，但从信任度的最终得分和各个维度信任的最终得分来看，捐赠者的信任恢复情况并不乐观，捐赠者对水滴筹的信任尚未达到比较信任的水平。这也进一步表明信任一旦受损，维护信任并恢复信任是较难的任务，需要违背方不仅在信任修复阶段做出积极的努力，实施有效修复策略，而且还需要违背方在信任修复阶段结束后，继续做出长期的信任维护努力，不断提升捐赠者的信任水平，并尽量避免在将来的行为中再次发生信任违背事件。

（6）不同阶段捐赠者网络慈善信任修复效果变化

由表 4-19 可以看出，捐赠者的信任修复效果感知在四个阶段整体存在显著差异，$F = 70.151$，$p < 0.001$。多重比较显示，阶段一实施信任修复工作后，捐赠者修复效果感知得分为 3.17 ± 0.98，阶段二实施信任修复工作后，信任修复效果感知为 3.43 ± 0.97，阶段二比阶段一显著提高了 0.263（95% 置信区间：[0.185，0.342]），$p < 0.001$。阶段三实施信任修复工作后，信任修复效果感知为 3.78 ± 0.99，比阶段二显著提高了 0.347（95% 置

信区间：[0.267，0.427]），$p<0.001$。阶段四实施信任修复工作后，信任修复效果感知为 3.83±0.92，比阶段三仅仅提高了 0.054（95%置信区间：[-0.020，0.127]），$p>0.05$，表明阶段四与阶段三在修复效果的评估上差异不显著。

捐赠者的宽恕意愿在四个阶段上均存在显著差异，$F=71.924$，$p<0.001$。多重比较显示，阶段一实施信任修复工作后，捐赠者宽恕意愿为 3.31±0.87，阶段二实施信任修复工作后捐赠者的宽恕意愿为 3.49±0.87，阶段二比阶段一显著提高了 0.180（95%置信区间：[0.111，0.249]），$p<0.001$。阶段三实施信任修复工作后，捐赠者的宽恕意愿为 3.80±0.89，比阶段二显著提高了 0.315（95%置信区间：[0.247，0.383]），$p<0.001$。阶段四实施信任修复工作后，捐赠者的宽恕意愿为 3.88±0.86，比阶段三显著提高了 0.077（95%置信区间：[0.011，0.143]），$p<0.05$。

捐赠者的信息知晓度在四个阶段上均存在显著差异，$F=59.942$，$p<0.001$。多重比较显示，阶段一实施信任修复工作后，捐赠者的信息知晓度为 3.27±0.92。阶段二实施信任修复工作后，捐赠者的信息知晓度为 3.52±0.89，阶段二比阶段一显著提高了 0.248（95%置信区间：[0.175，0.322]），$p<0.001$。阶段三实施信任修复工作后，捐赠者的信息知晓度为 3.69±0.94，比阶段二显著提高了 0.178（95%置信区间：[0.105，0.251]），$p<0.001$。阶段四实施信任修复工作后，捐赠者的信息知晓度为 3.77±0.95，比阶段三显著提高了 0.079（95%置信区间：[0.008，0.151]），$p<0.05$。

捐赠者的积极期待在四个阶段上均存在显著差异，$F=50.211$，$p<0.001$。多重比较显示，阶段一实施信任修复工作后，捐赠者的积极期待为 3.26±1.02，阶段二实施信任修复工作后捐赠者的积极期待为 3.45±0.99，阶段二比阶段一显著提高了 0.188（95%置信区间：[0.114，0.263]），$p<0.001$。阶段三实施信任修复工作后，捐赠者的积极期待为 3.73±1.01，比阶段二显著提高了 0.289（95%置信区间：[0.208，0.370]），$p<0.001$。阶段四实施信任修复工作后，捐赠者的积极期待为 3.81±0.98，比阶段三显著提高了 0.077（95%置信区间：[0.003，0.151]），$p<0.05$。

　　捐赠者的捐赠意愿在四个阶段均存在显著差异，$F = 57.053$，$p < 0.001$。多重比较显示，阶段一实施信任修复工作后，捐赠者的捐赠意愿为 3.17 ± 1.05。阶段二实施信任修复工作后，捐赠者的捐赠意愿为 3.43 ± 1.03，阶段二比阶段一显著提高了 0.255（95% 置信区间：[0.186, 0.323]），$p < 0.001$。阶段三实施信任修复工作后，捐赠者的捐赠意愿为 3.65 ± 1.02，比阶段二显著提高了 0.221（95% 置信区间：[0.152, 0.289]），$p < 0.001$。阶段四实施信任修复工作后，捐赠者的捐赠意愿为 3.72 ± 1.08，比阶段三显著提高了 0.075（95% 置信区间：[0.011, 0.139]），$p < 0.05$。

表 4-19　四个阶段捐赠者信任修复效果重复测量方差分析

阶段	修复效果感知	F	p	多重比较结果
阶段一	3.17 ± 0.98			
阶段二	3.43 ± 0.97	70.151	<0.001	阶段一<阶段二<阶段三<阶段四 阶段四与阶段三差异不显著，其他各个阶段之间差异显著
阶段三	3.78 ± 0.99			
阶段四	3.83 ± 0.92			
阶段	宽恕意愿	F	p	多重比较结果
阶段一	3.31 ± 0.87			
阶段二	3.49 ± 0.87	71.924	<0.001	阶段一<阶段二<阶段三<阶段四 各个阶段之间差异显著
阶段三	3.80 ± 0.89			
阶段四	3.88 ± 0.86			
阶段	信息知晓度	F	p	多重比较结果
阶段一	3.27 ± 0.92			
阶段二	3.52 ± 0.89	59.942	<0.001	阶段一<阶段二<阶段三<阶段四 各个阶段之间差异显著
阶段三	3.69 ± 0.94			
阶段四	3.77 ± 0.95			
阶段	积极期待	F	p	多重比较结果
阶段一	3.26 ± 1.02			
阶段二	3.45 ± 0.99	50.211	<0.001	阶段一<阶段二<阶段三<阶段四 各个阶段之间差异显著
阶段三	3.73 ± 1.01			
阶段四	3.81 ± 0.98			

续表

阶段	捐赠意愿	*F*	*p*	多重比较结果
阶段一	3.17±1.05			
阶段二	3.43±1.03	57.053	<0.001	阶段一<阶段二<阶段三<阶段四
阶段三	3.65±1.02			各个阶段之间差异显著
阶段四	3.72±1.08			

从表 4-19 和图 4-24 来看，在捐赠者修复效果感知上，除了阶段四与阶段三修复效果差异不显著外，在其他阶段，其后一阶段的修复效果均显著好于前一阶段。在宽恕意愿、信息知晓度、积极期待和捐赠意愿四个方面上，均呈现出后一阶段的修复效果显著好于前一阶段。阶段一实施信任修复工作后，捐赠者的这几方面得分最低。而随着修复阶段的展开，水滴筹不同的修复策略均呈现出随着阶段发展而修复效果提升的明显趋势。

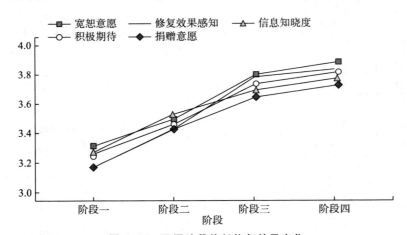

图 4-24　不同阶段信任修复效果变化

具体而言，在阶段二、阶段三违背方实施了修复策略后，捐赠者的宽恕意愿、修复效果感知和积极期待上升的幅度均较大。表明在阶段二和阶段三中水滴筹所采用的复合修复策略，即综合使用信息修复策略、情感修复策略和功能修复策略取得了较好的修复效果。而在阶段四中，水滴筹仅使用了信息修复和功能修复两种策略，其修复效果的上升幅度明显变小。这表明信任违背方为了取得较好的修复效果，需要尽可能使用复合修复策略。违背方需要在捐赠者认知、情感和组织功能上做出相应修复活动，才能取得较好的修复效果。

6. 研究结论

（1）不同归因对修复效果有显著影响。在修复效果上，不稳定归因显著好于稳定归因，外在归因显著好于内在归因，可控性归因显著好于不可控归因。

（2）违背方在阶段一即时回应阶段采用了信息修复策略。在阶段二判断原因与加强监管修复阶段，阶段三内外双向深度修复阶段均使用了复合修复策略，即集信息修复、情感修复和功能修复于一体的策略。在阶段四评估反馈阶段中使用了功能修复策略和信息修复策略。在不同修复阶段中，违背方采用适配性修复策略能显著降低捐赠者的愤怒、厌恶和失望的情绪。

（3）违背方在不同修复阶段采用的修复策略均显著地提升了捐赠者信任度，能力信任提升的幅度最大，善心信任和正直信任相对较小。因此，违背方在进行信任修复时，可以恢复最快的信任维度为基础，增强整体修复效果。

（4）总体上，违背方在信任修复阶段采用的不同修复策略均取得了较好的修复效果。具体表现为信任修复工作显著增强了捐赠者的宽恕意愿、提升了捐赠者对信任违背事件和组织的相关信息知晓度，消除了违背方与信任方之间的信息不平衡状态。捐赠者对违背方持有更多的积极期待，对违背方的捐赠意愿也显著提升。

综合以上结论，我们可以得出捐赠者网络慈善信任修复的动态机制模型 1（见图 4-25）。该模型是在研究 4-3-1 结论基础上，进一步丰富的结果。在该动态机制模型中，我们不仅呈现了信任修复阶段，同时结合研究 4-3-2 的研究结论，呈现出每个信任修复阶段所实施的信任修复策略带来的修复效果。该动态机制模型从整体上，既刻画了网络慈善平台在信任违背事件发生后，其信任修复行为随时间发展发生的变化规律，即违背方在不同修复阶段，实施适配的修复策略。同时，还刻画了作为信任方的捐赠者在不同信任修复阶段的认知、情感和信任结构的变化规律。具体而言，当信任违背事件曝光后，捐赠者对网络慈善平台的信任度会显著下降，消

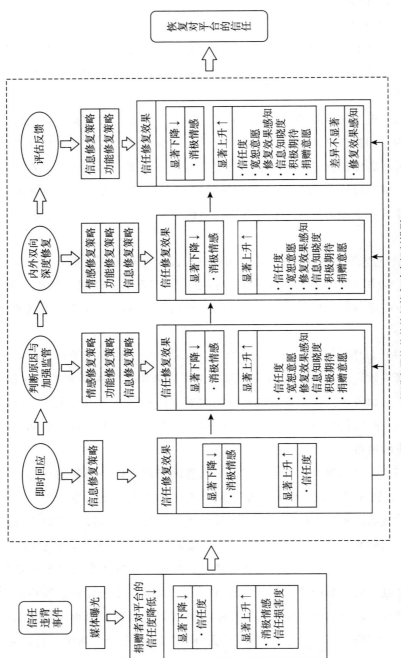

图 4 - 25 捐赠者网络慈善信任修复动态机制模型 1

极情感水平和信任损害度则会显著上升。违背方在即时回应阶段，使用了信息修复策略，显著降低了捐赠者的消极情感，提升了其对网络慈善平台的信任度。在判断原因与加强监管修复阶段和内外双向深度修复阶段，违背方使用了复合修复策略，综合使用了情感修复、功能修复和信息修复策略，取得了较好的修复效果。消极情感显著比上一阶段下降，而信任度、宽恕意愿、修复效果感知、信息知晓度、积极期待和捐赠意愿均比上一阶段显著上升。最后在评估反馈阶段，使用信息修复和功能修复策略，进一步降低了消极情感，提升了信任度、宽恕意愿、修复效果感知、信息知晓度、积极期待和捐赠意愿。总之，通过违背方四个阶段使用适配性的修复策略，捐赠者网络慈善信任得到了显著修复，取得了良好的修复效果。

为了进一步刻画违背方的信任修复机制，我们进一步把时间范围放宽，不局限于一个信任修复周期。由图 4-26 可以看出，违背方对捐赠者持续信任的维护是一个不断进行的过程。捐赠者对受信任方的信任是处于动态变化的过程中的。当违背事件发生并被媒体曝光后，捐赠者信任会降至最低点。随后违背方将进入一个信任修复的阶段。在每个信任修复过程中，均要经历即时回应阶段、判断原因与加强监管修复阶段、内外双向深度修复阶段、评估反馈阶段四个阶段。在信任修复过程中，违背方通过展示可信性机制和约束不可信机制来增强捐赠者的信任。因此，违背方在信任维护的过程中，其作用力是向上的，试图不断增强捐赠者的信任。而作为捐赠者，因为违背事件的发生导致其产生相应的消极情感如愤怒、厌恶或失望等，同时产生消极的认知，且会倾向于认为违背方在能力、正直和善心信任方面是不可信的。因此，在整个信任修复过程中，捐赠者的作用力是向下的，不断压低对违背方的信任。只有违背方在信任修复过程中，其信任修复的行为和努力抵消了捐赠者向下的力，降低捐赠者的消极情感和消极认知，那么信任修复才能取得较好的效果，捐赠者对违背方的信任度才能得到较好的提升。

四　对策与建议

（一）基于研究 4-3-1 结论的对策与建议

根据研究 4-3-1 所得的结论，本书认为信任违背行为发生后，违背方

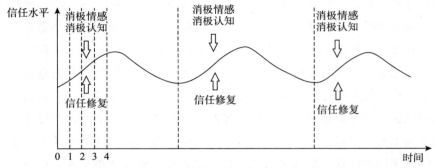

图 4-26　捐赠者网络慈善信任修复动态机制模型 2

注：0 表示违背事件媒体曝光，1 表示即时回应阶段，2 表示判断原因与加强监管修
复阶段，3 表示内外双向深度修复阶段，4 表示评估反馈阶段。

可以从以下五个方面来修复并维持捐赠者的信任，网络慈善平台应该建立有效的信任修复"时度效"机制。

（1）即时回应的前提是对网络舆情和捐赠者需求进行科学研判

捐赠者信任是网络慈善事业发展的基石。一旦网络慈善信任违背事件被曝光，违背方应遵循黄金四小时法则，在四小时之内完成厘清与分析事件真相，协调各部门，向公众披露相关信息等工作（黄小燕，2012）。2019 年 11 月 30 日 14：02 梨视频在其微博曝光了水滴筹扫楼事件，水滴筹在当天 14：23 就给出了即时回应，在半小时内给出回应，十分迅速，遵循了黄金四小时法则。但也正是由于在回应过程中缺少时间准备，水滴筹尚未对事件做出较好的清理与分析，在回应中仅仅采用信息修复策略，具体为解释、说明，对公众对线下服务团队的相关误解给予澄清。违背方尚未全面掌握公众评论的舆情诉求，缺乏对未来舆情走势的科学研判，这种单方面的解释说明无法修复捐赠者的不公平感、愤怒和难过等消极情感，无法满足捐赠者对违背方做出内部归因的需求。尽管在即时回应阶段水滴筹取得了初步的修复效果，但如果在一开始修复时，违背方就能够使用复合修复策略，如综合使用信息修复策略、情感修复策略和功能修复策略，就会取得更优的修复效果，也将有效降低违背事件引发危机的消极影响。由此看来，在即时回应阶段，违背方并非一定要即刻给予回应，回应的前提是违背方做出了较为充分的准备，即对网络舆情进行科学研判、对捐赠者的信任受损情况进行科学评价、对公众和捐赠者的需求给予合理评估。在此基础上，在黄金四小时内做出及时而充分的回应。采用多种修复策略，既在情感上进行修复，也在信息供给上修复双方的信息不平衡状态，同时还在功能上对组织内部管理缺陷进行修复，这样才能在第一时间收获最优的修复效果。

（2）判断原因与加强监管修复阶段的修复时机宜搁置在舆情走向高潮之前，采用多种策略修复信任

相关研究结果表明水滴筹在网络舆情最高点进行信任修复，尽管做出了较多的修复努力，但收效并不理想。与上一阶段相比，判断原因与加强监管修复阶段在捐赠者认知和情绪上的修复效果均无显著差异。这表明网络慈善信任修复的时机选择十分重要，需要避免在舆情最高点进行信任修复，网络舆情的交互会冲击信任修复的效果，导致信任修复难以达成理想的状态。已有研究发现社会民生事件的舆情响应周期一般较长，通常在事件曝光后的两天至三天内达到高潮（冯雯璐等，2022）。从水滴筹扫楼事件网络舆情发展来看，从2019年11月30日曝光，至2019年12月2日达到舆情的最高点，用时三天。因此，建议在网络舆情高潮来临之前就展开第二阶段的信任修复工作，告知公众和捐赠者事件原因，表明平台会对事件开展调查与问责。同时不仅是简单地查找原因，更要表明平台在信任违背事件发生后，在组织监管方面做出了哪些努力，进行了哪些管理方面的完善。

此外，在判断原因与加强监管修复阶段，应采用集情感修复策略、信息修复策略和功能修复策略于一体的复合修复策略。在即时回应阶段违背方会因为时间紧张常常采用单一策略，对捐赠者的信任修复不全面，难以抚平因违背事件给捐赠者带来的情感伤害，而且一次的修复也常常难以真正纠正捐赠者的认知偏差和认知不平衡。因此，第二阶段的信任修复工作显得尤为重要。这个阶段是对第一阶段修复效果的巩固，并对第一阶段忽略的部分给予弥补和提升。情感修复策略常常使用道歉、承诺、承认错误等方式，通过真诚的语言表达，让捐赠者感知到违背方的忏悔，有利于提升捐赠者宽恕水平，降低对违背方的不信任，提升对违背方的信任感知。

信息修复策略在这个阶段仍十分重要。尽管在即时回应阶段平台也会使用信息修复策略，但由于违背事件消极影响具有持续性，并非一次修复就可以消除。因此，需要在后续的各个阶段都不断地使用信息修复策略，通过违背方的解释、说明、沟通等策略的实施，让捐赠者更多地了解违背方，坦诚地沟通和勇于承担责任的态度会促使捐赠者掌握更多相关信息，秉持更中立的价值立场，形成相对客观的评判。这利于消除违背事件带来的消极影响，增强捐赠者对违背方的积极预期。此外，功能修复策略是指违背方把修复的重点放置在组织内部，通过加强监管、强化纪律、加强培训等具体策略来健全组织的功能，进而避免组织在未来再次发生违背行为。功能修复策略是更为根本性的修复策略，它能让捐赠者相信违背方是愿意从组织内部进行整顿与规范的，从根本上降低类似事件的发生概率。这对降低捐赠者的消极预期，提升积极预期具有重要作用。

（3）内外双向深度修复阶段需要多次使用各种修复策略，掌控修复强度，形成以积极认知为主的良好修复格局

内外双向深度修复阶段是违背方把信任修复引向纵深，从对内和对外两个维度全面而深入地开展信任修复工作。这个阶段的最大特点在于违背方需要在该阶段多次使用各种修复策略。如果说前两个阶段违背方既可以使用单一策略，也可以使用集多种策略于一体的复合策略，但在这个阶段使用多种修复策略的频率需要提高。多种策略的多次使用所传递的信号是违背方愿意为修复捐赠者的信任付出很多努力。

此外，在该阶段修复过程中，修复强度还体现在违背方深刻观照捐赠者的情感体验上。诚挚地道歉，坦诚表达因违背事件而引发的内疚与自责，深刻做内归因，寻找组织自身的问题，并在功能建设层面回应如何解决问题，这些均能激发捐赠者对信任修复积极情感的共鸣，引发捐赠者对违背方的积极关注。这样，会使得负面观点不断消散，积极认知和积极情绪占主导，形成以积极认知为主的良好修复格局。

（4）在科学评估修复效果基础之上开展评估反馈，通过不信任约束机制和信任展示机制增强捐赠者的积极预期

评估反馈是信任修复的尾声阶段，在该阶段违背方需要对前几个阶段

的信任修复行为与效果进行科学评估。在评估时，一方面，要评估捐赠者的消极情绪是否显著降低，积极情绪是否显著提升。如在不同阶段内，违背方的修复策略是否有效化解了捐赠者的愤怒、不公平感、难过、痛心等消极情绪，是否有效增强了捐赠者的乐观、支持、宽恕、理解等积极情绪。只有化解消极情绪、生成更多的积极情绪，违背方在情绪上的引导作用才能凸显，才能在情感上修复捐赠者的信任。另一方面，违背方还需要在认知层面评估捐赠者对违背事件信息掌握程度，避免因信息掌握不全而造成误解。再一方面，还要评估前几个阶段中，在组织功能修复上，信任修复是否改变了捐赠者对违背方能力的重新认知，是否促成捐赠者相信违背方在未来的行为中会做出守信行为。总之，在最后阶段的修复之前，违背方要在情感、认知和功能层面进行全面评估，评估前期修复工作的综合效果，针对前期修复效果的不足，做出最后的修复努力。

由于信任修复工作已接近尾声，为了进一步增强捐赠者对违背方的积极预期，这一阶段违背方需要进一步建立不信任约束机制和信任的展示机制。通过建立完备的不信任约束机制，如惩罚、补偿、加强监管等来消除捐赠者受伤害感，降低其不信任感。此外，通过再次使用道歉、承诺、承认错误等策略来进一步展示其忏悔、内疚、自责等心理状态，增强捐赠者的可信度感知。

（5）应建构高效的信任修复"时度效"机制

在当前我国网络慈善法律法规尚不健全、部分求助者诚信意识薄弱、慈善组织和网络慈善平台自身管理不到位的背景下，网络慈善平台有必要建构高效的信任修复"时度效"机制。一旦发生网络慈善信任违背事件，能第一时间启动相关机制，做出信任维护行为，修复受损的信任，引导网络舆情发展。

具体来说，信任修复"时度效"机制中的"时"是指信任修复时机的选择，要确保首次信任修复工作时效性，把握住关键修复时机。即时回应阶段是信任违背事件发生后，公众刚刚开始关注事件，网络舆情尚未达到顶峰的几个小时之内。这一阶段是进行首次信任修复工作的最佳时机。要注意的是信任修复并非越快越好，而应在违背方做出较为充分的准备的情况下，进行即时回应，才能取得最优的修复效果。其他较为关键的时机则是判断原因与加强监管修复阶段、内外双向深度修复阶段这两个阶段，因为这两个阶段常常是网络舆情反应最强烈的时期。为了避免与网络舆情声量最高点重叠带来的信任修复的负面效应，违背方应做好科学的舆情分析与研判。在网络舆情发展到最高点前，开展第二阶段的信任修复工作是较好的时机选择。内外双向深度修复阶段最好选择在网络舆情平稳下降的时期进行，因为这会为违背方进行深度修复营造一个较为宽松的舆论环境。在这种环境下，违背方的信任修复努力才能被捐赠者看见，才能更好地修复捐赠者与违背方之间关系，捐赠者对违背方未来行为的积极期待才有可能增强。

"度"指的是信任维护的准确性高、节奏适度，在情感、信息和功能多个层面上达成良好效果。首先，违背方应在不同信任修复阶段实时准确地公布事件处理进展，通过信息修复策略（如解释、说明、沟通等具体策略）及时向捐赠者传递最新、最准确的事件信息。其次，信任修复节奏适度，即在不同阶段进行信任修复时，侧重点有所不同。例如在即时回应阶段侧重信息修复，主要目的是消除捐赠者在对相关事件不了解的基础上所产生的误解。而内外双向深度修复阶段侧重在认知、情感和组织自身功能多个层面进行多次修复。让捐赠者感知到违背方在信任修复方面所做出的各种努力，争取捐赠者的宽恕和谅解，才有可能收获更佳的信任修复效果。在修复过程中既要避免用力过猛，也要避免轻描淡写式的修复。用力过猛反而会让公众和捐赠者认为违背方存在较大问题，而轻描淡写式的修复则会让公众和捐赠者认为违背方不愿承担责任。最后，违背方宜采用复合的修复策略。已有研究发现违背方为了获得更好的修复效果，提高信任方的信任度，常常需要使用多种修复策略（Gillespie & Dietz，2009）。这表明只有使用复合修复策略，才能对捐赠者的认知、情感层面，以及对组织的功能层面进行全方位的修复，才能取得最优的修复效果。

"效"指的是信任修复行为的有效性，即违背方能在不同修复阶段实施有效的修复策略，修复捐赠者受损的信任。通过约束机制控制捐赠者的不信任感，通过信任展示机制来提升捐赠者的信任水平。网络慈善平台一旦发生信任违背事件，捐赠者就会产生对网络慈善平台的怀疑与不信任，其对网络慈善平台的信任水平也会明显下降。要真正有效修复捐赠者信任，网络慈善平台需要在两个维度做出努力。一是需要通过不信任约束机制，开展组织的功能修复工作，如实施问责制度、提供培训服务、加强监管等具体策略。二是通过信任展示机制不断消除信任违背所带来的消极结果，让捐赠者对网络慈善平台将来的行为持有积极期待。这两种修复机制的内在心理机制是捐赠者在违背方进行信任修复工作过程中，感知到了平台的忏悔和防范（Dirks et al.，2011）。因此，网络慈善平台在信任修复过程中应注意情感修复和功能修复，尤其应在修复过程中让捐赠者明显感知到违背方的忏悔，让其因信任违背引发的愤怒、难过等消极情感得到释放和化解。同时也要让捐赠者明显感受到防范，促使捐赠者在认知层面对网络慈善平台将来的行为产生积极预期，进而增强其捐赠意愿和规范捐赠行为。

总之，网络慈善平台在发生信任违背事件后，应主动建构高效的信任修复"时度效"机制，在信任修复过程中注重适时、适度、高效。

（二）基于研究 4-3-2 结论的对策与建议

基于研究 4-3-2 的结论，我们从违背方进行信任修复的动态视角来提出信任维护的对策与建议。

（1）注重从情感层面修复捐赠者受损的信任，通过信任修复降低捐赠者消极情感

当信任违背事件发生并被媒体曝光后，捐赠者对网络慈善平台的消极情感骤然升高。已有研究发现，当人们由于外在事件影响而陷于消极情绪时，会自然生成对认知对象的负面评价（Dunn & Schweitzer，2005）。因此，违背方要修复信任，首先应先修复捐赠者的消极情绪。在不同类型的消极情绪中，愤怒情绪的降低难度最大。这主要是因为个体处于愤怒情绪时会比其他消极情绪给予的信任评价更低（黄晓治、曹鑫，2013）。Finu-cane 等（2000）提出的情感启发式模型认为当个体处于消极情绪状态时，其对风险感知更为敏感，会更倾向于依据情感体验来评价风险，并进一步做出行为决策判断。因此，如果把捐赠者信任看作一个行为决策的话，违

背方做出了信任违背行为就会增强捐赠者的风险感知。而由于信任违背行为常常激发捐赠者较强烈的消极情感体验，因此，这时捐赠者会倾向于做出不信任的判断。

违背方在进行信任修复时，应首先修复捐赠者的消极情感。这可以通过情感修复策略，即通过道歉、感恩、承诺、承认错误等具体的策略表达对违背事件的忏悔、对捐赠者的歉意，降低捐赠者的消极情绪。通过降低消极情感，可以有效控制捐赠者的不信任感，进而提升捐赠者对违背方的信任水平（杨柳，2015）。

（2）重视信任修复的首因效应，在即时回应阶段中应采用复合修复策略

本书实证调查结果表明，在四个信任修复阶段中，即时回应阶段的修复效果最为明显，说明信任修复具有首因效应。所谓首因效应是指我们对在时间序列上最初出现的信息所形成的印象会对后续的行为和认知评价产生影响（Noguchi et al.，2014）。已有研究发现在个体记忆、信息选择行为和应急决策等领域均存在首因效应（吴艳红、朱滢，1998；胡秀梅，2012；刘效广、杨乃定，2013）。本书发现在信任修复领域也存在首因效应。在信任违背事件被媒体曝光后，违背方在第一阶段（即时回应阶段）中的修复行为能为捐赠者提供大量的认知和情感信息。通过违背方的即时修复工作，捐赠者如果感受到对方的真诚、坦诚，并感知到违背方愿意为信任修复做出行为上的努力，那么违背方就会给捐赠者留下较好的第一印象。在后面几个阶段中，捐赠者会默认自己的第一印象是正确的。在本书中，违背方尽管只在即时回应阶段使用了一种修复策略，但由于该策略提供的信息量较大，较好地解决了捐赠者与违背方之间的信息不平衡问题。同时，违背方还在情感上表达了对捐赠者支持的感谢，因此，捐赠者感受到了真诚和坦诚，该阶段取得了一定的修复效果。

慈善组织、网络慈善平台在日常的信任维护过程中，应高度重视信任修复的首因效应。一旦发生了信任违背事件，应在即时回应阶段使用复合修复策略，如情感修复策略、信息修复策略和功能修复策略。在情感修复策略上，可以通过道歉、感恩等具体策略，表达对捐赠者的歉意和对捐赠

者长期支持的感谢。在信息修复策略上，可以通过解释、说明等具体策略，弥补捐赠者信息的不足，消除信息不足导致的认知误解。在功能修复策略上，可以通过停止伤害、整顿调查等具体策略，停止违背行为，开展事件调查，并及时反馈事件调查的进展。要避免为了即时回应而匆忙做出不完善的信任修复行为，错失信任修复黄金时机，丧失首因效应可能带来的积极结果。

（3）在信任修复过程中，注重不同信任维度特征，依托受损较小的信任维度增强捐赠者的网络慈善信任

在本书中，水滴筹能力信任受损较少，意味着即使发生了信任违背事件，捐赠者仍认为水滴筹是一个有能力的组织。捐赠者相信尽管发生了信任违背事件，但由于违背方是一个有能力的组织，因此，愿意相信它能够妥善处理并在未来的行为中不会再做出类似的行为。可以说，水滴筹之所以能取得较好的修复效果，依赖于捐赠者对其能力信任水平较高。

这给我们的启示是违背方在进行信任维护时，首先要调查和了解自身信任受损情况，然后开展有针对性的信任修复工作。通过调查详细了解不同信任维度受损情况，如何种信任受损最少，何种信任受损最严重，整体信任受损情况等。其次，违背方要依托捐赠者信任水平较高的信任维度，有针对性地增强捐赠者信任。例如，如果违背方能力信任水平较高，受损最少，那么，在信任修复过程中，可以多次反复强调自身的能力，表明自身有能力加强管理、重建秩序、维护信任。如果违背方正直信任水平较高，受损最少，在信任修复过程中，可以多次强调既往的诚信行为，表明组织具有诚信品质，那么，可以把问题归因于自身能力不足。已有研究表明当人们把问题归因于能力而非正直品质时，信任修复更容易取得良好的效果（Kim et al.，2004）。这主要是因为人们倾向于认为如果违背方缺乏正直品质导致信任违背，人们会对正直品质的消极信息赋予较高的权重。然而，如果能力不足导致的信任违背，人们倾向于认为这是一个异常的偶然事件，违背方在将来会用行动来证明自身能力。人们在加工关于能力的信息时，会对积极信息赋予更多权重。

（4）关注捐赠者宽恕意愿、信息知晓度的提升，通过信任修复工作增

强捐赠者对未来双方合作的积极期待，进而增强捐赠意愿。

信任修复工作要想取得良好的效果，需要信任维护方在认知上明确信任修复是一个系统工程。需要在认知、情感和组织功能上进行全方位的修复，增强捐赠者信任，将信任保持在较高的水平。

研究认为可以从时间轴上对捐赠者认知给予相应划分与修复。首先，对于过去已经发生的行为，违背方要注意增强捐赠者的宽恕意愿。宽恕并非要求捐赠者忘记，而是捐赠者通过释放消极情绪，用积极善意来替代消极情绪，进而面对信任违背事件（Thoreson et al.，2008）。因此，可以说获得信任修复效果的前提是捐赠者愿意宽恕。只有捐赠者愿意宽恕或宽恕意愿水平较高时，其信任风险感知才会降低，才会给违背方提供了修复信任的机会。其次，在当下捐赠者的认知状态上，违背方要关注捐赠者的信息与组织信息的不平衡状态以及捐赠者的修复效果感知。因此，一方面要实施信息修复策略，弥补捐赠者的信息不足，提高捐赠者的信息知晓度，实现捐赠者与组织之间的信息平衡，消除可能存在的认知误区。另一方面要实施多种修复策略，增强捐赠者的修复效果感知。如通过在不同修复阶段实施情感修复策略来降低捐赠者消极情感体验，降低捐赠者对信任修复下压的作用力，提升修复效果。最后，在对捐赠者未来意向和行为的修复上，需要修复捐赠者的积极期待和捐赠意愿。信任是指向未来的，只有捐赠者真正对违背方持有较高的积极期待，并在捐赠意愿上表现出较高的水平，才可以说信任修复取得了较好的效果。

关于情感修复前面已经给予了充分论述，此处不再赘述。此外，违背方还需要关注功能修复工作，可以说这是直接关系到捐赠者长久持续信任的关键。本书发现捐赠者在违背事件认知归因上倾向于管理不到位、努力程度不够。这表明，违背方需要实施功能修复策略，不断完善组织管理机制，加强组织制度建设，完善自身功能。

综上所述，在信任修复的各个阶段，网络慈善平台应该使用复合修复策略，在认知、情感和组织功能上进行修复，让每个修复阶段都可取得最佳效果。

第五章
多元共治视角下捐赠者网络慈善信任维护常态化机制

第一节 引言

由于信任的产生与发展是一个持续变化的过程，这就决定了信任维护是一个常态化的工作。受信任方为了维护信任双方长期稳定的关系，一方面要时刻监控信任发展变化的状态，一旦发现信任违背事件，能及时实施信任修复机制，开展信任修复工作。另一方面，即使没有信任违背事件发生，在日常工作中，也要时刻维持和保护信任朝着良性方向发展。在第四章中我们研究了信任修复理论视角下网络慈善信任维护动态机制，该研究是一种微观视角下的研究。该机制主要聚焦于信任违背事件发生后，违背方在不同信任修复阶段，实施不同的信任修复策略获得信任修复效果的动态机制。而本章我们则聚焦于信任维护的常态化机制，探究多元共治视角下多元主体对网络慈善信任的常态化维护机制。

目前，捐赠者网络慈善信任已经突破了传统熟人社会，借由互联网广泛的连接能力，走向了公共生活。由第二章捐赠者网络慈善信任结构质性研究我们可以看到，捐赠者的网络慈善信任对象不仅仅局限于熟人，还包括陌生人、慈善组织和网络慈善平台，表明网络慈善信任具有了公共性。这要求公民具有公共理性，在公共性互动交往中既要保持个体的自主性，也要遵守社会所认同的伦理规范（王青原，2005）。福山（2001）认为信任的建立至少有两个前提：一个是存在于社会共识基础之上且有实效的伦理规范，另一个是社会成员自觉服从这些伦理规范。帕特南（2000）认为信任作为社会资本的重要组成，"是一种'公共品'，即它不是从中获益的那些人的私有财产"。信任作为社会资本的重要组成，具有公共产品的性质，它同时具有"非排他性"和"非竞争性"。所谓非排他性是指产品在消费过程中不能把某些人排除在外，不能为某些人所专有。所谓非竞争性是指任何一个人对这种物品的消费都不会减少其他人对该物品的消费。"各种社会资本形式几乎都是通过增强行动者之间的信任而对集体行动的成功有所助益"（奥斯特罗姆、安，2011）。正是人们之间的相互信任，促成了社会多元主体的合作行为，为社会正常运行提供了各种可能。尽管信任在社会运行中如此重要，但信任却十分脆弱，是一种易碎品（金俐，2002）。在现代社会日益开放分化的背景下，管理信任成为一个极为困难的事情（谢新水，2012）。

此外，现代慈善已经从传统道德日益转变为公共生活，已经成为公共服务供给的重要补偿，因此，可以从国家治理体系视角来理解我国现代慈善事业（施从美、江亚洲，2019）。

在网络慈善领域内，捐赠者网络慈善信任也具有公共性。网络慈善信任是网络慈善发展的重要基石，但由于信任本身的易碎性、网络的虚拟性以及网络慈善信任主体的多元性，网络慈善信任的管理比线下慈善信任的管理更为复杂和困难。在网络慈善事业快速发展的背景下，如何有效维护网络慈善信任，如何让政府、网络慈善平台、慈善组织、求助者和捐赠者多元主体共同参与到网络慈善信任的维护与治理之中并形成多元共治的格局，已经成为社会管理和网络慈善研究必须要回答和解决的问题。

第二节　文献回顾与研究模型

一　多元共治理论

多元共治即多元主体共同治理，它实际上是多中心治理理论和网络化治理理论的实践模式之一。该模式不同于传统的自上而下的权威一元治理模式，它是为了解决社会问题而由多个相互独立且又相互依存的主体共同参与治理，是一种多主体合作治理的有效模式，即政府、市场、社会组织等共同参与到公共服务供给之中（戈德史密斯、埃格斯，2008）。

2014年我国《政府工作报告》中首次提出"推进社会治理创新，注重运用法治方式，实行多元主体共同治理"。党的十八届三中全会公报中指出"改进社会治理方式，激发社会组织活力"。党的十九大报告提出，要加强社会治理制度建设，完善党委领导、政府负责、社会协同、公众参与、法治保障的社会治理体制，提高社会治理社会化、法治化、智能化、专业化水平。多元主体共同治理是克服一元治理模式的弊端，适应政府、市场和社会三重体系日益完善的社会现实，解决日益复杂的社会问题如环境污染与资源约束的矛盾、相关利益主体结构调整等的必然选择。在慈善领域内，政府的角色由原来的主导角色转变为支持角色，明确了社会是慈善事业的主体（王名等，2014），因此，在网络慈善信任治理中，要充分发挥慈善组织的核心主体价值。

治理主体的多元性，即治理的主体有多个。不同的学者对多元共治主体提出了自己不同的理解，分别提出了社会治理九主体说、六主体说、五主体说、三主体说。九主体说认为社会治理的主体主要有九个：政府、社区组织、基金会、社会组织、社团、宗教组织、企业、媒体和个人（段继业，2015）。六主体说认为社会治理主体包括六个：党委和政府组织、经济组织、社会组织、群团组织、自治组织和公民个体（何植民、毛胜根，2022）。五主体说认为多元共治主体包括五个：中央政府、地方政府、企业和各种市场主体、社会组织、公民和公民各种形式的自治组织（王名等，2014）。三主体说则认为社会治理主体主要有三个：政府、企业和社会（文宏、林仁镇，2022）。综合已有学者的观点，我们认为九主体说、六主体说和五主体说对治理主体划分过细，而三主体说的划分又有些粗糙，社会治理主体应包括政府、企业和各种市场主体、社会组织和公民。这种划分既比传统的政府、企业和社会的划分要细致，概括相对全面，同时对主体的划分又不会过于琐碎。在网络慈善信任维护中，多元治理的主体主要有政府、慈善组织、网络慈善平台、求助者和捐赠者。

多元共治的系统是一个开放的复杂系统。首先，多元共治主体具有自身的独立性和自治性，这是实现多元共治的前提基础。其次，各个主体之间秉持开放、平等、协商、合作等共同理念，在社会治理中发挥各自的优势和功能。在网络慈善信任的维护中，政府、网络慈善平台、慈善组织、求助者和捐赠者应在以法律为基础的前提下，充分发挥各自的作用。在维护网络慈善信任的问题上，能在共治系统中自由表达、平等对话、协商合作，最终实现维护网络慈善信任和公共利益，实现共治的目标。

多元共治的核心机制主要有五个：对话、竞争、妥协、合作和集体行动（王名等，2014）。多元共治主体通过平等对话、公平竞争、协商妥协、合作共赢和积极行动开展治理。在网络慈善信任维护过程中，政府、网络慈善平台、慈善组织、求助者和捐赠者通过以上机制不断持续互动，最终达到维护网络慈善信任的共同目的，提升社会信任水平，实现公共利益。下面我们将分别阐述不同主体对网络慈善信任的维护，进而在此基础上建构多元共治视角下相关主体的信任维护常态化机制理论模型。

二 政府对网络慈善信任的维护

网络慈善信任的维护首先需要政府担当好"元治理"和"掌舵者"的角色，制定和完善网络慈善法律法规。我国已经制定了《慈善法》《公开募捐平台服务管理办法》《慈善组织公开募捐管理办法》等慈善法律法规，这些法律法规为网络慈善事业的发展提供了法律基础，起到了一定的规范和引领作用。但存在的问题是网络慈善法律法规并不健全，缺乏对个人发起的网络慈善众筹、微公益等进行监管的法律法规（鲁篱、程瀚，2020；杨逢银等，2020），缺乏对网络慈善发展培育措施、法律责任等方面的规范（左明霞，2018）。因此，在网络慈善失范现象，网络慈善捐赠欺诈、隐瞒等信任违背行为时有发生的现实情况下，有必要完善网络慈善法律法规，如完善网络慈善平台管理办法、筹资管理办法、信息公开办法、求助者管理办法等，真正保障捐赠者和社会公众合法权益。政府只有制定和完善网络慈善的专项法律，让网络慈善发展有法可依、执法必严、违法必究，才能为网络慈善信任的维护提供法律保障，为网络慈善事业健康发展提供良好的环境（卢素丽，2018）。

政府还应加强对网络慈善的监管，明确监管主体、监管标准、监管责任与目标。已有研究表明政府对互联网募捐的规制能有效降低慈善欺诈的发生（Liazos，2000）。政府可以通过建立全国性的网络慈善信息平台、建立健全个人和企业的征信系统、健全税收优惠法律法规等来加强监管（Morgan，2008；Braustein & Burger，2007）。政府要改变网络慈善监管的观念和方法，改进监管方式和手段。如完善慈善组织财务监督和审计监督（徐莺，2013）、健全慈善项目的审核机制、完善网络慈善信息真实性的抽查机制、加强网络慈善信息公开制度建设等。政府作为网络慈善信任维护的重要主体，还扮演着调控者的角色。政府应调动慈善行业协会、第三方评估机构、捐赠者、社会公众、媒体等多方力量共同维护网络慈善信任（杨逢银等，2020）。政府应建立健全网络慈善资源共享信息系统，调控并促进慈善资源在慈善组织之间的流动与共享（王嫣，2012）。当媒体曝光严重损害慈善公信力的网络慈善事件后，政府能启动问责机制，对相关事件主体实施问责。同时，为了维护公众对慈善事业的整体信任，政府能从整体上制定促进网络慈善事业健康发展的规划，明确参与网络慈善的主体责任与权利，协调各方的权益，维护公共利益，让慈善事业真正能在第三次分配中发挥重要作用。

综上所述，政府对网络慈善信任的维护可以从完善立法、加强监管和加强调控三个方面来进行。在对网络慈善信任进行维护的过程中，政府应选择使用引导型管理模式，由传统一元治理的控制型模式转换为引导型模式（徐莺，2013）。在引导的过程中，发挥网络慈善多元治理主体的作用，激发各个主体共同参与到网络慈善信任维护之中。

基于以上分析，本章提出假设 H1：政府网络慈善信任维护努力能显著正向影响捐赠者网络慈善信任。其中，政府通过完善网络慈善法律规范能正向促进捐赠者网络慈善信任（假设 H1a），对网络慈善加强监管能有效增强捐赠者网络慈善信任（假设 H1b），通过对网络慈善的调控可以有效增强捐赠者网络慈善信任（假设 H1c）。

三 网络慈善平台对网络慈善信任的维护

网络慈善平台作为开展网络慈善的重要载体和媒介，其运作情况是影响捐赠者网络慈善信任的重要因素。然而，当前网络慈善平台存在的募捐人信息缺损、善款使用和流向不清晰、平台存在牟利行为、求助信息真假难辨等问题严重损害捐赠者的网络慈善信任（周长城，2019；冯春、黄静文，2019）。作为网络慈善重要的参与主体，网络慈善平台在维护网络慈善信任中应加强自身能力建设，可以从透明度、声誉与信用机制、管理能力、安全机制等方面加强对网络慈善信任的维护。

首先，网络慈善平台应加强透明度建设，这是维护网络慈善信任的核心路径。只有把慈善装在透明的口袋里，让捐赠者和社会公众可以明确履行其监督职责，才能很好地维护和增强捐赠者的网络慈善信任。《中国社会组织报告（2021）》指出在新冠疫情初期，有的慈善组织信息透明度低，募捐及物资分发行为不规范，导致慈善组织公信力下降，影响了网络慈善事业的发展（黄晓勇主编，2021）。此外，当前网络慈善善款使用还存在不公开透明的问题，主要表现为使用明细不公开、余款处理不当等（冯春、黄静文，2019）。网络慈善平台的透明度建设实质上就是要解决网络慈善信任双方的信息不对称、不平衡的问题。在网络慈善平台运行过程中，信息是关于慈善需求、慈善供给等方面的资料，是影响和引导慈善资源分配的所有资料的总和（杨方方，2017）。透明度建设需要网络慈善平台完善求助者信息的审核机制、网络慈善平台信息披露机制、反馈互动机制等。随着区块链等数字技术的成熟与发展，网络慈善平台可以使用区块链技术建立数字流动跟踪机制、善款流向跟踪机制、账簿实时更新机制等（王丽荣，2020；李琪等，2017）。透明度的提升能最大限度地降低网络慈善信任双方之间的信息不对称、不平衡，使得捐赠者明确慈善信息的真实性和可靠性、掌握善款流向和使用明细、知晓慈善项目进展等，进而有效增强捐赠者网络慈善信任。

其次，网络慈善平台需要不断加强声誉和信用机制建设，通过提升组织声誉和信用水平来维护网络慈善信任。声誉主要是通过印象分数、名声、标签等机制促使人们产生间接互惠行为（刘国芳、辛自强，2011）。捐赠者通过慈善平台的声誉可以获得某一慈善平台的名声或标签，能快速做出"好平台"或"坏平台"的判断，进而做出是否信任的决策。已有研究发现平台可以通过声誉机制提高陌生个体的信任水平、降低合作阻力、提高合作的成功概率（李晓东等，2020）。正如郑也夫（2015）指出的"信用（声誉）并不能直接等同于信任及进行使用，只有通过不断建立好的声望、树立信得过的声誉，陌生个体才有可能对你产生信任进而引发合作的可能，如果要长久维持这种信任，面对任何人都需要保持角色的设定"。这表明网络慈善平台要维护长久的捐赠者信任需要不断维护自身的声誉和信用。因此，应通过建立健全黑名单制度、行业自律机制等不断提高网络慈善平台的声誉和信用。

接着，网络慈善平台需要不断提升管理能力，以此来维护捐赠者对其能力的信任。能力信任是网络慈善信任的重要维度之一。网络慈善平台需要在日常管理之中不断提升管理能力，如加强组织制度建设，在制度建设方面对组织成员的失信行为给予严惩，对守信成员给予奖励。另外，在日常管理中，注重培育组织成员的诚信意识与品质，增强员工遵纪守法、诚实守信的观念，让成员明确意识到诚信是网络慈善运行之本，欺骗或不诚信行为会严重危及平台生命、损害捐赠者利益、降低慈善信任水平。另外，网络慈善平台还需提升危机管理能力，一旦发现信任违背行为，应立即中止相关人员行为或相关项目，启动危机管理机制，开展信任修复工作，最大限度地降低信任违背行为对捐赠者信任的损害。以水滴筹扫楼事件为例，正是由于水滴筹平时疏于对线下团队成员的管理才造成这一事件的发生。该事件发生后，水滴筹立即停止了线下服务，对事件开展调查，并对线下员工开展培训，增强其诚信意识和服务能力。水滴筹平台通过不断增强组织管理能力，提升捐赠者对其的信任水平。

最后，网络慈善平台需要通过不断加强平台安全机制建设来维护网络慈善信任。网络慈善平台拥有海量的网络慈善信息，如何确保慈善信息的可靠性和安全性已经成为制约网络慈善信任的关键因素。如果求助信息真假难分，捐赠者的辨别难度增大，就会降低捐赠者对求助信息的信任水平，也会抑制捐赠热情（胡晓梅、胡帆，2017）。由于网络平台安全机制尚不健全，我国网络慈善犯罪呈现迅速增加的趋势（刘圃君，2018）。为防止网络慈善信息被不法分子获取而损害慈善相关主体的人身财产和安全，加强网络慈善平台的安全机制建设显得尤为重要。网络慈善平台安全机制建设可以从信息安全和财产安全两个方面来进行。在信息安全方面，可以通过数字加密、安全防火墙设置、信息验证等功能来确保网络慈善信息保密、可靠和完整（韦丽等，2015），保障捐赠者的个人信息不被泄露。在财产安全方面，网络慈善捐赠涉及善款支付与管理，网络慈善平台需要采用先进技术手段确保捐赠资金的安全和善款使用安全（宋衍涛、崔希悦，2020）。

基于以上分析，本章提出假设H2：网络慈善平台的网络慈善信任维护努力能显著正向影响捐赠者网络慈善信任。其中，网络慈善平台透明度建设正向影响捐赠者网络慈善信任（假设H2a），加强声誉与信用机制建设会增强捐赠者网络慈善信任（假设H2b），提升管理能力能有效增强捐赠者网络慈善信任（假设H2c），加强安全机制建设能显著增强捐赠者网络慈善信任（假设H2d）。

四　慈善组织对网络慈善信任的维护

作为连接求助者、捐赠者和网络慈善平台的中介组织，慈善组织在网络慈善活动中具有举足轻重的地位。慈善组织只有自觉维护网络慈善信任，维护组织的公信力，才能获得捐赠者持续捐赠，才能更有效地发挥慈善的社会功能。慈善组织可以通过透明度建设、加强组织管理、声誉信用机制建设和危机事件后的信任修复工作四个方面来进行网络慈善信任维护。

第一，慈善组织维护网络慈善信任的关键在于提升透明度。慈善组织透明度决定人们的信任程度，是慈善信任建立之本（石国亮、廖鸿，2015）。提升慈善组织透明度最有效的方法是建立信息公开制度。可以从确定信息公开的重点、搭建信息公开的网络平台、建立健全信息公开第三方监督机制、推进信息公开的制度化和法治化建设等方面来健全信息公开制度（孙发锋，2012）。此外，慈善组织还要适应网络慈善的特点，不断加强与捐赠者的沟通与反馈，用贴合互联网的沟通方式和语言让捐赠者感知到自己被尊重、被重视，保证捐赠者对网络慈善的持续信任。另外，慈善组织需要及时向公众公布善款流向和使用明细，回应公众关注的善款使用和分配问题。

第二，慈善组织可以通过加强内部管理扩大组织影响力来维护捐赠者的网络慈善信任。慈善组织要有意识地适应网络慈善快速发展趋势，增强组织部门管理能力、制度建设能力、人才管理能力、网络信息管理能力、组织财务管理能力等。随着网络慈善的快速发展，慈善组织内部机构设置也应随之发生变化，应在完善传统部门的基础上增设网络信息部、网络筹募部等部门（胡晓梅、胡帆，2017），并加强对这些部门的管理。在制度建设方面，要建设组织从业人员失信行为的惩戒制度和守信行为的奖励制度。在人才管理方面注重对线上和线下人员的培训和管理，建立合理的绩效考核制度。在网络信息管理和组织财务管理方面，慈善组织要充分发挥数字技术的赋能作用，如使用区块链技术建设慈善捐赠信息防篡改机制、慈善捐赠追溯机制、组织财务管理机制等（任超然，2021）。

第三，慈善组织通过提升组织声誉和信用水平来维护捐赠者网络慈善信任。慈善组织的声誉和信用对捐赠者初始信任的生成和持续均具有重要的参考价值。声誉之所以值得信任，主要在于它是由整个市场参与主体相互影响、共同作用形塑而成的，难以被直接控制和捏造（Argenti & Druckenmiller，2004）。捐赠者可以根据慈善组织声誉优劣做出是否捐赠的行为选择，这直接对慈善组织的长久发展产生实质影响（王方，2018）。因此，慈善组织在开展网络慈善活动时应爱护组织声誉，自觉维护组织良好声誉形象。慈善组织可以参与行业的信用评价，通过多元化的信用评级来推进组织的信用建设，加强对组织成员失信行为的约束，进而增强捐赠者的信任。

第四，当出现慈善信任危机事件时，慈善组织应实施有效的信任修复策略，降低危机事件对捐赠信任的损害。首先，在即时回应阶段，即慈善危机事件刚刚爆发时期，慈善组织应提高回应沟通能力（杨伟伟、谢菊，

2021）。慈善组织应能有效组织危机公关，通过综合使用多种修复策略，如情感修复策略、功能修复策略和信息修复策略来即时修复捐赠者的消极情感和受损的信任。由于第一次修复常常会给捐赠者带来首因效应，因此慈善组织应特别重视即时回应阶段的修复工作。其次，在判断原因与加强监管修复阶段、内外双向深度修复阶段，慈善组织要有效多次使用复合修复策略，尤其要注重行为修复，如补偿、仪式型行为等（李建良等，2019）。在评估反馈阶段，慈善组织应评估前几个阶段信任修复的效果，及时向信任方公布评估的结果，并告知组织进一步的干预措施（Gillespie & Dietz，2009）。在最后修复阶段，慈善组织要表达自身拥有解决问题的能力来赢得捐赠者的信任，还要向捐赠者表达重建信任的渴望以此来赢得捐赠者对慈善组织行为的积极预期。

基于以上分析，本书提出假设 H3：慈善组织的网络慈善维护努力能显著正向影响捐赠者网络慈善信任。其中，慈善组织的透明度建设会正向影响捐赠者网络慈善信任（假设 H3a），组织加强管理可以正向维护捐赠者网络慈善信任（假设 H2b），组织的声誉与信用建设可以显著增强捐赠者网络慈善信任（假设 H3c），组织的信任修复活动可以正向影响捐赠者网络慈善信任（假设 H3d）。

五 求助者对网络慈善信任的维护

在当前的网络慈善平台中涉及很多疾病救助类的个人求助众筹平台，尽管这些平台的存在为个人及其家庭解决了困难，但也面临诸多困境。困境之一是网络个人求助公共性保障困境，即尽管个人求助者本身不具有公益性，但由于捐赠者是社会公众，这又使得其具有很强的公共性（李德健等，2021）。由于我国《慈善法》对个人网络求助行为并未有所规制，相关的法律法规的不完善使得有些个人求助者的违规行为如个人或家庭资产信息不实、病例作假、挪用善款等时有发生。困境之二是大病救助类网络慈善平台上的求助者及其家庭资产信息和疾病真实性信息披露不足（张卫、张硕，2021）。这反映出网络慈善平台对求助者的信息审核工作存在漏洞，当前平台并没有资格去审核求助者的个人或家庭资产（陈秀萍、黄婉秋，2020）。困境之三是求助者与网络慈善平台之间存在严重的信息不对称、不平衡的关系（鲁篱、程瀚，2020）。求助者相对于网络慈善平台，掌握较多的疾病真实信息，处于信息优势地位，有些求助者出于自身利益考虑故意隐瞒家庭资产或有意夸大疾病严重性，而平台作为信息劣势方又没有严格审核相关信息，导致个人求助负面事件时有发生。在当下个人求助面临诸多困境的情境下，捐赠者的网络慈善信任难以保障，为维护网络慈善信任，除了要加强国家法律法规建设、加强网络慈善平台监管，还应注重求助者在维护网络慈善信任过程中的主体地位与价值。

首先，求助者应增强自身的诚信意识、道德意识、法律意识，加强自律。求助者作为网络慈善的重要参与主体，常常是慈善活动的发起者，在其获得社会慈善捐赠权利的同时也负有维护网络慈善信任的义务和责任，如有确保提供的信息真实性和完整性的义务和责任、有不故意隐瞒的义务等。

其次，加强针对个体求助者的法律法规建设和征信体系建设，在他律层面约束求助者的行为。当前我国《慈善法》并未对个人网络求助行为进行规制，应进一步完善网络慈善法律法规，对个人求助者的求助行为及其信息真实性均要给予法律规定。通过法律规制来引导求助者做出诚信行为，如果求助者做出违反法律规定的诈捐、骗捐、故意隐瞒真实信息等行为，要承担相应的法律责任。此外，应进一步加强社会征信体系建设，把网络慈善领域中的信用问题纳入征信体系中，引导社会成员了解在网络慈善中失信给自身带来的消极后果，降低失信行为的发生概率。

基于以上分析，本章提出假设 H4：求助者的网络慈善信任维护努力能显著正向影响捐赠者网络慈善信任。其中，求助者的道德自律可以增强捐赠者网络慈善信任（假设 H4a），加强对个人求助者的他律可以促进捐赠者网络慈善信任（假设 H4b）。

六　捐赠者的信任倾向对网络慈善信任的影响

捐赠者作为信任方，其信任倾向人格特质对网络慈善信任具有重要影响。信任倾向是个体表现出对他人普遍性信任和期待的一般倾向或程度

（Mayer et al.，1995）。信任倾向是一种稳定的人格特质，信任倾向不同的个体在发展信任方面可能存在很大差异（Colquitt et al.，2007）。已有研究发现，个体的信任倾向对其信任行为有显著影响（郭零兵等，2013）。这主要是因为信任倾向作为一个过滤器，直接影响个体对他人的评价与认知（Govier，1994）。高信任倾向的个体更容易从善意的角度感知他人行为，更易认为他人是可信的（林家宝等，2009）。因此，有学者提出信任倾向会影响个体的信任判断（Mayer et al.，1995）。

在当前的信任维护研究中，人们多关注受信任方对信任维护及其效果的影响，很少有人关注信任方自身的人格特质如信任倾向对信任维护及其效果的影响。捐赠者信任倾向反映的是捐赠者对受信任方信任的程度。具有高信任倾向的个体更信任网络慈善平台、慈善组织和求助者。已有研究发现，在信任维护过程中，信任方的信任倾向显著影响修复效果（熊焰、钱婷婷，2012）。信任倾向作为信任方的背景因素是影响网络信任的重要变量（Wang & Benbasat，2007）。政府、网络慈善平台、慈善组织和求助者对网络慈善信任的维护都需要经由捐赠者信任倾向这个过滤器才会对网络慈善信任产生影响，因此，可以说捐赠者信任倾向是政府、网络慈善平台、慈善组织、求助者网络慈善信任维护与网络慈善信任之间的中介变量。

基于以上分析，本章提出假设 H5：捐赠者的信任倾向会正向影响捐赠者网络慈善信任，即信任倾向性越高，捐赠者的网络信任水平越高。其中，政府的网络慈善信任维护努力、网络慈善平台的网络慈善信任维护努力、慈善组织的网络慈善信任维护努力、求助者的网络慈善信任维护努力均是通过捐赠者信任倾向的中介而对网络慈善信任产生正向影响的（假设 H5a、假设 H5b、假设 H5c、假设 H5d）。

七 多元共治理论视角下信任维护常态化机制理论模型建构

基于多元共治理论和以上相关文献回顾，我们建构了多元共治理论视角下的信任维护常态化机制理论模型（见图 5-1）。

在这个模型中，信任维护的多元主体包括政府、网络慈善平台、慈善

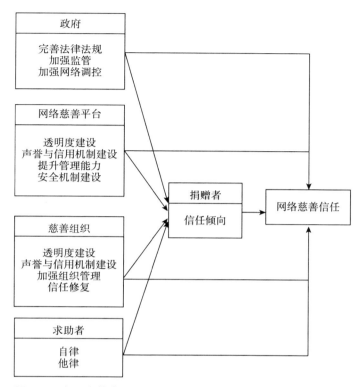

图 5-1　多元主体参与的网络慈善信任维护常态化机制理论模型

组织、求助者和捐赠者。不同主体发挥自身的优势和功能，在共治系统中采用信任维护策略，最终达成由宏观、中观至微观层面的网络慈善信任维护目标，最终维护社会公共利益。在宏观层面，政府主要在完善法律法规、加强监管和加强网络调控方面对网络慈善信任给予维护。在中观层面，网络慈善平台和慈善组织在透明度建设、声誉与信用机制建设、加强组织管理等方面对网络慈善信任进行维护。在微观方面，求助者主要从自律和他律两个方面对网络慈善信任进行维护。而捐赠者作为信任方，其信任倾向作为稳定的人格特质对信任维护的效果有显著影响。此外，政府、网络慈善平台、慈善组织和求助者对网络慈善信任的维护均是通过捐赠者信任倾向的中介效应而发挥作用的。

第三节　研究设计与实证研究

一　研究目的

基于多元共治理论，本章探究网络慈善信任维护与治理的多元主体在信任维护中所承担的职责，多元主体所实施的信任维护策略对捐赠者网络慈善信任的影响，进而从宏观、中观、微观层面建构多元主体的网络慈善信任维护机制，并提出网络慈善信任建设多元共治的对策与建议，为我国网络慈善信任建设提供有价值的参考。

二　研究方法

本章主要使用了文献法和问卷调查法。首先，本章使用文献法梳理了多元共治的相关理论以及多元主体对信任维护的相关研究文献，在整理已有研究基础上，提出了相应的研究假设，为后续实证研究打下基础。其次，本章使用了问卷调查法在上海、广州、重庆、南昌和郑州五个城市对504名捐赠者进行了调查。该问卷主要包括正式问卷和基本情况两个部分，正式问卷由六个分问卷组成，分别为信任倾向问卷、政府网络慈善信任维护问卷、慈善组织网络慈善信任维护问卷、网络慈善平台网络慈善信任维护问卷、求助者网络慈善信任维护问卷、捐赠者网络慈善信任问卷。

三　变量测量

（一）自变量

（1）信任倾向

本章对信任倾向的测量参考了秦安兰和王连生等的研究（秦安兰，2018a；王连生、王茂福，2021），使用4个题目进行测量。例如"我通常会信任他人""我觉得人性是可以信赖的，对人性有信心"等。正式问卷的信度检验表明，该问卷 Cronbach's α 系数是 0.796，说明内部一致性较好。

（2）政府的网络慈善信任维护

本章对政府网络慈善信任维护的测量借鉴了冯蛟等（2015）的研究，并基于本章情境进行了相应的修改，形成了 9 个题目。主要包括三个维度：完善法律法规、加强监管、加强网络调控。每个维度各自包括 3 个题目。正式问卷的信度检验表明，该问卷 Cronbach's α 系数是 0.819，说明该问卷信度良好，内部一致性较好。

（3）网络慈善平台的网络慈善信任维护

本章对网络慈善平台网络慈善信任维护的测量借鉴了冯春和黄静文（2019）的研究、李晓东等（2020）的研究、宋衍涛和崔希悦（2020）的研究。网络慈善平台网络慈善信任维护包括四个维度：透明度建设、声誉与信用机制建设、提升管理能力、安全机制建设，共有 11 个题目。正式问卷的信度检验表明，该问卷 Cronbach's α 系数是 0.797，说明内部一致性较好。

（4）慈善组织的网络慈善信任维护

本章对慈善组织网络慈善信任维护的测量借鉴了石国亮和廖鸿（2015）的研究、任超然（2021）的研究、李建良等（2019）的研究，有 12 个题目。慈善组织网络慈善信任维护主要包括四个维度：透明度建设、声誉与信用机制建设、加强组织管理、信任修复。该问卷的信度检验表明，其 Cronbach's α 系数是 0.763，说明内部一致性较好。

（5）求助者的网络慈善信任维护

本章对求助者网络慈善信任维护测量从自律和他律两个维度进行，包括 6 个题目。正式问卷的信度检验表明，该问卷 Cronbach's α 系数是 0.778，说明内部一致性较好。

（二）因变量

本章中因变量为捐赠者网络慈善信任，该变量使用第三章第一节中捐赠者网络慈善信任问卷进行测量，包括 3 个维度，共 12 个题目。3 个维度分别为能力信任、正直信任和善心信任。正式问卷的信度检验表明，该问卷 Cronbach's α 系数是 0.887，说明该问卷信度良好。

以上所有变量均采用 5 点李克特量表来计分，每个题目分别有五个选项：非常不同意、不太同意、一般、比较同意、非常同意，分别计分为1分、2分、3分、4分、5分。

四　预测问卷数据收集

（一）预测样本情况

本书预测样本的分布情况如表5-1所示，可见性别、受教育水平和年龄等分布较为合理。

表5-1　预测样本总体分布情况

单位：人，%

性别	频数	占比
男	124	54.87
女	102	45.13
总体	226	100.00
宗教信仰	频数	占比
有	36	15.93
无	190	84.07
总体	226	100.00
受教育水平	频数	占比
高中及以下	12	5.31
大专	28	12.39
本科	154	68.14
研究生	32	14.16
总体	226	100.00
年龄	频数	占比
13~18岁	12	5.31
19~29岁	85	37.61
30~39岁	77	34.07
40岁及以上	52	23.01
总体	226	100.00
家庭月收入	频数	占比
10000元及以下	49	21.68
10001~15000元	47	20.80

续表

家庭月收入	频数	占比
15001~20000 元	36	15.93
20001~25000 元	29	12.83
25001~30000 元	34	15.04
30001~40000 元	18	7.96
40001 元及以上	13	5.75
总体	226	100.00

婚姻状况	频数	占比
已婚	154	68.14
未婚	72	31.86
总体	226	100.00

（二）问卷题目分析

（1）临界比值分析

由表 5-2 临界比率分析的结果可以看出，预测问卷中所有题目的高分组与低分组的平均值差值均达到了极其显著的水平（$p < 0.001$），而且 t 值均大于 3，表明量表中各个题目具有良好的鉴别力和区分度，应全部保留。

表 5-2　预测量表临界比率分析

题目	t	p	平均值差值（CR）
TI1	13.615	<0.001	1.584
TI2	14.944	<0.001	1.827
TI3	11.933	<0.001	1.648
TI4	16.565	<0.001	2.008
GPL1	11.308	<0.001	1.149
GPL2	14.401	<0.001	1.612
GPL3	12.878	<0.001	1.346
GSS1	11.861	<0.001	1.607
GSS2	9.400	<0.001	1.262
GSS3	14.900	<0.001	1.836
GSR1	12.602	<0.001	1.639

题目	t	p	平均值差值（CR）
GSR2	10.505	<0.001	1.393
GSR3	10.822	<0.001	1.426
OBT1	9.382	<0.001	1.016
OBT2	9.823	<0.001	1.328
OBT3	11.421	<0.001	1.311
OSM1	9.512	<0.001	1.197
OSM2	8.687	<0.001	1.016
OSM3	11.234	<0.001	1.459
ORCMC1	10.515	<0.001	1.082
ORCMC2	9.578	<0.001	1.361
ORCMC3	12.603	<0.001	1.492
OSTR1	11.427	<0.001	1.525
OSTR2	7.853	<0.001	1.082
OSTR3	11.182	<0.001	1.377
PBT1	11.949	<0.001	1.393
PBT2	14.160	<0.001	1.754
PBT3	11.774	<0.001	1.475
PRCMC1	11.357	<0.001	1.557
PRCMC2	12.214	<0.001	1.639
PRCMC3	11.732	<0.001	1.738
PSM1	11.384	<0.001	1.475
PSM2	9.253	<0.001	1.148
PSM3	11.333	<0.001	1.426
PSSM1	16.004	<0.001	1.525
PSSM2	12.749	<0.001	1.410
MSD1	11.060	<0.001	1.098
MSD2	9.815	<0.001	1.115
MSD3	11.237	<0.001	1.213
HM1	9.818	<0.001	1.148
HM2	9.908	<0.001	1.393
HM3	10.099	<0.001	1.262

续表

题目	t	p	平均值差值（CR）
IT1	13.101	<0.001	1.623
IT2	15.407	<0.001	1.738
IT3	15.354	<0.001	2.000
IT4	14.169	<0.001	1.852
AT1	14.253	<0.001	1.640
AT2	14.263	<0.001	1.541
AT3	10.341	<0.001	1.313
AT4	12.654	<0.001	1.426
BT1	15.877	<0.001	1.912
BT2	13.909	<0.001	1.736
BT3	11.217	<0.001	1.588
BT4	11.438	<0.001	1.514

注：TI 表示信任倾向，GPL 表示政府完善法律法规，GSS 表示政府加强监管，GSR 表示政府加强网络调控。OBT 表示慈善组织透明度建设，OSM 表示慈善组织加强组织管理，ORCMC 表示慈善组织声誉与信用机制建设，OSTR 表示慈善组织信任修复，PBT 表示网络慈善平台透明度建设，PRCMC 表示网络慈善平台声誉与信用机制建设，PSM 表示网络慈善平台提升管理能力，PSSM 表示网络慈善平台安全机制建设，MSD 表示求助者自律，HM 表示求助者他律。IT 表示正直信任，AT 表示能力信任，BT 表示善心信任。下同。

（2）题总相关分析

从表 5-3 题总相关分析结果可以看出，每个变量中的各个题目与其量表总分的皮尔森积差相关系数均大于 0.4，表明各个量表的内部一致性较好，具有良好的同质性，问卷质量较高，因此，对所有题目给予保留。

表 5-3　题总相关分析

题目	相关系数
TI1	0.806 **
TI2	0.795 **
TI3	0.728 **
TI4	0.823 **
GPL1	0.661 **
GPL2	0.712 **

题目	相关系数
GPL3	0.673 **
GSS1	0.683 **
GSS2	0.619 **
GSS3	0.741 **
GSR1	0.665 **
GSR2	0.547 **
GSR3	0.549 **
OBT1	0.409 **
OBT2	0.599 **
OBT3	0.538 **
OSM1	0.565 **
OSM2	0.489 **
OSM3	0.559 **
ORCMC1	0.569 **
ORCMC2	0.575 **
ORCMC3	0.548 **
OSTR1	0.559 **
OSTR2	0.511 **
OSTR3	0.616 **
PBT1	0.684 **
PBT2	0.669 **
PBT3	0.534 **
PRCMC1	0.552 **
PRCMC2	0.648 **
PRCMC3	0.645 **
PSM1	0.596 **
PSM2	0.540 **
PSM3	0.598 **
PSSM1	0.586 **
PSSM2	0.512 **
MSD1	0.644 **

续表

题目	相关系数
MSD2	0.602 **
MSD3	0.520 **
HM1	0.547 **
HM2	0.631 **
HM3	0.711 **
IT1	0.682 **
IT2	0.768 **
IT3	0.711 **
IT4	0.756 **
AT1	0.653 **
AT2	0.573 **
AT3	0.649 **
AT4	0.644 **
BT1	0.678 **
BT2	0.753 **
BT3	0.669 **
BT4	0.681 **

（3）信度分析

从表5-4信度分析结果可以看出，各问卷的信度均在0.700以上，说明预测问卷的信度良好，可以保留所有题目。

表5-4　预测问卷信度分析

问卷	Cronbach's α
TI	0.786
GTM	0.794
OTM	0.786
PTM	0.819
HTM	0.759
OPT	0.897

注：GTM表示政府网络慈善信任维护，OTM表示慈善组织网络慈善信任维护，PTM表示网络慈善平台网络慈善信任维护，HTM表示求助者网络慈善信任维护，OPT表示捐赠者的网络慈善信任。

五　正式问卷施测

本次调研在上海、广州、重庆、南昌和石家庄五个城市根据年龄不同分层抽样。共发放问卷564份，由于正式调查样本为有网络慈善捐赠经验者，因此在回收的问卷中删除无网络慈善捐赠经历的样本60份，共回收有效问卷504份，回收有效率为89.36%。样本总体情况如表5-5所示，其中男性252人，占比50.00%。女性252人，占比50.00%。有宗教信仰的有77人，占比15.28%。无宗教信仰的有427人，占比84.72%。受教育水平为高中及以下的人数为34人，占比6.75%。大专有57人，占比11.31%。本科有362人，占比71.83%。研究生有51人，占比10.12%。13~18岁的37人，占比7.34%。19~29岁的226人，占比44.84%。30~39岁的144人，占比28.57%，40岁及以上的97人，占比19.25%。家庭月收入中10000元及以下有130人，占比25.79%。10001~15000元有109人，占比21.63%。15001~20000元有94人，占比18.65%。20001~25000元有61人，占比12.10%。25001~30000元有54人，占比10.71%。30001~40000元有32人，占比6.35%。40001元及以上的24人，占比4.76%。已婚有319人，占比63.29%，未婚有185人，占比36.71%。

表5-5　正式测量问卷样本总体分布情况

单位：人，%

性别	频数	占比
男	252	50.00
女	252	50.00
总体	504	100.00
宗教信仰	频数	占比
有	77	15.28
无	427	84.72
总体	504	100.00
受教育水平	频数	占比
高中及以下	34	6.75
大专	57	11.31

续表

本科	362	71.83
研究生	51	10.12
总体	504	100.00
年龄	频数	占比
13~18 岁	37	7.34
19~29 岁	226	44.84
30~39 岁	144	28.57
40 岁及以上	97	19.25
总体	504	100.00
家庭月收入	频数	占比
10000 元及以下	130	25.79
10001~15000 元	109	21.63
15001~20000 元	94	18.65
20001~25000 元	61	12.10
25001~30000 元	54	10.71
30001~40000 元	32	6.35
40001 元及以上	24	4.76
总体	504	100.00
婚姻状况	频数	占比
已婚	319	63.29
未婚	185	36.71
总体	504	100.00

第四节　研究结果与讨论

一　数据分析方法

本书采用 SPSS 25.0 统计软件对样本数据进行问卷的信度与效度分析和检验假设，具体的数据分析方法是多元线性回归分析方法。

二　共同方法偏差检验

本书采用 Harman 单因子检验方法来进行共同方法偏差检验。结果显示在未旋转的因子分析结果中，第一个因子的方差解释率为 25.358%。一般认为第一个因子的方差解释率小于 40% 就表示问卷不存在共同方法偏差干扰。本书共同方法偏差检验结果表明问卷不存在共同方法偏差干扰，所收集的数据有效。

三 信度和效度分析

正式问卷的信度分析采用 Cronbach's α 系数检验各个分量表的内部一致性。从表 5-6 信度分析结果可以看出，各问卷的信度均在 0.700 以上，说明正式问卷的内部一致性较好。

表 5-6 正式测量问卷的信度分析

问卷	Cronbach's α
TI	0.796
GTM	0.819
PTM	0.797
OTM	0.763
HTM	0.778
OPT	0.887

四 检验假设

本章使用 SPSS 25.0 进行多元线性回归分析并同时进行假设检验。

由表 5-7 回归分析结果可以看出，在不考虑性别、年龄、受教育水平等人口学变量的情况下，政府完善法律法规、加强监管和加强网络调控显著正向影响捐赠者的网络慈善信任，即政府在以上方面做得越好，越能增强捐赠者网络慈善信任。研究假设 H1a、H1b 和 H1c 得到了验证。

其次，网络慈善平台透明度建设、声誉与信用机制建设均显著正向影响捐赠者的网络慈善信任，即网络慈善平台在以上方面做得越好，越能增强捐赠者网络慈善信任。提升管理能力对捐赠者的网络慈善信任也有显著影响。而安全机制建设对捐赠者的网络慈善信任的影响并不显著。研究假设 H2a、H2b 和 H2c 得到了验证，而研究假设 H2d 没有得到支持。

此外，慈善组织加强组织管理、声誉与信用机制建设、信任修复活动显著正向影响捐赠者网络慈善信任，即慈善组织在以上三方面建设水平越高，越能增进捐赠者网络慈善信任。而慈善组织透明度建设对捐赠者网络慈善信任的影响不显著。研究假设 H3b、H3c 和 H3d 得到了验证，而研究假设 H3a 没有得到支持。

表 5-7 还表明求助者的自律和他律均显著正向影响捐赠者网络慈善信任，即求助者的自律和他律机制越完善，越能提升捐赠者网络慈善信任水平。研究假设 H4a 和 H4b 得到了验证。

表 5-7　多元主体信任维护对捐赠者网络慈善信任的影响

变量	网络慈善信任			
	模型 1	模型 2	模型 3	模型 4
政府完善法律法规	0.308***	—	—	—
政府加强监管	0.315***	—	—	—
政府加强网络调控	0.124***	—	—	—
网络慈善平台透明度建设	—	0.193***	—	—
网络慈善平台声誉与信用机制建设	—	0.265***	—	—
网络慈善平台提升管理能力	—	0.190***	—	—
网络慈善平台安全机制建设	—	0.063	—	—
慈善组织透明度建设	—	—	0.022	—
慈善组织加强组织管理	—	—	0.157***	—
慈善组织声誉与信用机制建设	—	—	0.304***	—
慈善组织信任修复活动	—	—	0.152**	—
求助者自律	—	—	—	0.128**
求助者他律	—	—	—	0.305***
R^2	0.412	0.317	0.262	0.144
调整 R^2	0.408	0.311	0.256	0.141
F 值	116.784***	57.820***	44.176***	42.240***

由表 5-8 回归分析结果可以看出，把政府、网络慈善平台、慈善组织、求助者的网络慈善信任维护努力同时带入回归模型（见模型 1），政府、网络慈善平台、慈善组织和求助者对网络慈善信任维护均能显著正向影响捐赠者网络慈善信任，即政府、网络慈善平台、慈善组织、求助者对

网络慈善信任维护得越好，越能有效增强捐赠者的网络慈善信任。研究假设 H1、H2 、H3 和 H4 得到了验证。

表 5-8　多元主体信任维护对捐赠者网络慈善信任的影响：信任倾向的中介效应

变量	网络慈善信任	信任倾向	
	模型 1	模型 2	模型 3
政府网络慈善信任维护努力	0.451 ***	0.342 ***	0.379 ***
网络慈善平台网络慈善信任维护努力	0.266 ***	0.277 ***	0.135 **
慈善组织网络慈善信任维护努力	0.145 ***	0.106 **	0.134 **
求助者网络慈善信任维护努力	0.093*	0.073	0.071
信任倾向	—	0.286 ***	—
R^2	0.470	0.530	0.271
调整 R^2	0.466	0.525	0.265
F 值	110.788 ***	112.378 ***	46.263 ***
F 值	110.788 ***	112.378 ***	46.263 ***

　　模型 2 表明，把信任倾向带入模型后，求助者网络慈善信任维护对网络慈善信任的影响变为不显著，其他变量对网络慈善信任的影响仍十分显著。这表明研究假设 H5 基本得到了验证。模型 3 表明政府、网络慈善平台、慈善组织的网络慈善信任维护对捐赠者的信任倾向影响十分显著，而求助者的网络慈善信任维护对捐赠者信任倾向影响不显著。由此，可以得出，捐赠者信任倾向在政府、网络慈善平台、慈善组织的网络慈善信任维护与捐赠者网络慈善信任之间起到部分中介作用，而在求助者网络慈善信任维护与捐赠者网络慈善信任之间起到全部中介作用。

　　为进一步检验中介效应，本书采用自主重复抽样法 Bootstrap。采用自主重复抽样 1000 次对数据进行分析，结果显示信任倾向在政府网络慈善信任维护与捐赠者网络慈善信任之间的中介效应是显著的，95% 的置信区间为 [0.128，0.249]，不包括 0。研究假设 H5a 得到验证。信任倾向在网络慈善平台的网络慈善信任维护与捐赠者网络慈善信任之间的中介效应是显著的，95% 的置信区间为 [0.146，0.262]，不包括 0。研究假设 H5b 得到验证。信任倾向在慈善组织网络慈善信任维护与捐赠者网络慈善信任之间的中介效应是显著的，95% 的置信区间为 ［0.167，0.300］，不包括 0。研究假设 H5c 得到验证。信任倾向在求助者网络慈善信任维护与捐赠者网络慈善信任之间的中介效应是显著的，95% 的置信区间为 ［0.127，0.250］，不包括 0。研究假设 H5d 得到验证。

第五节　研究结论与对策建议

一　研究结论

本书在本章得出以下研究结论。

（1）政府网络慈善信任维护能显著增强捐赠者网络慈善信任。具体表现为政府可以通过完善法律法规、加强监管、加强网络调控来增强捐赠者网络慈善信任。

（2）网络慈善平台的网络慈善信任维护能显著增强捐赠者网络慈善信任。网络慈善平台可以通过加强透明度建设、加强声誉与信用机制建设、提升管理能力来增强捐赠者网络慈善信任。

（3）慈善组织的网络慈善信任维护可以有效增强捐赠者网络慈善信任。慈善组织可以通过加强组织管理、声誉与信用机制建设、实施信任修复活动来增强捐赠者网络慈善信任。

（4）求助者的网络慈善信任维护能显著增强捐赠者的网络慈善信任。求助者的自律和他律均能显著增强捐赠者的网络慈善信任。

（5）捐赠者的信任倾向显著正向影响捐赠者网络慈善信任。政府、网络慈善平台、慈善组织、求助者的网络慈善信任维护均是通过捐赠者信任倾向的中介效应才对捐赠者网络慈善信任产生影响的。

二　对策与建议

在研究结论和已有研究综述基础上，基于多元共治理论视角，笔者提出以下对策与建议。

（一）建构多元共治的网络慈善信任维护常态化机制

第四章中我们基于信任修复理论研究了当发生网络慈善信任违背事件

后，慈善组织、网络慈善平台如何修复受损的信任。这种信任修复是网络慈善信任维护的一个重要组成部分。这种微观视角的研究对于我们把握信任维护的动态机制具有重要的价值，但是，对于多元治理主体而言，网络慈善信任维护是一个常态化的工作，如果仅仅在出现信任违背事件或信任危机事件后才展开信任修复，会窄化信任维护的内容，也会消耗更多的维护成本，维护的长期效果难以保障。因此，有必要从维护信任常态化视角来审视和建构信任维护的整体机制。在宏观上，捐赠者网络慈善信任维护是一个系统工程，需要政府、网络慈善平台、慈善组织、求助者和捐赠者多方努力，共同建构相对稳定的信任维护机制。不同主体在信任维护机制的建构中处于不同位置、发挥不同功能。基于本书得出的研究结论，我们建构了网络慈善信任维护常态化机制：政府引导、网络慈善平台和慈善组织自治、求助者自律、捐赠者参治的机制（见图 5-2）。

在这个机制中，多元共治主体主要有以下五个：政府、网络慈善平台、慈善组织、求助者和捐赠者。这五个主体在网络慈善信任维护的常态化系统中具有自身的独立性和自治性。同时，各个主体之间应秉持平等、合作和协商等理念，在维护网络慈善信任中发挥着各自的优势和作用。政府在该系统中，主要发挥主导作用。政府具有全局统筹的优势，能站在全国网络慈善事业发展的高度，完善我国网络慈善政策、制度和法律，并在网络慈善整体监管和调控方面发挥主导性作用。网络慈善平台和慈善组织作为网络慈善重要的参与主体，其应该发挥自治的功能，在透明度建设、声誉与信用机制建设、加强组织管理和信任修复等多方面主动承担相应的责任，完成相应的任务。求助者常常是网络慈善的受益方，其应该发挥自身的自律机制，在发布网络慈善信息时严格自审，同时也要明确如果做出信任违背行为，会受到法律等他律机制的惩罚。另外，捐赠者也是网络慈善的重要参与主体之一，作为信任方，捐赠者的信任倾向是影响网络慈善信任的主要因素，也是其他主体实施信任维护行为的中介因素。因此，捐赠者也应有意识地参与到网络慈善信任维护之中，通过各种媒介，如微博、微信、电视、广播等，开展社会监督来营造网络慈善良好的发展环境。总之，在网络慈善信任的维护过程中，政府、网络慈善平台、慈善组

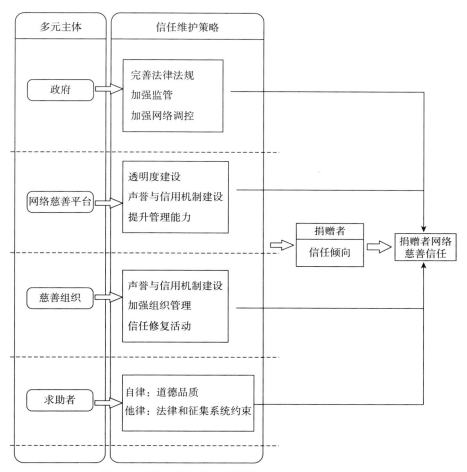

图 5-2　多元共治的网络慈善信任维护常态化机制

织、求助者和捐赠者应在以法律为基础的前提下，发挥各自的力量，形成合力，实现网络慈善信任不断增强的共治目标。最终促进我国网络慈善事业健康发展，促进其在第三次分配中不断发挥更大的作用。

（二）从主体行为治理、内容治理和结构治理等多层面进行信任维护

网络慈善信任维护实际上是多元共治主体对网络慈善信任的治理，不同主体应注重在行为、内容和结构等多个层面进行信任治理。由于参与网络慈善的主体具有多元性，网络慈善行为也具有复杂性，各个主体在网络

慈善活动中既会出现诚信行为，也会出现信任违背行为。

在行为治理层面，各个主体应着重治理网络慈善信任违背行为。在法律法规和政策、道德自律、组织行业自律等多方面来约束人们的行为，建构完善的惩戒系统，使网络慈善信任违背行为得到惩罚，以期减少慈善主体的信任违背行为。

在内容治理层面，需要自觉加强对网络慈善信息中的不实信息、违法信息等内容的治理。同时，还需要对诚实守信的主体进行宣传和鼓励，通过网络的传播来营造利于网络慈善信任发展与增强的良好生态空间。在内容治理过程中，要充分利用社会公众"市场驱逐式"的惩罚机制。已有研究表明，在治理资源不足的情况下，只要那些不实信息能较快形成集体知识，上升为集体意识，那么社会公众就会通过"退出购买"的制裁方式来惩罚违背行为主体（陈兆誉、余军，2018）。这种"市场驱逐式"惩罚足以告诫网络慈善参与主体放弃信任违背意向，进而产生防患于未然的良好效果。

在结构治理层面，应观照网络慈善信任结构中的能力信任、正直信任和善心信任的维护与治理。基于前文研究，捐赠者对网络慈善平台的能力信任水平较高，信任违背事件发生后能力信任受损也较低，不容忽视的是正直信任和善心信任。尤其对网络慈善平台和慈善组织而言，捐赠者倾向于认为它们天然应具有善的价值与理念，一旦它们被曝光违背了善心信任或正直信任，修复的成本会比较高，修复效果难以长期保持。作为受信任方，政府、网络慈善平台、慈善组织和求助者有必要加强自身的能力建设、诚信建设和道德建设，以从整体上提升捐赠者网络慈善信任水平。

（三）信任维护策略需多元化、科技化

多元共治主体在维护网络慈善信任时应采用符合自身特点的、多元化的维护策略，本书实证研究结果表明政府应在宏观层面完善网络慈善法律法规，尤其应加强对失信行为的惩戒与法律制裁。同时，政府还应加强对网络慈善的监督管理，如完善网络慈善项目抽检机制、网络慈善信息公开制度等；通过不断改进政府的监管方式与手段，如利用新媒体加大监管力度，不断发挥对网络慈善信任维护的主导功能。已有研究表明，当前我国

政府网络监管框架基本形成，但存在层级和区域的不平衡（袁同成、沈宫阁，2014），因此还需要加强监管方面的建设。此外，政府还需要加强整体调控，从整体上制定促进网络慈善行业健康发展的规划，把网络慈善平台、慈善组织和个人求助者的失信行为纳入信用评价体系，引导相关主体做出诚信行为。在出现严重的网络失信事件后，政府能有效实施主体问责，对相关主体进行行政处罚。

网络慈善平台和慈善组织可以采用透明度建设、声誉与信用机制建设、加强组织管理和信任修复等多策略来维护网络慈善信任。首先，网络慈善平台与慈善组织可以通过透明度建设来增强捐赠者网络慈善信任。由于网络慈善通常是由慈善组织开展的，因此，慈善组织的透明度建设与网络慈善平台的透明度建设基本上融为一体。这就可以解释为什么在本书中慈善组织透明度建设对捐赠者网络慈善信任影响不显著。主要是因为很多捐赠者认为网络慈善相比于传统线下慈善的一大优势就在于其具有较高的透明度。通过网络慈善平台透明度建设就可以达成慈善组织的透明度建设。在开展网上慈善项目时，慈善组织需要按照网络慈善平台的信息公开要求公开相关信息，如项目信息、进展情况、执行情况、筹款情况等。网络慈善平台的这些要求促进了慈善组织透明度建设。当前我国网络慈善透明度建设还存在很多问题，如缺乏信息披露的统一标准，披露信息不及时和规范性较低，财务信息公开的质量不高等（袁同成、沈宫阁，2014）。这些问题的存在直接影响捐赠者网络慈善信任，因此，网络慈善平台和慈善组织需要进一步加强透明度建设来不断维护网络慈善信任。此外，网络慈善平台和慈善组织还可以运用声誉与信用机制建设、加强组织管理和信任修复等策略来维护网络慈善信任。对内可以通过不断加强管理来增强自身能力，通过声誉与信用机制建设来维护捐赠者的持续信任。当信任违背事件发生后，能有效实施信任修复工作来修复捐赠者受损的信任，使网络慈善信任水平得到恢复。

网络慈善平台和慈善组织除了运用以上传统的信任维护策略外，还应采用各种先进的网络科技手段来维护信任。如运用大数据和区块链技术，通过基于区块链的数字证书 ID 数据流动跟踪机制和双向评价的反馈控制优化策略，让网络慈善捐赠流程更为透明，提高慈善组织的公信力（王丽荣，2020；林卡、李波，2021）。因此，网络慈善平台和慈善组织应积极运用大数据和区块链为慈善赋能，充分发挥区块链技术的防篡改、信息公开、高安全性、可信度、自发治理、可编程化等特点（陈东利、张剑文，2022；方俊、喻帅，2021），增强捐赠者的网络慈善信任，提高我国网络慈善公信力。同时，还可以运用人工智能技术实现慈善项目的精准推送与匹配，提高网络慈善活动运行效率，进而增强捐赠者对网络慈善的能力信任。

第六章
总结论与对策建议

第一节　总结论

本书基于 8 个实证研究分别探讨了捐赠者网络慈善信任结构、捐赠者网络慈善信任建立机制和捐赠者网络慈善信任维护动态机制。基于以上研究，本书得出以下主要结论。

1. 捐赠者网络慈善信任是在网络慈善活动过程中，捐赠者对网络慈善平台、慈善组织、求助者的能力、正直和善心的衡量与评价，是对受信任方持有的积极心理期望。捐赠者网络慈善信任结构包括两个主要要素：受信任方和信任内容，信任谁和信任什么。受信任方主要包括网络慈善平台、慈善组织和求助者。信任内容包括三个维度，即能力信任、正直信任和善心信任。

2. 网络慈善平台因素、慈善组织因素、捐赠者因素和制度结构因素是影响网络慈善平台捐赠者初始信任建立的关键性因素。网络慈善平台的有用性、易用性、安全性和设计性，慈善组织的声誉、规模和透明度，捐赠者信任倾向和网络经验以及结构性保障均会显著正向影响网络慈善初始信任的生成。网络慈善初始信任在平台有用性、易用性、安全性和设计性对捐赠行为意向的正向影响中起到部分中介作用。网络慈善初始信任在慈善组织声誉、规模和透明度对捐赠行为意向的正向影响中起到部分中介作用。网络慈善初始信任在捐赠者信任倾向、网络经验对捐赠行为意向的正向影响中起到部分中介作用。

3. 关系、情感和解释水平均能显著正向促进网络慈善捐赠初始信任建立，具体表现为关系、情感和解释水平均能显著正向促进正直信任、能力信任和善心信任生成。关系、情感和解释水平在网络慈善初始信任的不同维度上有不同影响。在正直信任上，情感与解释水平交互作用显著。在善心信任上，关系与情感交互作用显著。关系对网络慈善捐赠初始信任的促进作用分别是通过心理距离和共情的中介作用完成的。情感是通过共情的中介作用影响网络慈善捐赠初始信任建立的。

4. 慈善组织开展网络慈善项目时易出现网络慈善项目舆情危机，舆情危机是在燃烧材料、点火温度、助燃剂三个因素相互作用下不断演化的过程。其具有爆发期短、传播速度快、传播路径呈裂变式等特征。它可以短时间点燃网民的负面情绪，形成舆情危机，损害捐赠者信任。慈善组织可以采取减少燃烧材料，如缩短澄清时间、澄清事实真相、诚恳地修复信任；控制点火温度，如建立网络舆情监测预警机制和谣言防控机制；阻断助燃剂，如引导网络舆论领袖、提升透明度和健全法律法规来阻止网络舆情继续"燃烧"，维护捐赠者信任，增强组织公信力。

5. 慈善组织在进行网络慈善信任修复时，要充分考虑不同违背类型、修复策略对捐赠者网络慈善信任的影响。在能力违背情景下，惩罚修复策略效果显著优于道歉，道歉—惩罚修复策略效果显著优于道歉。在正直违背情景下，道歉—惩罚修复策略的效果显著优于道歉策略、惩罚策略。在总体情况下，组合修复策略的修复效果显著优于单一修复策略。

6. 在违背事件发生后，信任维护可以分为四个阶段：即时回应、判断原因与加强监管、内外双向深度修复、评估反馈。信任修复的时机对信任修复效果影响显著。网络慈善平台应建构高效的信任维护"时度效"机制。

7. 信任修复策略对信任修复效果影响显著。不同归因对修复效果有显著影响，在修复效果上，不稳定归因显著好于稳定归因，外在归因显著好于内在归因，可控性归因显著好于不可控归因。在不同修复阶段中，违背方采用适配性修复策略能显著降低捐赠者的愤怒、厌恶和失望的消极情绪，且违背方在不同修复阶段采用适配的修复策略均显著地提升了捐赠者对其的信任度。

8. 政府、网络慈善平台、慈善组织、求助者、捐赠者网络慈善信任维护能显著增强捐赠者网络慈善信任。政府可以通过完善法律法规、加强监管、加强网络调控来增强捐赠者网络慈善信任。网络慈善平台可以通过加强透明度建设、加强声誉与信用机制建设、提升管理能力来增强捐赠者网络慈善信任。慈善组织可以通过加强组织管理、声誉与信用机制建设、实施信任修复活动来增强捐赠者网络慈善信任。求助者的自律和他律均能显著增强捐赠者的网络慈善信任。捐赠者的信任倾向显著正向影响捐赠者网络慈善信任。政府、网络慈善平台、慈善组织、求助者的网络慈善信任维护均是通过捐赠者信任倾向的中介效应才对捐赠者网络慈善信任产生正向影响的。应建构多元共治的网络慈善信任维护常态化机制，即政府引导、网络慈善平台和慈善组织自治、求助者自律、捐赠者参治的机制。

第二节　对策与建议

基于文献综述和实证研究，本书从宏观、中观到微观层面，针对政府、网络慈善平台、慈善组织、求助者、捐赠者不同主体提出了网络慈善信任建立与维护的对策与建议，以期促进我国网络慈善信任水平的提升，促进网络慈善事业健康发展，更好地发挥慈善事业在第三次分配中的作用与价值。

一　政府层面

在宏观层面，政府可以从健全网络慈善法律法规、建立完善的网络慈善失信惩戒制度、建立综合的网络慈善监管体系、不断加强政府对网络慈善发展的整体调控四个方面来促进捐赠者网络慈善信任建立和维护捐赠者网络慈善信任。

（一）健全网络慈善法律法规

（1）慈善基本性法律法规

《慈善法》作为我国慈善基本性法律规范，在 2016 年正式实施标志着我国慈善事业发展进入了法治化轨道。《慈善法》对于促进我国慈善事业健康发展具有重要意义，但不容忽视的是其自身还存在一些不足，需要不断完善，以更好地发挥其慈善基本性法律法规的重要作用。

在第一章中，本书对《慈善法》中关于网络慈善和捐赠者信任的相关规定进行了梳理。通过梳理我们发现，《慈善法》中关于网络慈善的规定甚少，缺乏对网络慈善中的失信行为及其相关处罚的规定。此外，《慈善法》对个人网络募捐也未做出明确规定。民政部明确表示"个人求助不属于慈善募捐，不在民政法定监管职责范围内"（李洋，2019）。由于个人网络求助在监管上缺位，网络慈善负面事件时有发生。因此，有必要进一步完善《慈善法》，使其适应网络慈善发展的新需求，为建立和维护网络慈善信任提供基本的法律保障。

首先，《慈善法》中应进一步加强完善网络慈善的相关规定。可以在《慈善法》中对网络与传统媒体进行区分，明确网络慈善活动的内容与边界、网络慈善募捐行为主体、网络募捐行为规则、参与者的权利和义务、网络慈善平台的权责、信息公开、剩余善款归属、禁止网络失信行为、责任追溯等（郑功成，2020；王齐睿，2021）。

其次，《慈善法》中应增加对网络慈善中的失信行为及其相关处罚的规定。《慈善法》的实施的确对引导和规范慈善活动起到了极大的促进作用，但随着网络慈善的快速发展，网络慈善中出现了一些新情况和新问题，如网络慈善平台治理不健全、运作不规范、商业化、网络慈善行业自律机制缺乏、慈善组织网络慈善项目不规范等问题。这些问题均需要《慈善法》的完善来规范和引导网络慈善健康发展。《慈善法》第十一章并未对网络慈善平台、慈善组织、求助者开展网络慈善募捐的法律责任给予明确规定。《慈善法》可以进一步对网络慈善平台的义务和法律责任、慈善组织网络慈善募捐的法律责任、网络慈善信息公开的法律责任等给予明确规定。

最后，《慈善法》中应增加规范个人网络求助的内容条款，即把个人网络求助行为纳入现行《慈善法》调整的范围。应在《慈善法》中明确规定民政部在网络个人求助行为及其平台领域的监管者身份、监管者权力与责任，才能为网络慈善中个人网络求助中的失信、违法、骗捐等问题的处理提供法律依据（李德健，2022），才能为捐赠者网络慈善信任的建立和维护提供基本性法律保障。

（2）网络慈善的专门性法律法规和政策制度

当前我国对网络慈善进行规范的专门性法规政策文件主要有《慈善组织认定办法》《慈善组织公开募捐管理办法》《公开募捐平台服务管理办法》《慈善组织互联网公开募捐信息平台基本技术规范》《慈善组织互联网公开募捐信息平台基本管理规范》等。尽管以上文件对网络慈善行为、慈善组织公开募捐、网络慈善平台的管理等方面做出了相应的规定，但还有很多方面的规定尚不健全。例如，如果在网络募捐中出现故意捏造事实或隐瞒事实情况的行为，网络慈善平台是否要承担相关法律责任（金锦萍，2017）。这一问题困扰着监管者和公众，在目前的专门性法律法规中，我们看到对网络慈善平台的法律责任规定并不明确。因此，有必要修改和完善相关的法律法规，增加与网络募捐相关的规定。此外，我国目前还缺乏一部针对网络慈善的专门性法律。因此，有必要建立一部完备的网络慈善专门性法律，来规范和引导网络慈善行为、明确网络慈善行业准则及网络慈善参与主体的法律责任等，以此促进网络慈善合规合法、健康发展。

此外，政府还需要制定明确的与个人网络求助相关的法律法规。目前法律法规规定个人只能发起求助，但却缺乏对个人网络求助行为进行约束和指导的相关规定（张卫、张硕，2021）。

（二）建立完善的网络慈善失信惩戒制度

我国在 2018 年由国家发展改革委、中国人民银行等部门联合签署了《关于对慈善捐赠领域相关主体实施守信联合激励和失信联合惩戒的合作备忘录》。该备忘录对慈善失信行为、惩戒对象和惩戒措施等方面给予了规定。从该备忘录内容来看，尚缺乏对网络慈善失信行为的明确规定。

当前我国对失信采取的是联合惩戒方式，通常是中央多个部门联合签署发布备忘录，有学者认为这种以行政规范性文件为主的联合惩戒授权规范位阶过低（沈毅龙，2019）。当前我国失信惩戒在形式合法性、整体正当性、实质合理性三个层面上存在困境（彭錞，2021）。因此，有必要制定统一的社会信用体系、颁布社会信用法律法规，真正做到失信惩戒有法可依。由于失信本身具有领域的特殊性，不同行业、不同领域失信行为有许多不同特点。因此，有必要制定一部专门针对网络慈善领域的失信惩戒法律法规。

在建立完善的网络慈善失信惩戒制度过程之中，要界定网络慈善失信行为，明确失信行为主体，对网络慈善失信行为进行法定分类，明确网络慈善失信惩戒的内容、规范、措施等。只有在法律法规上明确规定相关内容，才能让失信者认知到如果失信需要承担的法律责任。对于网络慈善失信行为的惩戒可以采用多种形式，如行政惩戒、市场惩戒、行业惩戒或司法惩戒。通过严格惩戒来提高失信成本，一方面可以惩罚或震慑失信者，另一方面则可以预防潜在失信者的侥幸心理（陈小君、肖楚钢，2021），降低失信发生概率。

此外，由于当前法律法规中对个体求助者的求助行为缺乏有效约束，因此，在网络慈善失信惩戒制度中应制定对个体求助者行为进行约束监督的法律法规。明确求助者发布虚假信息、故意隐瞒行为的法律责任和严重后果，在法律层面上对失信行为给予严格惩罚，提高失信的成本。总之，建立完善的网络慈善失信惩戒制度，通过事前防范、事中制衡、事后惩戒等方法手段，来抑制潜在失信者的"失信财富效应刚性激励"（吴国平、唐珺，2011），抑制潜在失信者做出网络慈善失信行为的机会主义倾向。

（三）建立综合的网络慈善监管体系

（1）明确专门的政府监管主体

目前，我国民政部有专门的负责慈善事业发展的部门——慈善事业促进和社会工作司，各级民政部门也设立了专门负责监管慈善工作的部门。《慈善法》中规定县级以上民政部门实施监管活动时，检查人员不得少于2人。而实际上，省级慈善监管和执法工作机构的工作人员平均不到4人，有些地市级、县级机构甚至无专人负责，在人员配置上无法达到法律要求（张春贤，2020）。可见，尽管我国慈善监管存在明确的监管主体，但尚存在监管人员不到位、监管力量不足等问题，尤其缺乏对网络慈善的监管。由于网络慈善在发展特点上与传统线下慈善具有很大差异，因此，有必要在各级民政机构已存在的专门监管慈善工作的部门中，设立相应的网络慈善监管机构，以便更好地行使政府对网络慈善的监督管理权。在加强政府对网络慈善的监管过程中，应注重建立综合的监管体系，即民政部门慈善机构与税收、审计、司法等部门协调、合作，搭建慈善信息化、综合化、协同性的监管体系。

（2）明确政府监管的内容

政府在监管网络慈善过程中，应明确监管内容，能够根据网络慈善发展变化实施有针对性的、动态化的监管。首先，应明确网络慈善监管的客体，即政府要监管谁的问题。政府在实施网络慈善监管过程中，主要是对网络慈善平台、慈善组织、求助者和捐赠者进行监管。其次，监管的主要内容则是以上网络慈善参与主体的网络慈善行为。从我国网络慈善发展现状来看，政府应采用预防与惩戒相结合的监管模式，在审计、税收、重大事项干预等方面对网络慈善平台和慈善组织进行监管（李慧敏，2017）。同时，还需完善网络慈善平台信息发布机制和公开机制、规范慈善组织网络慈善行为、细化网络慈善平台的运营规范、强化网络慈善平台对个人求助信息的筛查机制等（周虹，2018）。已有研究表明政府对网络慈善的监管可以有效降低网络慈善欺诈行为的发生（Liazos，2000）。总之，政府通过事前预防、事中制衡、事后惩戒与问责的全程、动态监管，可促进网络慈善健康发展。

（3）不断改进监管手段和方法

政府对慈善的传统监管方式主要有申请登记审查、规定组织形式、行政处罚等。由于网络慈善活动在互联网上进行，政府对网络慈善的监管手段也要不断更新，要随之网络化、数字化。如建立慈善网络信息平台。当前，我国已经建立了全国慈善信息公开平台——慈善中国。在该平台上慈善组织基本信息、慈善信托、募捐方案备案、慈善项目进展、慈善组织年报等相关信息均可查询。慈善中国搭建了面向全国的慈善信息一键查询平台，提升了慈善信息统计的效率，完善了政府监管慈善活动的手段，提升了慈善透明度（北京师范大学中国公益研究院慈善研究中心，2018）。但不难发现，登录该网站可以查询到的慈善组织基本信息中很多是缺失的，如等级评估信息、评优获奖信息、行政处罚信息等。在公开募捐备案和慈善项目板块中信息更新十分缓慢，有些慈善组织的信息仅停留在 2020 年。因此，有必要进一步加强全国慈善信息公开平台建设，完善慈善组织的相关信息，对于已经列出的信息板块均需要慈善组织补全登记。同时，要求慈善组织实时更新慈善项目信息，让捐赠者和社会公众能在平台上查询到最新信息。

总之，政府在对网络慈善进行监管的过程中，要明确自身地位、价值、监管内容等。随着网络慈善平台和慈善组织的自主运作能力不断增强，政府在监管过程中可以进一步向慈善组织和网络慈善平台让渡慈善事业空间，赋予其更多的权利（Shen & Yu，2017）。政府可以采用渐进式赋权方式，最终使政府监督与网络慈善平台、慈善组织自主运作处于一种相对平衡的状态（张圣、徐家良，2021）。真正做到政府主导、网络慈善平台和慈善组织独立自主运作，真正使三者达至协同共治的理想状态。

（四）不断加强政府对网络慈善发展的整体调控

（1）整体战略性发展

我国"十四五"规划第四十九章"健全多层次社会保障体系"指出"要促进慈善事业发展，完善税收等激励政策。规范发展网络慈善平台，加强彩票和公益基金管理"。可见，我国政府已经把网络慈善规范发展纳入健全多层次社会保障体系之中，纳入国家层面的整体战略性发展之中。为更好地发挥网络慈善的功能和价值，政府应制定促进网络慈善行业健康发展的整体规划，在战略上引导网络慈善参与主体自觉、规范、高效地参与慈善活动。2021 年民政部、国家发展和改革委员会发布了《"十四五"民政事业发展规划》，在该规划的第三章第五节"促进慈善事业健康发展"中，指出"积极发挥慈善在第三次分配中的重要作用。……规范发展互联网慈善。健全促进互联网慈善发展的政策措施和监管体系，加大互联网慈善支持引导力度，激励互联网慈善模式创新、业态创新、管理创新、技术创新，督促指导互联网募捐平台透明化、规范化发展"。从《"十四五"民政事业发展规划》中可以看出民政部和国家发展改革委为落实国家的"十四五"规划中提出的"规范发展互联网慈善"，从三个方面进一步细化了如何规范网络慈善发展。第一个方面是健全政府对网络慈善发展的政策措施，并加强监管。第二个方面是激励网络慈善创新，其中，提及了四个创新：模式创新、业态创新、管理创新、技术创新。第三个方面是促进网络慈善平台透明化和规范化。以上规划为我国网络慈善事业发展指明了方向，对于引导和规范网络慈善事业健康发展具有重要意义。

在网络慈善发展整体规划上，还需要促进网络慈善平台的均衡发展，推动更多的网络慈善平台进入，让捐赠者有更多的平台可以选择。通过国家整体规划引导网络慈善平台加强质量建设、引导网络慈善平台和慈善组织加强声誉与信用机制建设、加强行业自律建设等。

（2）发生重大危机事件后的调控

政府应增强网络慈善危机管理意识，一旦发生网络慈善重大危机事件，应主动积极进行调控，尽量降低危机事件对网络慈善信任的损害，对慈善公信力的损害。因为已有研究表明，当危机事件较为严重、涉及面较广时，政府的信任修复和调控对公众的信任具有显著的正向影响（冯蛟等，2015），而且从修复效果上来看，政府修复比信任违背方的修复效果更好（李建良等，2019）。这主要是由于政府具有较强的公信力，在危机事件发生后，政府对相关涉事方进行调查、惩处，能有效缓解捐赠者和公众的消极情绪，消解捐赠者的怀疑态度，有利于捐赠者对网络慈善信任的恢复。因此，在重大网络慈善危机事件发生后，政府应及时应对危机，对捐赠者和社会公众及时做出反应，行使自身的监管权，并及时公布事件调查进展，让捐赠者和社会公众能第一时间从官方获得准确而丰富的信息，减少因信息失衡造成的怀疑与误解，为维护网络慈善信任打下良好基础。

二　网络慈善平台和慈善组织层面

在中观层面，网络慈善平台和慈善组织作为连接政府和捐赠者、求助者、社会公众的重要组织，在网络慈善信任建立和维护中的作用显得尤为重要。网络慈善平台和慈善组织可以从以下六方面来促进捐赠者网络慈善信任的建立和维护：加强危机后的信任修复，建构信任维护动态机制；加强网络慈善平台质量建设；加强透明度建设，建立健全信息公开制度；加强组织声誉与信用机制建设；不断提升管理能力；加强行业自律。

（一）加强危机后的信任修复，建构信任维护动态机制

不论是网络慈善平台还是慈善组织都应增强自身的信任修复能力。在信任修复不同阶段，注意信任修复策略的适配性。在发生信任违背事件后，网络慈善平台和慈善组织要有意识地做出适配性的信任修复策略选择，以获取最优的信任修复效果。高效、适配、综合性的修复策略能最大限度修复捐赠者受损的信任，能最小化违背事件引发的信任损害，能有效提升信任修复效果。

本书研究结果表明，慈善组织在信任修复时，需要根据违背类型的差异选择适宜的修复策略。如在能力违背情景下，宜采用复合型的修复策略，如道歉—惩罚策略，或者采用实质性的策略，如惩罚策略。在正直违背情景下，则最好选择道歉—惩罚策略来获取最优的修复效果。主要原因是这种复合的修复策略能在情感和功能上同时进行信任修复，因此修复效果更好。

网络慈善平台和慈善组织在进行信任修复时，要根据不同信任维护阶段进行有针对性的信任修复，要采用集情感修复策略、功能修复策略和信息修复策于一体的复合修复策略。建构信任维护的"时效度"机制。在"时"上，把握信任修复的关键时机，要把握好首次信任修复的时效性，注重利用首因效应维护捐赠者信任；在"度"上，信任维护准确性要高、节奏适度；在"效"上，通过实施适配性和复合的修复策略，取得信任修复的最优效果。信任发展是一个动态的过程，信任违背行为发生后，捐赠者对违背方产生了怀疑，其作用力向下，不断压低对违背方的信任。因此，在信任修复过程中，只有违背方的信任修复的行为和努力抵消了捐赠者向下的力，才能取得较好的修复效果。

（二）加强网络慈善平台质量建设

网络慈善平台是互联网与慈善行业相结合的产物，是网络慈善捐赠的重要载体。网络慈善平台为网络慈善主要参与者提供了发布慈善信息、表达慈善意愿、做出慈善行为的网络空间。本书研究结果发现网络慈善平台的有用性、易用性、设计性和安全性对捐赠者网络慈善信任的建立具有显

著影响。因此，为赢得更多的初始捐赠者，网络慈善平台需要不断加强质量建设。网络慈善平台可以从以下四个方面来提升平台质量：（1）通过提升捐赠效率，来增强平台的有用性感知；（2）通过不断提高登录、查询、浏览至完成捐赠各个环节的便捷程度来增强易用性感知；（3）通过视觉、听觉等多感官体验视角来增强网站设计性；（4）通过加强平台的安全机制建设，更好地保护捐赠者信息安全、财产安全来增强安全感知。

（三）加强透明度建设，建立健全信息公开制度

本书研究发现网络慈善平台和慈善组织的透明度对于捐赠者网络慈善信任的建立和维护均具有显著的正向影响。也就是说网络慈善平台和慈善组织透明度越高，捐赠者越容易生成网络慈善初始信任，信任的维护也越容易。尽管近年来慈善丑闻时有发生，威胁捐赠者的慈善信任，但实证研究却发现：信任危机对那些公开透明度高、监管程度高的慈善组织影响很小（王猛、王有鑫，2020）。这表明透明度建设有利于维护网络慈善信任。已有研究还发现网络慈善公信力建设的关键在于网络慈善的公开透明（汪丹，2014）。因此，可以通过建立健全的网络慈善信息公开制度来提升网络慈善平台、慈善组织的透明度。

推进信息公开和透明，首先要搭建全国性的网络慈善信息公开平台。如美国、英国等国家通过国家立法的方式，建立了强制性网络慈善信息披露机制。可以采用多种方式建立这种披露机制，既可以采用政府主导型模式，由政府直接出资建立和管理网络慈善信息平台，也可以采用市场化方式，通过第三方组织进行网络信息披露，还可以采用国家与社会合作模式，由政府出资赞助企业或非营利组织建立网络慈善信息平台。当前我国主要采用的是政府主导模式，即由政府建立和管理网络慈善信息平台，但在信息公开水平、信息公开范围上我们还需要不断努力。如慈善组织在开展网络慈善募捐时必须公开其项目基本信息、目的、受益群体的真实信息、筹款进展与善款使用等详细信息（汪丹，2014）。对于信息公开不达标的慈善组织可以对其实施责令整改、停止项目、列入"黑名单"等惩罚。

其次，健全网络慈善信息公开的第三方监督评估机制。独立的第三方

评估对慈善组织公信力建设具有评价、引导、激励和预防等功能（孙发锋，2014）。第三方监督对于网络慈善的透明度提升具有重要的促进作用，应通过第三方评估机构设计透明度评价指标、建构科学评估体系、向社会发布透明度评估报告来促进网络慈善平台和慈善组织的信息公开和透明。独立的第三方监督评估机制能为网络慈善平台和慈善组织带来外部压力和动力，把评估报告公之于众，对于透明度高的网络慈善平台和慈善组织是一种褒奖和鼓励，而对于透明度低的网络慈善平台和慈善组织则是一种压力与惩罚，这种机制会促进其不断提升信息的公开与透明度。

（四）加强组织声誉与信用机制建设

声誉是网络慈善平台和慈善组织的重要资本，在缺少交互经验的情况下，初次捐赠者多是基于声誉来建立信任，实施捐赠行为的。因此，从某种意义上来说，声誉具有信用导向的功能，能为捐赠者提供信用参考，能为网络慈善平台和慈善组织赢得和维护捐赠者信任提供保障。

网络慈善平台和慈善组织要明确声誉在网络慈善发展中的重要价值，明确良好的声誉可以增强组织的竞争力，可以树立良好的组织形象和品牌价值，可以调控组织及其成员的行为，可以为组织创造更多的社会资本和良好的发展前景。因此，网络慈善平台和慈善组织在开展网络慈善活动的过程中，要自觉维护和建设组织声誉。组织获得良好声誉是一个累积的过程，需要组织在日常管理和网络慈善运作过程中时刻关注组织形象、加强管理、规范网络慈善行为。同时，可以通过媒体宣传来提高网络慈善平台和慈善组织的美誉度，通过第三方认证为高质量的网络慈善平台和慈善组织提供稳定的、可靠的质量传递信号。建立良好声誉的关键在于组织能为捐赠者提供高质量的慈善产品和提供高质量的慈善服务，引发捐赠者持续捐赠。网络慈善平台和慈善组织可以通过健全信用机制来提升自身的声誉。通过建立健全求助者真实信息筛选机制、失信行为曝光与惩戒机制、组织成员内部诚信监管机制等来建构完善的信用机制。声誉与信用机制可以通过捐赠者"用脚投票"的方式对网络慈善平台和慈善组织的核心利益产生影响（吴元元，2012），形成威慑，降低网络慈善平台和慈善组织发生失信违规行为的概率。

（五）不断提升管理能力

本书研究结果表明网络慈善平台和慈善组织的管理能力显著影响捐赠者的网络慈善信任。网络慈善平台和慈善组织的管理能力越高，捐赠者的信任建立越容易，信任维护的难度也就越低。一旦出现了信任危机事件，那些管理能力较强的网络慈善平台和慈善组织的能力信任受损相对较低，也更容易进行信任修复，恢复捐赠者信任。

网络慈善事业要健康发展，不仅要依靠外部监管，还要依靠内部规范管理。网络慈善平台和慈善组织应增强自身管理能力，建构规范的管理体系，把合规、公正、高效的管理理念运用于组织管理之中，使得组织的管理机制能有效约束成员行为，确保组织筹集的善款能合理规范使用，有效防范失信行为发生。一旦出现失信行为，组织能立即实施危机管理应对，开展信任修复工作，最小化失信行为带来的损失，修复受损的信任。

第一，网络慈善平台和慈善组织需加强员工行为规范管理。首先，在日常工作之中，加强组织成员的诚信教育培训，加强职业道德建设。其次，要处理好慈善营销与慈善目标之间的关系，不能为了获取客户而过度营销，如采用扫楼式地推的方式开展营销活动。过度营销让潜在的捐赠者认为平台和组织商业化过于浓厚，有悖于慈善目标和价值。接着，在对组织员工进行绩效管理时，要把工作效率与社会效益紧密结合起来考核。以水滴筹扫楼事件为例，该事件引发了公众对其工作绩效考核制度的质疑，在水滴筹进行信任修复时表明原有的绩效管理方式欠妥，最终调整为项目合格率考核指标，侧重考核项目的真实性、规范性和服务质量等。可见，网络慈善平台和慈善组织的绩效考核不能完全照搬企业员工绩效考核方式，而应结合组织自身的特殊性，注重过程考核与结果考核相结合、社会效益与工作效率相结合、服务质量与项目真实规范相结合。最后，建立完备的失信惩戒制度，严惩失信行为。在求助者信息审核、善款筹集与使用等方面，严格规范员工的行为。通过建立完备的失信惩戒制度，让员工明确自身的责任以及失信的后果。一旦发现员工出现失信行为，严格按照惩戒制度进行惩处。

第二，加强对善款的使用与监管。使用区块链技术，使每一笔善款都能被追踪，提高网络慈善平台和慈善组织的透明度。同时，还可以使用大数据技术，通过数据信息的共享来保障善款的安全与透明。如网络慈善平台和慈善组织可以建立与全国信用信息系统、医院、其他网络慈善平台的信息共享机制。还可以通过第三方资金托管，将筹集的善款直接汇入第三方账户中，作为应对网络慈善平台、慈善组织和受益者违规使用善款的缓冲器（鲁篱、程瀚，2020）。另外，网络慈善平台和慈善组织还需要有意识地降低组织开展慈善业务活动成本与管理费用，通过互联网技术不断创新慈善参与形式，让更多善款能帮助需要救助的弱势群体。

第三，不断增强危机管理能力。当前我国网络慈善发展尚处于起步期，还存在很多不成熟的地方（党生翠，2018）。捐赠者网络慈善信任存在脆弱性，一旦发生网络慈善负面事件，极易通过网络的放大效应引发网络慈善的信任危机。因此，网络慈善平台和慈善组织应增强组织的危机管理能力，加强网络舆情的监控与管理，通过减少燃烧材料、控制点火温度和阻断助燃剂来应对网络舆情危机，维护捐赠者信任。首先，在危机到来时，要尽量缩短澄清时间，通过澄清事实真相来减少信任双方的信息不平衡，在态度上要诚恳。其次，要建立健全网络舆情监测预警机制和谣言防控机制。能第一时间发现危机苗头，并能在黄金 4 小时内启动应急管理机制，开展信任修复。最后，需要引导网络舆论领袖、提升透明度和健全法律法规。

（六）加强行业自律

行业自律可以弥补政府监管的不足，是对政府监管的重要补充。国外慈善组织常常会自发成立行业自律联盟对慈善组织行为进行监督和管理（张冉，2014）。2018 年三大网络众筹平台联合发布了《个人大病求助互联网服务平台自律公约》和《个人大病求助互联网服务平台自律倡议书》，希望通过行业自律的方式实现网络慈善平台行业自治（邓国胜，2020）。但当前我国网络慈善行业自律体系尚未形成，没有成立行业性慈善监管组织。在西方发达国家中，慈善行业性组织在慈善组织自治管理、行业自律方面发挥着重要作用（张冉，2014）。因此，有必要成立全国性的行业性组织。通过行业性组织对网络慈善平台、慈善组织的行为进行约束，通过互律和自律的机制促进网络慈善平台和慈善组织的自我管理，增强其自治能力。

三　求助者层面

网络慈善在帮助大量求助者脱困的同时，也存在求助者隐瞒真相甚至欺骗公众的行为，使得网络慈善污名化事件时有发生，影响了慈善行业的公信力（宫蒲光，2021）。因此，建立和维护网络慈善信任，求助者也要发挥其主体作用，充分履行其参与网络慈善的责任。

（一）加强道德自律

求助者应有意识地增强自身道德意识，在参与网络慈善过程中不断根据道德要求开展行为自律。黑格尔（1979）认为"道德之所以是道德，全在于具有了知道自己履行义务这样一种责任"。只有个体在意识层面具有明确认知，才有可能指引其根据认知做出履行责任的行为自律。

求助者道德自律的形成，可以通过两个路径来完成。一种是通过道德教育与道德宣传。通过在学校、社会层面广泛开展的道德教育与宣传，培育人们诚实守信、遵纪守法的道德认知，树立人人向善的道德理念。同时，通过体验式道德教育，利用共情、感同身受的方式来培养人们的道德情感。道德情感会加深人们的道德认知，有了深刻的情感体验会促使个体在无外在压力情况下依然能保持清醒认知，避免做出不道德的行为。此外，通过道德褒奖和激励机制激发人们把道德认知和情感上升为道德行为。另一种是通过认同机制来达成道德自律，即外部规范经由个体的自我认同，上升为主体自主行为准则，即"他律的自律"（王晓梅、丛杭青，2016）。通过以上路径可以增强人们的道德自律，让人们理解道德行为具有向善、真诚、责任、适度的规律，最终获得道德行为自由（向玉乔，2020）。

（二）加强他律机制建设

在求助者层面，如果仅仅靠求助者自律来建立和维护网络慈善信任会显得过于单薄，因为毕竟并非所有的求助者都有良好的道德品质，都有较高的自律水平。而且，有些个体的自律是建立在对外部规范的认同基础上的，就是建立在他律基础上的自律。在某种意义上来说，自律是离不开他律的，需要他律的约束与保障。因此，除了加强道德自律外，还需要加强他律机制建设，加强对求助者的外部约束，进而促进其理性、自觉地遵守法律法规、做出诚信行为。

他律机制建设可以从以下两个方面进行。第一，加强法律和制度他律建设。法律他律是指外界力量对人们行为的约束与控制，即法律的强制性规范（丁波，2003）。因此，需要进一步加强求助者网络求助的法律法规建设，让求助者明确在进行网络求助时自己的行为边界、应承担的责任等。让求助者明确如果触犯相应的法律，必然接受怎样的法律惩罚。第二，加强道德他律机制建设。通过建立个人慈善信用评价制度体系，为求助者网络求助提供制度保障与约束。求助者需要把个人网络慈善行为与个人信用联系起来，一旦求助者做出失信行为，会在信用评价体系中留下信用污点，还会受到法律制裁与惩罚。制度建设能保障个体对未来有一个较为理性而可靠的预期，进而保障网络慈善诚信建设的理性推进（王小锡，2011）。已有研究表明声誉关注能显著抑制个体的自私倾向（占友龙等，2020）。因此，有必要充分利用声誉机制来抑制求助者的不诚信行为，加强道德他律。在个人慈善信用评价制度体系中，应注重实施信用奖惩制度。让诚信者获得精神褒奖、声誉提升、物质奖励等，让失信者受到舆论谴责、声誉贬损、经济损失。在全社会形成"诚信光荣、诚信无价"的共识。

四 捐赠者和社会公众层面

（一）健全媒体监督机制

一方面网络慈善平台和慈善组织应主动利用新媒体开展媒体监督。当前自媒体已经成为网络慈善监督重要平台，在网络慈善传播和监督中发挥着越来越重要的作用（赵文聘、陈保中，2019）。一些慈善组织已经开始利用自媒体平台的传播广、速度快、信息准等优势，把信息披露与监管转变为多渠道互动模式（颜梦洁、李青，2021）。

另一方面应利用报纸、电视、广播、网络等大众传媒载体对网络慈善进行监督。媒体通过报道、评论网络慈善中的违法违规行为来实施监督。准确和专业的媒体报道能有效降低社会公众和捐赠者与网络慈善失信主体之间的信息不对称和不平衡，使失信主体迫于社会舆论压力不得不开展网络慈善信任修复和长期的信任维护工作，激励失信主体诚实守信，合法、合规地开展网络慈善活动，促进网络慈善事业健康发展。此外，媒体通过曝光网络慈善违规失信问题可以推动政府对重大网络慈善负面事件的监管和处理，推动政府在宏观层面进一步完善网络慈善法律法规和政策。

（二）建立健全独立的第三方监督与评估体系

目前，我国一些地方已经建立了慈善组织社会监督委员会，如广州、成都等城市。该委员会是慈善组织的第三方监管机构，成员主要来自高校、社会组织、媒体、法律等领域，在慈善组织透明度评估、审计监督、慈善危机事件应对等方面起到重要的社会监督作用。在推动慈善组织规范、透明、高效运作，推动我国慈善事业公信力建设方面起到重要的促进作用。

随着网络慈善的快速发展，很多慈善组织纷纷参与网络慈善，仅依靠现有的慈善组织社会监督委员会远远不能满足社会对网络慈善的第三方监管需求。因此，有必要设立网络慈善监督委员会，对网络慈善平台、慈善组织的网络慈善行为进行监督和管理。既要建立全国统一的第三方的网络慈善监督机构，也要在各个省区市建立地方级别的、独立的第三方监督评价机构。通过由中央到地方、由线下到线上，建构全方位的第三方网络慈善监督与评价体系。由于第三方评估机构与网络慈善平台、慈善组织无直接利益关联，且独立于政府部门之外，具有评价的专业性，因此，它能充分行使专业监督与评价的功能，有效促进我国网络慈善规范发展，提升捐赠者网络慈善信任水平，促进我国网络慈善公信力建设。

（三）提供多种途径，充分发挥捐赠者和社会公众的监督力量

捐赠者和社会公众对网络慈善的监督是维护网络慈善信任的重要力量。应为捐赠者和社会公众提供多种途径来使其行使监督权利，如监督电话、邮箱、网站上的监督板块等，通过捐赠者和公众的举报和投诉来曝光网络慈善平台、慈善组织或个人的不当行为，充分发挥其对网络慈善的监

督作用。此外，网络慈善平台和慈善组织还可以通过信息公开来帮助捐赠者监督善款使用与流向，社会公众还可以充分利用自媒体、微博等来曝光网络慈善失信行为。通过社会监督形成社会舆论压力，一方面可以使失信行为得到曝光并受到相应惩罚，另一方面还可以防范网络慈善平台、慈善组织和个人的违规行为。

总之，要建立起一个集公众监督、媒体监督和第三方监督于一体的社会监督体系，充分发挥捐赠者、社会公众、媒体舆论的力量，且推动多种力量形成联动机制，监督网络慈善失信行为，提升公众网络慈善的信任水平，共同促进网络慈善健康发展。

综上所述，为促进捐赠者网络慈善信任的建立和维护捐赠者的持续信任，需要联动宏观、中观和微观各个层面力量，需要政府、网络慈善平台、慈善组织、求助者、捐赠者等多元主体共同参与到网络慈善信任建立与维护过程之中。相关主体既要注重捐赠者初始信任的建立，以赢得更多的初始捐赠者进行网络慈善捐赠，同时更要注重对网络慈善信任的维护，以维持捐赠者的信任，为我国网络慈善事业发展提供持续动力。

第三节　研究创新与研究展望

一　研究创新

（1）理论创新。本书拓展了信任生成、信任修复和多元共治理论，把以上理论运用于网络慈善信任研究领域，拓展了已有理论的应用范围。本书在 8 个实证研究基础上建构了捐赠者网络慈善信任生成的机制模型，从微观和宏观两个视角建构了捐赠者网络慈善信任维护的动态机制和维护的常态化机制模型。开发了 2 份捐赠者网络慈善初始信任问卷，4 份捐赠者网络慈善信任修复与维护问卷。

（2）研究思路创新。在网络慈善信任生成机制研究中，本书既研究了捐赠者初次使用网络慈善平台进行慈善捐赠时初始信任的生成机制，又研究了基于社交软件的网络慈善初始信任的生成机制。在网络慈善信任维护机制研究中既注重从动态视角研究信任违背后违背方的信任动态维护机制，又注重把网络慈善信任维护放置于常态化工作情境中，基于多元治理理论研究了网络慈善信任维护的常态化机制。研究思路清晰明了。

（3）方法创新。本书除了使用访谈法、问卷调查法、文本分析、实验法、个案法等这些常用的研究方法外，还采用了扎根理论研究了捐赠者网络慈善信任结构，采用了结构方程建模研究了网络慈善平台初始信任生成机制，本书还使用了大数据挖掘技术收集捐赠者的微博评论数据，分析信任违背事件发生后及信任修复后捐赠者网络慈善信任的动态变化过程，建构了捐赠者网络慈善信任维护动态机制。

二　研究展望

本书主要通过8个实证研究对捐赠者网络慈善信任建立与维护机制进行了深入研究。本书在以下方面还存在一些不足，后续研究可以继续改进。

（1）研究样本的选取上需要进一步合理化。目前本书主要对上海、广州、重庆、南昌、石家庄5个城市的捐赠者样本进行了调查。在后续研究中可以进一步增强样本抽样的科学性和合理性，可以在更多的城市开展更广泛的调查，以进一步验证本书的结果。

（2）可以进一步加强对慈善组织和网络慈善平台的调查。目前本书只对捐赠者进行了问卷调查和实验研究，尚未调查慈善组织和网络慈善平台。尽管第四章第二节研究了慈善组织的网络慈善信任修复工作，但该研究主要调查的是捐赠者群体。第三节研究了网络慈善平台的信任修复与维护机制，主要采用大数据挖掘手段来进行研究，并未对网络慈善平台直接展开调查研究。后续研究可以加强对慈善组织和网络慈善平台的分析，以它们为调查对象，调查它们是如何建立与维护捐赠者网络慈善信任的。

（3）研究方法上还需进一步丰富。本书主要采用定性与定量相结合的方式进行研究。在研究网络慈善信任结构时，主要采用定性研究，进行扎根理论分析。在捐赠者网络慈善信任建立与维护机制研究中主要采用量化研究法，具体为问卷调查、情境实验、个案研究、大数据挖掘等方法。由于捐赠者网络慈善信任与信任违背事件密切相关，不论是慈善组织还是网络慈善平台的信任修复与维护均会在网络上留下痕迹，后续的研究可以进一步加强大数据挖掘方法的使用、加强个案研究方法的使用。

参考文献

中文文献

阿里巴巴、瑞森德，2013，《〈中国网络捐赠研究报告〉在深圳慈展会首发》，新浪网，9 月 23 日，http://gongyi.sina.com.cn/gyzx/2013-09-23/093645535.html。

艾媒研究院，2021，《艾媒咨询｜2020—2021 年中国移动社交行业研究报告》，艾媒网，1 月 4 日，https://www.iimedia.cn/c400/76205.html。

安珊珊，2021，《2020 年中国社交媒体用户使用行为研究报告》，《传媒》第 14 期。

奥斯特罗姆，埃莉诺、安，T. K.，2011，《社会资本的含义及其与集体行动的联系》，叶鹏飞译，载周红云主编《社会资本与民主》，社会科学文献出版社。

巴伯，伯纳德，1989，《信任：信任的逻辑和局限》，牟斌等译，福建人民出版社。

宝贡敏、鞠芳辉，2007，《信任、控制与合伙企业成长危机——基于企业家人力资本与心理所有权的解释》，《科研管理》第 2 期。

北京师范大学中国公益研究院慈善研究中心，2018，《〈慈善法〉实施两周年：依法治善规范有序推进 十大进展凸显良好成效》，《社会福利》第 11 期。

蔡佩琼，2009，《第一份工作任期与客观性职涯成功之关系探讨——以台湾为例》，博士学位论文，暨南大学。

蔡勤禹，2013，《社会转型期慈善组织公信力建设探析》，《江苏大学学报》（社会科学版）第 1 期。

蔡荣、郭晓东、马旺林，2015，《合作社社员信任行为实证分析——基于鲁陕两省 672 名苹果专业合作社社员的调查》，《农业技术经济》第 10 期。

柴俊武、赵广志、何伟，2011，《解释水平对品牌联想和品牌延伸评估的影响》，《心理学报》第 2 期。

陈晨、袁博、李伟强，2018，《不公平感知后的信任修复：道歉的作用机制》，《宁波大学学报》（教育科学版）第 4 期。

陈东利、张剑文，2022，《区块链技术赋能三次分配：慈善治理公平与效率的现代化表达》，《中国矿业大学学报》（社会科学版）第 2 期。

陈敏，2019，《社交媒体中自我表达对消费者公益捐赠和转发意愿的影响研究——信任度的调节作用》，硕士学位论文，深圳大学。

陈明亮、蔡日梅，2009，《电子商务中产品推荐代理对消费者购买决策的影响》，《浙江大学学报》（人文社科版）第 5 期。

陈氢、韦榕，2017，《电子商务网站用户体验的设计与实现》，《科技和产业》第 1 期。

陈向明，2000，《质的研究方法与社会科学研究》，教育科学出版社。

陈小君、肖楚钢，2021，《失信惩戒法律规则的缺失与完善》，《中南民族大学学报》（人文社会科学版）第 2 期。

陈秀萍、黄婉秋，2020，《个人大病求助互联网服务平台行政规制研究——以水滴筹为例》，《行政与法》第 4 期。

陈兆誉、余军，2018，《平台“炒信”治理模式的转型重构：走向多元共治》，《学术交流》第 5 期。

陈志强，2015，《互联网思维与新媒体慈善活动》，《学术交流》第 10 期。

成波、黄晓斌，2007，《国内外网络内容分析应用现状研究》，《图书情报工作》第 9 期。

崔泮为、杨洋、李蔚，2015，《CSR 策略修复产品伤害危机后品牌信任的效果研究——调节变量和中介变量的作用》，《中央财经大学学报》第

2 期。

党生翠，2018，《互联网捐赠：背景、优势与风险》，《中国民政》第 4 期。

党生翠，2019，《慈善组织的声誉受损与重建研究》，《中国行政管理》第 11 期。

邓国胜，2020，《网络众筹平台骗捐诈捐现象频发，如何破》，《人民论坛》第 1 期。

丁波，2003，《自律与他律相统一的现实意义》，《湖北社会科学》第 5 期。

董纪昌、王国梁、沙思颖、苗晋瑜、李秀婷，2017，《P2P 网贷平台信任形成机制研究》，《管理学报》第 10 期。

杜建刚、范秀成，2007，《服务补救中情绪对补救后顾客满意和行为的影响——基于情绪感染视角的研究》，《管理世界》第 8 期。

杜亚灵、柯丹，2019，《PPP 项目中初始信任对合同条款控制影响的情境模拟实验研究》，《管理工程学报》第 3 期。

杜亚灵、李会玲、闫鹏、尹贻林，2015，《初始信任、柔性合同和工程项目管理绩效：一个中介传导模型的实证分析》，《管理评论》第 7 期。

段继业，2015，《论中国社会治理的多元力量》，《青海社会科学》第 3 期。

范齐、马闻远、张朔，2018，《基于 TAM 模型的线上购物中信任对购买意图的多重作用研究》，《山东师范大学学报》（自然科学版）第 2 期。

方俊、何雄杰，2013，《民间慈善组织公信力研究——以广州乐助会为例》，《马克思主义与现实》第 3 期。

方俊、喻帅，2021，《社会组织信用信息监管如何创新——区块链技术的介入》，《湖南大学学报》（社会科学版）第 4 期。

方世巧、熊静，2021，《农村居民对旅游开发商初始信任动机产生机制研究——基于湖南、广西 217 位农村居民的调查数据》，《资源开发与市场》第 9 期。

费定舟、刘意，2018，《共情能减少中国人的差别信任》，《应用心理学》第 3 期。

费孝通，1998，《乡土中国　生育制度》，北京大学出版社。

冯春、黄静文，2019，《网络慈善失范现象及其治理》，《贵州财经大学学报》第 5 期。

冯蛟、张淑萍、卢强，2015，《多品牌危机事件后消费者信任修复的策略研究》，《消费经济》第 4 期。

冯莎，2017，《豆瓣电影评论文本的情感分析研究——基于 2017 年电影〈乘风破浪〉爬虫数据》，《中国统计》第 7 期。

冯雯璐、苏健威、杜义华、齐宝森，2022，《社会民生事件中网络舆情演化与引导机制研究》，《情报杂志》第 8 期。

冯叶露，2018，《"互联网+公益"的筹资模式探索——以 13 家慈善组织互联网公开募捐信息平台为例》，《西部学刊》第 12 期。

凤四海、张甜、黄希庭、李丹、苏丹，2008，《解释水平和事件性质对活动设定时间距离的影响》，《心理科学》第 4 期。

福山，弗朗西斯，2001，《信任：社会美德与创造经济繁荣》，彭志华译，海南出版社。

福山，弗朗西斯，2016，《信任：社会美德与创造经济繁荣》，郭华译，广西师范大学出版社。

高娟、王鹏、王晓田、孙倩、刘永芳，2020，《得失情境下他人参照点及心理距离对自我-他人利益权衡的影响》，《心理学报》第 5 期。

高虓源、张桂蓉、孙喜斌、杨芳瑛，2019，《公共危机次生型网络舆情危机产生的内在逻辑——基于 40 个案例的模糊集定性比较分析》，《公共行政评论》第 4 期。

高小枚，2017，《论健全慈善监督体制与提升慈善公信力》，《贵州社会科学》第 9 期。

戈德史密斯，斯蒂芬、埃格斯，威廉·D.，2008，《网络化治理：公共部门的新形态》，孙迎春译，北京大学出版社。

官蒲光，2021，《社会治理现代化大格局下推进慈善事业高质量发展》，《中国行政管理》第 2 期。

顾忠伟、徐福缘、卫军，2015，《可穿戴商务消费者初始信任影响因素的实证研究》，《管理评论》第 7 期。

郭零兵、罗新星、朱名勋，2013，《移动商务用户信任行为影响因素及建立路径》，《系统工程》第 7 期。

郭尧、黄智宽、石晶，2017，《中国公众的互联网公益观调查》，《网络传播》第 2 期。

国务院，2014，《国务院关于促进慈善事业健康发展的指导意见》，中国政府网，12 月 18 日，http://www.gov.cn/zhengce/ content/ 2014-12/18/ content_9306.htm。

果佳、阚萍、马梦溪，2012，《从"格桑花"危机透视中国网络慈善组织的可持续发展问题》，《中国行政管理》第 11 期。

韩涵、李慧敏、汪伦焰，2020，《业主对承包商初始信任动机产生机制研究》，《重庆大学学报》（社会科学版）第 3 期。

韩剑磊、明庆忠、史鹏飞、骆登山，2021，《视频社交媒体用户的旅游行为意向影响因素分析——基于信任的中介效应》，《旅游研究》第 4 期。

韩平、宁吉，2013，《基于两种信任违背类型的信任修复策略研究》，《管理学报》第 3 期。

何兰萍、王晟昱，2019，《中国大病社会救助平台慈善救助项目现状》，《中国公共卫生》第 8 期。

何植民、毛胜根，2022，《市域社会治理多元共治策略研究——基于后现代公共行政话语理论的分析》，《湘潭大学学报》（哲学社会科学版）第 1 期。

黑格尔，1979，《精神现象学》（下卷），贺麟、王玖兴译，商务印书馆。

侯海青，2014，《负面营销事件后的消费者信任修复问题探讨》，《中国管理信息化》第 7 期。

侯俊东，2013，《个人捐赠者信任受损的内涵及其决定因素》，《中国地质大学学报》（社会科学版）第 4 期。

胡晓梅、胡帆，2017，《大数据视域下我国网络慈善发展面临的机遇、挑战与对策》，《齐齐哈尔大学学报》（哲学社会科学版）第 3 期。

胡秀梅，2012，《高校学生信息选择行为相关性判断环节的次序效应》，《图书情报工作》第 18 期。

胡银花、孔凡斌、许正松，2018，《食品安全危机下企业社会责任对品牌修复的实证研究》，《企业经济》第 2 期。

黄俊、李晔、张宏伟，2015，《解释水平理论的应用及发展》，《心理科学进展》第 1 期。

黄小燕，2012，《网络舆情分析：面向政府的决策情报服务》，《现代情报》第 3 期。

黄晓勇主编，2021，《社会组织蓝皮书：中国社会组织报告（2021）》，社会科学文献出版社。

黄晓治、曹鑫，2013，《消费者情绪对品牌信任的影响》，《商业研究》第 10 期。

黄元娜，2015，《人际关系中的心理距离研究》，《赤峰学院学报》（自然科学版）第 12 期。

吉登斯，安东尼，2000，《现代性的后果》，田禾译，译林出版社。

贾雷、涂红伟、周星，2012，《消费者信任修复研究评介及展望》，《外国经济与管理》第 1 期。

简佳、唐茂芹、彭燕，2007，《人际信任与大学生心理健康的关系》，《国际精神病学杂志》第 2 期。

江心培，2014，《从冰桶挑战赛看社交网站助力公益传播》，《青年记者》第 35 期。

姜冰、李翠霞，2018，《乳制品质量安全危机视阈下消费者信任修复对策研究》，《黑龙江畜牧兽医》第 18 期。

金锦萍，2017，《〈慈善法〉实施后网络募捐的法律规制》，《复旦学报》（社会科学版）第 4 期。

金俐，2002，《关于信任的经济学分析》，《社会科学》第 11 期。

金晓玲、冯慧慧、周中允，2017，《微信朋友圈中健康信息传播行为研究》，《管理科学》第 1 期。

荆门市博物馆编，1998，《郭店楚墓竹简》，文物出版社。

科尔曼，詹姆斯·S.，1990，《社会理论的基础》（上），邓方译，社会科学文献出版社。

科尔曼，詹姆斯·S.，1999，《社会理论的基础》（上），邓方译，社会科学文献出版社。

克里斯塔基斯，尼古拉斯、富勒，詹姆斯，2012，《大连接：社会网络是如何形成的以及对人类现实行为的影响》，简学译，中国人民大学出版社。

李宝库、高玉平、倪元元，2016，《消费者网购支付渠道信任转移研究》，《经济与管理》第 5 期。

李翠敏，2018，《公共安全危机事件网络舆情的协同疏解研究——以"长生疫苗事件"为例》，《情报杂志》第 11 期。

李德健，2022，《后〈慈善法〉时代的私益募捐及其法律规制——以求助型网络众筹为切入点》，《学习与实践》第 1 期。

李德健、郑燃、胡超程，2021，《个人求助众筹平台的治理困境及对策》，《中国社会保障》第 9 期。

李菲、柯平、高海涛、张丹红、宋佳，2017，《基于社会网络分析的新媒体网络舆情传播监管研究》，《情报科学》第 10 期。

李海军、徐富明、王伟、相鹏、罗寒冰，2014，《判断与决策中的情感启发式》，《心理科学》第 5 期。

李慧敏，2017，《预防与追惩：慈善组织政府监督的价值取向与制度完善》，《社会科学研究》第 1 期。

李继宏，2003，《强弱之外——关系概念的再思考》，《社会学研究》第 3 期。

李建良、李冬伟、张春婷、沈鹏熠，2019，《互联网企业负面事件信任修复策略的市场反应研究——基于百度"魏则西"与"竞价排名"事件的案例分析》，《管理评论》第 9 期。

李进华、王凯利，2018，《基于 TAM 的微信信息流广告受众信任实证研究》，《现代情报》第 5 期。

李晶、王文韬、杨敏，2017a，《E-health 情境下初始信任的信息来源构建：兼与 E-commerce 情境的比较》，《图书情报工作》第 14 期。

李晶、张可、薛松、张云华，2017b，《人口特征视角下 PPP 项目初始信任模型研究》,《科技管理研究》第 21 期。

李琪、李勋、朱建明、关晓瑶、王慧、郐晨梓,2017,《基于区块链技术的慈善应用模式与平台》,《计算机应用》第 S2 期。

李庆功、王震炎、孙捷元、师妍,2020,《网约车场景中声誉和面孔可信度对女性信任判断的影响以及直觉性思维的调节作用》,《心理科学进展》第 5 期。

李四兰、陈国平、李亚林,2021,《企业社会责任与信任修复关系的实证检验》,《统计与决策》第 14 期。

李文辉、李婵、沈悦、但菲,2015,《大学生共情对利他行为的影响:一个有调节的中介模型》,《心理发展与教育》第 5 期。

李晓东、佟昕、王念,2020,《声誉机制、社会信任与分享经济发展——基于中国 70 个城市样本数据的分析》,《商业研究》第 11 期。

李晓阳、凌文辁,2011,《组织信任修复的理论和实证研究现状》,《商场现代化》第 2 期。

李洋,2019,《如何看待德云社吴鹤臣网上筹款》,《中国社会报》5 月 13 日,第 8 版。

李昀颖,2015,《慈善组织的规模、复杂性与信息透明度》,《求索》第 2 期。

李召敏、宋光兴,2006,《电子商务环境下构建信任的制度途径分析》,《华东经济管理》第 10 期。

梁璞璞、覃丽芳,2017,《第三方评估在重塑慈善组织公信力中的作用研究》,《法制与社会》第 21 期。

林红焱、周星,2012,《归因视角的消费者信任违背修复》,《现代管理科学》第 12 期。

林家宝、鲁耀斌、张金隆,2009,《基于 TAM 的移动证券消费者信任实证研究》,《管理科学》第 5 期。

林卡、李波,2021,《互联网慈善平台运作的多重效应及其对慈善生态的影响》,《浙江社会科学》第 2 期。

凌静,2012,《危机事件中消费者信任受损及修复机制研究》,硕士学位论文，南京大学。

刘凤，2014，《品牌丑闻发生后企业社会责任对消费者信任修复作用的研究》，硕士学位论文，南京大学。

刘国芳、辛自强，2011，《间接互惠中的声誉机制：印象、名声、标签及其传递》，《心理科学进展》第 2 期。

刘海燕、郭晶晶，2012，《基于扎根理论的大学生心理安全感结构特点探究》，《中国特殊教育》第 4 期。

刘汉龙、刘惠军，2012，《同理心：重建医患信任关系的伦理实践途径》，《中国医学伦理学》第 3 期。

刘鹤玲、蒋湘岳、刘奇，2007，《广义适合度与亲缘选择学说：亲缘利他行为及其进化机制》，《科学技术与辩证法》第 5 期。

刘林平，2001，《外来人群体中的关系运用——以深圳"平江村"为个案》，《中国社会科学》第 5 期。

刘梦琳，2017，《由苦情向快乐 慈善方能长久》，《中国社会组织》第 18 期。

刘楠，2018，《微信朋友圈的信任影响因素研究》，硕士学位论文，暨南大学。

刘圃君，2018，《慈善领域犯罪的时代发展与刑法应对——基于慈善领域10 年刑事案件样本的思考》，《东北大学学报》（社会科学版）第 1 期。

刘少杰，2005，《感性意识的选择性》，《学海》第 5 期。

刘少杰，2016，《网络社会的感性化趋势》，《天津社会科学》第 3 期。

刘思强、叶泽、黎建新，2014，《在线交易卖家声誉对顾客信任和参与意愿的影响》，《系统工程》第 12 期。

刘效广、杨乃定，2013，《突发事件应急决策中的首因效应研究》，《中国安全科学学报》第 11 期。

刘秀秀，2014，《动员与参与：网络慈善的捐赠机制研究》，《福建论坛》（人文社会科学版）第 1 期。

刘毅，2007，《网络舆情研究概论》，天津人民出版社。

刘与哲、柳郑捷、袁旭辉、孙炳海、李伟健，2021，《危机历史与应对策略对慈善组织意外型危机信任修复的影响》，《第二十三届全国心理学学术会议摘要集》（上），呼和浩特，10 月 31 日。

刘玉涛、卫莉，2014，《信任概念的社会学辨析》，《才智》第 13 期。

刘志明，2015，《非营利组织在线问责实践会影响组织的捐赠收入吗?》，《中南财经政法大学学报》第 2 期。

娄奕娟，2016，《"互联网公益"开创中国公益新模式》，《中国社会组织》第 5 期。

卢曼，尼古拉斯，2005，《信任：一个社会复杂性的简化机制》，翟铁鹏、李强译，上海人民出版社。

卢素丽，2018，《互联网慈善公信力提升的策略研究》，《征信》第 11 期。

鲁篱、程瀚，2020，《网络慈善众筹平台监管的困境与规制优化——以"水滴筹"为研究样本》，《财经科学》第 9 期。

罗婧，2021，《三次分配的制度化体系构建——基于"个人—公共—文化"分析视角》，《中国特色社会主义研究》第 6 期。

蚂蚁数读，2020，《腾讯公益支持 100 多家机构筹集抗疫基金 6 亿元，99 公益日成善意催化剂》，知乎，9 月 6 日，https://zhuanlan.zhihu.com/p/220301893。

孟雷、柴金萍，2013，《消费者生成广告行为意向实证研究》，《商业研究》第 3 期。

孟志强、彭建梅、刘佑平，2012，《2011 年度中国慈善捐助报告》，中国社会出版社。

木青，2021，《腾讯公益筹款超百亿元，中国互联网公益步入大年》，搜狐网，5 月 17 日，https://www.sohu.com/a/466954116_119778。

南方、罗微，2013，《社会资本视角下城市居民捐款行为的影响因素分析》，《北京师范大学学报》（社会科学版）第 3 期。

南方周末公益研究中心，2021，《中国互联网公益观察报告（2020—2021）》，南方周末，11 月 25 日，http://www.infzm.com/contents/218810。

牛文元，2001，《社会物理学与中国社会稳定预警系统》，《中国科学院院刊》第 1 期。

帕特南，罗伯特·D.，2000，《繁荣的社群——社会资本与公共生活》，杨
　　蓉译，载李惠斌、杨雪冬主编《社会资本与社会发展》，社会科学文
　　献出版社。

彭錞，2021，《失信联合惩戒制度的法治困境及出路——基于对 41 份中央
　　级失信惩戒备忘录的分析》，《法商研究》第 5 期。

彭建梅，2016，《西部慈善的机遇》，《社会福利》第 10 期。

彭建梅主编，2014，《中国慈善透明报告（2009—2014）》，企业管理出
　　版社。

彭泗清，1999，《信任的建立机制：关系运作与法制手段》，《社会学研究》
　　第 2 期。

彭小兰、高凌云，2018，《网络慈善的现实困境和治理对策》，《经济与社
　　会发展》第 5 期。

秦安兰，2015，《人际信任修复策略与调节因素对信任修复效果的影响》，
　　博士学位论文，苏州大学。

秦安兰，2018a，《"互联网+"背景下捐赠者网络慈善初始信任的影响因素
　　与生成机制建构研究》，载关信平、蒋国河主编《当代社会政策研究
　　（十三）》，社会科学文献出版社。

秦安兰，2018b，《人际信任修复理论与实证研究》，中国财政经济出版社。

秦安兰，2020a，《慈善组织公信力修复与重建研究》，光明日报出版社。

秦安兰，2020b，《慈善组织公信力重建的路径选择》，《征信》第 2 期。

秦梦真、陶鹏，2020，《政府信任、企业信任与污染类邻避行为意向影响
　　机制——基于江苏、山东两省四所化工厂的实证研究》，《贵州社会科
　　学》第 10 期。

青平、陶蕊、严潇潇，2012，《农产品伤害危机后消费者信任修复策略研
　　究——基于乳制品行业的实证分析》，《农业经济问题》第 10 期。

卿硕，2014，《网站体验、网站信任与品牌信任的关系——基于绿色大米
　　网站的实证研究》，《企业经济》第 2 期。

曲丽涛，2016，《当代中国网络公益的发展与规范研究》，《求实》第 1 期。

全国人民代表大会常务委员会，2020，《全国人民代表大会常务委员会执

法检查组关于检查〈中华人民共和国慈善法〉实施情况的报告》，中国人大网，10 月 15 日，http://www.npc.gov.cn/npc/c2/c30834/202010/t20201015_308156.html。

冉霞，2012，《消费者信任修复内在机制分析》，《商业时代》第 24 期。

任超然，2021，《基于区块链技术的慈善组织公信力提升机制剖析》，《财会月刊》第 6 期。

邵培樟、张朦薇，2019，《人们会在网上做更多慈善吗？——"互联网+慈善"模式对个体慈善行为影响机制研究》，《财经论丛》第 6 期。

邵祥东，2017，《重大疾病救助公益慈善网筹机理与治理导向》，《社会保障研究》第 6 期。

邵一明、王雅倩、刘梦茹，2017，《基于技术接受模型的网站特征对冲动性购买影响研究》，《商业经济研究》第 23 期。

邵作运、李秀霞，2020，《引文分析法与内容分析法结合的文献知识发现方法综述》，《情报理论与实践》第 3 期。

深圳市图鸥公益事业发展中心，2020，《调研 | 中国公益组织互联网使用与传播能力第七次调研》，搜狐网，4 月 20 日，https://weibo.com/ttar-ticle/p/show?id=2309404578112045187530。

沈旺、高雪倩、代旺、杨博全，2020，《基于解释水平理论与调节定向理论的社交网络隐私悖论研究》，《情报科学》第 8 期。

沈毅，2013，《迈向"场域"脉络下的本土"关系"理论探析》，《社会学研究》第 4 期。

沈毅龙，2019，《论失信的行政联合惩戒及其法律控制》，《法学家》第 4 期。

施从美、江亚洲，2019，《从传统道德到公共生活：现代社会治理语境中的公益慈善》，《社会科学战线》第 5 期。

什托姆普卡，彼得，2005，《信任：一种社会学理论》，程胜利译，中华书局。

石冠峰、文梅、方志斌、牛宇霖、唐杰，2022，《基于扎根理论的中国员工错失焦虑研究：内涵、结构及形成机制》，《管理评论》第 5 期。

石国亮，2012，《慈善组织公信力重塑过程中第三方评估机制研究》，《中国行政管理》第 9 期。

石国亮，2014，《慈善组织公信力的影响因素分析》，《中国行政管理》第 5 期。

石国亮、廖鸿，2015，《慈善组织公信力的危机与重建》，《马克思主义与现实》第 6 期。

舒迪，2021，《去年我国共接受慈善捐赠 2253.13 亿元》，《人民政协报》11 月 30 日。

宋道雷、郝宇青，2014，《从传统公益研究到网络公益研究的变迁——中国公益研究状况述评》，《社会科学》第 2 期。

宋衍涛、崔希悦，2020，《网络公益慈善的发展困境及解决路径研究》，《理论与现代化》第 4 期。

孙春霞、沈婕，2014，《社会信任理论视角下的慈善组织公信力重建》，《湖北社会科学》第 3 期。

孙发锋，2012，《信息公开：我国慈善组织公信力建设的突破口》，《理论导刊》第 9 期。

孙发锋，2014，《第三方评估：我国慈善组织公信力建设的必然要求》，《行政论坛》第 4 期。

孙赫、任金政、王贝贝，2020，《初始信任对个人互联网理财使用意愿的影响研究——兼论性别、受教育水平等因素的中介效应与调节效应》，《管理评论》第 1 期。

孙华梅、张晨珧，2017，《危机企业网络互动对信任修复效果影响研究》，《运筹与管理》第 3 期。

孙晓玲、张云、吴明证，2007，《解释水平理论的研究现状与展望》，《应用心理学》第 2 期。

孙彦、李纾、殷晓莉，2007，《决策与推理的双系统——启发式系统和分析系统》，《心理科学进展》第 5 期。

腾讯公益，2017，《腾讯公益十周年报告》，原创力文档平台，12 月 30 日，https://max.book118.com/html/2017/1230/146456001.shtm。

童星、罗军，2001，《网络社会：一种新的、现实的社会存在方式》，《江苏社会科学》第 5 期。

万君、李静、赵宏霞，2015，《基于信任转移视角的移动购物用户接受行为实证研究》，《软科学》第 2 期。

汪丹，2014，《我国网络慈善事业的可持续发展研究》，《社会工作》第 6 期。

汪丹、于立平，2014，《网络募捐：时尚背后的困境——以宁波市为例》，《宁波大学学报》（人文科学版）第 4 期。

汪国华、张晓光，2014，《中国网络慈善运作模式比较研究》，《社会科学研究》第 3 期。

王丹阳，2017，《慈善法视域下网络众筹平台的规制路径——以"轻松筹"为研究样本》，《天津法学》第 3 期。

王方，2018，《声誉机制、信息基础与我国慈善组织规制优化》，《四川师范大学学报》（社会科学版）第 3 期。

王涵，2019，《公司年报主席致辞中信任修复的话语策略研究》，硕士学位论文，北京林业大学。

王宏伟、夏远强，2009，《网络购物中客户信任影响因素的实证研究》，《情报杂志》第 1 期。

王华、王丛，2019，《关系就医对医患初始信任及信任演变的影响》，《现代财经》（天津财经大学学报）第 2 期。

王建华、王缘，2021，《消费者信任的维度结构与安全认证农产品的购买意愿研究——基于情境因素的多群组分析》，《青海社会科学》第 2 期。

王乐燕，2017，《众筹平台潜在支持者初始信任的影响因素综述》，《科技与管理》第 1 期。

王丽荣，2020，《公益慈善何以更透明——基于区块链的数字证书认证策略》，《兰州学刊》第 4 期。

王连生、王茂福，2021，《特殊信任到普遍信任的连接路径》，《社会发展研究》第 3 期。

王猛、王有鑫，2020，《信任危机与慈善捐赠——基于2002—2016年省际数据的实证研究》，《管理评论》第8期。

王名、蔡志鸿、王春婷，2014，《社会共治：多元主体共同治理的实践探索与制度创新》，《中国行政管理》第12期。

王溥、陈宁睿，2020，《公共卫生危机下的城市形象修复路径研究——兼论嵌套式形象修复理论的建构》，《学习与实践》第12期。

王齐睿，2021，《论个人网络募捐的法律属性及其规制》，《江西社会科学》第12期。

王琪，2020，《多边平台视野下网络慈善平台诚信治理的问题、原因与对策》，《社会与公益》第7期。

王绮、彭遥、陆绍凯，2018，《巧打情感牌还是直接给甜头？本土研发联盟中的信任修复策略研究》，《中国人力资源开发》第1期。

王青原，2005，《信任与公共性》，《河北学刊》第4期。

王润稼，2022，《儒家伦理信任在现代组织中的生成逻辑》，《中国人民大学学报》第1期。

王少辉、高业庭、余凯，2015，《基于移动互联网的慈善捐赠运行机制研究——以湖北省"拯救一斤半早产儿"慈善募捐活动为例》，《电子政务》第3期。

王思斌，2001，《中国社会的求—助关系——制度与文化的视角》，《社会学研究》第4期。

王伟、李立威、刘雅芳，2021，《心理距离对网约车用户感知风险和信任的影响研究——基于解释水平理论视角》，《资源开发与市场》第5期。

王小锡，2011，《诚信建设：自律与他律结合》，《光明日报》5月30日。

王晓峰、德索扎，凯文，2020，《区块链技术在公益慈善领域的应用》，《中国红十字报》9月1日。

王晓梅、丛杭青，2016，《道德自律的形成机制》，《伦理学研究》第2期。

王筱纶、顾洁，2019，《企业危机网络舆情的传播路径及其在供应链中的纵向溢出效应研究》，《管理科学》第1期。

王筱纶、赵宇翔、刘筱，2019，《公众科学项目中志愿者信任的影响因素实证探索》，《图书与情报》第 3 期。

王兴标、谷斌，2020，《基于信任的移动社交电子商务购买意愿影响因素》，《中国流通经济》第 4 期。

王雪飞，山岸俊男，1999，《信任的中、日、美比较研究》，《社会学研究》第 2 期。

王嫣，2012，《我国网络公益的发展困境及其解决对策研究》，硕士学位论文，华中科技大学。

王正位、王新程，2021，《信任与捐赠：社会网络在捐赠型众筹中的认证作用》，《管理世界》第 3 期。

威廉姆森，奥利弗·E.，2002，《资本主义经济制度：论企业签约与市场签约》，段毅才、王伟译，商务印书馆。

韦伯，马克斯，1995，《儒教与道教》，王容芬译，商务印书馆。

韦慧民、龙立荣，2008，《组织中人际初始信任研究述评》，《心理科学进展》第 2 期。

韦丽、余宝蓉、方亮，2015，《我国非营利组织网络发展困的境探究——以慈善组织在网络平台中的发展为例》，《企业技术开发》第 18 期。

温远、周雅文、胡昕妍，2019，《新形势下网络募捐平台的法律规制》，《法制与社会》第 13 期。

文宏、林仁镇，2022，《多元如何共治：新时代基层社会治理共同体构建的现实图景——基于东莞市横沥镇的考察》，《理论探讨》第 1 期。

吴国平、唐珺，2011，《知识产权失信行为的法律规制研究》，《知识产权》第 9 期。

吴红彦、周晓伟、庞楠，2019，《大学生共情能力与人际信任的相关性研究》，《现代交际》第 22 期。

吴明隆，2010，《问卷统计分析实务——SPSS 操作与应用》，重庆大学出版社。

吴艳红、朱滢，1998，《项目等距呈现过程中的系列位置效应》，《心理学报》第 4 期。

吴元元，2012，《信息基础、声誉机制与执法优化——食品安全治理的新视野》，《中国社会科学》第 6 期。

西梅尔，格奥尔格，2007，《货币哲学》第 3 册，于沛沛、林毅、张琪译，中国社会科学出版社。

习近平，2017，《决胜全面建成小康社会 夺取新时代中国特色社会主义伟大胜利——在中国共产党第十九次全国代表大会上的报告》，中国政府网，10 月 27 日，http://www.gov.cn/zhuanti/2017-10/27/content 5234876.htm。

向玉乔，2020，《人类道德行为的现象性和规律性》，《北京大学学报》（哲学社会科学版）第 5 期。

谢方威、郑显亮、王泽意、陈慧萍，2021，《社会阶层与网络利他行为的关系：网络人际信任与共情的作用》，《赣南师范大学学报》第 2 期。

谢新水，2012，《论公共信任及公共信任问题》，《首都师范大学学报》（社会科学版）第 6 期。

谢雪梅、石娇娇，2016，《共享经济下消费者信任形成机制的实证研究》，《技术经济》第 10 期。

熊焰、钱婷婷，2012，《产品伤害危机后消费者信任修复策略研究》，《经济管理》第 8 期。

夏勉、王远伟，2015，《状态共情、情境安全程度对助人行为的影响——人际信任的调节作用》，《华中师范大学学报》（人文社会科学版）第 4 期。

徐彪，2014，《公共危机事件后政府信任受损及修复机理——基于归因理论的分析和情景实验》，《公共管理学报》第 2 期。

徐彪、张媛媛、张珣，2014，《负面事件后消费者信任受损及其外溢机理研究》，《管理科学》第 2 期。

徐莺，2013，《慈善组织信任危机的表现、成因与应对——基于政府管理模式转型的视角》，《广西社会科学》第 3 期。

许烺光，1990，《宗族·种姓·俱乐部》，薛刚译，华夏出版社。

薛天山，2008，《中国人的信任逻辑》，《伦理学研究》第 4 期。

严蓓蕾、王高玲，2017，《网络慈善在大病保障体系中的作用与发展》，

《卫生经济研究》第 9 期。

颜梦洁、李青，2021，《政治关联与非营利组织透明度：自媒体监督的调节效应》，《公共管理与政策评论》第 2 期。

杨方方，2017，《慈善市场的信息不对称与结构性失衡研究》，《社会保障评论》第 3 期。

杨逢银、张钊、杨颜澧，2020，《"微公益"失范的发生机理与跨界规制》，《中国行政管理》第 2 期。

杨柳，2015，《基于情绪视角的消费者信任修复研究——前沿探析与未来展望》，《消费经济》第 3 期。

杨柳、吴海铮，2015，《网络购物环境下消费者信任修复策略研究——基于积极情绪的视角》，《当代财经》第 11 期。

杨柳、吴海铮，2016，《积极情绪影响网络购物消费者信任修复的线索效应研究》，《当代财经》第 6 期。

杨团主编，2016，《中国慈善发展报告（2016）》，社会科学文献出版社。

杨团主编，2017，《中国慈善发展报告（2017）》，社会科学文献出版社。

杨伟伟、谢菊，2021，《互联网视角下慈善组织公信力危机影响因素分析》，《山东社会科学》第 10 期。

杨永娇，2021，《社会调查的形式理性及其困境：对个人慈善捐赠调查的反思》，《学术研究》第 2 期。

姚春序、张曼婷、廖中举，2020，《企业责任型领导的结构维度研究：基于扎根理论的探索》，《中国人力资源开发》第 2 期。

姚菊芬，2019，《网络公益众筹的法律困境及解决对策——以我国〈慈善法〉为视角》，《法制与社会》第 15 期。

姚篮、李建玲，2014，《国外网络信任研究述评》，《重庆大学学报》（社会科学版）第 6 期。

姚琦，2011，《组织行为学中的信任违背和修复研究》，《南开学报》（哲学社会科学版）第 5 期。

姚琦、乐国安、赖凯声、张渌、薛婷，2012，《信任修复：研究现状及挑战》，《心理科学进展》第 6 期。

姚琦、马华维，2013，《社会心理学视角下的当代信任研究》，中国法制出版社。

姚云浩、栾维新，2019，《基于 TAM-IDT 模型的游艇旅游消费行为意向影响因素》，《旅游学刊》第 2 期。

尹昱、钱黎春，2018，《基于市场营销视角的慈善组织公信力提升研究》，《安徽工业大学学报》（社会科学版）第 5 期。

应志恒、王兴芬、杜惠英，2018，《基于网络零售在线可获信息的信任研究》，《商业经济研究》第 10 期。

友成基金会，2021，《今年 99 公益日整体表现如何？最新数据来了！》，微博，9 月 23 日，https://weibo.com/ttarticle/p/show?id=2309404684537950240867。

于兆吉、张嘉桐，2017，《扎根理论发展及应用研究评述》，《沈阳工业大学学报》（社会科学版）第 1 期。

余乐安、李玲、武佳倩、汤铃，2015，《基于系统动力学的危化品水污染突发事件中网络舆情危机应急策略研究》，《系统工程理论与实践》第 10 期。

余圣陶，2017，《信任违背事件、人格特征对信任修复的影响》，《教育导刊》第 9 期。

於世为、诸克军、苏顺华，2005，《基于模糊重心的 B To C 模式下网络信任综合评价》，《科技管理研究》第 11 期。

喻国明，2011，《"抢盐风波"的生成因素、传播路径、议题演化及媒介表现——基于网络文本的智能化舆情分析技术》，《新闻与写作》第 5 期。

袁博、董悦、李伟强，2017，《道歉在信任修复中的作用：来自元分析的证据》，《心理科学进展》第 7 期。

袁同成、沈宫阁，2014，《新媒体与"善治"的可能——基于中外网络慈善监管的比较研究》，《甘肃社会科学》第 3 期。

袁晓劲、郭斯萍，2017，《中国人人际情感的差序格局关系：来自 EAST 的证据》，《心理科学》第 3 期。

岳璐、田海平，2004，《信任研究的学术理路——对信任研究的若干路径的考查》，《南京社会科学》第 6 期。

曾润喜、陈创，2018，《网络舆情信息传播动力机制的比较研究》，《图书情报工作》第 7 期。

曾润喜、徐晓林，2009，《网络舆情突发事件预警系统、指标与机制》，《情报杂志》第 11 期。

翟学伟、薛天山主编，2014，《社会信任理论及其应用》，中国人民大学出版社。

占友龙、肖啸、谭千保、钟毅平，2020，《声誉损失风险下自我相关性对道德决策的影响：一项 ERP 研究》，《科学通报》第 19 期。

张蓓、盘思桃，2018，《生鲜电商企业社会责任与消费者信任修复》，《华南农业大学学报》（社会科学版）第 6 期。

张春贤，2020，《全国人民代表大会常务委员会执法检查组关于检查〈中华人民共和国慈善法〉实施情况的报告——2020 年 10 月 15 日在第十三届全国人民代表大会常务委员会第二十二次会议上》，《中国人大》第 24 期。

张海涛、龙立荣，2015，《组织信任修复策略及情境因素影响研究综述》，《财会通讯》第 9 期。

张杰、覃柯文，2017，《新媒体慈善行为的情感动力机制研究》，《现代传播》（中国传媒大学学报）第 2 期。

张进美、刘天翠、刘武，2011，《基于计划行为理论的公民慈善捐赠行为影响因素分析——以辽宁省数据为例》，《软科学》第 8 期。

张珺、唐伶芳、陶干、梁梓淇，2016，《农产品质量安全危机后消费者信任修复策略研究——以某企业盐酸克伦特罗事件为例》，《黑龙江畜牧兽医》第 20 期。

张珂，2012，《网络舆情突发事件中领导的应对之策》，《领导科学》第 14 期。

张立荣、姜庆志，2013，《组织工程视角下的非营利组织信任危机治理进路探究》，《中国行政管理》第 9 期。

张麟、王夏阳、陈宏辉、陈良升，2017，《企业承担社会责任对求职者会产生吸引力吗——一项基于实验的实证研究》，《南开管理评论》第5期。

张梦霞、原梦琪，2020，《初始信任对跨境电商平台市场发展的作用机制》，《财经问题研究》第6期。

张鹏、李萍、赵文博，2016，《破解慈善公信力困境：可追溯系统原理运用的理论与实证》，《社会科学研究》第3期。

张冉，2014，《国外慈善组织声誉建设成功实践探析：基于政府实施的视角》，《兰州学刊》第12期。

张圣亮、高欢，2011，《服务补救方式对消费者情绪和行为意向的影响》，《南开管理评论》第2期。

张圣、徐家良，2021，《政府慈善赋权何以走向有序？——探寻渐进之道》，《学习与实践》第3期。

张淑萍，2014，《多品牌危机事件对乳品行业信任的影响研究》，博士学位论文，中国农业大学。

张卫、张硕，2021，《"互联网+慈善"新模式：内在逻辑、多重困境与对策》，《现代经济探讨》第11期。

张武科、金佳，2019，《社会距离会影响人们的慷慨程度吗？——社会折现的研究综述》，《财经论丛》第7期。

张星、赵越、肖泉，2019，《社交网络情境下个体捐赠意愿影响因素研究》，《信息与管理研究》第1期。

张旭凯、尹航、李鹏、李红，2018，《催产素对社会决策行为的影响》，《心理科学进展》第8期。

张艳，2016，《医患关系中信任受损的主要影响因素及修复机制研究》，《中国中医药现代远程教育》第3期。

张懿雯、朱春阳，2015，《政治信任：政府危机传播中的"燃点控制器"——以"庆安枪案事件"为例的分析》，《新闻界》第18期。

张玉亮、杨英甲，2017，《基于4R危机管理理论的政府网络舆情危机应对手段研究》，《现代情报》第9期。

张祖平，2015，《慈善组织公信力的生成、受损和重建机制研究》，《上海财经大学学报》第 4 期。

赵付春，2017，《大数据环境下用户隐私保护和信任构建》，《探索与争鸣》第 12 期。

赵文聘、陈保中，2019，《国外公益慈善监管发展趋势及对我国的启示》，《上海行政学院学报》第 6 期。

赵文聘、徐家良，2019，《制度性组织、新纽带与再嵌入：网络公益慈善信任形成机制创新》，《社会科学》第 6 期。

赵燕妮、张淑萍，2018，《基于归因视角的消费者信任修复策略》，《统计与决策》第 13 期。

郑功成，2020，《中国慈善事业发展：成效、问题与制度完善》，《中共中央党校（国家行政学院）学报》第 6 期。

郑显亮、赵薇，2015，《共情、自我效能感与网络利他行为的关系》，《中国临床心理学杂志》第 2 期。

郑也夫，2015，《信任论》，中信出版社。

中共中央委员会，2008，《中共中央关于加强党的执政能力建设的决定》，中国政府网，8 月 20 日，http://www.gov.cn/test/2008-08/20/content_1075279.htm。

中共中央委员会，2013，《授权发布：中国共产党第十八届中央委员会第三次全体会议公报》，新华网，11 月 12 日，http://www.xinhuanet.com//politics/2013-11/12/c_118113455.htm。

中共中央委员会，2020，《中共中央关于制定国民经济和社会发展第十四个五年规划和二〇三五年远景目标的建议》，中国政府网，11 月 3 日，http://www.gov.cn/zhengce/2020-11/03/content_5556991.htm。

中国慈善联合会，2019，《中国慈善联合会发布〈2018 年度中国慈善捐助报告〉2018 年全国接收捐赠 1624.15 亿元》，公益时报网，9 月 24 日，http://www.gongyishibao.com/html/yaowen/17358.html。

中国慈善联合会，2021，《〈2020 年度中国慈善捐赠报告〉发布 去年我国接受境内外慈善捐赠超 2000 亿元》，光明网，11 月 29 日，https://

m. gmw. cn/baijia/2021-11/29/35344991. html。

中国互联网络信息中心，2017，《2016 年中国社交应用用户行为研究报告》，中国互联网络信息中心网站，12 月 27 日，http://www. cnn-ic. cn/hlwfzyj/hlwxzbg/sqbg/201712/t20171227_70118. htm。

中国互联网络信息中心，2020，《第 45 次〈中国互联网络发展状况统计报告〉》，中国网信网，4 月 28 日，http://www. cac. gov. cn/2020-04/27/c_1589535470378587. htm。

中国互联网络信息中心，2021，《网民规模破 10 亿！第 48 次〈中国互联网络发展状况统计报告〉发布》，法治陕西网，8 月 27 日，http://www. fzsx. gov. cn/sx/fcsh/48417. htm。

中国互联网络信息中心，2023，《10.79 亿网民如何共享美好数字生活？——透视第 52 次〈中国互联网络发展状况统计报告〉》，中央网络安全和信息化委员会办公室、中华人民共和国国家互联网信息办公室网站，8 月 29 日，https://www. cac. gov. cn/2023-08/29/c_1694965940144802. htm。

钟智锦，2015，《社交媒体中的公益众筹：微公益的筹款能力和信息透明研究》，《新闻与传播研究》第 8 期。

周长城，2019，《打造网络慈善运营文化模式》，《人民论坛》第 22 期。

周虹，2018，《网络慈善的政府治理问题研究——以"罗一笑事件"为例》，硕士学位论文，广东财经大学。

周甜甜、徐立功，2021，《体育自媒体用户个体特征对消费意愿的影响：信息价值和信任倾向的双重中介作用》，《浙江体育科学》第 2 期。

周伟娇、王亚亚、万巧琴、龚文涛、张岩、侯罗娅、尚少梅，2018，《感知服务质量、患者满意及患者信任对患者行为意向影响的路径分析》，《中国卫生统计》第 2 期。

周详、程乐华，2010，《共情对直接利他行为的发生学意义》，《人文杂志》第 4 期。

朱灏、尹可丽、杨李慧子，2020，《面部表情与捐赠者—受益者关系对网络慈善众筹捐赠行为的影响》，《心理与行为研究》第 4 期。

朱秋锦、张帆、钟年，2021，《亲亲为大，亲贤仍重：亲疏关系、人情取
　　向对人际信任的影响》，《心理科学》第 6 期。

朱燕菲，2019，《新型社交媒体上大学生慈善捐赠的影响机制——一项基
　　于双信息加工系统理论的实证研究》，《青少年学刊》第 4 期。

左明霞，2018，《互联网公益怎样越走越远》，《人民论坛》第 34 期。

英文文献

Aquino, K., Grover, S. L., Goldman, B., and Folger, R. 2003. "When Push
　　Doesn't Come to Shove: Interpersonal Forgiveness in Workplace Relation-
　　ships," *Journal of Management Inquiry* 12: 209-216.

Argenti, P. A., and Druckenmiller, B. 2004. "Reputation and the Corporate
　　Brand," *Corporate Reputation Review* 6 (4): 368-374.

Aron, A., Aron, E. N., and Danny, S. 1992. "Inclusion of Other in the Self
　　Scale and the Structure of Interpersonal Closeness," *Journal of Personality
　　and Social Psychology* 63 (4): 596-612.

Bar-Anan, Y., Liberman, N., and Trope, Y. 2006. "The Association Between
　　Psychological Distance and Construal Level: Evidence from an Implicit Asso-
　　ciation Test," *Journal of Experimental Psychology General* 135 (4): 609-
　　622.

Baron, R. M., and Kenny, D. A. 1986. "The Moderator-mediator Variable Dis-
　　tinction in Social Psychological Research: Conceptual, Strategic, and Statis-
　　tical Considerations," *Journal of Personality and Social Psychology* 51
　　(6): 1173-1182.

Batson, C. D. 1987. "Prosocial Motivation: Is It Ever Truly Altruistic?" *Ad-
　　vances in Experimental Social Psychology* 20: 65-122.

Batson, C. D., Batson, J. G., and Todd, R. M. 1995. "Empathy and the Col-
　　lective Good: Caring for One of the Others in a Social Dilemma," *Journal
　　of Personality and Social Psychology* 68: 619-631.

Bennett, R., and Gabriel, H. 2003. "Image and Reputational Characteristics of

UK Charitable Organizations: An Empirical Study," *Corporate Reputation Review* 6 (3): 276-289.

Berg, J. , Dickhaut, J. , and McCabe, K. 1995. "Trust, Reciprocity and Social History," *Games and Economic Behavior* 10 (1): 122-142.

Berson, Y. , Halevy, N. , and Shamir, B. 2014. "Leading from Different Psychological Distances: A Construal-level Perspective on Vision Communication, Goal Setting, and Follower Motivation," *Leadership Quarterly* 26 (2): 143-155.

Bethlehem, R. A. , Van H. J. , Auyeung, B. , & BaronCohen, S. 2013. "Oxytocin, Brain Physiology, and Functional Connectivity: A Review of Intranasal Oxytocin fMRI Studies," *Psychoneuroendocrinology* 38 (7): 962-974.

Bian , Y. 1997. "Bringing Strong Ties Back in: Indirect Ties, Network Bridges, and Job Searches in China," *American Sociological Review* 62 (6): 367.

Bies, R. J. , and Tripp, T. M. 1996. "Beyond Distrust: 'Getting Even' and the Need for Revenge," R. M. Kramer, and T. R. Tyler (eds.), *Trust in Organizations: Frontiers of Theory and Research*, Thousand Oaks, CA: Sage Publications.

Boero, R. , Bravo, G. , Castellani, M. , and Squazzoni, F. 2009. "Reputational Cues in Repeated Trust Games," *The Journal of Socio-economics* 38 (6): 871-877.

Bollen, K. A. 1989. *Structural Equations with Latent Variable*, New York: John Wiley and Sons.

Bottom, W. P. , Gibson, K. , Daniels, S. , and Murnighan, J. K. 2002. "When Talk Is Not Cheap: Substantive Penance and Expressions of Intent in Rebuilding Cooperation," *Organization Science* 13 (5): 497-513.

Bozic, B. 2017. "Consumer Trust Repair: A Critical Literature Review," *European Management Journal* 35 (4): 538-547.

Braustein, S. L. , and Burger, C. F. 2007. "The IRS Gets Less Charitable: New Tax Rules for Charitable Deductions Create Hurdles to Taxpayer Philanthropy," *ABA Journal* 93 (12): 50-55.

Burt, C. D., and Gibbons, S. 2011. "The Effects of Donation Button Design on Aid Agency Transactional Trus," *International Journal of Nonprofit and Voluntary Sector Marketing* 16 (2): 183-194.

CAF. 2021. "CAF World Giving Index 2021," https://www.cafonline.org/about-us/publications/2021-publications/caf-world-giving-index-2021#tab2.

Carlisle, R., Tsang, J., and Ahmad, N. 2012. "Do Actions Speak Louder than Words? Differential Effects of Apology and Restitution on Behavioral and Self-Report Measures of Forgiveness," *The Journal of Positive Psychology* 7 (4): 294-305.

Cavanaugh, L. A., Bettman, J. R., and Luce, M. F. 2015. "Feeling Love and Doing More for Distant Others: Specific Positive Emotions Differentially Affect Prosocial Consumption," *Journal of Marketing Research* 52 (5): 657-673.

Chan, M. E. 2009. "'Why Did you Hurt Me?' Victim's Interpersonal Betrayal Attribution and Trust Implications," *Review of General Psychology* 13 (3): 262-274.

Chen, C. 2006. "Identifying Significant Factors Influencing Consumer Trust in An Online Travel Site," *Information Technology and Tourism* 8 (3-1): 197-214.

Cody, M. J., and McLaughlin, M. L. 1985. "Models for the Sequential Construction of Accounting Episodes: Situational and Interactional Constraints on Message Selection and Evaluation," R. L. Street, Jr., and J. N. Cappella (eds.), *Sequence and Pattern in Communicative Behavior*, Landon: Edward Arnold.

Colquitt, J. A., Scott, B. A., and Lepine, J. A. 2007. "Trust, Trustworthiness, and Trust Propensity: A Meta-analytic Test of Their Unique Relationships with Risk Taking and Job Performance," *Journal of Applied Psychology* 92 (4): 909.

Corbitt, B. J. , Thanasankit, T. , and Yi, H. 2004. "Trust and E-commerce: A Study of Consumer Perceptions," *Electronic Commerce Research and Applications* 2 (3): 203–215.

Corritore, C. L. , Kracher, B. , and Wiedenbeck, S. 2003. " On-line Trust: Concepts, Evolving Themes, a Model," *International Journal of Human-computer Studies* 58 (6): 737–758.

Costello, A. B. , and Osborne, J. W. 2005. "Best Practices in Exploratory Factor Analysis: Four Recommendations for Getting the Most from Your Analysis," *Practical Assessment, Research and Evaluation* 10 (7): 1–9.

Davis, F. D. , Bagozzi, R. P. , and Warshaw, P. R. 1989. "User Acceptance of Computer Technology: A Comparison of Two Theoretical Models," *Management Science* 35 (8): 982–1003.

Dawar, N. , and Pillutia, M. M. 2000. "Impact of Product-harm Crises on Brand Equity: The Moderating Role of Consumer Expectations," *Journal of Marketing Research* 37 (2): 215–226.

Desmet, P. T. M. , Cremer, D. D. , and Dijk, E. V. 2011. "In Money We Trust? The Use of Financial Compensations to Repair Trust in the Aftermath of Distributive Harm," *Organizational Behavior and Human Decision Processes* 114 (2): 75–86.

Deutsch, M. 1958. "Trust and Suspicion," *Journal of Conflict Resolution* 2 (4): 265–279.

Dirks, K. T. , and Ferrin, D. L. 2002. "Trust in Leadership: Meta-analytic Findings and Implications for Organizational Research," *Journal of Applied Psychology* 87 (4): 611–628.

Dirks, K. T. , Kim, P. H. , Ferrin, D. L. , and Cooper, C. D. 2011. "Understanding the Effects of Substantive Responses on Trust Following a Transgression," *Organizational Behavior and Human Decision Processes* 114: 87–103.

Dohle, S. , Keller, C. , and Siegrist, M. 2010. "Examining the Relationship Between Affect and Implicit Associations: Implications for Risk Perception," *Risk Analysis: An International Journal* 30 (7): 1116-1128.

Druckman, D., Lewicki, R. J., and Doyle, S. P. 2019. "Repairing Violations of Trustworthiness in Negotiation," Journal of Applied Social Psychology 49 (3): 145-158.

Duclos, R., and Barasch, A. 2014. "Prosocial Behavior in Intergroup Relations: How Donor Self-construal and Recipient Group-membership Shape Generosity," *Journal of Consumer Research* 41 (1): 93-108.

Dunn, J. R., and Schweitzer, M. E. 2005. "Feeling and Believing: The Influence of Emotion on Trust," *Journal of Personality and Social Psychology* 88 (5): 736-748.

Eisenberg, N., and Fabes, R. A. 1998. "Prosocial Development," W. Damon, and L. Eisenberg (eds.), *Handbook of Child Psychology: Social, Emotional, and Personality Development*, New York: Wiley.

Fajardo, T. M., Townsend, C., and Bolander, W. 2018. "Toward an Optimal Donation Solicitation: Evidence from the Field of the Differential Influence of Donor-related and Organization-related Information on Donation Cchoice and Amount," *Journal of Marketing* 82 (2): 142-152.

Farwell, M. M., Shier, M. L., and Handy, F. 2019. "Explaining Trust in Canadian Charities: The Influence of Public Perceptions of Accountability, Transparency, Familiarity and Institutional Trust," *VOLUNTAS: International Journal of Voluntary and Nonprofit Organizations* 30 (4): 768-782.

Fehr, E. 2009. "On the Economics and Biology of Trust," *Journal of European Economic Association* 7 (2-3): 235-266.

Ferrin, D. L., Kim, P. H., Cooper, C. D., and Dirks, K. T. 2007. "Silence Speaks Volumes: The Effectiveness of Reticence in Comparison to Apology and Denial for Responding to Integrity-and Competence-based Trust Violations," *Journal of Applied Psychology* 92 (4): 893.

Finkel, E. J., Rusbult, C. E., Kumashiro, M., and Hannon, P. A. 2002.

"Dealing with Betrayal in Close Relationships: Does Commitment Promote forGiveness?" *Journal of Personality and Social Psychology* 82: 956-974.

Finucane, M. L., Alhakami, A., Slovic, P., and Johnson, S. M. 2000. "The Affect Heuristic in Judgments of Risks and Benefits," *Journal of Behavioral Decision Making* 13 (1): 1-17.

Fishbein, M., and Ajzen, I. 1977. "Belief, Attitude Intention and Behavior: An Introduction to Theory and Research," *Philosophy and Rhetoric* 10 (2): 130-132.

Fogg, B. J. 2002. "Stanford Guidelines for Web Credibility: A Research Summary from the Stanford Persuasive Technology Lab," Standford University.

Forgas, J. P. 1995. "Mood and Judgment: The Affect Infusion Model (AIM)," *Psychological Bulletin* 117 (1): 39-66.

Fornell, C., and Larcker, D. F. 1981. "Evaluating Structural Equation Models with Unobservable Variables and Measurement Error," *Journal of Marketing Research* 24 (2): 337-346.

Forster, J., and Higgins, E. T. 2005. "How Global Versus Local Perception Fits Regulatory Focus," *Psychological Science* 16 (8): 631-636.

Furneaux, C., and Wymer, W. 2015. "Public Trust in Australian Charities: Accounting for Cause and Effect," *Third Sector Review* 21 (2): 99-127.

Gefen, D. 2000. "E-commerce: The Role of Familiarity and Trust," *Omega* 28 (6): 725-737.

Gefen, D., and Straub, K. D. W. 2003. "Trust and TAM in Online Shopping: An Integrated Model," *MIS Quarterly* 27 (1): 51-90.

Ghose, B. S. 2003. "Reciprocal Spillover Effects: A Strategic Benefit of Brand Extensions," *Journal of Marketing* 67 (1): 4-13.

Gillespie, N., and Dietz, G. 2009. "Trust Repair After an Organization-level Failure," *Academy of Management Review* 34 (1): 127-145.

Gill, H., Boies, K., and Mcnally, F. J. 2005. "Antecedents of Trust: Establis-Hing a Boundary Condition for the Relation Between Propensity to Trust and

Intention to Trust," *Journal of Business and Psychology* 19 （3）: 287 - 302.

Glaser, B. , and Strauss, A. 1967. *The Discovery of Grounded Theory: Strategies of Qualitative Research*, Chicago: Aldine Publishing Company.

Goatman, A. K. , and Lewis, B. R. 2007. "Charity E-volution? An Evaluation of the Attitudes of UK Charities Towards Website Adoption and Use," *International Journal of Nonprofit and Voluntary Sector Marketing* 12 （1）: 33-46.

Goffman, E. 1959. *The Presentation of Self in Everyday Life*, New York: Anchor Books.

Govier, T. 1994. "Is It a Jungle Out There? Trust, Distrust and the Construction of Social Reality," *Dialogue* 33 （2）: 237-252.

Grabner-Kraeuter, S. 2002. "The Role of Consumers' Trust in Online-shopping," *Journal of Business Ethics* 39 （1/2）: 43-50.

Granovetter, M. S. 1973. "The Strength of Weak Ties," *American Journal of Sociology* 78 （6）: 1360-1380.

Hackler, D. , and Saxton, G. D. 2007. "The Strategic Use of Information Technology by Nonprofit Organizations: Increasing Capacity and Untapped Potential," *Public Administration Review* 67 （3）: 474-487.

Hair, J. F. , Black, W. C. , Babin, B. J. , and Anderson, R. E. 2009. *Multivariate Data Analysis*, Englewood Cliffs, NJ: Prentice-Hall.

Hargittai, E. , Fullerton, L. , Menchentrevino, E. , and Thomas, K. Y. 2010. "Trust Online: Young Adults' Evaluation of Web Content," *International Journal of Communication* 4: 468-494.

Haselhuhn, M. , Schweitzer, M. , and Wood, A. 2010. "How Implicit Beliefs Influence Trust Recovery," *Psychological Science* 21 （5）: 645-648.

Hassan, S. H. , Masron, T. A. , Noor, M. , and Ramayah, T. 2018. "Antecedents of Trust Towards the Attitude of Charitable Organization in Monetary Philanthropic Donation Among Generation-Y," *Asian Academy of Management Journal* 23 （1）: 53-78.

Heider, F. 1958. *The Psychology of Interpersonal Relations*, New York: John Wiley and Sons.

Hind, A. 2017. "New Development, Fundraising in UK Charities—Stepping Back from the Abyss," *Public Money and Management* 37 (3): 205–210.

Hooper, P., and Stobart, S. 2003. "Using Third-party Services to Reduce the Development Cost and Improve the Effectiveness of Charity Websites," *International Journal of Nonprofit and Voluntary Sector Marketing* 8 (4): 328–336.

Hosmer, L. T. 1995. "Trust: The Connecting Link Between Organizational Theory and Philosophcal Ethics," *Academy of Management Review* 20: 379–403.

Hu, X., Lin, Z., and Zhang, H. 2002. "Trust Promoting Seals in Electronic Markets: An Exploratory Study of Their Effectiveness for Online Sales Promotion," *Journal of Promotion Management* 9 (1–2): 163–180.

Jarvenpaa, S. L., Tractinsky, N., and Vitale, M. 1998. "Consumer Trust in an Internet Store," *Information Technology and Management* (4): 29–64.

Jones, B., and Rachlin, H. 2006. "Social Discounting," *Psychological Science* 17 (4): 283–286.

Jøsang, A., Ismail, R., and Boyd, C. 2007. "A Survey of Trust and Reputation Systems for Online Service Provision," *Decision Support Systems* 43 (2): 618–644.

Kahneman, D. 2011. *Thinking, Fast and Slow*, New York: Farrar, Straus and Giroux.

Kaiser, H. F. 1974. "Little Jiffy, Mark IV," *Educational and Psychological Measurement* 34 (1): 111–117.

Kerlinger, F. N. 1973. *Foundations of Behavioral Research*, New York: Holt, Rinehart and Winston.

Kim, D., Song, Y., Braynov, S., and Rao, H. A. 2001. "B-to-C Trust Model for On-line Exchange," *Proceedings of Americas Conference on Information Systems*, Boston, MA, USA.

Kim, H. S. , and Drolet, A. 2003. "Choice and Self-expression: Acultural Analysis of Variety-seeking," *Journal of Personality and Social Psychology* 85: 373-382.

Kim, H. S. , and Ko, D. 2007. "Culture and Self-expression," C. Sedikides, and S. Spencer (eds.), *Frontiers of Social Psychology: The Self*, New York: Psychology Press.

Kim, H. S. , and Sherman, D. K. 2007. "Express Yourself: Culture and the Effect of Self-expression on Choice," *Journal of Personality and Social Psychology* 92 (1): 1-11.

Kim, P. H. , Cooper, C. D. , Dirks, K. T. , and Ferrin, D. L. 2013. "Repairing Trust with Individuals Vs. Groups," *Organizational Behavior and Human Decision Processes* 120 (1): 1-14.

Kim, P. H. , Dirks, K. T. , and Cooper, C. D. 2009. "The Repair of Trust: A Dynamic Bilateral Perspective and Multilevel Conceptualization," *Academy of Management Review* 34 (3): 401-422.

Kim, P. H. , Dirks, K. T. , Cooper, C. D. , and Ferrin, D. L. 2006. "When more Blame Is Better Than Less: The Implications of Internal Vs. External Attributions for the Repair of Trust after a Competence-vs. Integrity-based Trust Violation," *Organizational Behavior and Human Decision Processes* 99 (1): 49-65.

Kim, P. H. , Ferrin, D. L. , Cooper, C. D. , and Dirks, K. T. 2004. "Removing the Shadow of Suspicion: The Effects of Apology Versus Denial for Repairing Competence-versus Integrity-based Trust Violations," *Journal of Applied Psychology* 89 (1): 104-111.

Kline, R. B. 1998. *Principles and Practice of Structural Equation Modeling*, New York: Guildwood.

Koufaris, M. , and Hampton-Sosa, W. 2004. "The Development of Initial Trust in an Online Company by New Customers," *Information and Management* 41 (3): 377-379.

Kramer, R. M. 1994. "The Sinister Attribution Error: Paranoid Cognition and Collective Distrust in Organization," *Motivation and Emotion* 18 (2): 199 – 230.

Laroche, M. , Habibi, M. R. , and Richard, M. O. 2012. "The Effects of Social Media Based Brand Communities on Brand Community Markers, Value Creation Practices, Brand Trust and Brand Loyalty," *Computers in Human Behavior* 28 (5): 1755–1767.

Lee, M. K. O. , and Turban, E. 2001. "A Trust Model for Consumer Internet Shopping," *International Journal of Electronic Commerce* 6 (1): 75–91.

Lewicki, R. J. , and Brinsfield, C. 2017. "Trust Repair," *Annual Review of Organizational Psychology and Organizational Behavior* 4: 287–313.

Lewicki, R. J. , and Bunker, B. B. 1996. "Developing and Maintaining Trust in Work Relationships," *Trust in Organizations: Frontiers of Theory and Reach*, Thousand Oaks, CA: Sage.

Lewicki, R. J. , and Wiethoff, C. 2000. "Trust, Trust Development, and Trust Repair," M. Deutsch, and P. Coleman (eds.), *The Handbook of Conflict Resolution: Theory and Practice*, San Francisco: Jossey-Bass.

Lewis, J. D. , and Weigert, A. 1985. "Trust as a Social Reality," *Social Forces* 63 (4): 967–985.

Liang, J. P, Chen, Z. X, and Lei, J. 2016. "Inspire Me to Donate: The Use of Strength Emotion in Donation Appeals," *Journal of Consumer Psychology* 26 (2): 283–288.

Liazos, M. G. 2000. "Can States Impose Registration Requirements on Online Charitable Solicitors," *The University of Chicago Law Review* (4): 1379–1407.

Liberman, N. , and Trope, Y. 1998. "The Role of Feasibility and Desirability Considerations in Near and Distant Future Decisions: A Test of Temporal Construal Theory," *Journal of Personality and Social Psychology* 75: 5–18.

Liberman, N. , Trope, Y. , and Wakslak, C. 2007. "Construal Level Theory and Consumer Behavior," *Journal of Consumer Psychology* 17 (2): 113-117.

Lincoln, Y. S. , and Guba, E. G. 1985. *Naturalistic Inquity*, Beverly Hills, CA: Stage.

Luhmann, N. 2001. "Famlillarity, Confidence, Trust: Problems and Alternatives," *Reseaus* 108 (4): 15-35.

Lyon, L. , and Cameron, G. T. 2004. "A Relational Approach Examining the Interplay of Prior Reputation and Immediate Response to a Crisis," *Journal of Public Relations Research* 16 (3): 213-241.

MacKinnon, D. P. , Fritz, M. S. , Williams, J. , and Lockwood, C. M. 2007. "Distribution of the Product Confidence Limits for the Indirect Effect: Program Prodclin," *Behavior Research Methods* 39 (3): 384-389.

Mayer, R. C. , Davis, J. H. , and Schoorman, F. D. 1995. "An Integrative Model of Organizational Trust," *Academy of Management Review* 20 (3): 709-734.

Mcknight, D. H. , and Chervany, N. 2002. "What Trust Means in E-commerce Customer Relationships: An Interdisciplinary Conceptual of Electronic Commerce," *International Journal of Electronic Commerce* 6 (2): 35-59.

Mcknight, D. H. , Choudhury, V. , and Kacmar, C. 2002. "The Impact of Initial Consumer Trust on Intentions to Transact with a Web Site: A Trust Building Model," *The Journal of Strategic Information Systems* 11 (3-4): 297-323.

Metzger, M. J. 2006. "Effects of Site, Vendor, and Consumer Characteristics on Web Site Trust and Disclosure," *Communication Research* 33 (3): 155-179.

Mogilner, C. , Aaker, J. L. , and Pennington, G. 2008. "Time will Tell: The Distant Appeal of Promotion and Imminent Appeal of Prevention," *Journal of Consumer Research* 34: 670-681.

Morgan, G. G. 2008. *The Spirit of Charity (Professorial Lecture)*, Sheffield:

Sheffield Hallam Universty.

Nakayachi, K. , and Watabe, M. 2005. "Restoring Trustworthiness after Adverse Events: The Signaling Effects of Voluntary 'Hostage Posting' on Trust," *Organizational Behavior and Human Decision Processes* 97 (1): 1−17.

Nissenbaum, H. 2001. "Securing Trust Online: Wisdom or Oxymoron?" *Boston University Law Review* 81 (3): 635−664.

Noguchi, K. , Kamada, A. , and Shrira, I. 2014. "Cultural Differences in the Primacy Effect for Person Perception," *International Journal of Psychology* 49 (3): 208−210.

Ohbuchi, K. I. , Kameda, M. , and Agarie, N. 1989. "Apology As Aggression Control: Its Role in Mediating Appraisal of and Response to Harm," *Journal of Personality and Social Psychology* 56 (2): 219−227.

Olson, K. R. 2006. "A Literature Review of Social Mood," *Journal of Behavioral Finance* 7 (4): 193−203.

Pankaj, A. , and Mcgill, A. L. 2012. "When Brands Seem Human, Do Humans Act Like Brands? Automatic Behavioral Priming Effects of Brand Anthropomorphism," *Journal of Consumer Research* 39 (2): 307−323.

Patton, M. Q. 1990. *Qualitative Evaluation and Research Methods*, Newbury Park: Sage.

Pavlou, P. A. , and Dimoka, A. 2006. "The Nature and Role of Feedback Text Comments in Online Marketplaces: Implications for Trust Building, Price Premiums, and Seller Differentiation," *Information Systems Research* 17 (4): 392−414.

Pavlou, P. A. , and Gefen, D. 2004. "Building Effective Online Marketplaces with Institution-based Trust," *Information Systems Research* 15 (1): 37−59.

Pham, M. T. , Cohen, J. B. , Pracejus, J. W. , and Hughes, G. D. 2001. "Affect Monitoring and the Primacy of Feelings in Judgment," *Journal of Consumer Research* 28 (2): 167−188.

Pornpattananangkul, N. , Zhang, J. , and Chen, Q. 2017. "Generous to Whom? The Influence of Oxytocin on Social Discounting," *Psychoneuroendocrinology* 79 (5): 93-97.

Qgiv Team. 2021. "Giving USA 2021 Report: Charitable Giving Trends," https://www. qgiv. com/blog/ giving-usa-2021.

Reed II, A. , Kay, A. , Finnel, S. , Aquino, K. , and Levy, E. 2016. "I Don't Want the Money, I Just Want Your Time: How Moral Identity Overcomes the Aversion to Giving Time to Prosocial Causes," *Journal of Personality and Social Psychology* 110 (3): 435-457.

Ren, H. , and Gray, B. 2009. "Repairing Relationship Conflict: How Violation Types and Culture Influence the Effectiveness of Restoration Rituals," *Academy of Management Review* 34 (1): 105-126.

Riegelsberger, J. , and Sasse, M. A. 2002. "Face It: Photos don't Make a Web Site Trustworthy," Proceedings of CHI, Minneapolis, MN: ACM.

Rifkin, J. R. , Du, K. M. , and Berger, J. 2021. "Penny for Your Preferences: Leveraging Self-expression to Encourage Small Prosocial Gifts," *Journal of Marketing* 85 (3): 204-219.

Righetti, F. , and Finkenauer, C. 2011. "If you Are Able to Control Yourself, I Will Trust You: The Role of Perceived Self-control in Interpersonal Trust," *Journal of Personality and Social Psychology* 100 (5): 874.

Robinson, W. P. 1996. *Handbook of Language and Social Psycholog*, New York: Wiley.

Rotter, J. B. 1967. "A New Scale for the Measurement of Interpersonal Trust," *Journal of Personality* 35 (4): 651-665.

Rousseau, D. M. , Sitkin, S. B. , Burt, R. S. , and Camerer, C. 1998. "Not So Different after All: A Cross-discipline View of Trust," *Academy of Management Review* 23 (3): 393-404.

Rozenkrants, B. , Wheeler, S. C. , and Shiv, B. 2017. "Self-expression Cues in Product Rating Distributions: When People Prefer Polarizing Products,"

Journal of Consumer Research 44 (4): 759-777.

Ryan, T. P. 2008. *Modern Regression Methods*, New York: John Wiley and Sons.

Sargeant, A., and Lee, S. 2004. "Donor Trust and Relationship Commitment in the U. K. Charity Sector: The Impact on Behavior," *Nonprofit and Voluntary Sector Quarterly* 33 (2): 185-202.

Saxton, G. D., and Wang, L. 2014. "The Social Network Effect: The Determinants of Giving Through Social Media," *Nonprofit and Voluntary Sector Puarterly* 43 (5): 850-868.

Schmitt, M., Gollwitzer, M., Förster, N., and Montada, L. 2004. "Effects of Objective and Subjective Account Components on Forgiving," *The Journal of Social Psychology* 144 (5): 465-486.

Schweitzer, M. E., Hershey, J. C., and Bradlow, E. T. 2006. "Promises and Lies: Restoring Violated Trust," *Organizational Behavior and Human Decision Processes* 101 (1): 1-19.

Sehoorman, F. D., Mayer, R. C., and Davis, J. H. 2007. "An Integrative Model of Organizational Trust: Past. Present, and Future," *Academy of Management Review* 32 (3): 344-354.

Shen, Y., and Yu, J. 2017. "Local Government and NGOs in China: Performance-Based Collaboration," *China: An International Journal* 15 (2): 177-191.

Simmel, G. 1950. *The Sociology of Georg Simmel*, K. H. Wolff (trans.), New York: Free Press.

Simmel, G. 1978. *The Philosophy of Money*, London: Routledge.

Singer, T., and Lamm, C. 2009. "The Social Neuroscience of Empathy," *Annals of the New York Academy of Sciences* 1156 (1): 81-96.

Skeat, J., and Perry, A. 2008. "Grounded Theory as a Method for Research in Speech and Language Therapy," *International Journal of Language and Communication Disorders* 43 (2): 95-109.

Smith, D. , Menon, S. , and Sivakumar, K. 2005. "Online Peer and Editorial Recommendations, Trust, and Choice in Virtual Markets," *Journal of Interactive Marketing* 19 (3): 15-37.

Snyder, M. , and Stukas, Jr, A. A. 1999. "Interpersonal Processes: The Interplay of Cognitive, Motivational, and Behavioral Activities in Social Interaction," *Annual Review of Psychology* 50 (1): 273-303.

Song, A. , Lee, H. , Ko, M. , and Lee, U. 2015. "Every Little Helps: Understanding Donor Behavior in a Crowdfunding Platform for Non-profits," In Proceedings of the 33rd Annual ACM Conference Extended Abstracts on Human Factors in Computing Systems: 1103-1108.

Spector, M. D. , and Jones, G. E. 2004. "Trust in the Workplace: Factors Affecting Trust Formation Between Team Members," *Journal of Social Psychology* 144 (3): 311-321.

Sreen, N. , Purbey, S. , and Sadarangani, P. 2018. "Impact of Culture, Behavior and Gender on Green Purchase Intention," *Journal of Retailing and Consumer Services* 41: 177-189.

Steinel, W. , and De Dreu, C. 2004. "Social Motives and Strategic Misrepresentation in Social Decision Making," *Journal of Personality and Social Psychology* 86: 419-434.

Stephan, E. , Liberman, N. , and Trope, Y. 2011. "The Effects of Time Perspective and Level of Construal on Social Distance," *Journal of Experimental Social Psychology* 47 (2): 397-402.

Strang, S. , Gerhardt, H. , Marsh, N. , Oroz, A. S. , Hu, Y. , Hurlemann, R. , and Park, S. Q. 2017. "A Matter of Distance the Effect of Oxytocin on Social Discounting Is Empathy Dependent," *Psychoneuroendocrinology* 78: 229-232.

Teo, T. S. H. , and Liu, J. 2007. "Consumer Trust in E-commerce in the United States, Singapore and China," *Omega* 35 (1): 22-38.

Thoreson, C. E. , Luskin, F. , and Harris, A. H. 2008. "Science and Forgiveness Interventions: Reflections and Recommendations," *Dimensions of For-giveness* 1: 163-190.

Tina, S., Bernd, W., and Zsofia, H. 2015. "Social Discounting Involves Modu-lation of Neural Value Signals by Temporoparietal Junction," *Proceedings of the National Academy of Sciences of the United States of America* 112 (5): 1619-1624.

Tomlinson, E. C., and Mayer, R. C. 2009. "The Role of Causal Attribution Di-mensions in Trust Repair," *Academy of Management Review* 34 (1): 85-104.

Tomlinson, E. C., Dineen, B. R., and Lewicki, R. J. 2004. "The Road to Re-conciliation: Antecedents of Victim Willingness to Reconcile Following a Broken Promise," *Journal of Management* 30 (2): 165-187.

Toms, E. G., and Taves, A. R. 2004. "Measuring User Perceptions of Web Site Reputation," *Information Processing and Management* 40 (2): 291-317.

Trope, L., and Liberman, N. 2003. "Temporal Construal," *Psychological Re-view* 110 (3): 403-421.

Trope, Y., and Liberman, N. 2010. "Construal-level Theory of Psychological Distance," *Psychological Review* 117 (2): 440-463.

Tsygankov, V. A. 2004. "Evaluation of Website Trustworthiness from Customer Perspective, a Framework," M. Janssen, H. Sol, R. Wagenaar (eds.), *Proceedings of the 6th International Conference on Electronic Commerce*, New York: ACM Press.

Urban, G. L., Amyx, C., and Lorenzon, A. 2009. "Online Trust: State of the Art, New Rrontiers, and Research Potential," *Journal of Interactive Mar-keting* 23 (2): 179-190.

Walczuch, R., and Lundgren, H. 2004. "Psychological Antecedents of Institu-tion-based Consumer Trust in E-retailing," *Information and Management* 42 (1): 159-177.

Wang, W., and Benbasat, I. 2007. "Recommendation Agents for Electronic

Commerce: Effects of Explanation Facilities on Trusting Beliefs," *Journal of Management Information Systems* 23 (4): 217-246.

Wang, Y. D., and Emurian, H. H. 2005a. "An Overview of Online Trust: Concepts, Elements, and Implications," *Computers in Human Behavior* 21 (1): 105-125.

Wang, Y. D., and Emurian, H. H. 2005b. "Trust in E-commerce: Consideration of Interface Design Factors," *Journal of Electronic Commerce in Organizations* 3 (4): 42-60.

Whitley, R. D. 1991. "The Social Construction of Business Systems in East Asia," *Organization Studies* 12 (1): 1-28.

Williams, M. 2001. "In Whom We Trust: Group Membership as an Affective Context for Trust Development," *Academy of Management Review* 26: 377-396.

Winterich, K. P., Mittal, V., and Ross, W. T. 2009. "Donation Behavior Toward In-groups and Out-groups: The Role of Gender and Moral Identity," *Journal of Consumer Research* 36 (2): 199-214.

Witvliet, C. V. O., Ludwig, T. E., and Laan, K. L. V. 2001. "Granting Forgiveness or Harboring Grudges: Implications for Emotion, Physiology, and Health," *Psychological Science* 12 (2): 117-123.

Wrightsman, L. S. 1992. *Assumptions About Human Nature*, Newbury Park, CA: Sage Publications.

Xie, Y., and Peng, S. 2009. "How to Repair Customer Trust after Negative Publicity: The Roles of Competence, Integrity, Benevolence, and Forgiveness," *Psychology and Marketing* 26 (7): 572-589.

Yoon, S. J. 2002. "The Antecedents and Consequences of Trust in Online-purchase Decisions," *Journal of Interactive Marketing* 16 (2): 47-63.

Zak, P. J., and Knack, S. 2001. "Trust and Growth," *The Economic Journal* 111 (470): 295-321.

Zand, D. E. 1972. "Trust and Managerial Problem Solving," *Administrative Sci-*

ence Quarterly 17: 229–239.

Zhou, L., Wang, W., and Xu, J. 2018. "Perceived Information Transparency in B2C E-commerce: An Empirical Investigation," *Information and Management* 55 (7): 912–927.

附　录

附录一

捐赠者网络慈善信任结构访谈提纲

尊敬的先生/女士：

　　您好，感谢您参与访谈。我是江西财经大学社会与人文学院研究生×
×，我们现在正进行一项关于网络慈善信任的课题研究。我们想了解您个
人的真实想法、经历。您提供的信息将有助于我们的课题研究。因为访谈
的内容比较多，为了便于后续整理，我会一边听一边记录。记录可能有所
遗漏，所以我希望能录音，但请您放心，所有内容只会用于课题研究，您
的个人信息绝不会被泄露。请您不要有所顾虑，畅所欲言。您有什么问题
吗？没有的话我们就开始吧！

第一部分

　　1. 您是否在网络上进行过公益慈善捐赠，如捐款、捐步数、捐能量、捐
树等？您的捐赠主要关注哪些方面？（疾病救助、教育资助、扶贫救灾等）

　　2. 您觉得网络上哪些慈善组织、慈善平台、慈善项目值得您信任？
（这三类如果被试者都了解，就都让他们谈一谈，如果只了解某一类，就
谈这一类）

　　（1）关于慈善组织、项目、平台的公益慈善信息您是从哪些渠道获得
的？（如从新闻、微信、视频、微博、网站等）

　　（2）这些慈善平台、组织、项目的哪些行为或做法赢得了您的信任？

（3）在网络慈善平台上为一些慈善组织或项目捐赠时，您会担心慈善组织或平台滥用善款吗？是什么原因让您有这种担心或没有这种担心？对您所捐赠的善款流向您有怎样的关注？

（4）您对这个慈善组织、慈善平台、慈善项目的信任程度会影响您的捐赠额度吗？是怎样的影响？

（5）请您举一个您自己亲身经历的为网络慈善平台、慈善组织、慈善项目捐款的例子，详细地说一说这个过程。

3. 您在网上给个人献过爱心，进行过捐赠吗？这个求助者是您认识的人，还是不认识的人？

（1）认识的求助者发布的网络求助信息，您是从哪里获得的？陌生人的求助信息您又是从哪里获得的？（熟人转发、热搜、微博、新闻等）

（2）您是怎样判断熟人转发的求助信息真实性的？（比如求助的原因，需要筹集的资金等）熟人在转发求助信息时，具体做了什么让您觉得这个信息是真实可信的？这个判断结果对您的捐赠有什么影响？

（3）熟人身上有哪些性格特点和为人处世的方式让您觉得这个人值得信任？

（4）对于陌生人的求助信息在哪些方面让您觉得它是真实可信的？（证明材料、捐赠的人多等）（若有人没有直接捐赠过陌生人就跳过此题）陌生人的求助信息引发了您怎样的情感才让您决定捐赠？

4. 有哪些原因让您愿意在网上进行捐款？可以详细谈谈吗？

5. 求助者或转发信息的人与您的亲疏关系对您的捐赠决定有什么影响？这种亲疏关系是怎样影响您对慈善信息信任度的？

6. 请您举一个自己亲身经历的在网上为个人捐赠的例子，详细说一说整个过程。

第二部分

1	性别	①男　②女
2	年龄	＿＿＿＿＿岁
3	婚姻状况	①未婚　②已婚　③离异　④丧偶
4	民族	①汉族　②少数民族

续表

5	职业	①党政机关公务员 ②专业技术人员（科教文卫工作人员） ③私营企业主 ④商业从业人员 ⑤个体经营者 ⑥工人 ⑦学生 ⑧其他＿＿＿＿＿
6	宗教信仰	①无 ②有
7	居住地	①农村 ②城市
8	政治面貌	①中共党员 ②民主党派成员 ③共青团员 ④群众
9	年收入	＿＿＿＿＿元
10	网络捐赠年限	＿＿＿＿＿年
11	所在省区市	＿＿＿＿＿

我们的访谈即将结束，您就网络慈善信任还有什么要说的吗？

感谢您参与我们的访谈。

附录二

捐赠者网络慈善初始信任调查问卷

尊敬的先生/女士：

您好！我们是江西财经大学网络慈善研究课题组的调研人员，现在正进行一项关于网络慈善初始信任的调查，期望了解公众对网络慈善的信任状况。希望您能根据自己的实际情况完成该问卷，该问卷回答完全匿名，答案没有好坏对错之分。我们承诺该问卷所获得的信息仅用于科学研究，我们会保护您的隐私，请您放心作答。完成本问卷大约需要花费您 15 分钟时间。您的参与和支持对本次调查非常重要，十分感谢您的参与和合作！

1. 此前您是否登录过腾讯公益平台（　　　）

A. 是　　　　　B. 否

2. 此前您是否进行过网络慈善捐赠（　　　）

A. 是　＿＿＿次 B. 否

3. 请您结合初次浏览腾讯公益平台的感受，对下面一些观点谈谈您的看法，1分表示"完全不同意"，2分表示"比较不同意"，3分表示"不确定"，4分表示"比较同意"，5分表示"完全同意"，请选择最符合您想法的选项（在对应位置打√）

序号	问题	选项				
		完全不同意	比较不同意	不确定	比较同意	完全同意
以下问题用来了解您初次浏览腾讯公益平台的感受						
1	打开网站时，可以直接一键登录，不用注册账号就能浏览网站对我来说很便利					
2	该网站的操作方式清楚明了					
3	该网站使用起来比较容易					
4	网站的字体、图片、色彩搭配等页面设计给人的感觉比较专业，品质较高					
5	网站在内容设计上突出了自己的品牌Logo和慈善宣传语					
6	网站导航和搜索引擎设计得很好，能让人简单、快捷地找到感兴趣的慈善信息					
7	网络慈善捐赠程序简便、明了，节省了我的时间，提高了我的捐赠效率					
8	该网站能让我快速地找到我想要帮助的人					
9	使用该网站能让我便捷地做善事					
10	捐赠时弹出的透明度提示让我觉得在该平台上进行捐赠是安全的					
11	网站张贴了公益平台用户捐赠协议让我知道自己的信息是安全的					
12	我认为该网站链接的电子支付系统是安全的					
以下问题用来了解您对腾讯公益平台上慈善组织的评价						
13	慈善组织能在网络上开展筹款活动表明它的声誉好					
14	腾讯公益平台是国家认定的首批网络慈善平台，这表明该平台上的慈善组织均具有较高声誉					
15	知名度较高的慈善组织更能吸引我的捐赠					

续表

序号	问题	选项				
		完全不同意	比较不同意	不确定	比较同意	完全同意
16	规模大的、省级以上的慈善组织更能吸引我					
17	我更愿意向规模较大的慈善组织进行捐赠					
18	规模较大的慈善组织更能引起我的兴趣					
19	慈善组织在网络平台上公布了关于项目、进展、机构等详细信息，让我觉得慈善组织具有较高透明度					
20	慈善组织在网络平台上公布了项目的筹款情况和公众捐款记录，让我觉得慈善组织筹款过程的透明度较高					
21	慈善组织在网络平台上公布了慈善项目的执行情况、项目预算、执行计划等详细信息，表明慈善组织执行过程透明度较高					
以下问题用来了解您的个人经验、价值观等						
22	我认为目前出台的《慈善法》等相关的慈善法律法规能有效保障捐赠者的合法权益					
23	我觉得政府对慈善组织和网络慈善平台的监管能有效保护捐赠者的合法权益					
24	我认为网络慈善平台上关于慈善项目的详细信息（如筹款情况、项目执行情况等）保障了捐赠者的知情权					
25	日常生活中我经常使用网络					
26	对网络新生事物接受能力高					
27	我认为自己的网络经验很丰富					
28	我通常会信任他人					
29	我觉得人性是可以信赖的，对人性有信心					
30	大部分人都是诚实的					
31	在这个社会中，绝大多数人都是可以信任的					
以下问题用来了解您的网络慈善初始信任情况						
32	总体上，我觉得该网上慈善公益项目是可靠的					

续表

序号	问题	选项				
		完全 不同意	比较 不同意	不确定	比较 同意	完全 同意
33	我相信该网站上的慈善公益组织会履行自己的承诺					
34	我相信该网站会合理使用我的个人信息					
35	我相信筹款的慈善组织能公平公正地分配善款和物资					
36	我觉得该慈善网站有能力提供丰富真实的慈善信息和服务					
37	我认为慈善组织有能力筹集善款和急需的物资					
38	我认为慈善组织有专业能力胜任它的角色					
39	我认为慈善组织有能力完成它所负责的慈善项目					
40	我相信腾讯公益平台不会为了自己的利益而去损害捐赠者的利益					
41	我认为慈善组织会承担自己的慈善使命					
42	我认为慈善组织在开展慈善项目前能充分调研，了解需求					
43	网络慈善项目负责方和该网站既关注自身利益，又关注捐赠者利益					
44	我愿意到腾讯公益平台进行慈善捐赠					
45	我以后会再次访问腾讯公益平台并捐赠					
46	我愿意把腾讯公益平台上的慈善公益项目信息分享给身边人					

基本信息

1. 您的性别（　　　）

A. 男　　B. 女

2. 您的年龄（　　　）岁

3. 您的受教育水平是（　　　）

A. 初中及以下　B. 高中（含中专、技校）　　C. 大专　D. 本科

E. 研究生（含硕士研究生、博士研究生）　F. 其他

　4. 您的政治面貌是（　　）

　A. 中共党员　B. 共青团员　C. 民主党派成员　D. 群众

　5. 您是否有宗教信仰（　　）

　A. 有宗教信仰　B. 无宗教信仰

　6. 您的家庭月收入为（　　）

　A. 3000 元及以下　B. 3001～6000 元　C. 6001～9000 元　D. 9001～12000 元　E. 12001～15000 元　F. 15001～20000 元　G. 20001 元及以上

　7. 您的月生活费有多少（　　）（该题针对学生，非学生人群不用填写）

　A. 1000 元及以下　B. 1001～1999 元　C. 2000～2999 元　D. 3000～3999元　E. 4000 元及以上

　8. 您的家庭所在城市为（　　）省（　　）市

　9. 您目前的职业是（　　）

　A. 学生　B. 公务员　C. 企业管理者　D. 普通职员（办公室/写字楼工作人员）　E. 专业技术人员（如医生/律师/记者/教师）　F. 普通工人（如工厂工人、体力劳动者等）　G. 商业服务业人员　H. 个体经营者/承包商　I. 自由职业者　J. 农林牧渔业劳动者　K. 退休人员　L. 暂无职业

　10. 您的婚姻状况是（　　）

　A. 已婚　B. 未婚有伴侣　C. 未婚单身　D. 离异

　11. 您对自己生活状况的满意度为（　　）

不满意 0　　2　　4　　6　　8　　10 满意

　12. 您对自己目前的生活幸福感评价为（　　）

不幸福 0　　2　　4　　6　　8　　10 幸福

附录三

基于社交软件的捐赠者网络慈善初始信任情境问卷

尊敬的先生/女士：

您好！我们是江西财经大学网络慈善研究课题组的调研人员，现在正进行一项基于社交软件的网络慈善初始信任调查，以了解公众对网络慈善的信任状况。希望您能根据自己的实际情况完成问卷，问卷回答完全匿名，答案没有好坏对错之分。我们承诺问卷所获得信息仅用于科学研究，我们会保护您的隐私，请您放心作答。完成本问卷大约需要花费15分钟。您的参与和支持对本次调查非常重要，十分感谢您的参与和合作！

请您仔细阅读以下内容材料，根据您的实际感受完成材料后面的题目。

豆豆是您认识的普通朋友，你们认识多年，平时交往不深，联系较少。偶尔会在微信上互相点个赞，在生活中如果见了面，会互相寒暄打个招呼。

豆豆今天在他的微信朋友圈里发布了这样一条慈善求助信息，题目是"宝贝，爸爸妈妈不会放弃你"。

　　　　豆豆在微信朋友圈有推荐信息的证言"这个是我二姨家的小孩，二姨家太苦了。二姨和姨父把攒下的家业都用于孩子疾病的治疗，房子卖了、工作没了，孩子的病已经让这个家庭倾家荡产。病魔无情人有情，请朋友们发发慈悲，能帮助的就帮助一下，不能帮助的请帮忙转发一下信息，感恩"。

请阅读完以上材料后，选择最符合您实际情况的一项。

1. 豆豆的证言让您相信这件事情是真的（　　　）

1 十分不符合　2 较不符合　3 不确定　4 较符合　5 十分符合

2. 下图重合度越大表示人际心理距离越近，请从下面的图中选择符合您与豆豆关系的图（　　）

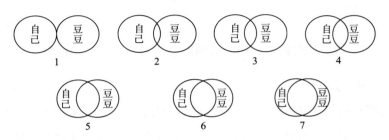

3. 您认为转发信息的豆豆对慈善信息的证言详细程度是（　　）
1 十分不详细　2 比较不详细　3 不确定　4 比较详细　5 十分详细

如果此时你打开链接，具体的信息内容如下：赵×，男，9 岁，家住湖北省恩施州××村，患急性淋巴细胞白血病。确诊后，医生当时就下了病危通知书，说如果条件允许，最好的办法是骨髓移植。作为爸爸妈妈，我们听到这个结果后不知所措，没经过什么大事的一家人都吓傻了。后来在老病友的劝说下，情绪稳定下来，找主治医生了解治疗方案，医生说先给孩子化疗看看情况，然后让家人给孩子配型。

在治疗的过程中，孩子天天发高烧、感染、拉肚子，身体每况愈下。第一个疗程 50 天就花去了 15 万元，因为没给孩子入医保，所有的费用都是自费。

目前，这个家庭已经花费了 20 多万！这对于一个农村家庭来说，是一个天文数字！爸爸妈妈努力支撑着，这些钱一多半都是向亲戚朋友借来的。遇到这样的事情，作为孩子的父母我们觉得要给孩子希望，我们要坚强和乐观，要尽自己最大的努力去赚取儿子的医药费。为了儿子的病，爸爸不得不打一些零工，每天早起晚睡，起早贪黑地在工地里辛劳。妈妈一边照顾儿子，一边学习利用网络帮别人卖脐橙，每赚一点钱就立马用于给儿子买药。我们时常鼓励孩子，告诉他在我们大家共同的努力下，白血病一定会被我们打败的。目前医院在中华骨髓库找到了捐献者，可眼前需要 60 万元治疗费用。亲戚朋友能借的钱都借完了，家里能卖的也都卖了。希望大家能伸出援助之手救救我们这个因病致困的家庭，救救我们可怜的孩子。我们将把筹得的善款全部用于孩子疾病的治疗。届时如果费用有剩余，我们会把余下善款返还给捐赠者。

问卷一

请您根据实际感受完成下面的问卷，请选择最符合您实际情况的答案。

1. 读完了以上筹款信息后，您的情感反应是怎样的（在对应位置打√）

情感	没有感受	有一点	有些	一般	许多	非常多	极其强烈
感到同情的							
怜悯的							
心肠软了							
想体贴							
想温暖							
被感动了							

2. 读完所有信息后，您是否愿意给求助者赵×进行捐款（   ）

1 非常不愿意   2 较不愿意   3 不确定   4 较愿意   5 非常愿意

3. 您愿意向赵×捐助的金额是（   ）

1.0   2.10 元及以内   3.11~50 元   4.51~100 元   5.101 元及以上

4. 您是否愿意转发该信息至您的朋友圈（   ）

1 非常不愿意   2 较不愿意   3 不确定   4 较愿意   5 非常愿意

5. 我觉得求助文本本身让我感动，孩子爸爸妈妈的坚强、乐观和努力让我决定要帮助他们（   ）

1 十分不符合   2 较不符合   3 不确定   4 较符合   5 十分符合

6. 我是基于与豆豆的关系决定要帮助赵×的（   ）

1 十分不符合   2 较不符合   3 不确定   4 较符合   5 十分符合

7. 我认为筹款文本表达出的情感类型是（   ）

1 十分消极   2 较为消极   3 中立   4 较为积极   5 十分积极

8. 您认为您与豆豆的关系是（　　　）

1 十分不亲近　2 不亲近　3 有些不亲近　4 一般　5 有些亲近　6 亲近

7 十分亲近

问卷二

9. 请您根据您的实际感受，选择符合您实际情况的选项，完成以下问题（在对应位置打√）

	十分不符合	较不符合	不确定	较符合	十分符合
1. 我感到赵×家人的求助信息是可信的					
2. 我相信赵×家人会履行他们的承诺，把善款用于治疗疾病					
3. 我相信赵×家人没有隐瞒家庭财产情况					
4. 我觉得赵×家人有能力帮助赵×治好疾病、恢复健康					
5. 我认为赵×家人在尽其所有、力所能及地筹措赵×的医药费用					
6. 我认为赵×家人有一定的职业能力帮助赵×渡过难关					
7. 我觉得赵×家人不会为了自己的利益而去损害捐赠者的利益					
8. 我认为赵×家人不会滥用捐赠者的善款					
9. 我认为赵×家人既关注自身利益，又关注捐赠者利益					

10. 我对朋友豆豆的信任程度是（　　　）（信任传递测量）

1 十分不信任　2 不信任　3 较不信任　4 一般　5 较信任　6 信任

7 十分信任

11. 我对赵×家人的信任来自对豆豆的信任（　　　）

1 十分不符合　2 不符合　3 较不符合　4 一般　5 较符合　6 符合

7 十分符合

12. 我对赵×家人的信任程度是（　　　）

1 十分不信任　2 不信任　3 较不信任　4 一般　5 较信任　6 信任

7 十分信任

问卷三

以下问题是了解您的信任认知和自我表达动机，请您选择最符合自己实际情况的选项。

	十分不符合	较不符合	不确定	较符合	十分符合		
1. 我通常会信任他人							
2. 我觉得人性是可以信赖的，对人性有信心							
3. 大部分人都是诚实的							
4. 在这个社会上，绝大多数人都是可以信任的							
	十分不同意	不同意	较不同意	一般	较同意	同意	十分同意
1. 我的自我表达意愿很强							
2. 我想变得与众不同							
3. 我想采取行动揭示关于自我的更多信息							
4. 我想采取行动让别人知道我是什么样的人							

基本信息

1. 您的性别是（　　　）

A. 男　B. 女

2. 您的年龄（　　　）岁

3. 您的受教育水平是（　　　）

A. 初中及以下　B. 高中（含中专、技校）　C. 大专　D. 本科
E. 研究生（含硕士研究生、博士研究生）　F. 其他

4. 您的政治面貌是（　　　）

A. 中共党员　B. 共青团员　C. 民主党派成员　D. 群众

5. 您是否有宗教信仰（　　　）

A. 有宗教信仰　B. 无宗教信仰

6. 您目前的职业是（　　　）

A. 学生　B. 公务员　C. 企业管理者　D. 普通职员（办公室/写字楼工作人员）　E. 专业技术人员（如医生/律师/记者/教师）　F. 普通工人（如工厂工人、体力劳动者等）　G. 商业服务业人员　H. 个体经营者/承

包商　I. 自由职业者　J. 农林牧渔业劳动者　K. 退休人员　L. 暂无职业

7. 您的月生活费有多少（　　　）（该题针对学生，非学生人群不用填写）

A. 1000 元及以下　B. 1001~1999 元　C. 2000~2999 元　D. 3000~3999元　E. 4000 元及以上

8. 您的家庭月收入为（　　　）

A. 3000 元及以下　B. 3001~6000 元　C. 6001~9000 元　D. 9001~12000 元　E. 12001~15000 元　F. 15001~20000 元　G. 20001 元及以上

9. 您的家庭所在城市为（　　　）省（　　　）市

10. 您的婚姻状况是（　　　）

A. 已婚　B. 未婚有伴侣　C. 未婚单身　D. 离异

11. 您是否进行过网络慈善捐赠（　　　）

A. 是　B. 否

附录四

慈善组织信任违背类型、修复策略对捐赠者网络慈善信任的影响情境问卷

尊敬的先生/女士：

最近您所在省份发生流行性疾病，医护人员的医疗物资告急，各慈善组织在资源筹集方面也做出了自己最大的努力。您一直热衷于公益事业，也一直坚持公益捐赠，并对某慈善组织一直十分信任并保持捐赠。但最近该慈善组织的某市分会接连被曝光物资分配存在不公正、物资分配工作人员态度散漫、工作能力和业务水平不足等问题。

根据以上情境，请回答以下问题。

1. 您对该慈善组织的信任程度是（　　　）

①非常信任　②比较信任　③一般　④比较不信任　⑤非常不信任

2. 您是否还愿意继续向该慈善组织捐赠 （   ）

①非常愿意   ②比较愿意   ③一般   ④比较不愿意   ⑤非常不愿意

事件发生后，该慈善组织总会在第一时间成立调查工作组并发布了公开信，其主要内容如下：经过调查，该组织的某市分会确实存在物资分配不公和工作人员工作态度散漫、工作能力和业务水平不足等问题。并对此解释为：该组织某市分会负责物资分配的工作人员上岗不足一周，其业务水平和工作能力不足，导致该次物资分配不合理事件的发生。对此，总会向全社会表达深深的歉意并进行了深刻的反思。请社会各界爱心人士放心捐赠。感谢社会公众对本组织的持续关注、监督与信任。

请您根据以上情境问卷中的内容回答下面的问题。

3. 在公开信中，总会对此次事件所给予的解释是什么 （   ）

①工作人员业务能力不足   ②工作人员接受不正当利益   ③二者都不是

4. 该慈善组织对此次负面事件做出了怎样的回应 （   ）

①向公众道歉

②惩罚主要负责人

③向公众道歉并惩罚主要负责人

问卷部分

问卷	题项	非常不赞同	不赞同	有些不赞同	中立	有些赞同	赞同	非常赞同
信任倾向	1. 我相信别人							
	2. 我相信人性本善							
	3. 我认为人们经常会信守承诺							
	4. 大多数人都是值得信任的							
能力信任	我认为该慈善组织：							
	1. 能有效保障我的捐款							
	2. 理解受助者的需要							
	3. 具备开展慈善活动所需的知识							
	4. 有能力开展慈善活动							
	5. 能有效地开展慈善活动							

问卷	题项	非常 不赞同	不 赞同	有些 不赞同	中 立	有些 赞同	赞 同	非常 赞同
能力 信任	6. 有能力解决所面临的问题							
	7. 可能对慈善捐款有一定的影响力							
正直 信任	我认为该慈善组织：							
	1. 是诚实的							
	2. 发起的捐赠是真实的							
	3. 言行一致							
	4. 遵循道德原则开展募捐活动							
	5. 信守承诺							
善心 信任	我认为该慈善组织：							
	1. 了解受助者的最大利益							
	2. 所要求的捐款金额是恰当的							
对慈善 组织的 信任度	1. 该慈善组织是值得信任的							
	2. 该组织会理智地使用所筹善款							
	3. 该慈善组织能够很好地完成其任务							
	5. 对该慈善组织印象良好							
	7. 该慈善组织总是向有需要的人提供帮助							
	8. 该慈善组织是一个值得信任的组织							
	9. 我同意以该慈善组织的名义提供帮助							
慈善捐 赠意愿	1. 我愿意向该组织进行捐赠							
	2. 下次我肯定会再向该组织捐赠							
	3. 我会持续向该组织捐赠							
	4. 我将推荐其他人向该组织捐款							

基本信息

1. 性别：①男　②女

2. 年龄：①20 岁及以下　②21~30 岁　③31~40 岁　④41~50 岁　⑤51~60 岁　⑥61 岁及以上

3. 职业：①公务员　②企业管理者　③普通职员（办公室/写字楼工作人员）　④专业技术人员（医生/律师/记者/教师）　⑤普通工人（如工厂工人、体力劳动者）等　⑥商业服务业人员　⑦个体经营者/承包商　⑧自由职业者　⑨农林牧渔业劳动者　⑩学生

4. 民族：①汉族　②少数民族

5. 宗教信仰：①佛教　②基督教　③伊斯兰教　④道教　⑤其他

6. 受教育程度：①初中及以下　②高中（含中专、技校）　③大专　④本科　⑤研究生（含硕士研究生、博士研究生）

7. 您的家庭年收入（元）：①1 万~5 万元　②6 万~10 万元　③11 万~15 万元　④16 万~20 万元　⑤21 万元及以上

8. 政治面貌：①中共党员　②民主党派成员　③共青团员　④群众

9. 您在近两年内向慈善组织捐赠次数：①1~3 次　②4~6 次　③7~10 次　④11 次及以上

附录五

捐赠者网络信任修复及其效果调查问卷

尊敬的先生/女士：

您好！我们是江西财经大学网络慈善研究课题组的调研人员，现在正进行一项关于网络慈善信任修复的调查，以了解当信任危机事件发生后，以及相关方做出信任修复后，捐赠者信任恢复的情况。希望您在阅读完相关材料后，根据自己的实际情况选择答案。问卷回答完全匿名，答案没有好坏对错之分。我们承诺问卷所获得信息仅用于科学研究，我们会保护您的隐私，请您放心作答。完成本问卷大约需要十几分钟时间。您的参与和

支持对本次调查非常重要，十分感谢您的参与和合作！

在填写问卷前，请您先聆听 35 秒轻音乐

1. 听完音乐后，您的情绪状态为（　　　　）

	完全没有	有一点	有一些	中等程度	比较多	非常多	极其多
愉快							
放松							
舒畅							
平静							

请您认真阅读下面的水滴筹扫楼事件的相关信息，并完成后面的问题。请选择符合您看法的选项。

2019 年 11 月 30 日，梨视频发现，全国超过 40 个城市的医院经常会出现一些地推人员，他们说自己是"志愿者"，经拍客深入内部了解，原来他们是水滴筹平台招募的正式的或兼职的"筹款顾问"，他们的首要职责就是向公众推广水滴筹平台，以占领市场，并帮助患者发起筹款。在这里我们可以将其理解为一种销售模式，他们会口头询问患者病情、经济情况、治疗费用等信息，询问患者是否需要发起筹款，如果需要的话，志愿者就帮助患者发起筹款，同时让患者群发、转发朋友圈。据内部人员所说，他们每完成一单都会获得一笔提成，并"实行末位淘汰制"，这也正是"志愿者"为什么进行地推的原因之一。另一个原因就是水滴筹需要占领市场，在捐赠者捐完钱之后，页面会跳转出一个保险链接，这时候捐赠者购买保险的概率是非常高的。

在实际的操作过程中，部分"志愿者"不仔细核对患者病情、财产状况等信息，有些人直接套用模板编故事，甚至将医疗保险可以报销的部分也纳入了筹款金额中。拍客还了解到，部分患者在水滴筹发布的信息不完整，没有医疗费用凭证，也没有出示财产状况证明。当被问到信息不全，相关人员是否会承担工作疏忽的责任时，工作人员说因为患者没有说明真实情况，所以不需要承担责任。水滴筹平台

称，每一笔筹款的来源和去向都会由相关部门进行监督，然而大量患者提现之后并没有上传资金去向的凭证。

2. 读了以上事件报道后，您的情绪反应是（　　　）

	完全没有	有一点	有一些	中等程度	相当多	非常多	极其多
愤怒							
厌恶							
失望							

3. 读了以上信息后，请选择您对水滴筹的信任程度是（　　　）

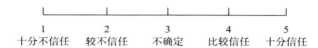

| 1 | 2 | 3 | 4 | 5 |
| 十分不信任 | 较不信任 | 不确定 | 比较信任 | 十分信任 |

4. 这个事件在何种程度上损害了您对水滴筹的信任（　　　）

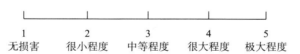

| 1 | 2 | 3 | 4 | 5 |
| 无损害 | 很小程度 | 中等程度 | 很大程度 | 极大程度 |

5. 在阅读完以上事件信息后，请就下面的题项选择最符合您观点的选项（在对应位置打√）

	十分 不符合	比较 不符合	不确 定	比较 符合	十分 符合
尽管发生了该事件，我仍然认为水滴筹是一个诚信的组织					
尽管发生了该事件，我仍相信水滴筹是不会做损害捐赠者利益的事情					
据我了解，水滴筹是一个有能力的组织					

6. 我认为上面的事件主要责任可以归结于（　　　）（单选题）

①水滴筹自身能力欠缺　②水滴筹管理不到位，努力程度不够　③管理大量的志愿者对于水滴筹来说是一个较难的任务　④水滴筹运气不好　⑤媒体为了吸引眼球报道失之偏颇　⑥慈善行业缺乏有效监管

请您仔细阅读扫楼事件发生当天水滴筹做出的相关信任修复行为，并

回答后面的问题，请您选择符合您看法的选项。

在梨视频发布该事件信息当天，2019 年 11 月 30 日，水滴筹 CEO 沈鹏在微博上发布了"线下筹款顾问"相关报道的说明，具体内容如下。

（1）组建线下服务团队的起因。组建线下团队是为了帮助互联网使用水平较低的患者发起筹款，不让任何一名大病患者错失求助的机会。同时为患者提供相应的筹款支持服务，比如患者关怀、平台协议讲解、医疗服务支持、与医护核实等。同时，对那些协助发起不符合筹款条件的项目的线下服务人员，平台有严格的惩戒措施。

（2）水滴筹监控机制严密。线下服务团队在筹款申请发起前的服务仅仅是层层审核机制中的一环。限于目前个人家庭资产情况普遍缺乏合法有效的权威核实途径，平台采取覆盖筹款发起、传播、提现等环节的全流程动态审核手段，借助社交网络传播验证、第三方数据验证、大数据、舆情监控等技术和手段对筹款项目进行层层验证。

（3）水滴筹审核机制严密。关于报道中提到的财产信息审核、目标金额设置、款项使用监督等问题，水滴筹建立了相应的审核机制，确保财产等信息充分公示并联合第三方机构验证，同时持续跟进关注款项的使用情况。

在声明中，沈鹏给出了水滴筹的监督举报邮箱：jubao@shuidichou.com。欢迎全社会共同监督，以帮助平台不断优化改进，促进行业更加有序发展。

最后，水滴筹表达了感谢。"再次衷心感谢社会各界的监督指正！水滴筹希望和全社会一起努力，尽快建立起互信互助的个人大病求助环境，帮助更多困境中的大病家庭走出困境、看到希望。"

7. 在水滴筹 CEO 沈鹏做出相关事件的说明后，您对这个事件的宽恕意愿是（　　　）

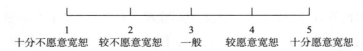

| 1 | 2 | 3 | 4 | 5 |
| 十分不愿宽恕 | 较不愿意宽恕 | 一般 | 较愿意宽恕 | 十分愿意宽恕 |

8. 您认为水滴筹 CEO 沈鹏做出相应的说明对您信任的修复效果如何（　　　）

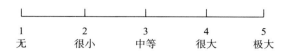

1　　　　2　　　　3　　　　4　　　　5
无　　　很小　　　中等　　　很大　　　极大

9. 在水滴筹 CEO 沈鹏做出说明后，您的情绪反应的程度是（在对应位置打√）

	完全没有	有一点	有一些	中等程度	相当多	非常多	极其多
愤怒							
厌恶							
失望							

10. 当前您对水滴筹的信任程度是（　　　）

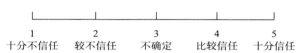

1　　　　　2　　　　　3　　　　　4　　　　　5
十分不信任　较不信任　不确定　比较信任　十分信任

11. 在水滴筹 CEO 沈鹏做出相关事件说明后，请就下面的题项选择最符合您观点的选项（在对应位置打√）

	十分不符合	比较不符合	不确定	比较符合	十分符合
这个说明让我觉得水滴筹是一个诚信的组织					
这个说明让我相信水滴筹不会做损害捐赠者利益的事情					
这个说明让我觉得水滴筹是一个有能力的组织，它能处理好这个事件并给公众和捐赠者一个交代					

12. 您认为水滴筹 CEO 沈鹏做出的这个说明在多大程度上有助于您对该事件的全面了解（　　　）

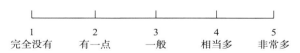

1　　　　2　　　　3　　　　4　　　　5
完全没有　有一点　一般　相当多　非常多

13. 水滴筹 CEO 沈鹏做出的说明让您今后仍对水滴筹充满积极期待的程度是（　　　）

14. 在水滴筹做出这个声明后，今后您是否愿意在水滴筹平台上进行捐赠（　　）

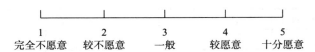

请您仔细阅读 12 月 2 日沈鹏在其个人微博发布的有关水滴筹的声明，然后回答后面的问题，请您选择符合您看法的选项。

12 月 2 日沈鹏在个人微博上转发了"关于水滴筹线下服务环节问题的声明"。

（1）线下人员违规操作现象确实有不同程度的存在，我们还在进一步排查和发现问题，也会及时向公众公布进展。（2）这类问题核心是公司的管理问题，水滴公司管理层自身必须对此负责，承担相应管理责任。（3）就大家关心的绩效问题，水滴筹决定予以调整：舍弃原有以服务患者人数为主的绩效管理方式，调整为以项目最终过审的合格通过率为依据，考核围绕筹款全过程，侧重项目真实合规和服务质量维度。同时成立独立的服务监督团队，发现和查处不同渠道反馈的问题。（4）……报道中提及的"提成"实为公司自有资金支付给线下服务团队的酬劳，并非来自用户筹款。（5）我们将进一步强化监督机制，也将积极参与并推动正在倡导的行业自律机制，主动将相关举措落实到位，欢迎指导单位、媒体和广大社会爱心人士继续关注监督我们，帮助我们发现和改正问题。

15. 读完水滴筹 CEO 沈鹏在个人微博中的声明后，您对这个事件的宽恕意愿是（　　）

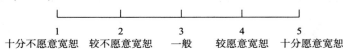

16. 您认为水滴筹 CEO 沈鹏做出的这个声明对您信任的修复效果如何
（   ）

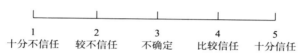

1	2	3	4	5
无	很小	中等	很大	极大

17. 在读完"关于水滴筹线下服务环节问题的声明"后，您的情绪反应的程度是（在对应位置打√）

	完全没有	有一点	有一些	中等程度	相当多	非常多	极其多
愤怒							
厌恶							
失望							

18. 当前您对水滴筹的信任程度是 （   ）

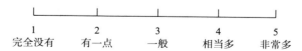

1	2	3	4	5
十分不信任	较不信任	不确定	比较信任	十分信任

19. 在 12 月 2 日水滴筹做出声明后，请就下面的题项选择最符合您观点的选项（在对应位置打√）

	十分不符合	比较不符合	不确定	比较符合	十分符合
这个声明让我觉得水滴筹是一个诚信的组织					
这个声明让我相信水滴筹不会做损害捐赠者利益的事情					
这个声明让我觉得水滴筹是一个有能力的组织，它能处理好这个事件，并给公众和捐赠者一个交代					

20. 您认为水滴筹做出这个声明在多大程度上有助于您对该事件的全面了解 （   ）

1	2	3	4	5
完全没有	有一点	一般	相当多	非常多

21. 水滴筹 CEO 沈鹏做出的声明让您今后仍对水滴筹充满积极期待的

程度是（　　　）

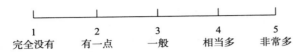

| 1 | 2 | 3 | 4 | 5 |
| 完全没有 | 有一点 | 一般 | 相当多 | 非常多 |

22. 在水滴筹做出这个声明后，今后您是否愿意在水滴筹平台上进行捐赠（　　　）

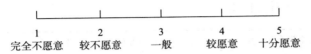

| 1 | 2 | 3 | 4 | 5 |
| 完全不愿意 | 较不愿意 | 一般 | 较愿意 | 十分愿意 |

请您仔细阅读 12 月 5 日沈鹏在其个人微博上发布的公开信，并认真回答后面的问题，请您选择符合您看法的选项。

"再管不好，我愿把水滴筹交给相关公益组织！"

12 月 5 日沈鹏在微博上发布了公开信：《水滴筹欢迎大众的监督，希望重新赢得信任》。该公开信主要有以下 8 个方面的内容。（1）水滴筹创办初衷："用互联网科技助推广大人民群众有保可医。"（2）向公众道歉。"这一次我们辜负了爱心用户对我们的信任，我代表水滴筹的全体成员向大家说声：对不起！"（3）承担责任。"这是我们管理层的管理责任，我们的价值观没有深入到员工心里，我们的管理动作没做到位。"（4）积极应对。"我们正在进一步排查和发现问题，也会及时向大家继续公布进展。截至目前，公司成立了三大检查组全面排查整顿。……同时，我们开始加强纪律培训和服务规范提升，实行考核上岗。"（5）解答公众对水滴筹的误解。"水滴筹的核心本质是一个免费的互联网个人大病求助工具。""水滴公司的商业模式……借水滴筹我们能够正确普及进行保险保障的价值和必要性。"（6）承认错误。"回归事件本身，错了就是错了，我们的管理需要提升、我们的业务有待改进，我们绝不回避问题，我们必须直面问题、解决问题。"（7）再次道歉。"作为创始人我必须承担责任，再次向大家致歉！……我们积极开放地接受大众的监督！也再次感谢一直支持我们的用户给予的包容。"（8）做出承诺。"我们一定坚守初心，全力以赴助推更多的真实需要帮助的家庭走出困境，为社会创造更多的价值！"

23. 在您阅读了水滴筹 CEO 发布的公开信后，您对这个事件的宽恕意

愿是（　　　）

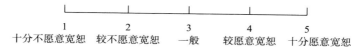

<pre>
        1   2   3   4   5
    十分不愿意宽恕 较不愿意宽恕   一般   较愿意宽恕   十分愿意宽恕
</pre>

24. 水滴筹 CEO 沈鹏发布的公开信对您信任的修复效果如何（　　　）

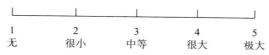

<pre>
      1   2   3   4   5
      无   很小   中等   很大   极大
</pre>

25. 在水滴筹发布公开信后，您的情绪反应程度是（在对应位置打√）

	完全没有	有一点	有一些	中等程度	相当多	非常多	极其多
愤怒							
厌恶							
失望							

26. 当前您对水滴筹的信任程度是（　　　）

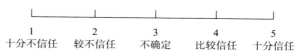

<pre>
        1   2   3   4   5
     十分不信任   较不信任   不确定   比较信任   十分信任
</pre>

27. 在读完了水滴筹 CEO 沈鹏的公开信后，请就下面的题项选择最符合您观点的选项（在对应位置打√）

	十分不符合	比较不符合	不确定	比较符合	十分符合
读完后让我觉得水滴筹是一个诚信的组织					
读完后让我相信水滴筹不会做损害捐赠者利益的事情					
读完后让我觉得水滴筹是一个有能力的组织，它能处理好这个事件，并给公众和捐赠者一个交代					

28. 您认为这个公开信在多大程度上有助于您对该事件的全面了解（　　　）

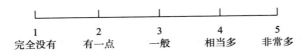

29. 读完这个公开信后，您今后仍对水滴筹充满积极期待的程度是（　　）

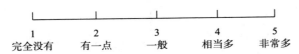

30. 在水滴筹CEO发布这个公开信后，今后您是否愿意在水滴筹平台上进行捐赠（　　）

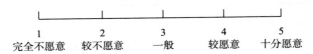

请您仔细阅读12月9日沈鹏在其个人微博上发布的有关水滴筹的整改措施，然后回答后面的问题，请您选择符合您看法的选项。

12月9日沈鹏在微博上发布了公司的内部邮件，公布了整改措施。

水滴公司已成立三大检查组：水滴筹线下团队深度自查组、公司特别质检组、公司安全督查组。通过实地探访、电话回访等方式与筹款患者、医护人员直接沟通，了解调查相关线下服务人员的服务情况，目前已经完成第一阶段的工作，后续会进行更深入的调查和整改。

31. 在水滴筹CEO沈鹏公布了整改措施后，您对这个事件的宽恕意愿是（　　）

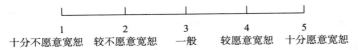

32. 您认为水滴筹CEO沈鹏公布的整改措施对您信任的修复效果如何（　　）

33. 在水滴筹CEO沈鹏公布了整改措施后，您的情绪反应的程度是

（在对应位置打√）

	完全没有	有一点	有一些	中等程度	相当多	非常多	极其多
愤怒							
厌恶							
失望							

34. 在水滴筹公布了整改措施后，您对水滴筹的信任程度是（　　　）

1	2	3	4	5
十分不信任	较不信任	不确定	比较信任	十分信任

35. 在读完了 12 月 9 日水滴筹 CEO 沈鹏发布的内部整改措施后，请就下面的题项选择最符合您观点的选项（在对应位置打√）

	十分不符合	比较不符合	不确定	比较符合	十分符合
读完后让我觉得水滴筹是一个诚信的组织					
读完后让我相信水滴筹不会做损害捐赠者利益的事情					
读完后让我觉得水滴筹是一个有能力的组织，它能处理好这个事件，并给公众和捐赠者一个交代					

36. 您认为公布整改措施这个举动让您在多大程度上对这个事件有全面的了解（　　　）

1	2	3	4	5
完全没有	有一点	一般	相当多	非常多

37. 水滴筹 CEO 沈鹏公布了整改措施后，让您今后仍对水滴筹充满积极期待的程度是（　　　）

1	2	3	4	5
完全没有	有一点	一般	相当多	非常多

38. 在水滴筹公布了整改措施后，今后您是否愿意在水滴筹平台上进行捐赠（　　　）

```
├──────┼──────┼──────┼──────┤
1      2      3      4      5
完全不愿意  较不愿意   一般    较愿意   十分愿意
```

基本信息

1. 您的性别（　　　）

A. 男　B. 女

2. 您的年龄（　　　）岁

3. 您的受教育水平是（　　　）

A. 初中及以下　B. 高中（含中专、技校）　　C. 大专　D. 本科 E. 研究生（含硕士研究生、博士研究生）　　F. 其他

4. 您的政治面貌是（　　　）

A. 中共党员　B. 共青团员　C. 民主党派成员　D. 群众

5. 您是否有宗教信仰（　　　）

A. 有宗教信仰　B. 无宗教信仰

6. 您目前的职业是（　　　）

A. 学生　B. 公务员　C. 企业管理者　D. 普通职员（办公室/写字楼工作人员）　E. 专业技术人员（如医生/律师/记者/教师）　F. 普通工人（如工厂工人、体力劳动者等）　G. 商业服务业人员　H. 个体经营者/承包商　I. 自由职业者　J. 农林牧渔业劳动者　K. 退休人员　L. 暂无职业

7. 您的家庭月收入为（　　　）

A. 3000 元及以下　B. 3001～6000 元　C. 6001～9000 元　D. 9001～12000 元　E. 12001～15000 元　F. 15001～20000 元　G. 20001 元及以上

8. 您的家庭所在城市为（　　　）省（　　　）市

9. 您的婚姻状况是（　　　）

A. 已婚　B. 未婚有伴侣　C. 未婚单身　D. 离异

10. 您是否进行过网络慈善捐赠（　　　）

A. 是　　　B. 否

11. 您在今天之前是否听说过水滴筹扫楼事件（　　　）

A. 是　　　B. 否

附录六

捐赠者网络慈善信任维护调查问卷

尊敬的先生/女士：

您好！我们是江西财经大学网络慈善研究课题组的调研人员。现在正进行一项关于网络慈善信任维护的调查，本研究中网络慈善信任是指公众或捐赠者对网络慈善平台、慈善组织、网络求助者的能力、正直和善心等方面的信任。本次问卷调查采用不记名方式，请根据自己的实际情况选择答案。问卷回答完全匿名，答案没有好坏对错之分。我们承诺问卷所获信息仅用于科学研究，我们会保护您的隐私，请您放心作答。完成本问卷大约需要十几分钟时间。您的参与和支持对本次调查非常重要，十分感谢您的参与和合作！

信任倾向问卷

请您选择最符合您真实情况的选项（单选）

1	我通常会信任他人	□非常不同意	□不太同意	□一般	□比较同意	□非常同意
2	我觉得人性是可以信赖的，对人性有信心	□非常不同意	□不太同意	□一般	□比较同意	□非常同意
3	除非他人有不可信的理由，否则我通常会信任他人	□非常不同意	□不太同意	□一般	□比较同意	□非常同意
4	在这个社会中，绝大多数人都是可以信任的	□非常不同意	□不太同意	□一般	□比较同意	□非常同意

政府网络慈善信任维护问卷

以下是政府对网络慈善信任维护的一些表述，请选择最符合您观点的选项（单选）

1	政府正在加快出台维护公众网络慈善信任的法律法规	□非常不同意	□不太同意	□一般	□比较同意 □非常同意

2	对于网络慈善出现的违信行为，政府能给予及时的政策回应或法律规制	□非常不同意 □非常同意	□不太同意	□一般	□比较同意
3	政府在完善网络慈善法律法规时，正在建立完备的守信激励机制和失信惩戒机制	□非常不同意 □非常同意	□不太同意	□一般	□比较同意
4	政府站在公众利益的立场上开展网络慈善信任维护的监管工作	□非常不同意 □非常同意	□不太同意	□一般	□比较同意
5	政府通过建立完善的征信体系完成其对网络慈善公信力的监管	□非常不同意 □非常同意	□不太同意	□一般	□比较同意
6	政府正在不断变更监管方式以适应网络慈善的发展变化	□非常不同意 □非常同意	□不太同意	□一般	□比较同意
7	政府建立完善的问责机制，在出现严重损害公信力的违信事件后能实施主体问责	□非常不同意 □非常同意	□不太同意	□一般	□比较同意
8	政府要从整体上制定促进网络慈善行业健康发展的规划	□非常不同意 □非常同意	□不太同意	□一般	□比较同意
9	政府应建构信用评价体系，引导相关主体诚实守信	□非常不同意 □非常同意	□不太同意	□一般	□比较同意

慈善组织信任维护问卷

以下是慈善组织对网络慈善信任维护的一些表述，请选择最符合您观点的选项（单选）

1	慈善组织通过加强与捐赠者、受助者、社会公众之间的互动与反馈机制建设来提高自身的透明度	□非常不同意 □非常同意	□不太同意	□一般	□比较同意
2	只有高度透明的慈善组织才能赢得捐赠者的信任	□非常不同意 □非常同意	□不太同意	□一般	□比较同意
3	慈善组织公布善款流向和财务支出情况，不断提升自身透明度	□非常不同意 □非常同意	□不太同意	□一般	□比较同意
4	慈善组织不断加强组织制度建设，在制度上严惩失信行为，奖励守信行为	□非常不同意 □非常同意	□不太同意	□一般	□比较同意
5	慈善组织要加强组织管理，经常进行员工培训，帮助员工树立遵纪守法、诚实守信的观念	□非常不同意 □非常同意	□不太同意	□一般	□比较同意

续表

6	慈善组织在开展网络募捐时，一旦发现失信行为，要立即停止相关慈善项目，开展组织自查与信任修复	□非常不同意　□不太同意　□一般　□比较同意 □非常同意
7	慈善组织应爱护自身声誉，在开展网络慈善时，树立组织良好的声誉形象	□非常不同意　□不太同意　□一般　□比较同意 □非常同意
8	慈善组织积极参与行业的信用评价，通过信用评级的提升赢得捐赠者的信任	□非常不同意　□不太同意　□一般　□比较同意 □非常同意
9	慈善组织注重自身信用建设，对失信者进行严厉惩罚，对守信者进行奖励	□非常不同意　□不太同意　□一般　□比较同意 □非常同意
10	一旦慈善组织发现自身存在违信行为，应立即对捐赠者进行情感上的信任修复，如道歉等	□非常不同意　□不太同意　□一般　□比较同意 □非常同意
11	慈善组织进行信任修复时，如果发现捐赠者的利益受到损害，应进行相应的补偿	□非常不同意　□不太同意　□一般　□比较同意 □非常同意
12	慈善组织在修复捐赠者受损的信任时，应注重在信息层面解决捐赠者对相关事件信息掌握不足的问题	□非常不同意　□不太同意　□一般　□比较同意 □非常同意

网络慈善平台信任维护问卷

以下是对网络慈善平台信任维护方面的表述，请选择最符合您观点的选项（单选）

1	网络慈善平台应加强慈善透明度建设，要求开展网络筹款的慈善组织提供完备的项目信息	□非常不同意　□不太同意　□一般　□比较同意 □非常同意
2	网络慈善平台应加强技术应用，如利用区块链"不可篡改"和"可追溯"特性，保障网络慈善的公开透明	□非常不同意　□不太同意　□一般　□比较同意 □非常同意
3	网络慈善平台应推动开展网络慈善募捐的慈善组织进行常态化信息披露	□非常不同意　□不太同意　□一般　□比较同意 □非常同意

续表

4	网络慈善平台应设立黑名单，对网络慈善筹款失信个人或慈善组织给予曝光	□非常不同意　□不太同意　□一般　□比较同意 □非常同意
5	网络慈善平台应建立追回善款的机制	□非常不同意　□不太同意　□一般　□比较同意 □非常同意
6	各网络慈善平台应联合建立行业自律机制，让失信的平台受到惩罚、让守信的平台得到奖励	□非常不同意　□不太同意　□一般　□比较同意 □非常同意
7	网络慈善平台应加强组织管理，建立完备的管理机制，有效约束成员行为	□非常不同意　□不太同意　□一般　□比较同意 □非常同意
8	网络慈善平台应加强对组织成员的诚信教育培训，加强职业道德建设	□非常不同意　□不太同意　□一般　□比较同意 □非常同意
9	网络慈善平台要建立完备的惩戒制度，严惩违信行为	□非常不同意　□不太同意　□一般　□比较同意 □非常同意
10	网络慈善平台要建立安全维护机制，维护捐赠者信息的安全和财产安全	□非常不同意　□不太同意　□一般　□比较同意 □非常同意
11	网络慈善平台要确保每一笔善款的安全，确保善款不被滥用、挪用或丢失	□非常不同意　□不太同意　□一般　□比较同意 □非常同意

求助者网络慈善信任维护问卷

以下是对求助者信任维护方面的表述，请选择最符合您观点的选项（单选）

1	个人求助者应加强自身道德自律，做到诚实守信	□非常不同意　□不太同意　□一般　□比较同意 □非常同意
2	个人求助者应知晓在个人获得求助权时，也要履行诚信求助的义务和责任	□非常不同意　□不太同意　□一般　□比较同意 □非常同意
3	每个个体应有意识地增强自己的诚信意识，做一个有信用的社会公民	□非常不同意　□不太同意　□一般　□比较同意 □非常同意
4	我国相关法律对个人求助者的违信行为有相关规定，个人一旦诈捐、骗捐要承担法律责任	□非常不同意　□不太同意　□一般　□比较同意 □非常同意

续表

5	个人网络慈善求助行为会受到我国相关法律法规的约束	□非常不同意 □非常同意	□不太同意	□一般	□比较同意
6	个人网络慈善求助信息要真实，如果存在虚假信息将受到相应法律制裁	□非常不同意 □非常同意	□不太同意	□一般	□比较同意

网络慈善信任问卷

以下问题用于了解您的网络慈善信任情况，请选择最符合您观点的一项（单选）

1	我认为网上慈善公益项目总体上是可靠的	□非常不同意 □非常同意	□不太同意	□一般	□比较同意
2	我相信网络慈善平台上的慈善公益组织会履行它们的承诺	□非常不同意 □非常同意	□不太同意	□一般	□比较同意
3	我相信网络慈善平台会合理使用我的信息	□非常不同意 □非常同意	□不太同意	□一般	□比较同意
4	我相信慈善组织在网络上会提供善款和物资的流向信息	□非常不同意 □非常同意	□不太同意	□一般	□比较同意
5	我觉得网络慈善平台有能力提供丰富真实的慈善信息和服务	□非常不同意 □非常同意	□不太同意	□一般	□比较同意
6	我认为慈善组织有能力筹集善款和急需的物资	□非常不同意 □非常同意	□不太同意	□一般	□比较同意
7	我认为慈善组织有专业能力胜任它的角色	□非常不同意 □非常同意	□不太同意	□一般	□比较同意
8	我认为我看中的慈善组织有能力完成它所负责的慈善项目	□非常不同意 □非常同意	□不太同意	□一般	□比较同意
9	我觉得网络慈善平台和慈善组织不会为了自己的利益而去损害我的利益	□非常不同意 □非常同意	□不太同意	□一般	□比较同意
10	我认为慈善组织会承担自己的慈善使命	□非常不同意 □非常同意	□不太同意	□一般	□比较同意
11	我认为慈善组织在开展慈善项目前能充分调研，了解需求	□非常不同意 □非常同意	□不太同意	□一般	□比较同意
12	网络慈善项目负责方和网络慈善平台既关注自身利益，又关注捐赠者利益	□非常不同意 □非常同意	□不太同意	□一般	□比较同意

基本信息

（   ）1. 性别：①男　②女

（   ）2. 民族：①汉　②少数民族

（   ）3. 宗教信仰：①有　②无

（   ）4. 年龄：①13～18岁　②19～29岁　③30～39岁　④40岁及以上

（   ）5. 职业：

A. 学生　B. 公务员　C. 企业管理者　D. 普通职员（办公室/写字楼工作人员）　E. 专业技术人员（如医生/律师/记者/教师）　F. 普通工人（如工厂工人、体力劳动者等）　G. 商业服务业人员　H. 个体经营者/承包商　I. 自由职业者　J. 农林牧渔业劳动者　K. 暂无职业

（   ）6. 学历：A. 高中（含中专、技校）　B. 大专　C. 本科　D. 研究生（含硕士研究生、博士研究生）

（   ）7. 家庭月收入

①5000元及以下　②5001～10000元　③10001～15000元　④15001～20000元　⑤20001～25000元　⑥25001～30000元　⑦30001～35000元　⑧35001元及以上

（   ）8. 婚姻状况：①已婚　②未婚

（   ）9. 网络慈善捐赠经历：①有　②无

后 记

　　本书是在我主持的国家社科基金项目研究报告基础上系统修订而成。回首研究历程，我的学术探索始终围绕"信任"这一核心议题展开。在攻读博士学位期间，我对信任理论就开展了深入研究，这为我后续的网络慈善信任专题研究奠定了坚实的基础。

　　近年来，随着互联网技术的迅猛发展，网络慈善呈现出蓬勃发展的态势。一方面，网络慈善以其便捷、小额等优势极大地激发了公众参与慈善的热情，个人捐赠规模持续攀升；另一方面，网络慈善危机事件时有发生，不断侵蚀着公众信任基础。这种矛盾现象引发了我的关注与深入思考，我也由此萌生探究捐赠者网络慈善信任何以生成，以及在初始信任生成后，又该如何实现信任的可持续维护等问题的初心。正是基于这样关键问题的思考，我以此为题申报国家社科基金项目，并成功立项。

　　前后历经五年，我与团队成员通力合作，最终完成研究报告，结项成果被鉴定为"良好"等级。这一成果凝聚着众多师长同人的智慧结晶。特别感谢吴继霞教授、蒋国河教授、尹忠海教授、唐斌教授、袁冬华副教授、徐奕俊副教授等学者在研究中给予的支持与指导。同时，也要感谢我的学生刘德铙、胡梦之、程贵妹、吴媛媛、胡全等在研究过程中的辛勤付出。

　　最后，本研究得到江西财经大学"双一流"学科建设专项资金的支持，特此致谢。期待本书能为推动网络慈善信任研究贡献绵薄之力，也恳请学界同人不吝指正。

秦安兰

2025 年 7 月 8 日于南昌

图书在版编目（CIP）数据

捐赠者网络慈善信任生成与维护机制：以"互联网+"
为背景／秦安兰著 . --北京：社会科学文献出版社，
2025.6. --ISBN 978-7-5228-4253-0

Ⅰ. D632.1-39

中国国家版本馆 CIP 数据核字第 20245JU389 号

捐赠者网络慈善信任生成与维护机制

——以"互联网+"为背景

著　　者／秦安兰

出 版 人／冀祥德
责任编辑／王玉敏
文稿编辑／陈　冲
责任印制／岳　阳

出　　版／社会科学文献出版社·马克思主义分社（010）59367126
　　　　　地址：北京市北三环中路甲 29 号院华龙大厦　邮编：100029
　　　　　网址：www.ssap.com.cn
发　　行／社会科学文献出版社（010）59367028
印　　装／三河市尚艺印装有限公司

规　　格／开本：787mm×1092mm　1/16
　　　　　印张：23.5　字数：360 千字
版　　次／2025 年 6 月第 1 版　2025 年 6 月第 1 次印刷
书　　号／ISBN 978-7-5228-4253-0
定　　价／129.00 元

读者服务电话：4008918866